# 한 입 크기의 프랑스 역사

**A BITE-SIZED HISTORY OF FRANCE**

# 한 입 크기의 프랑스 역사

스테판 에노·제니 미첼 지음
임지연 옮김

*A Bite-Sized History of France*

혁명과 전쟁, 그리고 미식 이야기

북스힐

줠에게

# 들어가며

아름다움은 언제나 기이하다.
— 샤를 보들레르

프랑스에 대한 끝도 없는 이야기를 빛내는 한 가지 특징을 꼽자면, 숭고함과 터무니없음이 아무렇지도 않게 공존한다는 점이다. 프랑스는 역사의 많은 기간 동안 세계에서 가장 매혹적이고 계몽된 국가라는 명성을 누리면서도 기이한 관습과 정치, 미식 습관으로 방문자들을 어리둥절하게 하기도 했다. 이 책의 마지막 장을 덮을 때쯤이면 당신도 장엄함과 재기발랄함, 유쾌함과 지독함의 조합이 이처럼 강렬하고 때로는 황당하게 느껴지게도 하는 프랑스의 특징을 만들어냈다는 데 동의하기를 바란다.

이 책은 프랑스가 아닌 그들의 영원한 숙적 잉글랜드에 뿌리를 두고 있다. 예술을 사랑하는 프랑스 치즈 장수cheesemonger인 나 스테판이 갓 도착한 미국 대학원생 제니를 만난 곳이 사우스런던이었으니 말이다. 이 만남은 사랑으로 이어졌다. 정말 인상적인 치즈보드가 마련된 결혼식에 이어 아들 쥘이 태어났다. 그리고 마침내 우리는 프랑스로 이사했고 그곳에서 이 책이 탄생했다.

루아르 계곡 서쪽의 예술적인 도시인 고향 낭트에 돌아가 보금자리를 이루고, 나는 아내가 한 번도 들어본 적 없는 치즈를 집에 가져오곤 했다. 개중에는 음… 뭐랄까, 의심하지 않고 덥석 입에 넣은 미국인이 받아들이기에는 지나치게 자극적인 것도 있었다. 나는 후각의 충격을 완화해줄 목적으로 아내에게 이런 치즈에 대한 이야기를 들려주곤 했다. 어떤 동물의 젖으로 만들어졌는지, 생산자는 누구이고 생산지는 어디인지, 그리고 지역의 특징적 매력과 고약한 냄새 대신 그 지역 토양의 향미 및 향취가 가득 밴 치즈가 만들어지는 것이 얼마나 밀접하게 연관되어 있는지 설명해주었다. 치즈에 얽힌 전설과 일화도 들려주곤 했는데, 그러다 보니 의도치 않게 프랑스 여러 지역의 다양한 이야기를 전하게 되었다. 그리고 장황한 설명은 매번 이런 마무리로 끝났다. "그러니까, 자기야, 이렇게 훌륭한 치즈는 꼭 먹어봐야 해!"

제니는 내가 프랑스 음식과 역사의 전문가라고 생각하기에 이르렀다. 난 그저 그녀가 프랑스 치즈의 위대함을 받아들여 그녀에게 구박당할 걱정 없이 마음 편히 치즈를 집에 가져올 수 있기만을 바랐을 뿐인데 말이다. 그녀는 치즈뿐만 아니라 프랑스 와인과 요리의 기원에 대해서도 묻기 시작했다. 사랑하는 사람에게 전문가라는 인정을 받자 절대 실망시키고 싶지 않았다. 그래서 잘 몰랐던 것을 배우기 시작했다. 책을 읽고 친구와 동료에게 묻고 일화를 수집하기 시작했으며, 결국 프랑스의 유명 요리와 와인의 역사에 대해 많은 것을 알게 되었다.

곧 제니는 이런 이야기를 역사적·사회적 맥락으로 한데 엮으면 흥미로운 음식 관련 일화와 더불어 프랑스의 역사와 지역 문화까지 찬찬히 살펴볼 수 있을 것이라고 생각하기 시작했다. 그러면 프랑스인들이 왜 깨어 있는 시간과 수입의 상당 부분을 음식에 쏟는지, 프랑스에서는 왜 음식을 먹는 데 그치지 않고 음미하고 이야기하며 노래하고, 음식을 통해 인생의 의미를 사색하는지 이해할 수도 있을 것이다. 우리가 슬픔을 표현하고자 할 때 '빵 없는 하루 같다comme un jour sans pain'고 하는 식으로 말이다. 샤를 드골은 전후 프랑스 재건이라는 엄청난 과업의 중요성을 전하려 하면서 프랑스 국민이라면 누구라도 이해할 수 있는 비유를 사용해 외쳤다. "그 누가 246종의 치즈를 가진 나라를 통치할 수 있겠는가?"

프랑스의 음식과 와인, 더 넓게는 먹고 마시고 농사짓고 포도를 재배하는 일체의 관습은 프랑스 사회를 지탱하는 기둥이다. 그리고 이러한 관습은 프랑스라는 국가가 그렇듯 시대의 전쟁과 혁명, 전염병과 침략, 발명과 계몽을 통해 진화해왔고, 좋든 나쁘든 그 과정에서 프랑스인으로서의 정체성이 형성된다.

음식이 프랑스인의 정체성에서 차지하는 중추적 역할, 그리고 프랑스 사회에서 음식의 정치적 역할은 그 어느 때보다 오늘날 명백히 드러난다. 프랑스 신문의 헤드라인으로 등장하는 에스카르고는 마늘 버터에 빠진 감미로운 달팽이 요리가 아닌 프랑스 농부들이 종종 사용하는 달팽이처럼 느릿느릿한 항의 방식을 뜻한다. 그들은 프랑스 농업에 유럽의 보편적 표준을 적용하는 데 대해 불만을 제기하는데, 이를 전통적인 삶의 방식을 파괴하는 조치로 받아들이기 때문이다. 앞으로 살펴보겠지만 프랑스 대부분의 시골에서는 아직도 수 세기 전의 방식으로 와인과 음식을 생산한다.

아마 맥도날드에 반대하는 프랑스인의 시위 소식도 자주 접했을 것이다. 프랑스 문화 엘리트들이 미국 거대 기업에 대한 경멸을 자주 표현하지만, 프랑스는 맥도날드의 두 번째로 큰 해외 시장으로 많이 사랑받고 있다. 앞으로 살펴보겠지만 프랑스에서는 엘리트층과 서민층 사이의 이러한 격차가 새롭지 않은 사실이다.

불행히도 음식을 매개로 프랑스인의 정체성을 규정하는 행위는 1990년대 이후 프랑스 극우파가 선호하는 전술이 되었고, 지난 10년 동안 주류 정치에도 스며들었다. 2012년 대통령 선거에서 마린 르 펜과 니콜라 사르코지 모두 할랄 육류를 프랑스의 문화 가치와 농업 전통에 대한 위협이라는 프레임으로 규정했다. 우익 성향의 의회가 이끄는 다수의 마을은 학교 급식 메뉴 중 돼지고기가 들어가지 않는 대체 메뉴를 없앴다. 민족주의 집회는 돼지고기 요리와 와인이 즐비한 식탁을 특징으로 하는데, 우파는 이슬람의 금기인 돼지고기와 와인을 현재 프랑스가 무슬림 공동체와 이민자의 증가로 위협받고 있다는 현실을 강조하는 서사의 상징으로 사용한다. 그 의미는 명확하다. 프랑스인이 되려면 프랑스 사람들처럼 먹고 마셔야 한다는 뜻이다. 그러나 프랑스 역사를 살펴보면 프랑스 미식 전통이 전 세계의 맛과 관습이 혼합된 결과라는 사실이 명확해진다. 포도밭은 로마인이 전해준 것이며, 유명한 페이스트리는 오스트리아의 선물이다. 터키로부터의 멋진 수입품, 커피가 없었다면 카페의 탄생은 상상할 수도 없었다. 초콜릿? 멕시코에서 수입되었다. 프로방스 요리? 미국으로부터 수입한 토마토 없는 프로방스 요리를 상상이나 할 수 있을까. 다시 말해 '순혈의' 정통 프랑스 요리가 존재한다는 주장이 사실상 얼마나 터무니없는지 앞으로 밝혀내도록 하겠다.

이곳 프랑스에서 음식과 사회와 정치는 끊임없이 진화하면서도 기본 역학 관계는 놀라울 만치 일관성 있게 서로 연결되어 있다. 정치, 경제, 문화가 음식과 연결된 방식은 '식생활 방식foodways'으로 알려졌고, 이를 통해 한 나라와 그 국민에 대해 많은 것을 파악할 수 있다. 프랑스 역사의 태동기부터의 식생활 방식을 탐색함으로써 깊은 고통과 끔찍한 갈등, 놀라운 혁신을 거쳐 프랑스의 식생활 방식이 세계 무대에 등장하기까지 몇 가지 지속된 패턴을 밝혀내고자 한다.

프랑스 역사는 혁명을 야기한 식량 부족이든, 새로운 조리법이 도입된 전쟁과 정복이든, 또는 수백만 명의 식단을 바꾼 종교적·철학적 사고에서의 급진적 변화든 간에 많은 부분이 미식의 추구와 밀접하게 얽혀 있다. 루이 파스퇴르와 니콜라 아페르(최초로 병조림을 만들어 통조림의 시조라 불린다 — 옮긴이) 같은 거인을 생각해보면 인류의 역사를 바꾼 혁신의 상당수는 프랑스 음식에 뿌리를 두고 있으며, 근대에 큰 영향을 미친 많은 정치철학은 프랑스 카페에서 육성되었다. 유럽 제국주의는 세계 질서를 변화시켰고 전 세계에 극심한 고통을 야기했다. 식량 및 농업 분야에서 일어난 착취 형태를 고려하면 역사의 비극성이 어느 정도였는지 짐작할 수 있을 것이다. 우리는 이 책에서 골족의 미식 유산으로부터 잊혔던 제2차 세계 대전 동안의 채소까지, 로마 시대에서 현대에 이르는 프랑스의 놀랍고도 흥미로운 역사 이야기를 나누려고 한다.

음식은 종교 재판의 심문부터 코카콜라에 반대하는 냉전 시대의 십자군 운동에 이르기까지 모든 과정에서 드러나듯 프랑스 사람들의 정체성을 진화시키면서도 그 일관성을 유지하는 데 필수적인 요소이다. 음식은 수 세기에 걸쳐 사회적 지위와 부의 지표로 자리 잡았고, 이토록 오래 이어진 부유층과 빈곤층 사이의 식습관 격차는 그들이 살고 있는 사회 내부의 여러 면모를 보여준다. 프랑스 요리가 아무리 뛰어나다고 해도 미국과 프랑스 요리 사이에는 간혹 양국 간에 터져 나오는 적대감이 부적절하다는 사실을 보여주는 근본적인 공통점도 발견할 수 있다.

이 책의 각 장은 짧다. 맛있는 식사를 하면서 읽기 적당한 한 입 크기 정도의 분량이다. 이 책을 펴는 순간부터 시장기가 살짝 들고 익숙하지 않은 프랑스 음식과 와인에 대해 약간의 호기심이 생기기를 바란다. 그리고 이 책을 읽은 뒤 프랑스를 여행하고 그곳의 시장과 마을, 시골을 돌아다니고 싶어진다면 정말 기쁘겠다. 하지만 무엇보다 이 책을 다 읽어갈 때쯤이면 나가서 사온 프랑스 와인과 갓 구워져 나온 빵, 취향에 맞는 프랑스 치즈를 먹는 데만 그치지 않고 프랑스의 다채로운 역사의 일부를 떠올리는 새로운 시각으로 즐길 수 있게 된다면 우리는 임무를 완수한 셈이다.

# 차례

# 01
# 프랑스인의 조상, 골족

"와인을 마시면 신이 된다Et de vin, divin on devient."[1] 프랑스인이라면 당연히 르네상스 시대의 위대한 인문주의자 프랑수아 라블레의 이 말에 동의할 것이다. 그는 당대에 외설적이고 반종교적이라는 비난에 시달렸지만 이 부정할 수 없는 발언에 대해서만큼은 그렇지 않았다.

그렇지만 우리가 지금 프랑스라고 알고 있는 그 땅에 와인이라는 음료가 거의 알려지지 않았던 시대가 있었다. 2500년 전, 로마인들이 이 땅을 점령하기 전까지 와인은 외국의 음료로 여겨졌다. 그 이전 시대에는 대부분 보리를 발효해 만든 세르부아즈cervoise를 즐겨 마셨다. 와인은 부유층의 전유물이었는데, 이를 물에 희석하지 않은 채 곤드레만드레 될 때까지 마셔대는 데다가 여성도 남성과 똑같이 마실 수 있던 그들의 관습에 그리스인과 로마인은 경악했다.[2] 와인은 대부분 이탈리아에서 대량으로 수입되었고,[3] 기원전 600년 무렵 포카이아 출신의 그리스인 해운업자들

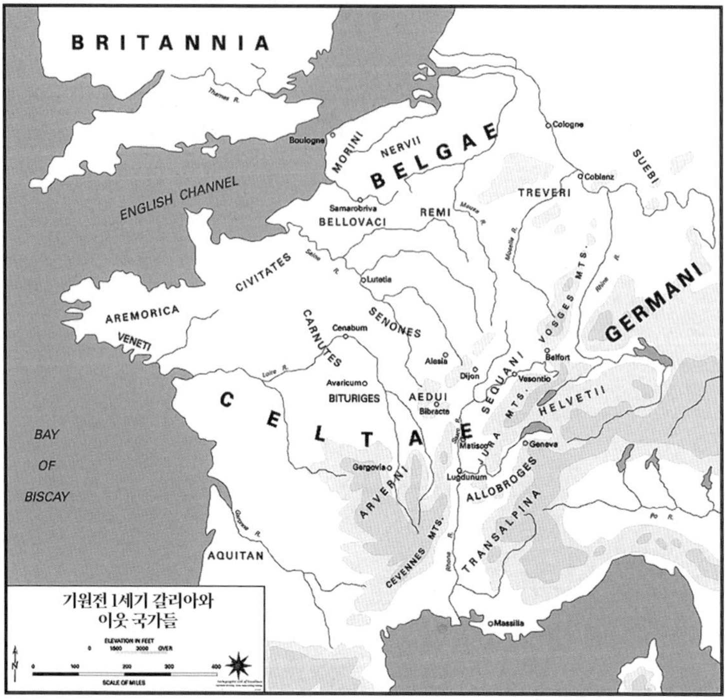


기원전 1세기 로마가 정복하기 전의 갈리아 지방. 미국육군사관학교 역사학부.

이 세운 유서 깊은 프랑스 도시이자 항구인 마르세유 주변에서 작은 규모로만 생산되었다.

이후 피레네산맥과 라인강, 지중해와 대서양으로 둘러싸인 이 광대한 지역은 갈리아(오늘날의 프랑스, 벨기에, 스위스, 독일 서부 등을 포함한 지역)라는 이름으로 알려지게 되었고, 프랑스 학교의 역사 수업도 자연히 여기서부터 시작된다. 프랑스 교육 제도에서 살아남은 사람이라면 골족에 대해 적어도 두 가지 사실 정도는 알고 있을 것이다.

첫째, 그들이 '프랑스인의 조상'이라는 것이다. 오랫동안 "프랑스인의 조상은 골족이다"라는 표현이 프랑스 역사 교과서에 자주 나왔다. 현대 프랑스 학생들의 복잡한 가계도는 다소 의도적으로 무시하면서 말이다. 퐁뒤가 '멜팅 포트melting pot'(여러 민족이나 인종, 문화가 융합된 지역—옮긴이)라는 개념을 상징한다고 하면 이러한 접근이 필연적일 수밖에 없다.

대부분의 프랑스 학생이 골족에 대해 아는 두 번째 사실은 마법의 물약을 사용했다는 것인데, 드루이드druid가 만든 이 물약을 마시면 굉장히 강해진다고 한다. 프랑스 아이들이 이런 사실을 기억하는 것은 다른 나라 아이들처럼 조상에 대한 장황한 설명을 들을 때는 졸고, 체구는 작지만 약삭빠른 골족 전사 아스테릭스 같은 슈퍼 히어로가 주인공인 만화책 읽는 것을 훨씬 더 좋아하기 때문이다. 아스테릭스와 그의 벗 오벨릭스는 자신들의 친구인 드루이드 게타픽스가 준 마법의 물약 덕분에 로마군을 물리치고, 멧돼지를 잡아 축제를 벌이고, 세르부아즈를 몇 통씩 들이키는 등 다양한 모험을 한다. 아스테릭스 만화책은 1960년대부터 엄청난 인기를 누렸으며 제라르 드파르디외가 잠시도 가만있지 못하는 술꾼 오벨릭스로 출연하는 역사상 가장 완벽한 캐스팅의 영화 시리즈로도 제작되었다.

그러면 대체 골족은 누구인가? 로마인의 기록에 따르면 그들은 아스테릭스와 오벨릭스처럼 시끄럽고, 술을 잘 마시며, 교양 없고, 호전적이며, 연회를 사랑하는 북방의 이민족이었다. 골족이 직접 기록한 역사서가 없으므로 우리가 골족에 대해 아는 사실의 대부분은 로마인의 기록에 근거한 것이다. 따라서 위에서 말한 특징은 전혀 맞지 않을 수도 있다. 골족의 국가 혹은 정치적 정체성에 대한 개념조차 정확히 알지 못한다. 실제로 그들은 당시 유럽 대부분의 지역에 걸쳐 살고 있던 켈트족의 일파이고, 여러 부족 지도자가 통치했다. 아마도 골족은 자신들이 골족인지도 모른 채 살았을 테고, 로마인들이 그들을 골족이라 부르면서 그렇게 알려지게 되었다.

로마인들이 골족에게 관심을 기울이기 시작한 것은 기원전 390년 무렵 골족이 로마를 침략했을 때였다. 리비우스는 『로마사』에서 골족이 '맛있는 과일, 그리고 무엇보다 와인을' 얻기 위해 로마를 침략했다고 기록했지만, 그들이 평화의 대가로 요구한 것은 사실 1000파운드의 금이었다.[4] 로마인들은 이에 순순히 응했지만, 금의 무게를 잴 때 골족이 무게를 속이려 한다고 불만을 표하며 항의했다. 골족의 지도자는 로마인들의 입을 다물게 하는 간단하면서도 효과적인 기술을 발휘했다. 저울에 자신의 칼을 던지며 "패자에게는 고통뿐Vae victis!"이라고 외친 것이다. 로마인들은 숨은 뜻을 알아차렸다. 사실 너무 잘 알아차린 덕분에 그들은 이후 350년간 지중해 연안을 정복해갔고 마지막으로 골족을 정복했다. 기원전 52년 율리우스 카이사르는 골족의 군주 베르킨게토릭스와 싸워 승리를 거둔 후 "Gallia est pacata"라고 기록했다. "골족이 진압되었다"라는 뜻이다. 이후 5세기 동안 갈리아 지방은 로마 제국에서 가장 중요하고 풍요로운 속주로 자리매김했고, 골족은 점차 '갈로·로마인'으로 진화했다. 종교부터 언어, 식습관에 이르기까지 문화의 거의 모든 면이 로마의 요소와 혼합되었다. 예를 들어 우리가 오늘날 아름답다고 칭송하는 프랑스어도 골족과 로마의 문화가 결합한 갈로·로마 문화에 뿌리를 두고 있다.

골족은 점차 로마화되어가면서 와인을 마시고 포도를 재배하는 로마인의 관습도 받아들이기 시작했다. 갈리아 지방에 포도원들이 등장해 로마에서도 인정할 만큼 참신한 와인을 생산했다. 1세기에 대大 플리니우스는 론 계곡 유역의 비엔 지역에 사는 골족이 굉장히 품질 좋은 와인을 생산한다고 언급하기도 했다. 우리는 갈로·로마인으로 시인이자 와인 생산자인 아우소니우스의 기록을 통해(오늘날 최고의 생테밀리옹 와인 중 하나로 유명한 샤토 오존Château Ausone은 그의 이름을 붙인 것이다) 4세기 무렵 보르도 지역에서 와인이 생산된 사실을 알고 있지만, 초기 생산지는 현재의 부르고뉴, 알자스, 사부아 같은 유명 와인 생산지와 오늘날 노르망디 지방인 북쪽 지역이었다.

이 시대의 와인은 현대인의 입맛에는 그리 맞지 않을 것이다. 예전의 와인은 훨씬 독해서 '문명화된' 주당은 와인에 물에 타서 마셨다. 그리고 와인을 저장해 숙성시키는 통이 투과성이 있어서 쉽게 맛이 변하기 때문에 꿀이나 약초로 향을 내어 그 맛을 중화하곤 했고, 빈티지와 테루아르terroir 같은 개념은 아직 등장하지도 않았다. 와인은 그 맛이 아닌 사교 행사와 종교 의식에 유용하다는 차별화된 특징으로 인해, 그리고 깨끗한지 의심스러운 물을 대신할 소독제로 알려지며 그 가치를 인정받았다. 뒤에서 다루겠지만 오늘날의 유명한 프랑스 와인은 수 세기에 걸쳐 포도 품종과 와인 제조 기술에 대한 집중적인 실험이 이루어진 뒤에야 등장한 것이다. 따라서 프랑스 와인 제조업자들이 자신들의 제품이 고대부터 이어져 왔다고 강조하는 홍보 내용을 보며 수 세기 동안 품질이 일관되게 이어진 표시로 받아들여서는 안 된다. 사실 이러한 마케팅 접근 방식은 산업화와 도시화로 야기된 혼란의 영향을 상쇄하기 위해 모든 미식의 전통이 과장되거나 고안된 19세기에 등장한 것이다.[5]

골족은 로마인이 들어오기 전까지는 와인을 많이 생산하지 않았지만, 오늘날 우리와 똑같은 방식으로 와인을 비롯한 여러 술을 즐길 수 있는 한 가지 방법을 고안해냈다. 바로 나무통이다. 나무통이 언제 발명되었는지 정확히 알 수는 없지만, 카이사르가 골족을 정복한 기원전 1세기 무렵에 이미 나무통을 사용하고 있었던 것은 확실하다. 주로 세르부아즈 보관용이었고 염장하거나 훈제한 돼지고기나 생선 같은 음식을 운송하기 위한 용도로도 쓰였다. 따라서 골족은 여전히 암포라(고대 그리스·로마 시대에 사용된 양쪽에 손잡이가 달리고 목이 긴 항아리—옮긴이)를 이용해 물건을 나르던 문명화된 로마인들보다 한발 앞서 있었던 셈이다. 지금 우리에게는 양쪽에 손잡이가 달린 큰 항아리보다 굴릴 수 있는 나무통을 이용하는 편이 쉬워 보이지만, 로마인들에게는 등골 빠지도록 일하는 노예가 있었으니 그럴 필요가 없었다.

현대의 술 상당수가 나무통에서 숙성되며 이는 알코올에 멋진 풍미를 더한다는 점에서, 우리는 코냑이나 위스키, 와인을 비롯해 많은 술을 제

90년에 건설된 아를의 로마 경기장에서는 전차 경주와 검투사 시합이 열렸고, 이를 보기 위해 2만 명에 이르는 관중이 모였다. 오늘날까지 놀랍도록 잘 보존되어 유네스코 세계 유산으로 등재되었으며. 아직도 콘서트와 투우 경기가 열리고 있다. © Gilles Lagnel(Pixabay Photos).

조하는 방법을 고안한 프랑스인의 조상 골족에게 감사해야 한다. 이탈리아 요리에 빠지지 않는 발사믹 식초가 소비 전까지 몇 달, 심지어 몇 년간 통에서 숙성되지 않았다면 현재의 형태로 존재하지 않았을 것이라는 점에서 로마인, 혹은 오늘날의 이탈리아인도 골족에게 감사할 것이다.

오늘날 프랑스에서 갈로·로마 시대의 자취를 감상하기란 그리 어렵지 않다. 많은 도시와 마을, 특히 남부 지역은 여전히 2000여 년 전에 지어진 건물, 수로, 다리로 아름다움을 자랑한다. 그중에서도 아를 같은 고대 도시는 로마 시대의 경기장 주변에 유적이 잘 보존되어 있다. 이곳의 좁고 구불구불한 거리는 오래전에 사라진 고대의 향취와 현대 프로방스의 햇살 내음 가득한 향기를 동시에 불러일으키며, 프랑스에서는 시간이 항상 선형으로 흐르지는 않는다는 사실을 절감하게 한다. 이 땅은 고대와 현대가 어우러진 독특하고 복잡 미묘한 프랑스 역사를 만들어냈다.

# 02
# 콩팥의 성모

갈로·로마 시대에 세워진 프랑스의 아름다운 여러 도시와 마찬가지로 프랑스 남서부 리무쟁 지방의 유서 깊은 주도 리모주도 로마의 아우구스투스 황제가 건설한 도시이다. 18세기에 도자기로 유명세를 떨치기 전까지 리모주는 번영한 종교·문화의 중심지였다(물론 전쟁, 폭군, 전염병으로 파괴되지 않았을 때 이야기이다). 오늘날 매력적인 중세 구역의 좁은 골목길에는 리모주, 그리고 프랑스 역사에 대한 중요한 단서가 숨겨져 있다. 바로 '콩팥의 성모La Vierge au rognon'이다. 이 성모상은 노트르담 데 프티 벙트르 Notre-Dame-des-Petits-Ventres('작은 배의 성모님')라는 작은 예배당에 있는데, 콩팥을 먹고 있는 아기 예수를 안은 이 성모상을 보면 마음속에서 의문이 끊이지 않고 솟구친다. 왜 콩팥일까? 저 아기는 벌써 고형식을 하는 거야? 신성 모독적인 농담인가? 이런 의문에 대한 답을 찾으려면(물론 당연히 답이 '아니요'인 두 번째 질문은 빼고 말이다) 갈로·로마 시대로 거슬러 올라가야 한다.

골족은 다신교인 켈트 종교를 믿었으나 로마에 정복당한 이후 많은 켈트족 신이 로마의 신에 융화되어 새로운 갈로·로마 종교가 형성되었다. 예를 들면 켈트족의 신 그라누스와 로마인의 신 아폴로는 둘 다 의술 및 태양과 관련이 있으므로 갈로·로마 종교에서는 이와 연관해 아폴로 그라누스라고 이름 붙인 일종의 혼종 신을 모시는 식이다. 로마화된 신들은 주로 켈트족 여신들과 짝을 이루었는데, 당시 발생하고 있던 문화 결합의 상징적 표현이라 볼 수 있다. 다신교의 비교조적 특징 덕분에 갈로·로마 종교는 유연하게 현실에 적응하며 발전할 수 있었다.

그러나 모든 일에는 끝이 있는 법이다. 사교성 좋은 갈로·로마 종교는 마침내 기독교라는 상대를 만났다. 기독교에서는 신은 단 하나라고 믿기 때문에 새로운 기독교의 신을 다신교의 신전에 편입할 가능성이 전혀 없었다. 최초의 기독교 선교사들이 현지인들의 거짓 우상을 비난하자 굉장히 우호적인 갈로·로마인들도 그들을 환영하지 않았다. 그래서 1세기부터 4세기에 걸쳐 선교사들은 대부분 멸시나 핍박을 받았으며 때로는 순교하기도 했다.

177년 순교한 성녀 블란디나는 갈리아의 가장 유명한 순교자이다. 그녀와 동료 기독교인들은 갈리아의 수도인 리옹(당시의 이름은 루그두눔)에서 사자 밥으로 던져졌다. 하지만 블란디나가 너무 말라서 먹이로 부족해 보였든지 하느님이 그녀를 보호했든지 간에(신념에 따라 믿고 싶은 쪽을 선택하라) 사자들에게 잡아먹히지 않고 살아남았다. 그 후 신념을 철회하라며 고문을 받았지만 거부하고 결국 처형당했다. 그리고 이제 그녀는 리옹의 수호성인이 되었다(사자들에게는 아니다).

순교의 고통은 섬뜩하지만 수호성인이 되는 데 매우 효과적인 방법이다. 성인 라우렌시오가 그 단적인 예이다. 3세기 무렵 로마의 부제副祭였던 그는 가난한 이들에게 돈과 음식을 나누어주어 유명해졌다. 이러한 소식은 당시 로마 황제였던 발레리아누스의 귀에도 들어가게 되었고, 그는 라우렌시오에게 교회의 보물을 바치라고 명했다. 그러자 라우렌시오는 거지, 불구자, 고아들을 데려가 말했다. "이들이 바로 교회의 가장 귀중한 보물입니다." 이에 분노한 황제는 그를 뜨거운 숯불 위에서 서서히 구워 죽이라고 명했다. 그는 한동안 불판 위에 있다가 형을 집행하는 사람들에게 말했다. "이쪽 면은 잘 구워졌소. 이젠 뒤집어도 되겠소." 이 재치 있는 발언으로 그는 요리사와 제빵사의 수호성인이 되었다.

사실 프랑스의 요식업에 종사하는 사람들은 대부분 각자의 수호성인을 모시고 있는데, 그 성인 모두가 이처럼 끔찍한 결말을 맞이하지는 않았다. 4세기, 초기 기독교 성인으로 유명한 투르의 성 마르티누스는 자연사했다. 그는 와인 제조업자의(그리고 아마도 알코올 중독자에게도) 수호성인인데, 투렌 지방에 포도나무 가지치기 기법을 도입하는 데 기여했다고 한다. 전설에 따르면 그의 당나귀가 몇몇 포도 덩굴에서 포도를 따 먹었는데, 다음 해 농부들이 보니 그 덩굴에 포도가 적게 열렸지만 알이 더 크고 맛있었다. 이처럼 성 마르티누스 덕분에 투렌 지방의 와인이 프랑스 최고의 와인이라는 명성을 얻게 되었다. 그런데 다른 전설에 따르면 그가 죽은 뒤 투렌의 와인 제조업자들이 너무 구슬피 운 나머지 와인의 맛이 변해, 투렌은 프랑스 최고의 와인 생산지라는 명성을 부르고뉴와 보르도 지방에 빼앗기게 되었다고도 한다.

자, 이제 리모주의 '콩팥의 성모' 이야기로 돌아가자. 마침내 프랑스의 식료품상들은 자신들의 길드를 만들었다. 길드는 거래에 참여하는 엄격한 기준을 정해 회원들의 상호 이익을 증진할 목적으로 결성된 협동조합의 한 형태로, 중세 시대의 매우 중요한 정치·사회 집단으로서 영향력을 발휘했다. 프랑스에서는 길드마다 자신들을 지켜줄 수호성인을 모셨다. 리모주에서 영향력이 큰 정육업자 길드는 성 아우렐리아노를 수호성인으로 삼았다. 3세기에 살았던 아우렐리아노는 원래 이교도 사제로 많은 현지인을 기독교로 개종시킨 주교 마르티알리스를 죽이러 리모주에 파견되었다. 그런데 마르티알리스가 하느님에게 자신을 보호해주십사 기도하자 자비로운 신께서는 아우렐리아노에게 벼락을 내려 죽였다. 낙담한 마르티알리스는 하느님께 아우렐리아노를 되살려주십사 빌었다. 하느님은 당신의 주교에게 참을성을 발휘해 이번에도 그의 기도를 들어주었다. 이러한 일을 겪으며 기독교 사상에 무언가 있다고 확신하게 된 아우렐리아노는 마르티알리스 사후 그의 뒤를 이어 리모주의 주교가 되었고, 마르티알리스도 훗날 리모주의 수호성인이 되었다.

리모주의 정육업자들은 부쉐리 거리 주변에 모여 장사하며 15세기에 세워져 훗날 '정육업자들의 예배당'으로 알려지게 되는 노트르담 데 프티 벙트르를 자주 드나들었다. 그들의 가게와 도축장은 이미 오래전에 그 지역에서 사라졌지만, 예배당은 목조 주택들과 햇살이 따스하게 내리쬐는 광장이 있는 이 매력적인 거리에 남아 있다. 예배당 자체에도 흥미로운 볼거리가 있는데, 전통적으로 제단 옆에 자리하는 성인 아우렐리아노와 성인 마르티알리스의 조각상뿐만 아니라 이제는 그 기원이 좀 더 명확히 밝혀지기 바라는 '콩팥의 성모'라는 특이한 조각상이 바로 그것이다. '콩팥의 성모'는 철분이 풍부한 콩팥을 어린아이와 갓 출산한 산모에게 주는 정육업자들의 오랜 관습뿐만 아니라 프랑스 중세 도시에서의 상업과 종

리모주 정육업자들의 예배당, 노트르담 데 프티 벙트르의 '콩팥의 성모' 조각상. © Karine Hénaut, 2017.

교의 결합을 보여주는 상징이다.[1]

프랑스인들은 미국의 슈퍼마켓에서는 보기 힘든 고기 부위를 즐겨 먹기로 유명한데, 수 세기 동안 정육업자들이 사회적으로 중요한 역할을 했던 리모주에서는 이러한 전통을 보다 특별하게 기념한다. 중세 정육업자들이 살던 구역을 철거하려는 도시 계획에 맞서기 위해 1970년대 설립된 '프레리 데 프티 벙트르Frairie des Petits Ventres(작은 내장 요리들을 후원하는 형제들의 모임)'가 지원하는 연례 음식 축제에서는 내장 요리로 미식의 한계가 확장되는 경험을 할 수 있다. 이 행사가 성공을 거둔 덕분에 이제는 매년 10월 부쉐리 거리에서 다양한 부위의 매력적인 고기 요리를 제공하는 수십 개의 매대를 통해 역사적 의미를 되새길 수 있게 되었다. 방문자들은 비교적 시도하기 쉬운 양의 피로 만든 지로 소시지girot sausage로 시작하거나 마늘, 파슬리와 함께 볶아낸 양의 고환을 시도할 수도 있다. 그리고 정말 용감한 사람은 이 축제와 이름이 같은 요리 '프티 벙트르(작은 내장들)'를 시식해볼 수도 있다. 이 요리는 해기스haggis와 비슷한데, 양의 위에 당신이 감히 생각하지도 못한 동물의 내장을 채워 만든 요리이다. 비위가 약한 사람이라면 유럽 최고의 쇠고기 품종이자 오늘날 이 지역에서 가장 잘 알려진 미식 전통에 기여한 리무쟁 쇠고기로 만든 놀라운 맛의 버거를 시식하는 것만으로도 충분할 것이다.

초기 기독교 순교자들의 전성기는 4세기 로마 황제 콘스탄티누스가 기독교로 개종하면서 막을 내렸고, 그로부터 몇십 년 뒤 기독교는 로마 제국의 공식 종교가 되었다. 이에 따라 갈로·로마인들도 점차 이교도 신앙을 버리면서 프랑스 가톨릭의 토대가 마련되었다. 분명 이 초기 기독교인들은 갈리아 지방에서 새로운 신앙이 꽃피울 찬란한 미래를 예견했겠지만, 그 신앙이 자리 잡은 제국의 체계가 이미 무너지기 시작했다는 사실은 알지 못했다.

# 03
# 접시 위의 야만족들

인류 역사상 통치한 영토의 넓이 측면에서 로마 제국에 필적할 만한 제국은 거의 없다. 영토가 잉글랜드부터 이집트, 스페인부터 시리아에 이르렀던 로마 제국의 전성기에는 지구상 인구의 4분의 1을 통치했다. 수 세기에 걸친 세월 동안 살아남은 길과 수로, 많은 유럽 언어의 뿌리를 이루는 언어나 여전히 전 세계 독자를 사로잡는 시처럼, 로마인들의 기술적·문화적 성취는 오늘날의 세상에도 영향을 미치고 있다. 물론 로마인들도 끔찍한 일을 많이 저질렀다. 노예를 두었고, 사람을 사자의 먹이로 던졌으며, 카르타고를 파괴하고 그곳의 밭에 소금을 뿌렸다. 그러나 이 중 어느 것도 자신들이 지구상 문명의 정점이라는 믿음을 흔들지는 못했다.

로마의 미식 역시 이처럼 이중적이다. 제국 각지에서 올라온 훌륭한 요리, 좋은 와인과 윤리적으로나 미적으로나 의심스러운 요리가 공존했다. 일례로 푸아그라를 위해서는 거위에게 강제 급식해야 하고, 케이폰capon은 수탉을 거세하는 혁신적인 결과물이었다. 엄청난 식비 예산이 바닥나자 자살한 1세기의 유명한 대식가 아피키우스는 홍학의 혀, 낙타 발굽, 암퇘지의 젖꼭지와 생식기 요리를 특히 좋아한다고 공공연하게 밝혔다.

이처럼 다양한 미식 풍습을 보면 로마인들은 음식에 대해 한없이 관대했다고 생각할 수도 있다. 그러나 이런 로마인들이 정말 상스럽고 천박하며 교양의 부족을 드러낸다고 생각한 관습이 있었는데, 바로 올리브유 대신 버터로 요리하는 것이었다. 그들은 이를 용서할 수 없는 죄악 정도로 여겼으며 로마에서 '야만족'을 정의하는 가장 중요한 요소 중 하나였다.

그보다 몇 세기 전 그리스인의 관점에서는 로마인도 야만인이었다. 그러나 이제 인간이 살고 있는 세계의 많은 부분을 로마가 통치하고 형성하는 현실에서 로마인들은 엄청나게 열등한 '나머지'와의 대비를 통해 로마인으로서의 정체성을 규정하려 했다. 그리하여 제국 변방에 모여 사는 게르만족과 유라시아 부족들이 쉽게 야만족으로 분류되었다. 어쨌거나 그들은 라틴어를 말하지도, 로마의 신을 섬기거나 로마법을 따르지도 않았으니 말이다. 게다가 그들의 식습관을 보라! 음식은 사람들을 평가 절하하는 데 항상 효과적인 메커니즘이며, 고대 세계에서도 다르지 않았다. 버터로 요리하고 와인 대신 맥주를 마시며 경작한 농산물 대신 사냥으로 얻은 고기를 주식으로 한다면 미개한 야만인이라는 뜻이었다.[1]

세월이 흐르면서 갈로·로마인들은 대부분 '문명화된' 로마 방식에 적응했지만, 지금의 프랑스 북부와 동부에 살던 게르만족은 자신들만의 조리 방식을 고수했다. 오늘날에도 버터로 요리를 하고 맥주나 시드르(사과를 압착해 발효해서 만든 술 — 옮긴이)를 즐겨 마시는 프랑스 북부와 대부분의 요리에 올리브유를 이용하고 와인이 우위를 누리는 남부 사이에 두드러진 차이가 존재하는 이유가 이러한 역사적 맥락에서 설명되기도 한다. 하지만 문제가 이렇듯 단순하면 좋겠지만 사실상 요리 분야는 로마와 게르만 방식으로 깔끔하게 나뉘어 정리되지 않는다(그리고 우리가 볼 때 이러한 종류의 사회적 선호는 단일한 역사 요인에 기인하는 경우가 거의 없다).

로마는 실질적으로 우월한 국력과 무관하게 변경 지역에서의 불안한 치안으로 고질적인 우환에 시달리고 있었고 4~5세기에는 자주 야만족의 공격을 받았다. 로마인들은 국경 지대에 정착해 다른 부족의 침략을 막아주겠다는 부족에게 땅이나 전리품을 주는 방식으로 각각의 부족을 흡수하는 데 성공했지만, 단기적인 성공에 불과했다는 사실이 증명되었다. 결국 갈리아에는 반달족과 알란족, 수에비족, 부르군트족, 서고트족, 그리고 프랑스 역사에서 가장 중요한 훈족과 프랑크족이 난립하게 되었다.

훈족 아틸라는 잔혹성과 야만성을 상징하는 이름으로 우리에게 익숙한 몇 안 되는 야만족 지도자 중 하나이다. '신의 재앙'이라고도 불린 아틸라는 동유럽에 강력한 제국을 건설한 뒤 결국 451년 갈리아를 침입했다. 아틸라가 메스 같은 마을들을 약탈하고 주민을 살육하자 공포에 질린 사람들은 그가 쳐들어오기 전에 도망쳤다. 승승장구하던 그는 마침내 451년 6월 파리 근교에서 벌어진 카탈라우눔 전투에서 로마군에 패배했다. 유럽 역사상 가장 피비린내 나는 전투 중 하나이자 아틸라에게는 유럽에서 처음으로 겪는 큰 실패였다. 하지만 로마군의 결정적 승리로 끝나지는 못했다. 아틸라는 비록 로마까지는 공략하지 못했지만 다음 해 다시 이탈리아를 침입했다. 그리고 453년, 결혼한 날 밤에 자신의 피에 질식해 죽는 참된 야만족다운 방식으로 죽음을 맞이했다.

전반적으로 훈족은 프랑스에서 그리 호의적으로 기억되지 않는다. 하지만 그들의 침략으로 프랑스 음식의 전설이 시작되었다. 다시 말해 훈족 덕분에 슈크루트 혹은 사워크라우트가 그들이 휩쓸고 지나간 알자스와 그 중심 도시인 스트라스부르 같은 프랑스 동부에 전해졌다. 사워크라우트는 프랑스의 캐주얼한 식당에서 빠지지 않는 음식으로 보통 돼지고기나 소시지에 곁들여 먹는데, 아시아 스텝 지역에서 온 침입자들 덕분에 독일과 동유럽 지역에서 인기를 누리고 있다(사워크라우트를 전한 것은 훈족이 아닌 13세기 몽골인이었을 가능성이 크다). 20세기 들어 사워크라우트는 독일과 연관되어 현대의 음식판 마녀사냥의 희생양이 되었다. 앵글로·색슨 나라들에서 '크라우트kraut'가 세계 대전 동안 독일을 멸시하는 용어로 사용되었는데, 프랑스에서는 독일을 칭할 때 '슈크루트 먹는 사람들'이라는 말을 선호했다. 제1차 세계 대전 당시 미국의 일부 애국적인 사워크라우트 제조업자들은 사워크라우트를 '자유 양배추'라고 개명하기도 했다. 다행히 그 후 수십여 년이 지나는 동안 사워크라우트는 과거의 정치적 오명에서 벗어나, 오늘날은 충분히 먹지 않는 또 하나의 트렌디한 건강식품으로 자리 잡았다.

프랑크족은 프랑스 역사에 훨씬 더 실질적인 영향을 미쳤다. 프랑스라는 이름이 프랑크족의 땅이라는 프랑키아Francia에서 파생되었다는 점에서 특히 그렇다. 프랑크족은 로마 제국의 변방이었던 현재의 독일, 벨기에, 프랑스 북부에 살고 있던 게르만족의 느슨한 연합체였다. 오랫동안 내부의 부패와 야만족의 침입에 시달린 끝에 476년 로마가 멸망하자 클로비스라는 이가 프랑크족을 통합해 왕이 되었다. 서로마 제국이 해체

되면서 그는 로마군과 다른 야만족을 격파하며 갈리아 지방을 정복해나갔다.[2]

클로비스는 바다 신의 후손이라는 전설이 있는(당시 프랑크족은 이교도였다) 할아버지 메로비스의 이름을 따서 메로빙거 왕조를 세웠다. 그러나 클로비스는 기독교를 믿는 여성과 결혼했고, 496년 알레마니족과 맞선 톨비악 전투에서 패배의 위기에 처하자 이 전투에서 승리하면 기독교인으로 세례를 받겠노라 기독교 신에게 기도했다. 그 뒤 프랑크족은 전투의 흐름을 바꾸어 알레마니족을 무찔렀고, 클로비스와 프랑크족은 기독교인이 되었다. 당시 갈리아의 많은 사람이 기독교도였다는 점에서 이는 매우 기민한 정치적 조치였다. 클로비스는 랭스에서 세례를 받았는데, 이때부터 프랑스 왕들이 이 도시에서 세례를 받고 왕위에 오르는 오랜 전통이 시작되었다. 하지만 그는 왕국의 수도는 자신이 좋아하는 도시인 파리로 정했다. 그래서 전통적으로 프랑스의 역사는 클로비스와 메로빙거 왕조에서 시작되었다고들 한다.

클로비스의 아들이자 계승자인 테우데리쿠스 1세는 안티무스라는 그리스인 의사를 자문관으로 두었다. 안티무스는 건강과 식단에 있어서 질병을 피하거나 완화하기 위해 특정 음식을 먹어야 한다는 고대 그리스식 사고를 추종한 사람으로, 『음식론*De observatione ciborum*』이라는 요리서를 집필해 그리스·로마의 음식 관습이 중세까지 프랑크 왕국 내에서 존속될 수 있게 했다. 일례로 그는 소화를 돕기 위해 엄청난 양의 생강을 사용하라고 권했는데, 실제로 생강은 중세 요리의 두드러진 특징이 되었다. 그의 조언은 어떤 종류의 음식을 먹으라는 데 국한되지 않고 그 음식을 요리하는 방법까지 포괄했다. 쇠고기는 구리 용기가 아닌 토기에 넣고 삶은

리옹의 전통 선술집인 부숑bouchon '피용 아저씨네 돼지 세 마리' 벽에는 "돼지고기는 어느 부위든 맛있다"라는 프랑스 속담이 쓰여 있다. 부숑은 일반적으로 지역 특선 요리, 주로 고기 요리를 전문으로 하는 가족이 운영하는 식당으로, 합리적인 가격과 활기찬 분위기가 특징이다. 프랑스에서는 흔치 않게 부숑의 요리사는 대부분 여성인데, 20세기 가장 영향력 있는 프랑스 요리사 중 하나로 '라 메르 브라지에La Mère Brazier'로 알려진 외제니 브라지에Eugénie Brazier가 대표적이다. 저자 촬영, 2016.

뒤 후추와 정향, 기타 향신료로 만든 그레이비 소스로 양념해 구워야 하며, 고기는 너무 불 가까이 놓지 않고 자주 육즙을 끼얹으며 구워야 한다. 병아리콩은 소금과 기름을 약간 넣고 푹 익힌 것만 먹어야 한다.[3] 안티무스는 로마인과 메로빙거인 모두 매우 사랑했던 돼지고기에 대해서도 상당히 많은 글을 남겼다. 돼지고기에 대한 프랑스인들의 이러한 사랑은 한결같이 이어져, 실제로 "돼지고기는 어느 부위든 맛있다dans le cochon tout est bon"라는 속담도 있다.

그러나 메로빙거인들이 이후로 계승되는 미식 전통에 기여한 부분은 먹는 방식과 더 관련이 있다. 로마 시대 귀족 남자들은 눕거나 비스듬히 기대어 식사했고 아이와 여자, 평민, 노예들은 앉아서 먹었다. 그러나 메로빙거 왕조 시대의 연회에서는 모두가 등받이 없는 긴 의자에 앉았고, 이것이 프랑스의 관습이 되었다. 그래서 오늘날 프랑스에서는 식탁에 제대로 앉지 않는 것은 교양 없는 행동으로 간주된다.

사실 현대 프랑스에는 이 정도는 누구나 알 거라고 여기는 식사 예절이 많아 교양 없는 사람으로 보이지 않으려는 외국인들을 안절부절못하게 하기도 한다. 몇 가지 예를 들면 푸아그라는 토스트에 발라서는 안 된다(조각째 올려 먹어야 한다). 샐러드를 먹을 때는 양상추를 나이프로 조각내지 말고 입에 들어갈 크기로 접어 먹어야 한다. 그리고 제발, 절대로 삼각형 브리 치즈의 뾰족한 끝을 잘라서는 안 된다. 모두가 맛있는 중심부를 즐길 수 있도록 세로로 잘라야 한다. 말이 난 김에 덧붙이자면, 색슨족(오늘날의 앵글로·색슨족)처럼 큰 잔에 와인을 가득 따를 생각도 해서는 안 된다. 프랑스에는 여전히 야만족이 되는 방법이 아주 많다.

# 04
# 폭식에 바치는 송가

운명이 선뜻 내 소원을 들어주어
내 기도는 향기로운 선물로 응답받았네
먹는 것은 누이들이나, 내가 더 좋았네
그들이 배불리 먹는 동안 나는 사랑으로 살찌워졌으니
당신은 두 끼를 만들며 품위를 빛내고
그들이 당신이 만든 음식을 먹을 때 내 마음은 회복되고
음식이 그들의 몸을 채울 때, 사랑은 내 영혼을 살찌웠네
내가 당신을 더 간절히 원하기 때문에 당신은 내게 더욱 달콤한
식사로 온 것
경건한 기도를 바치면 전능하신 신께서는 당신의 탄원을 듣고
당신의 입술에 묻은 끝없는 잔치를 씻어주시리라

— 베난티우스 포르투나투스, 6세기[1]

이 시를 읽고도 사랑을 담아 만든 요리를 소중한 사람에게 대접하고 싶은

마음이 들지 않는다면 당신은 심장이나 위장이 없는 사람이 분명하다. 오늘날 프랑스 사람들이 '포르투나'라고 부르는 6세기의 시인이자 사제인 베난티우스 포르투나투스는 이 둘 중 어느 쪽도 부족하지 않았다. 수녀원에 은거한 전 왕비(메로빙거 왕조 클로타르 1세의 왕비 라데군트—옮긴이)를 향한 포르투나투스의 플라토닉한 사랑과 왕비가 그를 위해 특별히 준비한 신성한 음식은 미식을 매개로 한 사랑 이야기로 그의 시에 담겨 시대를 초월해 전해지고 있다.

이 특별한 시는 511년 클로비스가 죽은 뒤 메로빙거 왕조 내에서 내전이 빈번하게 일어나던 시기에 쓰였다. 메로빙거 왕조의 왕들은 영토와 재산을 모든 아들에게 나누어주는 관습이 있었는데, 이는 곧 왕이 사망할 때마다 왕국이 분할된다는 뜻이었다. 그리고 유산의 몫을 두고 형제간 싸움이 빈번하게 벌어졌다. 가족 간의 불화에도 불구하고 프랑키아는 여전히 메로빙거 왕가의 수중에 남아 있었다. 7세기 후반에는 왕이 사실상 허수아비로 전락하고 실권은 '궁재宮宰'라는 강력한 왕실 관리에게 넘어갔지만 말이다.

메로빙거 왕조 시대 귀족 여성들의 삶은 특히 더 암울했다. 그들의 역할은 남자 후계자를 낳는 것뿐이었고, 출산으로 죽지 않고 장수할 만큼 운이 좋은 여성은 거의 없었다(당시 여성의 기대 수명은 29세에 불과했다).[2] 그들은 상속 자격이 있는 남성이 존재하지 않은 경우에만 재산을 물려받을 수 있었고, 왕위는 절대 계승할 수 없었다. 일부다처제가 금지되지 않았기 때문에 보편적이지는 않았지만 남성(특히 귀족 남성)은 한 명 이상의 아내를 둘 수 있었다. 여성의 간통은 엄격히 금지되고 가혹하게 처벌받았지만 남성이 정부를 두는 일은 그리 드물지 않았다. 전반적으로 전형적인 가부

장제 사회였다. 결혼하지 않은 여성의 유일한 선택지는 이 시대부터 등장하기 시작한 수녀원에 들어가는 것뿐이었고, 곧 수녀원은 미혼 여성과 과부의 은신처가 되었다.

이 시대 여성의 애처로운 운명은 오늘날 독일 중부 지역인 투링기아 왕의 딸 라데군트에게서 고스란히 드러난다. 531년 투링기아는 클로비스의 두 아들 테우데리쿠스와 클로타르에게 정복되어 메로빙거 왕국에 합병되었고, 열한 살이었던 라데군트와 그녀의 오빠는 클로타르에게 조공으로 바쳐졌다.

열여덟 살이 된 라데군트는 자신의 고향을 침략해 가족과 헤어지게 만든 남자와 사랑 없는 정략결혼을 해야 했다. 불행한 결혼 생활 내내 그녀는 아이를 낳지 못했다. 그 대신 공부하고 기도하며 빈자와 병자를 돌보는 데 너무도 몰두한 나머지 왕이 수녀와 결혼했다는 소문이 돌 정도였다. 그러나 라데군트는 따뜻하고 지적이며 신앙심이 매우 돈독한 사람이었다. 이처럼 자선 활동에 몰입하며 신에게 헌신한 덕분에 그녀는 성녀라는 명성을 얻었다.

마침내 클로타르는 소뮈르 지방에서 멀지 않은 루아르 계곡에 자리한 세이 마을의 왕가 별장에 라데군트가 살도록 허락해주었다. 그러나 어느 순간 이런 생활에 싫증이 난 왕은 그녀에게 궁에 복귀하도록 명했다. 기독교 전설에 따르면 그때 '귀리의 기적'이 일어나 그녀를 이 운명에서 구원했다. 라데군트는 왕이 보낸 부하들을 피해 도망치다가 갓 심은 귀리로 덮인 들판에 이르렀는데, 갑자기 귀리가 자라나 그녀를 감추어준 것이다. 추적자들은 눈앞에 펼쳐진 기적에 놀라 신의 심기를 거스르지 않으려 추적을 포기했다.

좀 더 평범한 설에 따르면 라데군트는 왕이 그녀의 오빠를 죽인 후 도망쳐 몇몇 영향력이 큰 프랑크족 주교들을 찾아가 자신을 부제로 삼고 왕이 자신을 데려가려 하면 파문하겠다고 위협하도록 설득했다. 이렇게 라데군트는 왕의 손아귀에서 벗어났다. 그녀는 종교적인 삶을 받아들여 푸아티에의 생트크루아 수녀원 설립을 도왔다. 그리고 겸허한 마음으로 수녀원장이 아닌 일반 수녀로 입회했고, 그 대신 그녀의 시녀이자 친구인 아그네스가 수녀원장을 맡았다.

라데군트와 아그네스는 이 수녀원에서 이탈리아 시인이자 여행자인 베난티우스 포르투나투스를 알게 되었다. 그는 이탈리아 트레비소 출신인데, 고트족의 침략을 피해 도망쳐 나와 마침내 프랑크 왕국의 분국 아우스트라시아의 왕이 다스리는 메스에 이르렀다. 포르투나투스는 시로 많은 왕실 후원자를 끌어모으며 이름을 알리기 시작해 이후 파리, 투르에 이어 푸아티에로 옮겨갔다. 그는 삶과 음식을 사랑했고 자신의 그러한 취향을 부끄러워하지 않을 수 있음에 행복해했다.

포르투나투스와 라데군트가 어떻게 만났는지 명확히 밝혀지지 않았지만 그녀의 사연이 꽤나 특이하다는 점에서 그는 그녀에 대해 들어 알고 있었을 것이다. 분명한 것은 포르투나투스와 라데군트, 아그네스 사이에 깊은 우정과 (플라토닉한) 사랑이 자라났고, 두 여성이 음식을 통해 그에게 사랑을 표현했던 것 같다. 이에 대한 보답으로 포르투나투스는 그녀들과 그녀들이 만든 음식을 찬미하는 시를 썼고, 가끔 작은 선물을 보내기도 했다. 라데군트와 아그네스가 종교 의식에 따라 금식할 때면 포르투나투스는 조금이라도 뭘 먹으라고 간청하는 편지를 보냈고, 마침내 사순절이 끝나면 그녀들의 금식이 끝나 얼마나 행복한지 표현하는 편지를 보냈다.

그런데 어느 순간, 우리의 매력적인 수녀들이 포르투나투스에게 음식을 많이 해준 탓인지 그가 병에 걸리고 말았다. 의사가 엄격한 식이 요법을 따르게 하자 포르투나투스는 라데군트와 아그네스를 볼 수도 없고 그들이 해준 음식을 먹는 즐거움을 느끼지 못하게 된 데 절망해 분노를 표출했다. 그는 의사에 대해 불만을 늘어놓았다(포르투나투스는 "그의 마음에 드는 음식은 어디에도 없을 거요"라고 투덜댔다).[3] 마침내 몸이 회복되자 포르투나투스는 다시 "당신의 헌신적인 입술에서 흘러나와 만들어진 달콤한 벌집의 꿀이 떨어지는 식사"[4]를 받을 수 있었다. 꿀은 그가 특히 좋아하는 재료였다.

포르투나투스는 이 수녀들이 대접한 요리에 대해 인상적인 묘사를 남겼고, 이는 '암흑 시대'에 무엇을 먹을 수 있었는지에 대한 정보이기도 하다(주위에 사려 깊은 수녀들이 있는 행운아라면 말이다).

그대들의 따뜻한 관심을 잊지 못하리
그대들이 만들어주는 식사가 얼마나 내게 활기를 주는지
오늘의 풍성한 저녁 식사는 최고였다오
식탁에 놓인 꿀이 뿌려진 채소에
몇 번이고 손이 갔지
그 냄새만으로 나를 살찌우네
시종은 그 무게를 감당하지 못해
식사가 끝날 무렵엔 발에 물집이 생길 지경이었지
그때 고기가 당당한 모습으로 등장하네
산처럼 높이 쌓인 고기를
생선과 라구 스튜가 둘러싼 모습이
저녁 식사 속의 작은 정원 같네

왕성한 식욕과 탐욕으로 모든 걸 허겁지겁 먹어 치우니
산과 정원이 둔한 배 속으로 들어가지
그대들의 선물이 나를 정복했기에, 이후의 일을 기억하지 못하네
정복자 아그네스가 구름 위를 날아 하늘나라로 떠난 것을[5]

포르투나투스가 푸아티에의 주교로 생을 마치고 결국 프랑스와 이탈리아에서 성인으로 추존된 사실로 미루어 교황청은 그의 식탐을 죄악으로 보지 않았던 듯하다. 그리고 당연하게도 그는 오늘날 프랑스에서 남성 요리사와 식도락가의 수호성인으로 추앙받으며, 탐식의 죄악을 사면해준다. 그로부터 몇 세기 후 위대한 프랑스 요리사 오귀스트 에스코피에 Auguste Escoffier가 포르투나투스에게 '생포르투나투스식 코숑 드 레cochon de lait Saint-Fortunat'라는 요리를 헌정함으로써 그와 음식에 대한 그의 사랑에 경의를 표했다. 새끼 돼지에 허브와 브랜디, 소시지, 밤을 가득 채워 만드는 이 요리는 분명 포르투나투스를 황홀경에 빠지게 했을 것이다.

라데군트 역시 성인의 반열에 올랐고, 포르투나투스보다 더 높은 명성을 얻었다. 그녀가 세운 수녀원은 프랑스 혁명으로 파괴되었지만, 푸아티에의 지하 묘지 위에 세워진 아름다운 11세기 교회는 여전히 남아 있다. 그곳은 멋진 스테인드글라스로 장식되어 있는데, 그중 귀리의 기적을 묘사한 판 밑에는 수 세기 동안 숭배자들이 성녀 라데군트에게 귀리를 바쳐왔다. 그녀는 오늘날 여성 요리사의 수호성인으로 추앙받는다. 남녀 요리사를 구분해 생각할 필요가 있는지는 논외로 하고, 이런 식으로 이 두 위대한 친구와 이들을 추종하는 미식가들은 영원히 프랑스의 전설과 연관되어 기억된다는 편이 적절하겠다.

# 05

# 푸아티에 전투의 유산: 푸아투의 염소들

샤비슈Chabichou는 맛있는 프랑스산 염소 치즈로, 잔잔한 물결 같은 질감에 밑이 조금 더 두툼한 원통형 모양이 마치 작은 탑 같다. 갓 만들었을 때 먹으면 향긋한 풍미와 크림 같은 질감이 일품이지만, 몇 달 뒤에 먹으면 그 향이 알싸하고 더 지독해진다. 이 치즈는 푸아티에 주변 지역에서만 독점적으로 생산되며, 원산지 명칭 통제Appellation d'Origine Contrôlée (AOC)*의 엄격한 규정에 따라 관리된다. 그 이름을 딴 일명 '샤비슈 루트'라는, 푸아투샤랑트 지역을 여행하며 다양한 염소 치즈를 맛보는 미식 투어도 있다.

---

* AOC 체계는 1920~1930년대 프랑스의 최고 인기 상품을 포함한 지역 특산 식품과 와인을 분류·정리해 규제하기 위해서 만들어졌다. 각 AOC는 식품이나 와인의 생산 지역은 물론 생산 재료와 방법까지도 규정하며, 그 목적은 가짜 상품을 막고 품질 수준을 유지하기 위해서이다. 2010년 AOC 제도는 AOP(Appellation d'Origine Protégée)로 개칭되었지만, 대부분의 사람은 여전히 AOC라고 칭한다. IGP(Indication Géographique Protégée)라는 덜 제한적인 지역 제품 관리 체계도 있다.

일설에 따르면 샤비슈라는 이름은 아랍어로 염소를 뜻하는 시블리chebli에서 왔다고 한다. 공교롭게도 푸아티에는 맛있는 샤비슈뿐만 아니라 프랑크 왕국이 급속도로 성장한 이슬람 제국의 침략을 받았던 8세기, 유럽 역사의 전환점이 된 대전투의 현장으로도 유명하다. 현지의 전설에 따르면 우마이야 칼리파의 군대가 데리고 온 염소가 오늘날 프랑스 염소 치즈 생산량의 3분의 2를 차지하는[1] 푸아투샤랑트 지역의 특산물인 염소 치즈의 기원이라고 한다.

푸아티에 전투에 대해 정확한 내용은 거의 알려지지 않았다. 프랑스 학생들은 이 전투가 732년에 벌어졌다고 배우지만, 733년 투르 근처에서 벌어졌을 가능성도 있다. 실제로 영어권에서는 투르 전투라고 불린다. (반면에 아랍에서는 이 전투를 '순교의 길Balat ash-Shuhada'이라고 칭하기 때문에 이러한 지리적 모호성이 드러나지 않는다.)

정확한 시기가 언제든 간에 이 전투는 이슬람 제국이 등장한 지 한 세기도 채 되지 않아 중동과 지중해 지역에서 패권을 장악한 시기에 일어났다. 이슬람의 뿌리는 아라비아반도의 유목민으로, 예언자 무함마드의 계시를 계기로 크게 변화해 7세기에 이슬람 세력으로 등장하게 되었다. 그로부터 수십 년 뒤 아랍인들은 고향을 평정하고 중동과 북아프리카 대부분의 지역을 정복했다. 그리고 100년도 채 되지 않아 고대 페르시아 제국을 멸망시키고 비잔티움 제국을 위태롭게 하면서 현재의 파키스탄부터 스페인에 이르는 지역을 다스리는 칼리파국을 세웠다.

이슬람 제국이 레반트 지역과 북아프리카까지 확장되면서 지중해 요리도 영향을 받았다. 앞서 몇 세기 동안 로마의 지배를 받으며 지중해 연안 지역에서는 일관된 식습관이 형성되었는데 이제 그 남부 지역은 이슬람 문화의 영향권에 들어가 설탕, 가지, 감귤류 등 아시아로부터 새로운 식자재가 유입되었고 돼지고기와 술이 금지되었다. 그 결과 돼지고기와 술은 지중해 북부의 나라에서만 수용되면서 유럽의 정체성과 관련된 상징이 되었다(이는 오늘날까지도 역동적으로 지속되고 있다).[2]

초대 4명의 칼리파 시대를 거친 뒤 (수니파와 시아파의 분열을 낳은) 이슬람의 첫 내전을 거쳐 우마이야 왕조가 칼리파국을 이끌었다. 다마스쿠스에 기반을 둔 우마이야 왕조는 8세기 초 북아프리카의 아랍계 베르베르족으로 이루어진 군을 이끌고 알안달루스(이베리아반도)를 정복하며 이슬람 제국의 급속한 확장을 이루어냈다. 칼리파의 군대는 피레네산맥을 넘어 갈리아의 서부와 남부의 상당한 영역을 차지하면서 프랑크 왕국의 직접적인 위협이 되었다.

이 시기 프랑크 왕국은 여전히 메로빙거 왕조가 다스리고 있었지만, 그 왕들은 무력하고 무능한 '명목상의 왕'에 불과했다. 실제 정치권력은 궁재가 쥐고 있었는데, 이때의 궁재는 피핀의 아들 카를이었다. 그는 이미 잘 훈련받은 숙련된 군대를 휘하에 두고 있었으며, 사실상 왕이나 다름없었다.

우마이야 군대의 사령관은 코르도바의 아브드 알라흐만이었다. 수만 명에 달하는 대규모 침략군은 부유한 아키텐 지방을 정복한 뒤 투르 같은 부유한 도시를 점령하기 위해 루아르를 향해 서서히 북진했다. 프랑크군은 수적으로 열세였고 보병에 의존해 우마이야 중기병에 맞서 싸워야 하는 상황이었지만, 우마이야군의 진격 속도가 느린 덕분에 카를은 전투에 유리한 장소를 선택할 시간적 여유를 가질 수 있었다. 나무들이 높이 솟은 땅을 선택한 그의 판단은 결정적인 수였음이 입증되었다. 일주일 동안의 접전과 하루 동안의 치열한 전투는 아브드 알라흐만의 죽음과 우마이야군의 퇴각으로 끝났다. 일설에 따르면 이 승리로 프랑크 왕국의 지도자가 카를 마르텔('망치' 카를)이라는 유명한 별명을 얻게 되었다고 한다. 그가 거둔 결정적인 승리는 기독교 세계의 승리로 여겨졌고, 그는 훗날 '이단자들의 망치'로 일컬어졌다.

푸아티에 전투의 역사적 의의에 대해서는 이견이 존재한다. 유럽 내 우마이야의 침략을 저지함으로써 유럽이 이슬람 세력권에 들어가지 않게 된 승리라는 점에서 세계사의 일대 전환점으로 평가받는다. 그러나 최근 들어 역사학자들 사이에서 아브드 알라흐만의 군대는 약탈을 목적으로 프랑스를 침략했을 뿐 영구적으로 지배할 의도는 없었다고 하는 주장도 제기된다. 어쨌거나 우마이야 왕국의 팽창 정책은 8세기 후반 이후 내부 불안으로 인해 동력을 잃었고, 알안달루스의 군대는 프랑스 지배를 지속할 만큼 강력하지는 않았다. 그럼에도 불구하고 푸아티에 전투는 그 후로 수 세기 동안 프랑스인의 상상력을 사로잡았다. 잔 다르크는 푸아티에로 가서 카를의 검을 뽑아 또 다른 침략자인 잉글랜드인을 물리치라는 계시의 목소리를 들었다고 한다. 제2차 세계 대전 동안 비시 정권(남부 비시를 수도로 한 친독 정권 — 옮긴이)과 프랑스 레지스탕스 양측 모두 이 프랑크족 전사의 전설을 차용했으며, 푸아티에 지역의 레지스탕스 단체는 '카를 마르텔군'이라는 이름을 붙이기도 했다.

보다 최근에는 프랑스 극우파도 외국인 혐오 캠페인에 카를 마르텔의 전설을 끌어들였다. 1970~1980년대 '카를 마르텔 그룹'의 반反아랍 테러리스트들은 프랑스 내 알제리인들을 겨냥해 연쇄 폭탄 테러를 감행했다. 프랑스에서 가장 성공한 극우 정당인 국민전선FN은 2002년 대선에서 푸아티에 전투의 상징성을 부각하며, '732년에는 마르텔, 2002년에는 르 펜'을 캠페인 슬로건으로 내세웠다. 인종 차별주의적 메시지는 명확했다. "우리가 무슬림의 새로운 침략을 물리치겠습니다." 최근에는 국민전선의 창립자 장마리 르 펜이 시사 풍자 잡지 『샤를리 에브도』가 테러리스트의 공격을 당한 뒤 대중 사이에 널리 퍼진 구호 "나는 샤를리다"에 대응해 "나는 카를 마르텔이다"라고 선언한 일도 있었다. 프랑스 사람 대부분은 이러한 발언을 유감스럽고 매우 저급하다고 생각하면서도, 불행히도 더 이상 소수파가 아닌 사람들에게 끌리는 것 같다. 르 펜의 딸이자 국민전선의 대표인 마린 르 펜이 2017년 대선에서 30퍼센트가 넘는 득표율을 기록했으니 말이다.

어쨌거나 우리의 사랑스러운 염소 치즈 샤비슈는 단연 최고의 맛을 자랑한다. 그 기원이 우마이야군의 침략인지는 논쟁의 여지가 있다. "가난한 자들의 소"라고도 불리는 염소는 군대에 가장 적합한 동물이다. 염소는 적응력이 뛰어나고 험한 지형에서도 걸을 수 있으며 이동 중 길가의 풀을 먹는 것만으로도 충분하다. 사실 염소는 거의 모든 풀을 다 먹는다. 염소젖은 신선하게 마실 수도 있고, 치즈를 만들기도 쉽다. 그러니 우마이야군이 염소와 염소 치즈 만드는 전통을 프랑크족의 땅에 들여와 그들의 좌절된 정복의 잔재로 남긴 배경이 충분히 납득되지 않는가.

오늘날 프랑스는 매년 10만 톤 이상의 염소 치즈를 생산한다.[3] 샤비슈는 서로 다른 문명의 만남이 갈등보다 풍요의 원천이 되어야 한다는 사실을 맛있게 일깨워준다. 만약 샤비슈가 말을 할 수 있다면 이렇게 속삭이지 않을까. "전쟁을 벌이는 대신 치즈를 만들어라. 맛도 더 좋고, 특히 산뜻한 소비뇽 블랑과 잘 어울린다."

# 06
# 달콤함에 푹 빠진 왕

프랑스를 여행하다 보면 수십 년 전으로 거슬러 올라간 기분이 느껴지곤 한다. 아마도 동네 빵집이나 채소 가게가 늘어선 골목을 지날 때나 아무데도 문을 열지 않은 일요일이면 그럴 것이다. 어쩌면 작은 마을의 상점가를 걷다가 프랜차이즈 가게들 사이에서 거울이나 아코디언, 타자기(타자기라니!)처럼 특정 상품만 취급하는 작은 가게를 발견할 때 그런 느낌이 들 수도 있다. 이 모든 것은 시골에도 대형 하이퍼마켓의 수가 급증하면서 세계 여러 곳, 심지어 프랑스에서도 빠르게 사라져가는 소비 시대의 초기 모습을 연상시킨다.

낭트의 오래된 카페와 부티크가 늘어선 거리에서 우리가 즐겨 찾는 상점 중 하나에서는 꿀을 판다. 그러니까, 꿀만 판다는 거다. 진갈색을 비롯해 다양한 색의 꿀 수십 종이 태양에 그을린 듯한 황금빛의 단지들에 담겨 줄지어 놓여 있다. 그 광경을 처음 봤을 때는 꽤 충격을 받았다. 벌이 그토록 쓸모가 많을 줄 누가 알았겠는가? 그리고 새로운 세계가 열렸다. 지역, 꽃 종류, 약효에 따라 우리는 다른 꿀을 살 수 있었다.

알고 보면 인류는 문명의 여명기부터 천상의 맛을 가진 꿀에 사로잡혀 있었다. 유럽의 원시 동굴 벽화 중에도 벌에 맞서 꿀을 채집하는 용감한 수렵 채집민의 모습이 그려져 있지 않나. 고대 그리스인들은 꿀이 신의 음식이라고 생각했기에 알렉산드로스 대왕의 시신은 꿀로 방부 처리되었다고 한다. 꿀과 물을 섞어 발효시켜 만든 인류 최초의 알코올음료라고 할 수 있는 벌꿀주mead는 전 세계 지방마다 특색 있게 만들어진다. 고대부터 중세를 거쳐 르네상스 시대까지 단맛을 내는 음식에 대한 선호가 이어지면서 많은 요리에 꿀이 첨가되었다. 그래서 오늘날에는 짭짤하게 간을 하는 고기와 생선 요리도 대체로 달게 먹었다. 아시아에서 사용하던 설탕이 조금씩 서쪽으로 전파되는 상황이었으므로 설탕을 구하지 못하는 대부분의 유럽인에게 가능한 감미료는 꿀뿐이었다. 꿀은 또한 그 약효로도 유명했는데 특히 화상, 상처, 인후염에 널리 사용되었다.

꿀의 매력에 사로잡힌 인류는 제일 먼저 꿀도 와인처럼 테루아르terroir, 즉 생산지 자연환경의 독특한 특징과 밀접한 관련이 있다는 사실을 알게 되었다.[1] 벌들이 흡수한 꽃의 화분에 따라 꿀의 맛과 향, 색이 다르다는 것이다. 와인과 마찬가지로 프랑스인들은 꿀miel의 다양한 원산지를 설명하고 값싼 대체품으로 사기 치는 일을 방지하기 위해 매우 구체적인 레이블링 방식을 개발했다. 예를 들어 미엘 드 라방드Miel de lavande는 프로방스 지역에서 생산된 황금빛 라벤더 꿀을 보호하기 위한 상품명이다. 미엘 드 사라쟁Miel de sarrasin은 짙은 갈색의 메밀꿀로, 브르타뉴식 생강빵과 벌꿀주에 널리 쓰이며 오랫동안 브르타뉴 지방의 특산물로 인기를 누렸다.

고대 로마인들은 로즈메리 향이 짙은 나르본의 꿀이 세계 최고라고 여겼다. 꿀에 대한 프랑스인들의 집요함이 어느 정도인지 알고 싶다면 일돌레롱 지방에서 생산되는 미엘 데 뒨Miel des dunes처럼 대서양 연안의 특정 모래 언덕에 핀 꽃들을 거쳐온 벌들이 생산한 잡화꿀을 찾아보자.

프랑스에서는 갈리아 시대부터 양봉이 행해졌지만, 체계가 갖춰지고 사회적으로 인정받는 직업으로 자리 잡은 것은 8세기에 이르러서였다. 그 전까지는 자연적으로 생긴 벌집을 찾아 숲을 헤매거나, 취향에 따라 인공적으로 만든 벌집을 주거지에 설치했다. 그런데 프랑크 왕국의 한 통치자가 모든 방식을 바꾸어 오늘날 미식의 길에 프랑스 꿀의 자리를 마련했다.

카를 마르텔의 손자인 샤를마뉴는 768년 프랑크 왕국의 왕위에 올랐다. 그는 역사상 가장 강력한 국가 원수로서, 로마 제국 이후 서유럽에서 가장 넓은 땅덩이를 지배했다. 샤를마뉴는 유럽의 아버지로 불리는데, 독일인과 프랑스인 모두 그의 후손임을 주장한다. 다만 프랑스 미식 전통의 기반이 되는 프랑스 농업에 대한 그의 공헌은 거의 알려지지 않았다.

샤를마뉴의 아버지인 피핀 3세(단신왕 피핀)는 카를 마르텔의 궁재직을 계승해 허수아비와 다름없는 메로빙거 왕조의 국왕 힐데리히 3세와 함께 정권을 쥐었다. 피핀은 여기에 만족하지 않고 한 단계 더 나아가 메로빙거 왕조를 끝내기로 했다. 그는 자카리아 교황에게 자신에게 유리한 쪽으로 중재해달라고 요청했고, 교황은 "진짜 권력을 가진 자가 왕관을 써야 한다"라고 선언했다. 피핀은 힐데리히를 퇴위시키고 수도원으로 보낸 뒤 프랑크 왕국의 왕위에 올랐다. 이후 2세기 동안 프랑스를 통치하게 되는 새로운 왕조는 피핀의 뒤를 이어 왕위에 올라 영광스러운 통치로 샤를마뉴(샤를 대제라는 뜻—옮긴이)라고 불린 아들 샤를의 이름을 따서 카롤링거 왕조로 불린다.

당시 사회·경제 활동의 기반은 농업이었으므로 샤를마뉴는 권력을 잡고 왕국을 조직하는 과정에서 농사와 식량 문제에 집중했다. 그는 효율적이고 공정한 농업 체계가 갖춰져야 경제가 회복되고 왕국이 안정될 수 있다고 생각했다. 그의 광범위한 개혁은 왕실 영지 관리에 대한 칙령인 '국가 재산 조례Capitulare de villis'를 통해 명확히 파악할 수 있다. 이 문서에서 드러난 궁극적인 목표는 토지가 "다른 사람이 아닌 우리의 목적에 부합하게 사용되어야 하며", "백성들의 생계 기반을 마련해 극빈층으로 떨어지지 않게 한다"는 것이다.[2] 그리고 농경지, 양식장, 삼림 관리 방법과 포도 재배 및 가축 기르는 방법에 대한 세부 지침이 내려졌다. 영지 관리인은 늘 와인을 충분히 마련해두고 기근에 대비해 충분한 양의 식량을 재배해서 비축해야 했다. 박테리아나 세균이 무엇인지 밝혀지기까지 또 천 년이 걸리겠지만, 놀랍게도 현대인들이 '암흑 시대'라고 생각하는 것과는 달리 중세에는 식품 위생과 관련한 규칙이 강조되었다. 음식 및 와인 제조 현장은 특히 더 청결하게 유지되어야 했는데, 일꾼들이 손으로 음식을 만들었기 때문이다. 그리고 와인을 만들 때 맨발로 포도를 으깨어서는 안 되었다.

칙령에서는 왕실 사유지의 정원에서 재배해야 하는 품종도 지정했는데, 총 68종의 식물과 식재료이며 그중 다수는 마늘처럼 약효를 가진 것이었다. 이 칙령은 중세 정원의 틀을 형성하고 프랑크 왕국 전역에 걸쳐 마늘 재배가 확산되는 데 중추적인 역할을 했다. 푸아투샤랑트 지역의 고대 마을 멜레를 방문하면 카롤링거 왕조풍의 정원을 볼 수 있다. 프랑스의 개성 있는 소도시 중 하나인 멜레에는 로마네스크 양식의 멋진 세 교회와 한때 카롤링거 왕조의 왕들을 위해 화폐를 생산했던 유럽 최대 규모의 입장 가능한 은광도 있다.

그리고 칙령에는 양봉에 대한 조항도 있었다. 샤를마뉴는 왕실 소유지마다 벌을 기르도록 명해 그의 영토에서는 조직적인 꿀 생산이 확대되었다. 그리고 꿀 생산량의 3분의 2는 왕에게 공납으로 바쳐야 했다. 양봉세abeillage는 샤를마뉴 재위 이후에도 유지되어 봉건 시대에는 봉신들의 주요 의무가 되었다. 양봉 문제는 엄격하게 통제되어, 개인적으로 벌집을 소유하면서 영주에게 세금을 납부하지 않는 행위는 불법으로 간주되었다. 심지어 벌집을 감시하고 불법 양봉을 막는 일을 하는 양봉 관리도 있었다. (그들이 얼마나 철저했는지는 프랑스에 "손가락에 묻은 꿀까지 싹싹 긁어가는 악독한 꿀 관리자"라는 속담이 있다는 사실로 짐작할 수 있지 않을까.) 그토록 좋아하는 꿀을 마음대로 소비할 수 없다는 점에서 이러한 조치는 일반 백성에게 불행한 일이었지만, 더 조직적이고 혁신적이며 존경받는 양봉업자의 탄생에 박차를 가하는 역할을 했다.

샤를마뉴는 전 분야에 걸쳐 로마 제국의 몰락 이후 가장 효율적이고 생산적인 체제를 수립했다. 그는 장원마다 대장장이, 목수, 제화공, 비누 제조업자 등을 두도록 명했고, 자신은 글을 읽고 쓸 줄 몰랐지만 교육과 과학 학습을 중시해 교구 및 수도원에 학교를 세웠다. (사실 오랫동안 프랑스 학생들은 샤를마뉴가 학교를 '발명'했다고 배워왔다. 그렇다고 해서 수업 시간에 지루해하는 학생들이 이 위대한 지도자의 업적에 굉장히 감사해하는지는 모르겠지만 말이다.) 샤를마뉴가 웅장한 궁전, 교회, 학교를 세운 수도 아헨에는 유럽 각지에서 학자들이 모여들었다. 로마 시대 이래 누구도 그만큼 학문 활동에 큰 업적을 이루지는 못했다. 당시에는 고전을 연구하고 베껴 썼으며 과학을

호의적으로 수용했다. 후대 사람들은 이 시대를 가리켜 6세기 뒤에 도래할 보다 큰 변혁의 전조라는 의미로 '카롤링거 르네상스'라고 부른다.

프랑크 왕국이 강성해질수록 교황에게는 더욱 매력적인 동맹이 되어갔다. 당시 교황은 군대를 통솔하고 세금을 징수했다. 교회의 정치적·영적 지도자였기에 경쟁자들에게 맞서 전쟁을 일으키거나 그들을 이단으로 파문할 수 있었던 것이다. 하지만 교황은 더 강력한 통치자의 보호가 필요할 때가 많았고, 샤를마뉴는 두 번이나 그들을 구하러 와서 권력을 유지할 수 있도록 도왔다. 샤를마뉴는 군사 원정으로 과거 이교도의 땅에 기독교를 전파했다. 이렇게 신앙의 훌륭한 수호자임을 증명한 그는 800년 교황 레오 3세에 의해 황제로 즉위하며, 이후 천여 년간 유럽 역사에서 중요한 역할을 하게 되는 신성 로마 제국이 시작된다. 샤를마뉴 재위 말기에 이르면 프랑크 왕국의 영토는 더욱 확장되어 서유럽의 대부분을 차지하게 되었다.

샤를마뉴는 프랑스인의 마음속에서 유럽의 토대를 다진 사람, 학교의 발명자, 강한 전사 왕으로 군림한다. 프랑스 양봉의 확산에 있어서 샤를마뉴가 어떤 역할을 했는지 명확히 알려지지는 않았지만, 그의 재위 이후 세대의 양봉가들에게 그런 사실은 별로 중요하지 않다. 오늘날에도 꿀은 여전히 프랑스 요리에서 사랑받는 재료이며, 샤를마뉴가 틀림없이 승인했을 전통적인 방법을 고수하는 양봉업자가 프랑스 전역에 걸쳐 수만여 명에 달한다.

그러나 세계의 많은 나라와 마찬가지로 프랑스에서도 꿀벌의 개체 수가 급감하는 추세이다. 지난 20년 동안 꿀벌 수십만 마리가 감소했으며 이에 따라 프랑스의 연간 꿀 생산량도 1990년대 초 3만 톤에서 2014년에는 1만 톤으로 급감했다.[3] 이에 대한 원인은 여러 가지가 있지만 양봉가들은 살충제가 1차 원인이라고 주장한다. 그리하여 20여 년간 끈질기게 캠페인을 펼친 결과, 마침내 2016년 프랑스 의회가 오랫동안 최악의 범죄자로 여겨져 왔던 살충제의 사용을 금지함으로써 역사에 길이 남을 승리를 거두었다.

프랑스 양봉업계가 직면한 또 다른 큰 위협 요소는 대처하기 어려운 것이다. 프랑스 양봉업자의 3분의 1이 60세 이상인데, 이 업종에 진출하는 젊은이들은 거의 없다. 이러한 추세라면 다른 위협 요소들이 해결되더라도 프랑스 꿀 생산량은 계속 감소할 수밖에 없을 것이다. 게다가 이번에는 모든 장원마다 벌집을 설치하도록 명할 샤를마뉴가 없으니 말이다.

# 07
# 그들은 바다에서 왔다

영국에 여러 이야기와 노래에서 불멸의 명성을 떨치는 도버의 하얀 절벽이 있다면, 해협 맞은편 프랑스에는 르아브르와 르트레포르 사이의 노르망디 해안을 따라 160킬로미터가량 펼쳐진 자갈 해변 위로 하얀 절벽이 우뚝 솟아 있는 알바트르가 있다. 그곳에 자리 잡은 페캉이라는 작은 항구 도시에는 '알렉상드르 르 그랑Alexandre Le Grand'이라는 별칭으로 불리는 한 세기도 더 전에 지어진 신고딕 양식의 환상적인 궁전 팔레 베네딕틴이 있다. 세계 각국의 향신료를 사용하는 오래된 수도원의 요리법을 바탕으로 만든 허브 리큐어 베네딕틴Bénédictine이 생산되는 곳이다.

노르망디의 이 작은 마을이 어떻게 스칸디나비아의 안젤리카angelica(달콤한 향이 나며 케이크의 장식용으로도 쓰이는 풀— 옮긴이), 인도네시아의 육두구, 실론의 계피, 마다가스카르의 바닐라처럼 이국적이고 다양한 재료를 사용한 술을 생산하게 되었을까? 물론 프랑스에서 흔히 그렇듯 여기에 얽힌 전설도 있고 평범한 이야기도 있다. 어느 쪽이든 9세기로 거슬러 올라가 샤를마뉴의 죽음 이후 프랑크 왕국이 어떻게 되었는지 살펴보아야 한다.

814년 샤를마뉴가 사망할 당시 프랑크족은 어리석게도 군주의 아들들이 나라를 분할해 다스리는 전통을 고수하고 있었다. 상속은 보통 집안에서도 충분히 갈등을 유발할 소지가 있는 문제인데, 상속 재산이 서유럽의 대부분 지역일 때는 어떻겠는가. 다행히 샤를마뉴에게는 생존한 아들이 경건왕 루이 하나뿐이었다. 그러나 불행히도 경건왕 루이는 아들을 셋 두었고, 그가 죽기 전부터 계승권을 놓고 싸워댔다.

843년 세 형제는 베르됭 조약에 서명했고, 이로써 현대 프랑스와 독일의 토대가 형성되었다. 대머리왕 샤를은 카롤링거 제국의 서쪽 지역을 받아 프랑스의 왕이 되었고, 루이는 독일 지역인 라인강 동쪽의 땅을 받으며 '독일왕'이라는 별명으로 불리게 되었다. 로타르는 벨기에와 네덜란드부터 동프랑스와 서독일을 지나 스위스와 이탈리아까지 내려가는 좁고 긴 프랑키아 메디아Francia Media 땅을 받았다. 이 지역이 친숙하게 들린다면 아마도 프랑스와 독일이 (그리고 그 밖의 많은 사람도) 이후 천여 년간 이 땅을 두고 계속 싸웠기 때문일 것이다. 베르됭 조약으로 가족 간의 불화는 진정되었으나 이후 수많은 전쟁이 일어나게 되는 씨앗이 뿌려진 셈이다.

삼 형제 사이에 벌어진 전쟁은 통치 계급의 엘리트를 비롯해 수만 명의 사람이 목숨을 잃는 파괴적인 결과를 낳았다. 이로 인해 신생 프랑스 왕국은 국경 너머의 새로운 위협, 즉 북쪽의 바이킹 침략자에 제대로 맞서 싸울 수 없었다.

현대의 노르웨이, 스웨덴, 덴마크 사람들은 당시에는 노르인Norsemen으로 통칭되었는데, 그중에서도 보다 더 모험심이 강해 다른 유럽 땅을 습격하고 침략하던 부족을 앵글로·색슨 세계에서는 바이킹이라고 불렀다. (프랑크족은 그들을 데인족이나 노르인으로 부르는 편이었다.) 그들로 인해 공포에 떨었던 집단들은 원시적이고 폭력적인 야만인 취급을 했지만, 그들은 이후 5세기에 걸쳐 뉴펀들랜드부터 러시아, 그리고 스코틀랜드부터 시칠리아에 이르는 정착촌을 세운 무역가이자 탐험가이기도 했다.

바이킹의 유럽 데뷔는 793년 잉글랜드에서였다. 이때 그들은 린디스판 수도원을 약탈하고 많은 수도사를 죽였다. 노르인은 기독교도가 아니었기 때문에 수도원과 교회를 신성한 장소가 아닌 약탈의 대상으로 보았다. 대체로 부유하면서도 방어가 잘 되지 않았기 때문이다.

바이킹은 처음에는 잉글랜드의 해안 도시만을 공격했지만 곧 프랑스 해안도 침략하기 시작했다. 프랑크족은 이러한 위협에 대처할 능력이 부족했다. 급습 소식이 전해질 때면 바이킹은 이미 사라진 뒤였다. 시간이 흐르면서 바이킹은 더욱 대담해지고 그 수도 크게 늘었다. 그들은 841년에는 루앙, 843년에는 낭트, 845년에는 파리까지 진출해 약탈했다. 파리를 방어할 수 없었던 대머리왕 샤를은 (은화 7000파운드에 상당하는) 7000리브르라는 막대한 배상금을 치르고서야 간신히 바이킹을 물러가게 할 수 있었다. 이는 프랑스 왕이 노르인에게 치른 최초의 데인겔드danegeld(잉글랜드에서 데인족 침입자들에게 철수의 대가로 바치기 위해 징수한 세금—옮긴이), 즉 배상금으로, 이러한 배상금 지불은 단기적으로는 유용한 관행이었지만 장기적으로는 더 많은 약탈을 야기하는 동기로 작용했다.

노르인들은 내륙 도시를 더욱 효율적으로 약탈하기 위해 영구적인 근거지를 세우기 시작했다. 프랑스의 아름다운 강줄기는 이제 침략자들이 프랑크족의 중심지를 향해 더욱 깊숙이 진출하는 것을 돕는 역할을 했다.

바이킹은 약탈자라는 정체성을 버리지 않았고, 전리품과 배상금, 그리고 당시 성황을 누리던 노예 무역을 위한 노예를 얻는 데만 집중했다. 약탈한 프랑크족의 땅을 점령해 정착하는 데는 관심이 없었던 것이다. 그 덕분에 바이킹의 공격으로 엄청난 피해를 입었지만, 카롤링거 왕조 시대에 발전한 정치·문화 질서는 말살되지 않을 수 있었다.

당시 프랑스는 대머리왕 샤를의 뒤를 이은 말더듬이왕 루이, 뚱보왕 샤를, 단순왕 샤를처럼 카롤링거 왕조의 왕들의 별명에서 짐작할 수 있듯이 심각한 리더십 문제를 겪고 있었다. 하지만 그러면서도 천천히 바이킹의 위협에 대비해 약간의 방어책을 마련하기 시작했다. 강에 요새화된 다리를 세우고, 파리 같은 도시의 방어 시설을 강화했다(당시 파리는 센강의 섬인 시테섬으로만 이루어져 있었다).

그러나 885년, 어림잡아 3만 명에 달하는 사상 최대의 바이킹 병력이 프랑스에 집결해 파리를 포위했다. 파리 백작 외드Eudes와 시민들은 알자스에 있는 뚱보왕 샤를의 지원군이 도착하기까지 시간이 걸릴 것이라는 사실을 알고 있었으나 배상금을 치르기를 거부하고 끝까지 버텼다. 도시 공격이 번번이 실패하자 얼마 뒤 많은 바이킹은 더 쉬운 목표를 찾기로 했다. 마침내 1년 만에 왕이 군대를 이끌고 도착했다. 왕은 프랑크군이 바이킹보다 수적으로 우세했음에도 그들을 떠나보내기로 했다. 심지어 자신에 맞서 반란을 일으킨 부르고뉴 지방을 약탈하도록 부추기기까지 했다.

파리 사람들과 프랑스인들은 왕의 이러한 행동에 극도로 실망했다. 887년 뚱보왕 샤를은 귀족들에 의해 폐위되고 파리의 영웅 외드가 프랑스의 새로운 왕으로 추대되었는데 그는 힐데리히 3세 이후 카롤링거 왕가 출신이 아닌 첫 번째 왕이었다. 그의 사후 카롤링거 왕가가 왕위를 가까스로 되찾았지만, 비非카롤링거 왕가 출신으로 왕위에 올랐다는 선례가 마련되었다.

한편 바이킹의 우두머리인 '걷는 자' 롤로는 프랑스 왕의 승인 아래 부르고뉴를 약탈하러 떠났다. ('걷는 자'라는 별명이 생긴 이유는 덩치가 너무 큰 탓에 말이 그를 태울 수 없었기 때문이다.) 그 후 그는 샤르트르는 물론 파리를 또다시 약탈하려 했지만 실패했다. 마침내 외드의 뒤를 이은 단순왕 샤를이 그에게 놀라운 제의를 했다. 롤로가 가톨릭으로 개종하고 봉건 계약을 맺어 자신을 주군으로 모시면 루앙과 그 주변의 땅을 노르인들에게 봉토로 하사하겠다는 것이다. 어떻게 보면 단순왕 샤를이 이름에 어울리게 가장 단순한 해법을 찾아낸 셈이다. 바이킹에게 배상금을 지불하는 방식은 비싸고 역효과가 컸다. 가끔 노르인들을 물리치기도 했지만, 그들은 늘 돌아왔다. 그러면 노르인들에게 파리 위쪽의 해안 지역을 주고 그곳을 지키게 하면 어떨까? 롤로는 그 제안을 받아들였고, 노르인은 이제 노르만인으로, 그들이 점령한 땅은 노르망디로 불리게 되었다. 롤로는 로베르라는 세례명을 받고 노르망디 제1대 공작이 되었다.

노르만인들은 점차 프랑스 사회로 융합되었다. 프랑스어를 사용하고, 프랑스식 이름과 관습을 받아들였다. 기독교로 개종하는 데 그치지 않고 수도원과 수녀원을 적극적으로 돕기도 했다. 이 중 페캉의 한 수도원은 원래 바이킹의 약탈로 파괴되었으나 노르망디 공작이 베네딕토회 수도원으로 복원했다. 초기 노르망디 공작들은 13세기까지 페캉을 주 거주지로 삼았다.

오늘날 노르망디는 음식과 술이 풍부한 땅이지만, 여기에는 이 땅에 이름을 붙인 노르인들이 기여한 바는 거의 없다. 유감스럽게도 바이킹은 프랑스에 참신한 음식을 많이 들여오지는 못했다. 특별한 예외라면 바이킹이 스칸디나비아에서 노르망디로 가져온 안젤리카 정도이다. 이 식물은 다양한 약효와 더불어 베네딕틴의 주재료로 유명하다.

베네딕틴의 또 다른 재료는 아시아와 아프리카에서 유래했는데, 이를 통해 프랑스 북부를 점령한 뒤 노르만 무역상들이 어떤 성과를 거두었는지 추정할 수 있다. 11세기에 일부 야심 찬 노르만인들이 시칠리아의 아랍 통치자들을 물리치고 그곳에 세운 왕국은 미식 문화 교류의 중요한 거점이 되었다. 또한 노르만인들은 십자군 원정에도 적극 참여해 유럽과 아시아 간 향신료 무역의 확대에 기여했다. 16세기에 앙리 2세는 루앙과 마르세유의 마을에 프랑스 향신료 수입 독점권을 주었고, 노르만 선원들은 아프리카와 아시아에서 향신료 무역을 사실상 독점하고 있던 포르투갈에 처음으로 반기를 든 사람들이었다.

전해지는 이야기에 따르면 16세기 페캉 수도원에 머무르던 돔 베르나르도 빈첼리Dom Bernardo Vincelli라는 이탈리아의 수사이자 연금술사가 지역에서 찾아낸 허브와 향신료로 원래의 베네딕틴 리큐어를 만들어냈다고 하는데, 이는 그리 놀라운 일이 아니다. 프랑스의 지역 중 이 모든 재료가 '현지에서' 생산될 수 있는 지역이라면 단연 노르망디 아닌가. 페캉 수도원의 수도사들은 프랑스 혁명이 전국 수도원을 쓸어버릴 때까지 몇 세기 동안 빈첼리의 허브 리큐어를 계속 생산했다고 한다. 그때 페캉 수도원을 마지막으로 탈출한 수도사가 마을의 한 가족 손에 몇 가지 귀중한 중세 원고를 남겼는데, 70여 년 후 알렉상드르 르 그랑이라는 와인 상인이 그 중 일부를 입수했다. 그는 빈첼리의 원고에서 리큐어 제조법을 발견하고 베네딕틴이라는 이름으로 재생산하기 시작했다.

르 그랑은 처음부터 알폰스 무하 같은 유명한 벨 에포크의 예술가를 고용해 시선을 잡아끄는 아름다운 광고 포스터를 제작하는 등 매우 효과적인 마케팅 전략을 사용했고, 베네딕틴을 해외에도 대량으로 판매했다. 오늘날 베네딕틴 생산량의 75퍼센트가 해외로 수출되며, 미국 수출량만 해도 40퍼센트에 이른다고 한다.[1] 오늘날까지도 다소 의심스러우면서도 충분히 사실처럼 들리는 돔 빈첼리의 전설을 르 그랑은 최대한 활용했다. 그는 리큐어 제국을 세우고 싶었고, 그 이유로 성을 쌓아야 했다. 페캉의 팔레 베네딕틴은 이 고귀한 리큐어를 생산하기에 최적의 장소였다. 오늘날 베네딕틴의 영광은 궁의 박물관에 보존되어, 이 독특한 리큐어와 27가지 재료에 대한 이야기를 들려준다.

르 그랑의 손녀 시몬 '심카' 베크는 가업에 관심을 가지며 자랐다. 제2차 세계 대전 중 남편이 전쟁 포로로 잡혀 있을 때, 그녀는 노르망디 시골을 돌아다니며 암시장에서 구한 베네딕틴과 남편에게 보낼 음식을 교환했다. 전쟁이 끝난 뒤 그녀는 파리로 건너가 요리를 공부하면서 줄리아 차일드라는 흥미로운 미국 여성과 운명적인 만남을 가지게 되었다. 두 여성은 만나자마자 의기투합했다. 심카는 줄리아를 미식가 모임에 데려갔고, 훗날 『프랑스 요리의 기술*Mastering the Art of French Cooking*』이라는 책을 함께 쓰기도 했다. 심카는 가문의 베네딕틴을 활용한 여러 요리법을 고안했는데, 이 오렌지빛 달콤한 리큐어는 구운 고기에 윤기를 더하는 데 적합하다.

프랑스 역사 속에서 노르만인들은 왕정일 때나 공화정일 때나 가장 모험적이고 독립적인 면모를 보여왔다. 그리고 이러한 명성을 고스란히 보여주는 것이 바로 베네딕틴이며, 사실이건 아니건 간에 그 안에는 노르

초기 베네딕틴 포스터의 상당수는 유명 화가들이 제작한 것으로, 수집가들이 즐겨 찾는 아이템이 되었다. 이 포스터는 1907년 세기의 전환기에 상업 미술의 변혁에 기여한 공로로 현대 광고의 아버지로 불리는 레오네토 카피엘로Leonetto Cappiello가 제작했다. 어두운 배경에 대담한 색으로 형상을 묘사하는 그의 혁신적인 특징이 이 작품에서 고스란히 드러난다. 여기서 보이는 화려한 건물은 페캉에 있는 팔레 베네딕틴이다. 레오네토 카피엘로, 「베네딕틴Bénédictine」(1907). 리옹시립도서관 디지털 자료.

만인들이 다른 세계의 문화를 들여온 문호의 땅이라는 이 지역의 정체성이 담겨 있다.

# 08
# 봉건세

천 년이 넘는 동안 프랑스 와인 생산자들은 지방 정부가 공식적으로 결정한 포도 수확 개시일 벙 데 벙덩즈Ban des Vendanges를 손꼽아 기다려왔다. 오래전부터 그날을 축제로 즐겼으며 지금도 프랑스 전역에서 벙 데 벙덩즈 축제가 열린다(몽마르트르에 작은 도심 포도원이 있는 덕분에 파리에서도 열린다). 오늘날 벙 데 벙덩즈는 주로 와인 생산을 축하하고 홍보하기 위한 행사이지만, 포도 수확을 조금 더 일찍 하고 싶은 와인 제조업자들에게는 행정상의 사소한 번거로움으로 남아 있다. 그래서 벙 데 벙덩즈는 전통적으로 와인과 행정상의 번거로움을 모두 대량 생산하는 프랑스의 특성을 여실히 보여주는 행사라고 할 수 있다.

벙 데 벙덩즈는 9~10세기 동안 끊임없는 전쟁, 내부 권력 투쟁, 외국의 침략으로 무정부 상태나 다름없었던 프랑스에서 발전한 봉건주의 시대에 등장했다. 자력으로 자신의 왕국을 지키고 질서를 유지할 수 없을 만큼 약한 프랑스 왕을 대신해 지방 영주들이 지배권을 확립했다. 그들은 성을 쌓고 조직적으로 침략자들에 맞서 싸우며 거의 독립적으로 영토를 통치했다. 왕은 그들을 지휘할 수도, 그들의 충성을 살 만큼 충분한 재력도 없었으므로 상호 이익이 되는 새로운 정치적 합의를 도출해냈다. 지방 영주들의 정치적 충성과 필요시 군사력을 제공받는 대가로 그들에게 땅, 즉 봉지封地를 하사한 것이다. 시간이 흐르며 이 봉지는 세습되었고, 주교와 수도원장도 봉건 영주가 되면서 결국 프랑스 영토의 5분의 1이 봉지가 되기에 이르렀다.

이 광대한 영토를 소유한 영주들은 군사력과 충성을 제공하는 조건으로 자신의 봉신에게 땅을 하사하기 시작했고, 이렇게 봉건 제도가 생겨났다. 프랑스 사회는 피라미드 구조화되었다. 맨 꼭대기에는 (신의 봉신인) 왕이 자리했으며, 그 밑에는 대영주, 강력한 공작과 백작이 있었고, 그보다 아래에는 많은 남작과 자작, 소영주가 있었다. 봉신들은 주군과 봉건 계약을 맺어, 필요시 군사적으로나 재정적으로 그를 돕겠다고 약속하고 그에게 위해를 가하지 않아야 했다. 주군은 봉신들을 보호하고 치안을 보장했다. 모든 의무의 맹세는 종교 의식의 틀에서 행해졌고, 신앙심이 돈독한 시대에 상당한 무게를 가졌다.

봉건 피라미드의 최하부에는 인구의 약 90퍼센트를 차지하는 농민이 있었다.[1] 농민은 거주하는 봉지의 영주를 주인으로 섬겼다. 프랑스에서는 대부분의 농민이 농노였는데, 이는 곧 영주에게 종속되는 신분이 세습되면서 정해진 양의 노동과 세금을 제공해야 한다는 뜻이었다. 그들은 영주의 허가가 있어야만 결혼하거나 그 땅을 떠날 수 있었다. 영주로부터 땅을 빌려 농사짓는 '자유농민'도 있었다. 이러한 계약 관계는 당시 프랑스 대부분 농촌 경제의 근간이었다. 각 영지는 영주, 농노, 자유농민 간 계약을 토대로 자급자족할 수 있었다.

그러나 현실의 봉건적 관계가 이렇게 단순화된 구조와 항상 일치하지는 않았다. 중세 도시는 영주의 봉지에 속하지 않고 왕의 직접 지배를 받았다. 따라서 중세 도시는 봉건 구조 밖에 놓여, 점차 그 규모와 중요성이 커지면서 마침내 전체 정치 질서를 약화시켰다. 게다가 영주는 각각 다른 주군으로부터 봉지를 받아 다수의 장원을 소유할 수 있었기 때문에 혼란스러운 상황이 초래될 가능성이 컸다. 일례로 앞 장에서 언급된 노르망디 공작들은 프랑스 왕의 가신이었다. 그런데 윌리엄이라는 노르망디 공작은 1066년 잉글랜드를 정복해 잉글랜드의 왕으로 독립했다. 따라서 그는 외부적으로 프랑스 왕에게 선전 포고를 할 수 있었으나, 한편으로는 노르망디 공작으로서 잉글랜드가 침략하면 프랑스 왕을 도와야 하는 의무가 있었다. 수백 년간 이러한 모순적인 관계로 인해 발생한 유럽의 많은 골치 아픈 문제에 대해서는 나중에 살펴보겠다.

10세기 말엽에 봉건 영주들은 프랑스 왕좌에 앉을 사람을 결정할 정도로 힘이 강해졌다. 이렇게 해서 987년 위그 카페가 왕위에 올라 카롤링거 왕조를 끝내고 카페 왕조를 열었다. (그는 왕조가 계속 이어지기 위해서는 계승자로 지정된 자손이 있어야 한다는 오랜 신념을 행동에 옮겨, 이때부터 왕의 장자가 왕위를 계승하는 관습이 확립되었다.) 위그 카페가 다른 공작과 백작의 추대로 왕이 될 수 있었던 것은 힘이 약한 덕분이었던 만큼, 그가 직접 다스리는 지역은 파리와 일드프랑스('프랑스의 섬')라고 불리는 파리 주변의 일부 지역에 불과했다. 일드프랑스는 실제로는 섬이 아니었지만, 프랑스 왕실 영토의 정치적 상황을 적절히 묘사한 단어라고 할 수 있다. 대영주들은 더욱 비옥하고 넓은 땅을 차지했고, 힘이 약한 왕은 세력과 독립을 유지할 수 있을 정도의 땅만 가졌다는 의미이다. 또한 대영주들은 서로 마음대로 싸울 수 있었는데, 이는 봉건 사회의 일관된 특징이다. 그래서 아무리 영세한 귀족이라도 적의 공격을 방어할 만한 성을 쌓았다.

귀족은 삼부三府라는 신분제의 한 계급을 이루고 있었다. 제1신분은 가톨릭교회의 성직자이며, 지난 500여 년간 이들은 믿기지 않을 정도로 부유해졌고 강력한 권력을 지니게 되었다. 대토지를 소유하고 당시 기독교 왕국의 시대에 일상의 중요한 부분을 지배한 것 외에도 교회는 신도들에게 일종의 종교세인 십일조를 거둘 권한이 있었다. 귀족이기도 한 일부 주교와 수도원장들은 경쟁자에 맞서 군대를 일으킬 수도 있었다.

귀족은 제2신분을 구성했다. 이들은 평민에게 세금을 부과할 수 있었지만 자신들은 세금을 내지 않았다. 귀족은 많은 특권을 누리며 실질적으로 국가를 운영하는 계층이었다. 이렇게 많은 부와 권력을 가진 이들은 인구의 1퍼센트에 불과했다. 말하자면 '상위 1퍼센트'의 원형인 셈이다.

일반 농민부터 숙련된 장인, 부유한 부르주아지에 이르기까지 95퍼센트에 해당하는 나머지 프랑스인들은 제3신분에 속해 있었다. 당연히 그들은 다른 두 신분의 착취에 불만을 품었고, 이는 역사에 한 획을 그은 피비린내 나는 프랑스 혁명으로 이어지게 된다. 그러나 1789년 훨씬 이전의 프랑스에서는 농민 반란과 도시 소요가 빈번하게 일어났다. 봉건주의는 권력자에게 유리한 사회 구조였지만 빈번하게 일어나는 불만과 저항을 완전히 무시할 수는 없었다.

사회 계층 간 차이는 음식을 통해서도 점점 더 공고해졌다. 봉건 시대에는 상류층과 하류층의 식습관 차이가 매우 컸다. 음식은 단순한 계급의

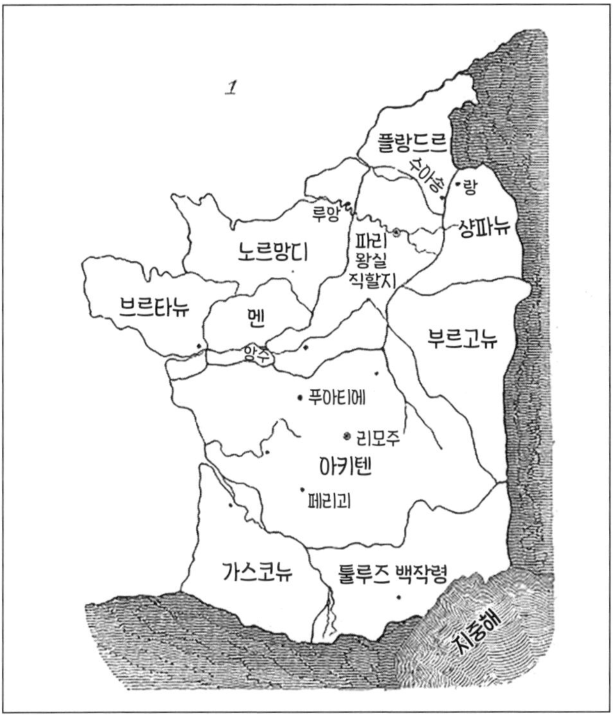


이 10세기 프랑스 지도를 보면 왕의 영토가 한정적이다. 외젠 비올레르뒤크, 『11~16세기 프랑스 건축 사전*Dictionnaire raisonné de l'architecture française du XIe au XVIe siècle*』 (Paris: Edition Bance-Morel, 1856), p. 136.

상징 이상의 의미를 지니면서 다른 계급에 대한 한 계급의 지배를 정당화하는 수단으로 사용되기도 했다. 특정 음식이 고귀함과 건강함을 상징하기 때문에 다른 음식은 비천하고 건강에 좋지 않은 것으로 여겨졌고, 이에 따라 그 특정 음식을 소비하는 사람들이 그렇지 않은 사람들보다 높은 지위를 누리는 것이 당연하다는 논리로 귀결되었다.

농민의 주식은 호밀, 보리, 귀리 같은 곡식이었다(밀은 상류층의 전유물이었다). 이 재료로 죽이나 미음을 만들거나 빵을 구워 먹었다. 그 밖에 많이 먹은 재료는 텃밭에서 나오는 재료로, 이는 영주의 세금 징수 대상이 아니라는 점에서 매력적이면서도 어디서나 잘 자라는 것이었다. 리크, 양파, 당근, 파스닙(단맛과 고소한 맛이 강한 당근 모양의 뿌리채소—옮긴이), 시금치는 농민의 식탁에서 흔히 볼 수 있는 재료였다. 고기도 가끔씩 먹었는데, 주로 돼지고기를 먹었다. 쇠고기를 먹을 수도 있었지만 소의 생산성이 떨어졌을 때뿐이었다. 달걀과 치즈는 쉽게 구해 먹을 수 있었다. 농민은 귀족만큼 와인, 혹은 시드르나 맥주를 즐겼고, 오늘날의 기준으로는 과도한 양을 마셨다(아마 이해하고 있겠지만, 당시 물은 잠재적인 질병의 근원으로 알려져 있었고 우유를 그냥 마시는 것은 야만족들의 관습으로 여겨졌다). 이러한 식습관은 전쟁이 일어나지 않고 흉년이 들지 않았을 경우이며, 식량이 부족하거나 기근이 발생하기도 했다. 그러나 봉건 시대에 들어와 인구 증가와 기술 향상에 힘입어 전반적으로 농업 경작과 생산이 확대되었다. 이에 따라 교역과 상업 시장이 발전하고 마을과 도시의 성장이 촉진되었다.

귀족의 식탁은 매우 달랐다. 식탁에 오르는 음식의 양도 훨씬 더 많았을뿐더러(권력과 부를 과시하기에 좋은 방법이 아닌가) 불, 공기, 물, 흙이라는 고대의 4원소설에 입각해 음식의 서열을 매기는 정교한 미식법을 고수했기 때문이기도 했다. 고대 그리스에서는 불을 가장 고귀하게 여겼으며, 다음으로는 공기와 물, 마지막으로 흙을 가장 비천한 원소로 여겼다. 그래서 귀족은 대부분 채소를 피했는데, 특히 뿌리채소를 꺼렸다. 양파와 마늘은 굉장히 역겹다고 여겼다. 땅에서 자라 하늘을 향해 뻗어가, 두 번째 원소인 공기에 가까운 식물은 더 고귀하다고 생각했다. 그러므로 나무에서 자라는 과일은 물론 곡물과 빵을 먹는 것은 허용되었다.

생선은 그 시대에 빈번하게 행해졌던 종교적 금식과 관련이 있었기 때문에 음식으로서 가치를 높이 평가받지 못했다. 가톨릭 금식 기간에 생선은 먹을 수 있었지만 고기나 버터, 치즈, 달걀 같은 동물에서 유래한 식품은 먹을 수 없었다. '뚱뚱해지는 날'이라는 뜻의 주르 그라jours gras라고 불리는 비금식 기간에 귀족은 고기를 먹었는데, 가능하면 좀 더 많은 고기를 먹었다. 보통 고기를 삶아 먹는 농민과는 달리 귀족은 불이라는 고귀한 원소와 그들이 소비하는 고기 사이에 중간 요소가 없는 구워 먹는 방식을 선호했다. 강한 신체가 중시되고 귀족의 지배권이 당연한 것으로 여겨지는 문화에서, 고기는 인간의 힘을 유지하는 데 가장 좋은 음식이라는 믿음에 힘입어 식재료로 인기를 누린 것은 당연한 결과였다. 게다가 어떤 면에서는 권력의 상징이기도 했다.[2] 예컨대 명예를 잃은 기사들은 무기뿐만 아니라 고기 먹을 권리도 포기해야 했다. 고기로는 특히 사냥감을 선호했는데, 이는 영주와 왕이 참가하는 전사적인 활동인 사냥을 통해 얻은 산물이기 때문이다. 반면에 쇠고기는 교양 없는 농민이나 먹는 천박한 고기로 여겨졌다. 고상한 원소인 공기 중에 날아다니는 새의 고기도 인기였다. 그중에는 오늘날 식탁에서 좀처럼 보기 힘든 왜가리, 백조, 공작새도 있었다. (한편으로는 단지 중세 요리사들이 이러한 새들을 좋아했을 가능성도 있다. 호사스러움을 표현할 수 있으니 말이다.) 고귀한 고기 중 단연 최고는 불 속에서 산다고 알려진 신비의 동물 불사조와 샐러맨더였다. 과연 이들을 찾은 사람이 있었는지 모르겠지만 말이다.

성의 유지와 전쟁에 드는 비용은 물론이고 우월한 식습관을 유지하는 비용을 대기 위해 돈이 필요했던 귀족은 금지권droit de ban이라는 편리한 권력을 행사했다. 이 광범위한 권력에 따라 영주는 자신의 영지에서 사법권을 행사하고, 벌금과 세금을 부과하며, 자신의 성을 짓거나 보수하는 등 필요하다고 생각하는 일에 농민을 동원할 수 있었다. 또한 영주는 농민에게 자신의 방앗간이나 포도 압축기를 사용하도록 강제해 그 과정에서 세금을 징수할 수도 있었다. 포도 수확을 시작해야 하는 날을 정할 수도 있어서 벙 데 벙덩즈라는 용어가 생겼다. 이렇게 모든 사람이 동시에 수확을 시작하면 수확물에 대해 세금을 더 쉽게 징수할 수 있었다. 이는 또한 사람들이 너무 일찍 수확하는 것을 금지해 일정 수준 이상의 와인 품질을 유지하기 위한 조치이기도 했다. 영주는 다른 사람이 자신의 영지에서 와인을 판매하는 것을 금지하고 자신이 판매 독점권을 가지는 방방banvin을 도입했다. 어떤 곳에서는 방방이 하루 만에 끝나기도 했지만, 거의 1년 내내 지속될 수도 있었다. (방방을 가장 길게 설정했던 영주들은 성전 기사단원들인데, 그들이 인기를 얻지 못한 데는 이런 이유도 있을 것이다.)

그 덕분에 수백 년 동안 영주들은 봉건 프랑스의 이점을 마음껏 누릴 수 있었다. 하지만 약한 군주제처럼 봉건제가 번영할 조건이 계속되지 않고 프랑스 왕이 가신들로부터 땅과 권위를 되찾기 시작하면서부터 봉건제는 점차 약해져 갔다. 존엄왕 필리프, 성왕 루이, 미남왕 필리프처럼 강한 왕들이 프랑스에서 카페 왕조의 지배를 공고히 함에 따라 점차 중앙집권화가 이루어졌다. 경제력이 좋아지면 프랑스 왕이 군사력을 제공하는 가신에게 의존하는 대신 직업 군인을 고용할 수 있었다. 도시의 크기와 부가 확대되면서 새로 등장한 부유한 상인 계층은 상당한 자치권을 얻어 정치적 영향력을 키워갔다. 그리고 14세기 초반 무렵까지 농민 대부분은 영주의 영토에 남아 있었지만, 자유를 얻거나 사들였다. 왕은 계속되는 농민 반란에 지치기도 했고, 한편으로 자유를 사들인 농민으로부터 세금을 거두면서 조세 수입이 증대하자 이를 반겼다.

13세기 말에 이르면 프랑스에서 봉건제의 황금시대는 지나갔지만 완전히 사라진 것은 수 세기가 더 지나서였다. 봉건제의 잔재는 프랑스 혁명으로 마침내 일소되고, 그제야 모든 금지권이 폐지되었다. 그러나 여전히 코뮌은 원한다면 벙 데 벙덩즈를 발표할 수 있었고, 벙 데 벙덩즈가 와인의 품질을 유지하고 큰 포도원과 작은 포도원 간의 공정한 경쟁을 보장한다는 점에서 실제로 장점이 있다고 생각하는 이들도 있었다. 그리하여 계속 벙 데 벙덩즈를 발표하게 되었고, 이 오랜 전통은 오늘날까지도 와인 생산 지역에서 이어지고 있다.

# 09
# 수도사와 인간

다른 문화 간 결합은 많은 난관에 직면하기 마련인데, 음식의 영역에서 특히 그렇다. 그래서 주방에서는 파스타를 더 오래 요리하거나, 매운 요리에 물을 더하거나, 양고기를 염소 고기로 대체하거나 하는 식의 논란이 될 법한 타협안이 도출된다. 하지만 타협점을 찾지 못할 때도 있다. 소금물로 세척한 외피를 가진 사각형의 크리미한 마루알 치즈를 보자. 어떤 이에게는 빵 위에 듬뿍 발라 커피에 담갔을 때 느껴지는 그 믿기지 않을 정도로 톡 쏘는 향이 천상의 향처럼 느껴지겠지만, 다른 이에게는 지옥 밑바닥에서 올라오는 고약한 냄새로 느껴질 수도 있다. 이 중 어느 쪽이 프랑스 사람이고 어느 쪽이 미국 사람인지는 독자 여러분의 추측에 맡기겠다.

마루알 치즈를 처음 만든 사람들은 이러한 난제에 직면하지 않아도 되었다. 천 년도 더 전에 프랑스 북부 마루알 수도원에 살던 수도사들이었기 때문이다. 중세의 수도사들에게는 많은 것이 금지되었지만 우유는 허락되었기에 매우 다양한 치즈를 만들 수 있었다. 꽃과 과일 향부터 톡 쏘고 구릿한 향까지 다양한 향을 더한 치즈를 제조할 수 있었지만 수도사들이 충분히 즐길 만큼의 양은 못 되었던 것 같다. 그리고 이러한 과정에서 전문 치즈 제조자들이 나왔다. 알자스 수도원에서 만든 뮝스테르 치즈처럼 많은 전통 치즈가 수도사의 손에서 탄생했고, 과일 향이 도는 경성 치즈 아봉당스는 12세기 이후 알프스에서 만들었다. 부르고뉴 지방에서 지역 생산 브랜디 마르 드 부르고뉴로 세척해 만든 에푸아스는 톡 쏘는 향이 결혼 생활의 한계를 느끼게 할 수도 있다는 치즈이다(프랑스에서는 이 치즈를 가지고 대중교통을 이용할 수 없다는 주장은 도시의 소문에 불과하지만, 꽤 신뢰할 만하다). 이상의 치즈는 모두 수도사들이 처음 만들어낸 그 지방에서 여전히 생산되면서, 식도락 역사의 발자취 역할을 하며 현대의 치즈광을 프랑스 시골의 사라진 고대 수도원으로 인도한다.

그러나 중세에 수도원이 중요한 이유는 치즈 때문만이 아니다. 오늘날 우리는 중세 유럽 사회에서 기독교가 얼마나 강력한 권력을 가지고 영향력을 행사했는지 이해하기 어려울 수도 있다. 로마 제국이 멸망한 후 교회는 폭력적이고 예측 불가능한 세상에서 공통된 사회 정체성과 질서의 틀을 제공할 수 있는 몇 안 되는 기관 중 하나였고, 기독교 교리가 일상생활의 근본을 형성했다. 영원한 지옥살이가 추상적인 개념이 아닌 실제로 일어날 가능성 있다고 여겨진 시대에서 사람들은 죄악이 되는 행동을 피하려 했고 그러지 못했을 때는 회개를 했다. 교회의 전지전능함을 강조하기 위해서는 수도원이 이를 사회적으로 수행하는 중요한 행위자가 되어야 했다.

수도 생활이라는 개념은 성 안토니우스가 예수 그리스도의 가르침에 따라 하느님께 헌신하는 청빈한 삶을 살기로 결심한 3세기 이집트에서 처음 등장했다. 최초의 수도사들은 은둔 생활을 했지만, 점차 공동체 생활을 시작했다. 프랑스의 초기 수도원들은 성 베네딕토의 규칙서를 따랐다. 성 베네딕토가 534년 무렵 수도 규칙서를 썼을 때는 노르만 사업가가 훗날 술에 그와 그의 수도사들의 이름을 붙이리라곤 생각하지도 못했을 것이다. 9세기 무렵 베네딕토의 규칙은 카롤링거 왕국 전역에 퍼지게 되었다.

성 베네딕토가 만든 규칙은 사실 성지에서 수도 생활을 하는 수도사들이 따르는 규칙보다는 관대했지만 금욕을 강조하는 점은 다르지 않았다. 수도원에서는 낮에 일곱 번, 한밤중에 한 번 등 하루 대부분을 기도하는 데 바쳤다. 수도사들은 기도 외에 일도 해야 했는데, 주로 육체노동이었으나 필사 같은 지적인 작업도 있었다. 식사의 경우 아침 식사는 거르고 낮에 한 끼만 먹을 수 있었다. 부활절 기간에는 저녁에 두 번째 정찬이 허용되기도 했다. '네 발 달린 동물'의 고기는 병자나 몸이 약한 사람을 제외하고는 대체로 금지되었고, 금식하는 날이 많았다. 당시 사람들은 신체적 건강과 영적 건강은 불가분의 관계에 있다고 믿었기 때문에, 식사에 이처럼 다양하게 제한을 두는 것은 영혼에 이로운 행위라고 여겼다.

몇몇 수도원의 수도사들은 실지로 그리 암울한 생활을 하지 않았다. 미식의 성인 포르투나투스를 통해 알 수 있듯이 수도원이나 수녀원에서 제대로 된 정찬을 즐길 수도 있었다. 육식을 배척한 덕분에 수도사들은 치즈를 만든 경우에서와 같이 더욱 창의성을 발휘하게 되었다. 성 베네딕토는 술을 멀리하라고 권하며, "우리 시대의 수도사들에게 이를 설득시킬 수 없으므로 적어도 과음하지 않고 약간씩 마시는 정도로 합의하도록 하자. 왜냐하면 '술이란 지각 있는 자들도 타락시키기'(집회서 19:2) 때문이다"라고 규칙서에 썼다.[1] 그는 분명 어떤 수도사들은 훨씬 더 탐닉하겠지만, 하루에 한 '헤미나hemina'(약 반 파인트) 정도면 충분하다고 제시했다.

일부 지역에서는 수도사들이 어류 양식과 생선 요리에 전문가가 되기도 했다. 리옹에서 멀지 않은 동브고원에는 수도사들이 만든 호수가 산재하는데, 이 호수들에서 오늘날까지 프랑스 전체 양식 어류의 5분의 1을 생산한다.[2] 리옹에서는 동브고원의 강꼬치 고기로 만든 일종의 생선 만두 크넬 드 브로셰quenelle de brochet가 특산품 목록에서 빠지지 않는다.

수도사들이 음식에 대한 엄격한 규칙을 잘 지켰는지는 모르겠지만 잘 먹는 것의 중요성을 믿고 있었다는 점은 분명하다. 이를 단적으로 보여주는 예는 대화가 허용되지 않았을 때 사용하던 손짓 언어인데, 수백 가지 표현 중 많은 부분에서 음식과 술을 언급하고 있다. 어떤 수도원들에서는 생선 종류를 나타내는 표현만 20여 가지에 달한다.[3]

대체로 베네딕토회 수도사들은 중세 음식 생산에 큰 역할을 담당했다. 그들은 전통적인 기법을 보존하면서 더 생산적인 양식법과 새로운 요리를 개발했고, 많은 사람과 이 정보를 공유했다. 그러나 12세기에 이르러 수도회의 규모가 커지면서 수도 규칙을 창시한 이가 구상했던 청빈하고 금욕적인 삶과 거리가 먼 안락한 삶을 살게 되었다고 느끼는 이들이 등장했다. 12세기 초반 열성적인 수도사들이 모여 더욱 금욕적인 새로운 수도회를 세웠다. 처음 시토의 작은 수도원을 근거지로 삼은 이 새로운 수도회는 시토 수도회로 알려지게 되었다. 그리고 뛰어난 중세 신학자 중 하나인 클레르보의 성 베르나르가 입회한 데 크게 힘입어 불과 몇십 년 만에 유럽에서 가장 융성한 수도회 중 하나로 성장했다. 그가 종교와 세속 정치 사이에서 중재 능력을 발휘한 덕분에(제2차 십자군 원정에 대한 강론이 대표적인 예이다) 시토회는 여타 개혁적 노력을 가속하게 되었다.

베르나르는 「변론Apologia」으로 알려진 장황한 비판의 글에서 프랑스에서 가장 유명한 베네딕토회 수도원인 클뤼니 수도원의 방종한 수도사들을 강하게 비난했다. 베르나르는 클뤼니 수도원의 화려한 건물과 수도사들의 옷에 분노했고 그들의 지나친 음식 사랑을 비난했다. 그는 식사 중 "성경이나 영혼의 구원에 대한 이야기는 전혀 없고, 농담과 웃음과 수다만 들린다. 식사의 절제는 까맣게 잊혀, 식탁에서 입에는 음식이 가득 차 있고 귀에는 쏙쏙 들어오는 가십으로 충만하다"[4]라고 하며 격분했다. 베르나르는 요리사들이 하느님이 제공한 자연 상태의 음식을 더럽히는 외국의 향신료로 맛을 내며, 인간으로 하여금 음식에 탐닉하게 하는 매력적이고 다양한 요리를 내놓는 데 신경을 쓴다는 사실을 불쾌하게 여겼다. 특히 달걀을 요리하는 방법이 너무 많이 고안되었다는 사실에 분개했다.

> 달걀을 만지작거리다 고문하는 방법, 또는 이렇게 저렇게 바꾸는 모든 방법을 설명할 수 있는 사람이 어디 있을까? 달걀은 반숙이나 완숙, 스크램블이 가능하며, 튀기거나 구울 수도 있고, 가끔 다른 요리의 속을 채울 수도 있다. 때로는 다른 음식에 곁들여 제공되기도 하고, 단독으로 제공되기도 한다. 이러한 변주는 감퇴한 식욕을 만족시키는 것 외에 무슨 목적이 있겠는가?[5]

시토회 수도원에서는 생선, 치즈, 우유와 더불어 달걀도 금지되었다.

이렇듯 엄격한 규칙이 프랑스의 미식 전통에 지속적으로 기여했다는 사실이 이상하게 보이겠지만, 시토회의 금욕주의에는 그들이 획득한 농경지, 특히 그들의 고향인 부르고뉴의 포도밭에서 육체노동에 헌신한다는 내용이 포함되어 있었다. 로마 시대부터 부르고뉴에서 와인이 생산되었지만, 시토회 수도사들은 지역 품종을 오늘날 세계적으로 유명해지도록 발전시켰다. 시토회가 창립되고 얼마 지나지 않아 그들은 코트도르 지역에 약간의 땅을 받아 포도 재배에 전념해 품질이 일관된 최고의 와인을 생산하는 기술을 고안하고 완성해나갔다. 유명한 그랑 크뤼 포도밭 클로드 부조는 그들의 솜씨가 발휘된 최고의 사례이며, 최초의 샤블리(부르고뉴산 화이트 와인—옮긴이)를 개발한 공로도 인정받고 있다. 이렇게 풍미가 좋고 심지어 퇴폐적이기까지 한 와인을 탄생시킨 것이 금욕적인 수도사들이라니 아이러니하지만, 이는 프랑스 문화 속에 뿌리내린 일종의 역설이기도 하다.

현지에서 와인이 생산되지 않는 프랑스 북부의 수도사들은 대신 맥주를 마셨다. 와인보다 덜 취하고 물보다 안전했기 때문에 맥주는 넉넉히 배급되었다. 바로 이곳에 트라피스트 수도회가 세워졌으며, 이 수도회의 수도사들이 생산한 맥주는 프랑스에서 언제나 높은 명성을 누렸다. 그러나 불행히도 프랑스 혁명과 제1차 세계 대전으로 이 지역의 트라피스트회 수도원이 거의 파괴되는 바람에 오늘날 프랑스에서 맥주를 생산하는 트라피스트회 수도원은 없다. 현재 프랑스에서 즐기는 트라피스트 맥주는 전부 벨기에에서 수입한 것이다.

여기서 의문이 생기지 않을 수 없다. 이 수도사들은 어떻게 음식과 술을 생산할 넓은 땅을 얻었을까? 역설적이게도 수도사들이 바깥세상과 담을 쌓고 기도와 일에 전념할수록 그들의 존재가 바깥세상에 중요해졌다. 범인凡人, 특히 귀족들의 눈에 수도사들은 신과 가까운 사람으로 보였고, 사후 지옥에 떨어지지 않도록 자신들을 위해 신께 좋은 말을 넣어줄 수 있다고 생각했다. 그리하여 사람들은 수도원에 기부하거나 새로운 수도원의 설립을 돕기 시작했다. 때로는 귀족의 형제나 조카가 새로운 수도원장이 되는 조건으로 기부가 행해지기도 했다. 이렇게 귀족과 성직자가 중첩되어 권력과 영향력을 공유하기 시작했다.

기부는 동물, 토지, 금, 성인의 유물 등 다양한 형태로 이루어졌으며, 일부 수도원은 막대한 부를 축적했다. 부유한 뚱보 수도사의 이미지가 오래 이어진 데는 이유가 있었던 셈이다. 심지어 교회 내부에서도 이러한 행태에 반대해 그리스도의 원래 가르침으로 돌아가 청빈한 삶을 살고자 하는 도미니코회와 프란치스코회 같은 새로운 수도회가 등장하기도 했다.

그러나 대부분의 수도원은 계속해서 기부를 수용했다. 수도원이 토지를 취득하면 그 땅에서 일하는 농민과 주민들의 새로운 영주가 된다. 따라서 수도원은 영지의 백성에 대해 특정 권리를 소유하고 세금을 부과할 수 있었다. 그 당시에는 세금 납부 수단이 현금만이 아니었다. 일례로 마루알의 수도사들은 세금을 마루알 치즈로 받기도 했는데, 치즈를 준비한 뒤 치즈가 맛있어지는 데 필요한 기간인 100일 동안 숙성시킨 다음 수도원으로 배달하게 했다. 알자스에서는 묑스테르 치즈로 세금을 납부할 수 있었다. 지역 주민들이 이를 늘 달가워한 것은 아니어서, 프랑스 혁명 시기 동안 마루알 수도원이 인근 마을 사람들에게 공격받고 유린당했다는 사실이 놀랍지 않다.

하지만 수도원이 부유해졌다는 것은 수도사들이 자선을 더 많이 베풀 수 있다는 뜻이기도 했다. 수도사들은 빈민과 순례자들에게 음식과 쉼터를 제공해 사실상 가난한 자들을 위한 사회 안전망 역할을 담당했다. 수녀원은 많은 여성의 안식처가 되어주었다. 교회는 중세의 과도한 폭력을 억제하는 데 힘써, 교회와 성직자의 땅이 안식처 역할을 해야 한다는 개념을 확립했다. 특히 프랑스 남부에서 강력했던 '신의 평화' 운동은 성직자, 빈자, 과부, 고아, 노인 등 보호받지 못하는 사람들에 대한 공격을 막으려는 것이었다. 11세기에 교회는 '신의 휴전' 운동을 벌여 일주일 중 특정한 날과 모든 종교적 축제일에 전쟁을 금했다(물론 약간의 성공을 거둔 데 불과했다). 수도원은 부를 이용해 읽고 쓰는 능력을 배양하고 학문을 증진했는데, 중세에 이런 일을 하는 기관은 거의 없었다. 13세기에 들어와 대학교가 발전할 때까지 과학 지식과 배움은 수도원에 독점되어 있었다. 또한 수도원은 문헌 수집과 필사에 힘을 쏟았는데 그 덕분에 중세 시대 동안 고대의 지식과 문헌이 보존될 수 있었다.

현대 프랑스에도 여전히 수도원이 존재하지만 그 사회적 역할은 14세기 이래 점차 약화되었다. 수도원은 프랑스 혁명기에 큰 고난을 겪었는데, 대수도원 대부분이 파괴되거나 용도가 변경되었다. 그러나 수도원은 여전히 가난하고 취약한 계층의 보호를 사회적 의무로 여기고 이를 수행하고 있으며, 그중 일부는 여전히 다양한 음식, 특히 술과 치즈를 생산한다. 생산량이 적어 프랑스 밖, 심지어 수도원 상점 밖으로도 나가기 어려운 정도이다.

수도사들은 오늘날 프랑스의 식료품 생산에 있어서 세속적으로 기여하고 있는 것 같다. 큰 식품 회사의 마케팅 부서에서는 양심의 가책 없이 수도사의 이미지를 사용하는데, 판매하는 식료품이 수도원과 막연한 연결 고리가 있는 것처럼 보이게 하는 이러한 방식은 판매 증진에 효과적인 기법인 듯하다. 중세 교회의 금욕주의만 생각한다면 당황스러운 조합일 수도 있겠지만 말이다. 하지만 영혼과 위장 사이의 경쟁에서 프랑스 시골의 경이로운 제품이 승기를 잡은 것은 확실하다.

# 10
# 자두를 얻은 싸움

프랑스 사람들은 과일에 특별한 애정을 가진다. 프랑스는 매년 사과, 포도, 배 등 250만 톤이 넘는 과일을 생산하지만, 이렇게 놀라운 수량으로도 프랑스인의 과일에 대한 애정을 충족시키기에는 부족해 매년 과일 수입량이 증가하는 추세이다.[1] 많은 프랑스인이 과일과 채소만 파는 '프루터리스' 같은 전문점에서 갈망을 충족시키는데, 그들이 표하는 숭배는 외부인에게는 놀라워 보일 정도이다. 예를 들어 고객은 상품을 직접 만지지 말고 종업원이 신중히 선별해 완벽한 상품을 봉투에 담아주기를 기다려야 한다.

이렇듯 과일에 대한 프랑스인의 사랑은 일상의 많은 속담을 통해서도 확인할 수 있다. 무언가 타협해야 한다면 "배를 둘로 나누라"고 하고, 지혜를 빌리는 것은 "레몬을 쥐어짜다"로 표현할 수도 있다. 무언가에 대해 의견을 구하는 사람에게 '음', '그저 그래' 같은 느낌을 전달하고 싶다면

"무화과 반, 포도 반"이라고 표현하기도 한다.

그런데 "자두 값어치가 있었다ça compte pour des prunes"라는 전혀 말이 안 되는 것 같은 프랑스의 과일 속담이 있다. 상당한 노력을 기울였지만 결국 수포가 되었을 때 사용하는 표현인데, 자두는 애써 노력해 얻을 만큼 가치가 없다는 의미를 내포한다. 그러나 자두는 사실 프랑스에서 사랑받고 있다. 그러면 이 속담은 어디서 유래했을까?

우선 혼동되는 단어부터 정리하고 시작하자. 영어권에서 플럼plum이라고 부르는 과즙이 많은 자두를 프랑스에서는 프륜prune이라고 하고, 다른 지역에서 프룬이라고 부르는 말린 자두를 프랑스에서는 프뤼노pruneaux라고 한다. 프랑스에서는 둘 다 햇빛이 쏟아지는 프랑스 남서부 툴루즈와 보르도 사이의 지역에서 생산된다. 가장 높게 평가되는 품종은 알이 작고 초록색이며 과즙이 많은 렌클로드종인데, 16세기 초 자신의 정원에서 자란 자두를 백성들에게 나누어준 것으로 유명한 프랑수아 1세의 아내 클로드 왕비의 이름을 따서 지어졌다. 오늘날 매년 8월 프랑스 시장에 렌클로드 자두가 등장하면 미식가들은 기쁨의 환호성을 지른다. 그들은 이 자두로 푸아그라에 곁들일 달콤한 콩피를 만들거나 이를 아르마냐크(프랑스산 브랜디—옮긴이)에 절이기도 한다. 그리고 자두가 시중에 나오는 짧은 기간을 즐기며 최대한 많이 먹는다. 남서부 지방은 유명한 프뤼노 다쟁의 고향이기도 하다. 프뤼노 다쟁은 지난 수 세기 동안 뱃사람들의 건강을 지켜준 영양가 있고 맛있는 프룬이었으며 오늘날에도 프랑스 요리에 맛을 더해주는데, 로크포르 치즈와 약간의 코냑을 곁들이면 그 맛이 배가된다.

이러한 자두의 인기는 궁금증을 불러일으키는 속담에 숨겨진 역사가 담겨 있다고 암시한다. 그리고 그 숨은 역사를 알게 되면 자두가 실패를 상징하게 된 데 대해 신, 더 정확히는 이곳 세속의 프랑스 왕국에서 신을 대표하는 가톨릭교회를 탓하게 될지도 모른다.

1095년 교황 우르바노 2세는 프랑스 중부 클레르몽에서 대규모 군중에게 열정적인 연설로 호소하며 제1차 십자군 원정을 시작했다. 셀주크튀르크에 기독교 성지를 빼앗겼다는 사실을 좌시할 수 없는 데다가 위태로운 비잔티움 제국이 그들을 물리칠 것 같지도 않았다. 우르바노 2세는 끝없이 서로 싸우고 성직자와 약자를 먹이로 삼으며 자신의 권위에 제대로 복종하지 않는 유럽 귀족들에게 실망하고 질린 상태였다. 훨씬 가치 있는 일에 그 폭력적인 에너지를 쏟게 하는 것은 어떨까? 성지 회복 같은 일 말이다. 전투에서든 도중에 불운을 겪게 되었든 죽음을 맞은 사람들에게는 천국으로 가는 허가증을 수여하자. 경건한 시대에 어울리는 강력한 유인책이 아닌가? (물론 부와 명예처럼 보다 세속적인 동기도 완전히 배제할 수는 없다.) 교황의 속내는 그러했다. 교황은 수만 명의 남자가 십자군 원정에 지원하며 그의 부름에 열정적으로 화답하자 굉장히 기뻐했다.

다음 해 유럽의 가장 강한 영주들이 이끄는 제1차 십자군이 출발했다. 그 후 3년에 걸쳐 그들은 점차 지중해 동부의 영토를 정복했고, 1099년 마침내 예루살렘을 수복했다. 승리한 그들은 도시의 방어자와 민간인을 처참하게 대량 학살했다. "엄청난 살육이 일어나 피가 발목까지 차오를 정도였다." 제1차 십자군 원정에 대한 동시대의 설명이 담긴 주요 자료인 『게스타 프랑코룸*Gesta Francorum*』에서 익명의 저자는 이렇게 기록했다.[2] 그것은 십자군의 처음이나 마지막 잔혹 행위가 아니었고, 영적인 불안감을 불러일으켰다(당시 전쟁에서 맞선 기독교의 적에게는 원시법만 적용되었다).

유럽군은 아크레, 트리폴리, 티레 같은 주요 도시를 점령해나가며, 십자군 국가(혹은 프랑스어로 '해외'를 뜻하는 우트르메르Outremer)로 알려진 유럽의 새로운 봉건 국가를 세웠다. 당시 이슬람 세계가 정치적·종교적으로 분열되어 있던 덕분에 십자군의 정복은 쉽게 이루어졌다. 그에 비해 정복한 땅을 지키는 것은 훨씬 더 어려운 일이었다.

흔히 유럽의 미식 전통은 십자군 원정으로 새로운 이국적 향신료와 재료를 접한 덕분에 크게 발전했다고들 한다. 그러나 사실 이 이야기에는 오해의 소지가 있다. 후추와 생강 등 십자군 전쟁을 통해 전해졌다는 많은 향신료는 이미 로마 시대부터 귀족들의 식탁에 올랐다. 고대 유럽에서 재배되었던 사프란은 8세기 이후 아랍 침략자들에 의해 다시 소개되었다. 십자군 원정이 시작되기 한참 전, 이슬람 지배하의 스페인과 시칠리아에서 문화 간 교류와 교역이 상당히 활발하게 일어났다. 따라서 아랍과 페르시아 요리를 접한 결과 중세 후반에 달콤하고 향긋한 요리가 인기를 끌기는 했지만 십자군 원정이 유럽 요리에 미친 영향은 보통 생각하는 것보다 제한적이다. 유럽 상인들은 십자군이 레반트 지역의 항구 도시들을 점령하자 이익을 얻었는데, 일시적으로 수익성 좋은 향신료 무역의 일부를 점유할 수 있었던 것이다. 전 세계적으로 미친 영향 중 가장 큰 부분은 십자군 원정으로 설탕을 접하게 된 것인데, 이렇게 해서 유럽인들이 중동으로부터 점점 더 많은 설탕을 수입하기 시작했다.

반면에 십자군이 현지인들에게 요리의 유산을 남겼다고는 말하기 어렵다. 사실 유럽인 순례자를 위한 새 예루살렘 시장 거리 중에는 현지인들이 말키시나트Malquisinat, 즉 '형편없는 요리사들의 거리'라는 뜻으로 부르는 곳이 있었다. 이 거리는 성묘 교회와 십자군이 기독교 교회로 변경

한 알아크사 모스크가 있는 성전산 사이에 위치했다.

예루살렘 정복 후 많은 십자군 전사가 고향으로 돌아오자 기독교의 통치자들은 새로 획득한 영토와 성지로 가는 역사적인 순례길을 안정적으로 다스리기 어렵다는 사실을 절감했다. 이에 1120년 위그 드 팽이라는 프랑스 기사가 예루살렘을 지키고 기독교 순례자들을 보호할 목적으로 몇몇 동료 기사들을 모아 새로운 기사 수도회를 조직했다. 그들은 청빈과 순결, 복종을 맹세한 수도사였지만, 밭에서 일하거나 책을 필사하는 대신 전사로서 훈련받고 싸움터에 나갔다. 당시 교황들은 '수도승 전사'라는 말이 모순이라는 사실은 무시한 채 이 새로운 수도회를 승인했을 뿐만 아니라 특별한 권한까지 부여했다. 그 결과 그들은 각국의 군주가 아닌 교황의 명령만을 따르게 되었다. 예루살렘 왕은 그들에게 과거 솔로몬 신전 근처에 거주 공간을 마련해주었는데, 그때부터 그들은 성전 기사단으로 불리게 되었다.

유럽의 귀족들은 구원을 얻으면서도 계속해서 싸우고 살육할 기회를 제공하는 성전 기사단에 점점 더 끌렸다. 그리하여 성직자 귀족들을 비롯해 기사단에 감사하는 순례자들로부터 기부금이 유입되면서 성전 기사단은 금세 부유해졌다. 이렇게 모인 기금의 상당 부분은 성지에서 성전 기사단의 병력을 유지하고 그들이 압도적으로 수적 열세에 몰려 있던 이 지역에 튼튼한 요새를 짓는 데 사용되었다. 그러나 성전 기사단은 금융 거래에도 손을 대기 시작했다. 예를 들어 프랑스에 있는 성전 기사단에 돈을 입금한 뒤 예루살렘에 도착해서 그 돈을 인출할 수 있게 하는 식이었다. 프랑스 왕도 성전 기사단에 돈을 맡기기 시작했다. 수도승 전사가 지키는 은행보다 안전한 곳이 어디 있겠는가? 성전 기사단은 나중에 귀족들에게 돈도 빌려주었는데, 복잡한 재무 구조를 통해 교회의 고리대금업 금지를 교묘히 피했다. (법을 우회하는 복잡한 재무 구조는 비단 현대의 은행이 고안해낸 방식이 아닌 것이 확실하다.)

시간이 흐르면서 성전 기사단은 프랑스와 서유럽에 걸쳐 방대한 땅과 재산을 소유하게 되었다. 그들은 많은 마을과 도시에 요새 및 교회를 지었고, 수도원 장원commandery이라 불리는 광대한 농경지에서는 많은 양의 음식과 와인, 가축을 생산했다. 그들은 또한 염전을 소유해 가장 비싼 상품을 생산할 수 있었다. 성전 기사단의 전성기인 13세기에 그들은 유럽과 성지에 9000개가 넘는 요새와 거주지를 소유했다. 그 대부분은 이제 존재하지 않지만 온전히 보존된 라쿠베르투아라드를 비롯해 여러 성전 기사단의 마을이 남아 있는 프랑스 남서부 라르자크고원 등 오늘날 프랑스의 일부 주요 유적지는 방문할 수 있다.

성전 기사단의 식단은 다른 수도사들과 매우 흡사했지만, 그들은 일주일에 세 번 육식이 허용되었다. 다량의 채소, 과일, 생선으로 이루어진 절제된 식습관은 당시 신이 그들의 존재를 승인했다는 명백한 증거로 여겨졌던 성전 기사단원들의 장수 비결로 해석된다.[3] 성전 기사단은 심혈관 질환이나 과도한 육식과 음주의 결과로 귀족들 사이에서 흔했던 고통스러운 질병인 통풍으로 고생할 확률이 낮았다.

성전 기사단에는 불행하게도 십자군 전쟁이 기독교에 유리하게 끝나지 않았다. 1187년, 후대에 살라딘으로 알려진 이집트와 시리아의 전설적인 술탄 살라흐 앗딘이 유명한 하틴 전투에서 십자군을 물리치고 예루살렘을 탈환했다. (교황 우르바노 3세가 이 소식을 듣고 쓰러져 죽었다고 전해진다.) 이후의 십자군 전쟁으로도 이 도시를 되찾는 데 실패했고, 마침내 이집트

라르자크고원 중심부에 있는 라쿠베르투아라드는 프랑스에서 가장 잘 보존된 성전 기사단 마을이다. © Richard Semik(Dreamstime Photos).

에 강력한 맘루크 왕조가 등장하면서 십자군 왕국은 종말을 맞이하게 되었다. 그리고 기독교의 마지막 거점이었던 아크레도 1291년 맘루크에 함락되었다.

성지에서 추방된 십자군은 당시 프랑스 왕이던 야심만만하고 강한 (무쇠왕이라고도 불린) 미남왕 필리프 4세에게 골칫거리가 되었다. 성전 기사단이 인력과 재산을 중동에 보낼 때는 군주에게 심각한 위협이 되지 않았다. 그러나 이제 프랑스에 돌아온 수도승 전사들은 왕의 명에 복종하지 않았다. 그들은 부여받은 세금을 부과할 권한을 행사했고, 이는 곧 프랑스 내 또 다른 국가가 있다는 의미였다. 필리프 4세와 교황 보니파시오 8세의 대립이 갈수록 격해지는 상황에서 성전 기사단은 교황의 강력한 동맹군이었다. 게다가 필리프 4세는 성전 기사단에 많은 빚을 지고 있었다.

1307년 필리프 4세는 프랑스에 있는 성전 기사단 대부분을 전국적으로 일제히 체포했다. 성전 기사단은 사탄 숭배, 십자가에 침을 뱉은 행위, 동성애 등의 죄명으로 기소되어 많은 이가 화형을 당했다. 이 강력한 수도회는 프랑스에서 뿌리 뽑혔고, 이 모든 조치가 가능했던 것은 신임 교황 클레멘스 5세가 동의한 덕분이었다. 그는 프랑스인으로, 1303년 필리프 4세의 군대로부터 공격을 받고 사로잡힌 직후 사망한 전임자인 보니파시오 8세보다 왕의 계획에 더 유화적인 태도를 보였다.

1314년 마지막 성전 기사단장 자크 드 몰레가 파리에서 화형에 처해졌다(퐁뇌프 다리 근처에 처형된 장소를 나타내는 표지판이 있다). 그는 클레멘스 5세와 필리프 4세에게 저주를 퍼부었는데, 공교롭게도 두 사람 모두 1년 만에 세상을 떠났다. 그 후 필리프 4세의 세 아들이 차례로 왕위에 올랐으나 모두 젊은 나이에 사망해 적통 남자 후계자가 없어 결국 카페 왕조의 직계 혈통은 끊기게 되었다. 그리하여 프랑스 왕위는 필리프 4세의 동생의 자손이 이루고 있던 발루아 가문으로 전해지면서 역사적인 왕위 계승 전투가 벌어졌고, 이는 결국 프랑스와 잉글랜드 간 백년 전쟁으로까지 이어지게 된다. 당시 많은 사람이 믿었듯 이 모든 일이 성전 기사단장의 저주 때문이라면, 정말 놀랄 만큼 성공적인 복수가 아닐 수 없다.

그러면 자두에 관한 이야기로 다시 돌아가 보자. 1148년 제2차 십자군 원정 때의 유럽 군대는 다마스쿠스의 무슬림 통치자들이 기독교와 동맹을 맺은 상태였음에도 이 고대 도시를 공격하기로 했다. 그들의 공성전 시도는 실패로 돌아가 결국 십자군은 대패하고 제2차 십자군 원정은 실패로 끝나게 되었다. 전해오는 이야기에 따르면 십자군이 다마스쿠스 외곽에서 그 지역 특산물인 자두를 발견한 것은 바로 이 시기였다고 한다. 그리고 성전 기사단원의 일부가 자두나무를 기후가 온화하고 성전 기사단원이 많이 모여 있는 프랑스 남서부에 가져왔다. 현지 수도사들은 다마스쿠스 자두나무를 토착 자두나무에 접붙여 획기적인 신품종을 탄생시켰다. 성전 기사단이 해체되고 수도원이 사라지고 나서도 이후 수 세기 동안 과수원 농부들은 자두를 계속 재배해 프랑스인의 미식 즐거움이 계속 이어지도록 하는 데 기여했다.

결국 성전 기사단이 남긴 유산은 자두뿐이다. 그러니 자두를 위해 싸운 셈이다. 정말 사소하지 않은가. 그래서 오늘날 프랑스 사람들은 탐스러운 자두를 정말 좋아하고 그 마음을 담아 정교한 요리를 만들면서도, 막강한 권력이 어떻게 몰락할 수 있는지 보여주는 역사적 상징으로서 냉소적인 시선으로 바라보기도 하는 것이다.

# 11
# 바다 건너에서 더 인정받은 와인

미식의 영역에서 몇 대에 걸친 시토회 수도사들의 헌신에 힘입어 멋지게 발전한 부르고뉴 와인과 세속적인 장려책과 혁신의 산물인 보르도 와인의 경쟁보다 첨예한 대결은 없다. 그것은 단지 이윤의 문제가 아닌 전 세계 와인 애호가들의 마음을 건 싸움이다. 그들의 다양한 취향을 규정하려다 보니 이 와인들의 특징을 보다 추상적인 개념으로 표현할 수밖에 없는데, 미묘하고 복잡하며 다소 예측하기 힘든 부르고뉴 와인은 프랑스 시골 보헤미안의 영혼을 담은 맛인 반면, 믿음직스럽고 세련된 보르도 와인은 프랑스 부르주아의 현대성을 가장 잘 보여준다. 프랑스 사람들이 사랑하는 많은 토론이 그렇듯 이는 답이 나올 수 없는 논쟁이다. 혹자는 유명한 미식가 장 앙텔므 브리야사바랭Jean Anthelme Brillat-Savarin의 고상한 친구 같은 입장을 취할 수도 있겠다. 브리야사바랭은 부르고뉴 와인과 보르도 와인 중 무엇을 더 좋아하냐는 질문에 이렇게 답했다. "그것은 내가 증거를 저울질하는 것이 너무 즐거워 항상 판결을 미루는 재판이다."[1]

수백 년 동안 앵글로·색슨 세계에서는 선호도가 명확했다. 잉글랜드 상류층 사이에서 클라레claret라고 불리던 보르도 레드 와인이 인기였다. 14세기에는 매년 봄과 가을이면 200척의 배가 보르도로 출항해 잉글랜드인의 엄청난 수요를 충족할 만큼의 와인을 싣고 돌아왔다.[2] 하지만 미식 세계의 다른 많은 선호도가 보여주듯이 보르도 와인의 선호는 맛보다는 정치, 사업, 전쟁에 기인한 것이었다. 잉글랜드인의 클라레 사랑을 이해하려면 중세 유럽에서 가장 영향력 있고 낭만적이었으며 파란만장한 삶을 살았던 여성, 아키텐의 엘레오노르의 일생에 대해 알아야 한다.

정확한 기록은 없지만 엘레오노르는 1122년경에 태어났다고 전해진다. 그녀의 아버지 기욤 10세는 북으로는 푸아티에와 루아르 계곡에서 남으로는 피레네산맥까지, 그리고 대서양 연안에서 동으로 오베르뉴까지 뻗은 프랑스 남서부의 광대한 영토를 아우르는 아키텐의 공작이었다. 로마 시대 이래 아키텐은 개성이 강하고 자율적인 지역이어서, 아키텐의 공작은 당시 프랑스 왕의 가신이면서도 그보다 더 넓고 윤택한 영토를 다스렸다. 기욤 10세는 죽기 직전인 1137년 프랑스 왕 루이 6세에게 자신의 상속녀인 엘레오노르를 보살펴달라는 편지를 보냈다. 여자가 직접 통치한다는 것은 상상도 하지 못한 루이는 그녀에게 아키텐의 새 공작에 즉위하기에 적합한 신랑감을 찾아주어야 했다. 이를 둘도 없는 기회라고 여긴 루이는 재빨리 자신의 아들이자 후계자인 루이와 엘레오노르의 결혼을 주선했다. (여기서 우리는 프랑스 왕들이 아들들의 이름을 짓는 데 독창성이 부족한 덕분에 이후 많은 루이, 앙리, 필리프를 구별하느라 진땀깨나 흘렸다는 점을 덧붙여 말하고자 한다.)

결혼 당시 열다섯 살 정도였던 엘레오노르는 금발에 녹색 눈을 가진 아름답고 활발한 여성으로 묘사된다. 음유 시인과 시, 여러 오락거리가 유행하는 활기차고 즐거운 아키텐 궁정에서 자란 그녀에게 파리 궁정은 너무 단조로워 보였다. 그녀의 남편은 열여섯 살이었고, 왕의 둘째 아들로 형이 죽기 전까지는 성직자가 될 운명이었다. 그는 매우 경건한 사람이었으며 간혹 지루하다는 평도 있었다. 훗날 엘레오노르가 수도사와 결혼했다고 불평할 정도였다. 1137년 그의 아버지는 아들의 결혼식을 치르고 얼마 지나지 않아 세상을 떠났고, 아키텐의 공녀 엘레오노르는 금세 프랑스 왕비의 자리에 올랐다.

엘레오노르는 남편을 부추겨 아키텐의 반대 세력과 툴루즈 백작에 대항해 일으킨 군사 행동이 성과 없이 끝난 데 대해서는 합당한 수준의 비판을 받았다. 하지만 그녀가 가장 크게 비난받은 것은 당시 왕비의 가장 중요한 덕목인 대를 이을 아들을 낳지 못한 것이었다. 1145년 마침내 아이를 낳았으나 안타깝게도 딸이었다. 이때까지 많은 이의 눈에 엘레오노르는 실패한 왕비였다.

왕과 왕비의 관계는 에데사 백국伯國이 튀르크족에 의해 함락되자 루이 7세가 제2차 십자군 원정에 참여하기로 결정하면서 틀어졌다. 엘레오노르는 그와 동행해 1147년 비잔티움 제국의 수도 콘스탄티노폴리스에 도착했다. 그녀는 그곳에서 캐비아, 개구리 튀김, 아티초크, 가지 등의 이국적인 요리 및 식품을 비롯해 계피와 고수 향이 강한 소스도 경험했다. 그녀가 당시 프랑스에는 알려지지 않았던 포크라는 비잔티움의 식탁 용구를 우스꽝스럽게 생각했다는 설은 추측에 불과하다.

1148년 3월, 마침내 십자군은 엘레오노르의 숙부인 레몽 드 푸아티에 공작이 다스리고 있던 안티오키아의 근거지에 도착했다. 레몽은 왕을 설득해 에데사 백국을 곧장 탈환하려 했지만, 루이 7세는 먼저 예루살렘을 방문하기로 했다(독실한 신앙인인 그에게는 예루살렘 방문이 순례의 주요 목적이었다). 엘레오노르는 숙부의 편을 들었고, 루이 7세가 레몽과 엘레오노르의 공모 관계를 질투했는지 그녀의 반항에 화가 났는지는 알려지지 않았지만 그들의 사이는 안티오키아에 가기 전과 후로 극명하게 달라진다. 이들 부부는 처참한 실패를 겪은 뒤 각자 다른 배를 타고 귀국했다.

교황은 왕실의 혼인을 유지시키려 노력했다. 엘레오노르가 다시 임신하면서 처음에는 그의 노력이 성공을 거둔 듯 보였다. 그러나 그녀는 또 딸을 낳고 말았다. 1152년 엘레오노르와 루이는 처음부터 결혼을 해서는 안 되는 근친 관계라는 점을 들어(실제로 루이 7세가 구촌 아저씨뻘로, 당시 기독교 교리상 결혼에 문제가 없었으나 굳이 명분을 붙인 것이다 —옮긴이) 기꺼이 자신들의 결혼을 무효로 돌렸다.

후속 계획을 염두에 두고 있던 엘레오노르는 혼인 무효 이후 곧바로 헨리 플랜태저넷과 결혼했다. 그는 부계로는 앙주 백작이고 모계로는 노르망디 공작이며 장래의 잉글랜드 왕이었다. (그가 바로 리처드 3세의 죽음으로 막을 내리기까지 300여 년 동안 잉글랜드를 통치한 전설적인 플랜태저넷 왕조의 창시자이다.) 헨리는 엘레오노르보다 열 살 연하였고 루이보다 훨씬 정력적인 사람이었다. 이 두 사람의 연합에 따른 정치적 이점은 차치하고도, 그는 엘레오노르에게 진정한 애정을 가지고 있었던 듯하다. 그녀는 두 번째 결혼 생활에서는 정치적으로 훨씬 능동적인 역할을 부여받았다.

결혼하고 2년 후 헨리는 헨리 2세로 잉글랜드의 왕위에 올랐다. 이는 루이에게는 재앙이었다. 이제 잉글랜드의 왕이 세습된 프랑스 영지에 결혼을 통해 아키텐까지 획득함으로써 프랑스 영토의 절반가량과 노르망디와 잉글랜드 해협부터 피레네산맥까지 이어지는 해안 지방 대부분을 다스리게 된 것이다. 엎친 데 덮친 격으로 엘레오노르는 30대인데도 헨리에게 5남 3녀를 낳아주었다. 루이 7세는 자신의 씁쓸한 상황을 옥스퍼드 대주교에게 털어놓았다. "잉글랜드의 왕은 부족한 게 아무것도 없습니다. 그는 사람, 말, 황금, 비단, 보석, 과일, 야생 동물 할 것 없이 모든 것을 가지고 있습니다. 하지만 우리 프랑스에는 빵과 와인, 즐거움밖에 없지요."[3]

프랑스 와인 중 일부는 잉글랜드에도 지분이 있다. 이제 잉글랜드의 영토가 된 아키텐의 와인은 전보다 대량으로 북쪽으로 향하기 시작했다. 엘레오노르는 고국에서 정기적으로 와인을 주문하는 역할을 맡았고, 그녀의 아들 리처드는 매일 식사에 보르도 와인을 곁들였다. 이는 보르도 와인 제조업자들에게 큰 힘이 되었다. 그러나 보르도 와인이 폭발적인 인기를 누리게 된 원동력은 잉글랜드 통치하에서 보르도가 유럽의 큰 항구 도시 중 하나로 성장한 덕분이라고 할 수 있다. 대륙과의 무역이 성행하면서 보르도가 잉글랜드 영토 중 런던에 이어 두 번째로 크고 부유한 도시로 발전한 것이다. 보르도의 와인 상인들은 수출세를 면제받았는데, 이는 프랑스 왕보다 잉글랜드 왕에게 더 충성하게 하는 영리한 전술이었다. 이로 인해 보르도 와인이 잉글랜드 주당에게 값싸게 공급되면서 수요가 폭증했다. 지롱드 하구와 대서양 연안 어귀의 가론강 입구에 위치한 보르도는 수출에 제한적이었던 내륙 지방과 비교해볼 때 지리적 이점을 톡톡히 누렸다.

중세 잉글랜드에서 그토록 사랑받았던 클라레는 오늘날 생산되는 훌륭한 빈티지 와인과는 매우 다르다. 그러나 보르도라는 훌륭한 항구 도시를 건설하고 그곳에서 생산된 와인을 대량 소비한 잉글랜드인의 역할은 보르도 와인의 성공 스토리에 있어서 필수적인 요소이다. 물론 대장원을 건설한 지방 귀족과 상인, 늪의 물을 빼서 유명한 메도크 지역을 비롯해 보르도의 훌륭한 테루아르를 개발한 네덜란드인 등 많은 이가 각각 중요한 역할을 담당했다.

과감한 이혼과 결혼으로 보르도와 아키텐 공국의 나머지 지역을 잉글랜드에 가져갔다는 점에서 엘레오노르의 공로도 인정해야 한다. 그런데 불행히도 엘레오노르의 행복한 결혼 생활은 헨리 2세가 로자문드라는 여성과 불륜 관계를 맺기 시작하면서 깨지고 말았다. 그녀와의 관계는 헨리 2세의 평소 바람기와는 차원이 달랐다. 엘레오노르는 대부분의 시간을 자신의 영지인 아키텐에서 가장 사랑하는 아들 리처드(사자심왕)와 함께 보냈다. 마침내 그녀는 헨리 2세에게 완전히 등을 돌리고, 아들들이 아버지에게 맞서 일으킨 반란을 지지했다. 그러나 아들들의 반란은 실패로 돌아갔다. 헨리 2세는 아들들은 용서했지만 아내는 용서할 수 없었다. 엘레오노르는 그 후 15년간 윈체스터의 성에 감금된 채 지내다 1189년 남편이 죽고 리처드가 왕으로 즉위하고 나서야 풀려났다. 리처드는 엘레오노르에게 섭정으로서 잉글랜드를 다스리게 하고 자신은 통치 기간의 대부분을 성지나 프랑스에서 싸우는 데 보냈다.

엘레오노르는 리처드가 떠나 있는 동안 막내아들 존(로빈 후드 이야기에 나오는 악당 왕)의 야망을 좌절시키며 섭정으로서 능력을 발휘했다. 리처드는 1199년 리무쟁 지방에서 반기를 든 봉신에 맞서 공성전을 벌이던 중 죽음을 맞이했다. 그에게 자식이 없었기 때문에 동생 존이 왕위를 물려받았다. 나이 든 엘레오노르는 형편없는 왕인 아들이 실책을 저지르지 않도

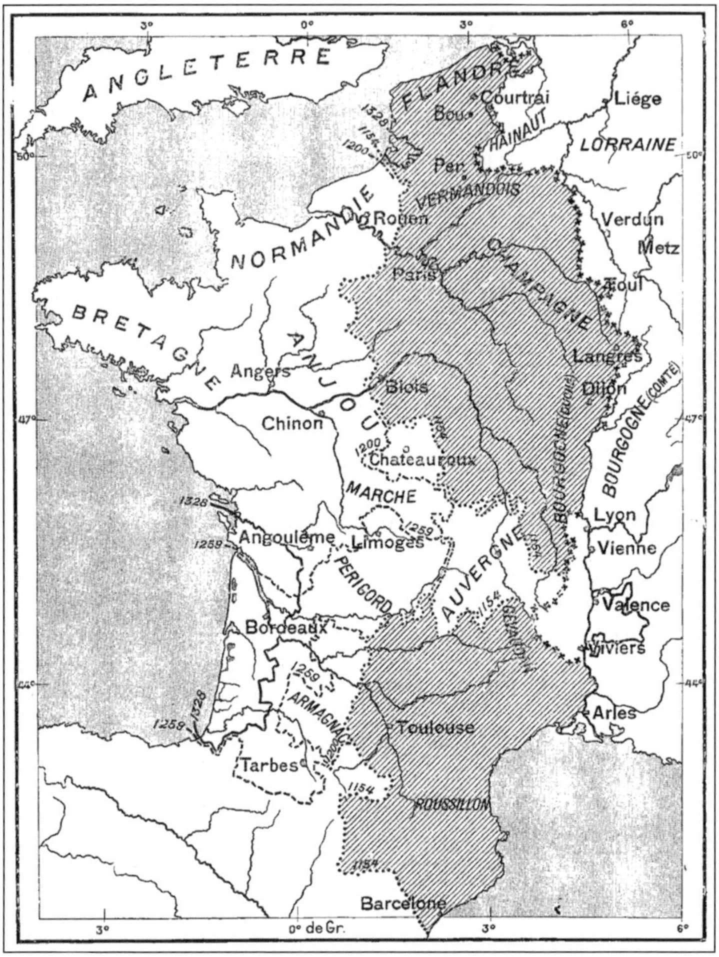


12세기 후반 잉글랜드 왕이자 노르망디 공작인 헨리 2세가 프랑스 북부와 서부의 광대한 영토를 요구했다. 그리하여 프랑스 루이 7세의 영토는 음영으로 표시된 지역으로 축소되었다. 루이 7세의 아들 필리프 2세(존엄왕)가 수십 년에 걸쳐 앙주 왕조를 해체하고 영토를 되찾는 노력을 기울인 끝에, 13세기 중반 잉글랜드의 영토는 보르도와 프랑스 남서부의 상당 부분으로 축소되었다. 엘리제 르클뤼Élisée Reclus, 『인간과 땅*L'Homme et la terre*』 제3권(Paris: Librairie Universelle, 1905), p. 92.

록 힘을 보탰다. 그리고 1204년 여든 살이 넘은 나이로 죽음을 맞이했다. 엘레오노르는 그녀가 사랑하던 곳으로 오늘날에도 여전히 아름다운 퐁트브로 수도원에 묻혔다. 그녀가 죽고 얼마 지나지 않아 존왕은 프랑스의 필리프 2세에게 프랑스에 있는 잉글랜드 영토 대부분을 잃었으며, 이 프랑스 왕은 카페 왕조 최대의 영토를 획득하게 된다.

그러나 잉글랜드는 보르도와 가스코뉴 지방을 계속 장악하고 있었는데, 이는 14~15세기 프랑스와 잉글랜드 간 백년 전쟁으로 이어지는 주요 원인 중 하나였다. 마침내 백년 전쟁이 끝나고 보르도는 다시 프랑스 영토가 되었지만, 프랑스 왕이 보르도 상인들에게 유리한 수출 협정을 유지해준 덕분에 잉글랜드로 수출이 계속되었다. 17세기 들어 몇몇 진취적인 보르도 와인 생산자들이 잉글랜드 상류층의 입맛을 사로잡은 새롭고 값비싼 품종을 만들어내면서 잉글랜드의 수요의 성질이 변화하기 시작했다. 1663년 새뮤얼 피프스Samuel Pepys는 많은 이가 '역사상 최초의 와인 테이스팅 노트'라고 하는 자신의 일기에 "지금껏 마셔본 것 중 가장 특별하며 훌륭한 풍미를 가진 호 브라이언Ho Bryan(오브리옹Haut-Brion을 영국식으로 발음한 것—옮긴이)"[4]이라는 새로운 프랑스 와인에 대해 언급했다. 보르도 샤토 와인의 원형인 오브리옹은 이 지역에서 생산되는 고급 제품 중 하나로, 한 병에 수백 달러 정도 하는 1등급 그랑 크뤼로 남아 있다.

보르도 와인이 프랑스 내에서 잉글랜드에서만큼의 명성을 누리기까지는 시간이 좀 더 걸렸지만, 오늘날에는 물론 다른 지역 못지않게 프랑스에서 인정받고 있으며 프랑스 AOC 와인 생산량의 4분의 1 이상을 차지한다.[5] 그러나 잉글랜드인들은 여전히 오래전 아키텐 공국 시절의 와인을 더 좋아한다. 사실 프랑스로 이주한 많은 잉글랜드인은 과거 아키텐

퐁트브로 수도원의 왕실 무덤. 아키텐의 엘레오노르와 헨리 2세(뒤), 사자심왕 리처드 1세와 존왕의 비 이자벨(앞). © Neil Harrison (Dreamstime Photos).

공국의 중심에 자리한 보르도의 동쪽 지역인 도르도뉴에 살기로 선택했다. 이렇게 새롭게 잉글랜드인의 침략이 일어난 덕분에 도르도뉴는 이제 도르돈셔(도르도뉴와 영국의 주州를 뜻하는 'shire'의 합성어—옮긴이)라고도 불리게 되었다. 어떤 면에서 이는 몇 세기에 걸친 잉글랜드와 프랑스 간 애증 스토리의 최신 장일 뿐이라고도 할 수 있다. 이 두 민족은 다투고 싸우면서도 서로가 없으면 못 사는 사이인 것 같다. 무엇보다 음식과 술의 영역에서는 특히 그러하다.

# 12
# 이단 채식주의자

프랑스 사람들은 대체로 음식에 있어서 그리 까다로운 편이 아니다. 개구리 다리나 달팽이, 송아지의 뇌처럼 다른 사람들이 거부감을 가질 법한 많은 재료를 먹는 것을 보라. 이렇게 까다롭게 굴지 않는 태도는 미덕으로 보일 수도 있는데, 이는 프랑스 사람들 대부분이 농부여서 식탁에 오른 음식에 대해 까탈을 부릴 수 없던 시절부터 이어진 잔재이다. 그래서 프랑스에서는 비건vegan(고기는 물론 유제품, 달걀, 꿀 등 동물에서 생산된 일체를 먹지 않는 엄격한 채식주의자—옮긴이) 등을 비롯한 채식주의자, 또는 글루텐이나 유당 불내증이 있는 사람들은 먹을 것을 선택하기 어렵다. 특별한 식습관이나 요구 사항에 대해 프랑스인들은 "편협함을 참아줄 수 없다"라는 식으로 반응한다. 2015년 채소 통조림의 선두 기업인 카세그랭은 일부 제품에 쇠고기 양념이 사용되었다고 인정했는데, 사실 프랑스 사람들은 이런 식으로 고기와 채소를 구분하는 것을 상당히 못마땅하게 여긴다.

하지만 전반적으로 그리 팍팍한 분위기는 아니다. 육류 생산 환경의 변화로 고깃값이 비교적 높아지면서 지난 몇 년간 프랑스에서 채식주의가 확산되었다. 식당에서도 채식주의자를 위한 메뉴가 늘어났고, 유명 요리사들도 채식주의를 수용했다. 그러나 여전히 채식주의자는 전체 인구의 5퍼센트 미만에 불과하며, 따라서 프랑스인 대부분은 비건을 만난 적이 없을 것이다. 프랑스의 학교 식당은 모든 프랑스 아이들이 같은 요리를 먹어야 한다고 믿으며 원칙적으로 채식주의 메뉴를 제공하지 않는다.

그러나 적어도 오늘날 프랑스인은 이단 요리법을 고수한다는 이유로 비건을 산 채로 화형에 처하지는 않는다. 성지에서 십자군이 일방적 승리를 거두지는 못했지만, 13세기 이래 십자군 정신만큼은 대중적으로 널리 퍼지며 발전해 점차 유럽 내에서 기독교 이단자들에 대한 투쟁으로 이어지게 되었다. 프랑스에서 이렇게 새로운 형태의 십자군 운동은 주로 카타리파라는 기독교 이단에 집중되었다. 카타리즘의 추종자들은 급진적으로 다른 종교적 견해를 추종할 뿐만 아니라 프랑스 요리의 기본 재료인 고기와 유제품 먹기를 거부했다. 불행히도 이런 이상한 식습관은 가차 없는 종교 재판의 심문관들 앞에서 그들에게 불리하게 작용하며 몰락에 일조하게 된다.

원래 골족이 자신들을 골족이라고 여기지 않았던 것처럼 카타리파도 자신들을 카타리파라고 부르지 않았다. 그들은 지도자들을 '선한 남자'나 '선한 여자'라고 불렀고, 공동체는 '선한 기독교도'라고 칭했다. 하지만 그들을 비난하는 쪽에서는 그들을 카타리파라고 부르며, 그 지도자들은 페르펙투스perfectus(완전자)라고 했다. 이들을 가리키는 용어가 정해져 있지 않으므로 여기서는 편의상 대부분의 역사서에서처럼 카타리파라고 부르겠다.

이단 카타리파는 12세기 툴루즈 백작이 지배하는 프랑스 서남부에 주로 뿌리내렸다. 핑크빛 테라코타 건물들 덕분에 '장밋빛 마을'로 알려진 아름다운 도시 툴루즈는 로마 시대에 건설되어 수 세기 동안 피레네산맥과 대서양, 지중해를 잇는 이 중심 지방의 수도 역할을 했다. 원칙적으로 툴루즈 백작령은 프랑스의 일부이고 프랑스 왕이 툴루즈 백작의 주군이었지만, 봉건 체제가 여전히 유지되던 당시에는 툴루즈 백작이 나르본 공작이자 프로방스 후작인 프랑스 왕보다 더 비옥하고 넓은 영토를 다스렸고 거의 자신이 원하는 대로 할 수 있었다.

툴루즈는 문화적으로나 언어적으로 프랑스 북부와는 매우 달랐다. 남부에서는 랑그 도크langue d'oc('오크oc'는 오크어로 '예yes'라는 의미이다)라고도 불리는 오크어를 사용했고, 세월이 흐르면서 이 말을 사용하는 남부 지방은 랑그도크Languedoc라고 불리게 되었다. 북부에서는 현대 프랑스어의 원형인 오일어 랑그 도일langue d'oïl을 사용했다. 사회적으로 랑그도크 지방은 더 개방적이고 관용적이며 국제적인 사회로서, 음유 시인(트루바두르) 문화가 꽃피고 여성들이 사회에서 중요한 역할을 했다. 따라서 카타리파가 남부 지방에서 교세를 확장한 것은 그리 놀라운 일이 아닌 셈이다.

카타리파는 기독교 교회를 그 초기부터 끈질기게 괴롭혀온 이원론적 이단이라는 흥미로운 전통이 다시금 구현된 지파였다. 카타리파는 우리가 사는 현세는 사실 악마에 의해 창조되었으며 신의 지배를 받는 별도의 영적 세계가 존재한다고 믿었다. 세상은 선악의 세력이 확고하게 구분되어 서로 영원한 전쟁을 벌인다. 불행히도 인간은 악이 들끓는 세상에서 살고 있으며, 설상가상으로 이 세계에 거듭 환생할 운명이다. 구원받을 유일한 희망은 신에게 영적 세계로 인도받는 것뿐이다. 카타리파는 로마

가톨릭교회가 그리스도의 가르침을 타락시키고 악마와 손잡고 있다고 주장했다. 교회가 정통 기독교 신앙을 노골적으로 무시한 카타리파를 비판적인 시선으로 바라본 것은 당연했다.

카타리파의 지도자들은 그들의 신앙에 따라 '완벽한 삶'을 행하며 살아간다는 의미에서 '완전자'라고 불렸다. 이 모범 지도자들은 의례적인 기도, 금식, 육체노동을 강조하는 '정의와 진리의 규칙'을 엄격히 지켰다. 그들은 그리스도의 가르침에서 폭력과 전쟁이 금지되어 있으며 오직 하느님만이 인간의 생명을 앗아갈 특권이 있다고 믿는 평화주의자이기도 했다. 그들은 사악한 현세에 갇힐 새로운 아이들을 탄생시킬 뿐이라는 믿음에 따라 성교도 금지했다. 그리고 일상생활에서 음식이 중요한 만큼 당연히 먹을 수 있는 음식과 먹어서는 안 되는 음식에 대해 꽤 많은 규칙이 존재했다. 우리가 다음 생에 동물로 환생할 가능성이 있으므로 모든 고기류는 금지되었다. 유제품 또한 피해야 했는데, 동물에서 유래했을 뿐만 아니라 동물의 번식과 관련되어 있기 때문이었다(번식은 나쁘다는 것을 기억하라). 이상하게도 완전자들은 물고기는 성적인 방식으로 번식하지 않는다는 당시의 믿음에 따라 생선은 먹곤 했다. 그리고 과일이나 채소를 먹는 데는 문제가 없었기 때문에(어쨌든 그들도 뭔가를 먹어야 살지 않겠나) 당연히 와인도 허용되었다. 카타리파의 일반 신도들은 이런 엄격한 규칙을 고수할 필요가 없었으므로 고기도 먹고 아이도 낳을 수 있었다. 남성, 여성 할 것 없이 모두 '완전자'가 될 수 있었는데, 남자로 죽었어도 여자로 환생할 수 있으니 엄격한 가부장제 윤리에 따라 남녀를 차별할 필요가 없었던 것이다.

랑그도크 지방의 많은 지역에서 카타리파가 어느 정도 용인되었다.

그러나 로마에서는 덜 관용적이었던 교황 인노첸시오 3세가 카타리파에 맞설 십자군을 소집했다. 프랑스 북부 사람들은 교황의 부름에 열정적으로 호응했다. 어쨌거나 좋아하지 않을 이유가 없지 않은가? 이번 십자군 원정으로 모든 죄를 사면받고 땅과 전리품, 명예를 얻을 수 있는 데다가 심지어 집에서도 가까우니 말이다. 랑그도크 지방은 현실이 곧 지옥이라는 카타리파의 믿음대로 잿더미로 변했지만, 교회의 적과 싸울 때는 이러한 만행이 허용되었다. 이 작전을 위해 결성된 십자군은 많은 카타리파 신도가 알비 마을 주변에 살고 있었으므로 알비주아 십자군으로 알려지게 되었다.

1209년 리옹에서 발족한 알비주아 십자군의 첫 번째 주요 목표지는 프랑스 남부의 유서 깊고 아름다운 마을 베지에에 위치한 카타리파의 근거지였다. 그곳에는 가톨릭교도도 많이 살았는데, 십자군이 도착해 마을을 포위했을 때 이단으로 몰릴 운명에서 벗어나 도망칠 기회를 얻었다. 하지만 그들이 마을 사람들을 저버리려 하지 않자, 공격자들은 마을에 난입하기 전에 십자군을 지휘하는 교황 특사 아르노 아모리Arnaud Amaury 시토회 수도원장에게 카타리파 신도와 가톨릭을 어떻게 구분하는지 물었다. 그러자 그는 악명 높은 답을 주었다. “모두 죽여라. 주님께서 자신의 자식을 가려내실 것이니.” 마을은 순식간에 함락되어 불타버렸고, 2만 명에 달하는 주민들은 모두 끔찍하게 살육당해 그들의 피가 바다를 이루었다.

다음으로는 카르카손이 십자군의 신임 총대장에 의해 점령되었는데, 그가 바로 독실한 기독교 전사이자 베테랑 십자군 전사인 시몽 드 몽포르Simon de Montfort였다. 그 후 10여 년간 몽포르는 마을을 약탈하고 카타리파를 산 채로 화형에 처하고 포로들의 눈을 도려내는 등 남서부를 공포에 떨게 했다. 하지만 그도 마침내 두 번째 툴루즈 공성전에서 여성들이 쏜 투석기의 돌에 깔려 성안에서 죽음을 맞게 된다. (그날 울려 퍼진 축하의 함성, "몽포르가 죽었다! 툴루즈 만세!"는 19세기까지 시민의 자긍심을 높이는 구호로 널리 사용되었다.)

원정 초반 베지에와 카르카손에서 승리를 거두었음에도 알비주아 십자군이 랑그도크 지방을 완전히 평정하기까지 20년이 걸렸다. 1229년 툴루즈 백작과 왕 사이에 합의가 체결되며 알비주아 십자군 원정은 종결되었다. 이 십자군 원정에서 사망한 사람이 얼마인지 정확히 알려지지 않았지만 수십만 명에 달한다는 견해가 지배적이다. 십자군 원정은 남부 귀족의 자치권을 무너뜨리고 프랑스 남부가 파리의 왕이 통치하는 중앙 국가로 점차 흡수되는 중요한 계기가 되었다.

카타리파의 마지막 보루였던 몽세귀르 요새 유적지. 저자 촬영, 2016.

1229년 이후에도 일부 카타리파의 강경 세력이 산속의 난공불락인 요새를 지키고 있었다. 그중 가장 악명 높은 곳은 피레네산맥의 험준한 절벽과 깊은 협곡으로 둘러싸인 숨 막힐 듯 아찔한 산꼭대기 요새 몽세귀르Montségur('안전한 산')이다. 1243년 5월 완전자 200여 명을 포함한 카타리파 신도 약 4000명이 세네샬sénéchal(국왕이 지방 영지를 관리하기 위해 파견한 지방관—옮긴이)이 이끄는 대군의 포위를 뚫고 몽세귀르 요새로 피신했다. 험준한 지형 덕분에 10개월 동안 포위망을 견뎌낼 수 있었지만, 결국 공격자들은 산악전에 뛰어난 바스크 용병을 고용해 밤에 산을 올라 요새의 방어를 뚫었다. 이 기습으로 카타리파는 결국 항복하게 되었지만, 정확히 알려지지 않은 보물을 요새 밖으로 빼돌린 뒤였다고 한다. (음모론을 다루는 웹 사이트마다 거대한 금괴부터 성배까지 보물에 대한 의견이 분분하다.) 완전자들은 개종을 거부하고 커다란 장작더미 위에서 일제히 화형을 당했다.

몽세귀르 요새 함락으로 간신히 숨이 붙어 있던 카타리파의 숨통을 조였고, 이를 완전히 끝장낸 것은 종교 재판이었다. 1233년 교황 그레고리오 9세는 카타리파의 위협에 대응하기 위해 스페인의 사제 도밍고 데 구스만Domingo de Guzmán이 세운 도미니코 수도회에 이 이단을 뿌리 뽑을 권한을 일임했다. 도미니코 수도회의 종교 재판관은 판사, 배심원, 심문관으로 구성되었고, 1252년 교황으로부터 자백을 받는 데 도움이 된다면 고문할 권한도 부여받았다. 그들은 교황의 명만 따랐으며, 랑그도크 전역에서 두려움과 증오의 대상이 되었다. 종교 재판관은 신고와 강압에 의존했고 그들의 판단으로 많은 이가 화형에 처해졌다(불은 모든 것을 정화한다는 믿음에 근거해 사람을 산 채로 불태우는 것은 중세 시대 보편적인 이단 처형 방식이었다).

카타리파에 대한 심문 기록을 살펴보면 음식에 관련된 질문의 수가

몽세귀르 요새 함락 후 카타리파 신도 200여 명이 화형당한 장소를 표시한 비석.
저자 촬영, 2016.

압도적으로 많다. 카타리파의 제한적인 식습관은 널리 알려져 있었기 때문에 이는 심문관들이 이단을 판별하는 데 편리한 기준이 되었다. 이단으로 의심되는 사람의 지인에게 하는 첫 질문은 "함께 식사를 했는지, 그리고 무엇을 먹었는지" 같은 것이었다. 이에 "늘 생선과 채소를 먹었다"라는 답이 나오면 종교 재판관들은 중세 시대 기준에서 타당하다고 여겨지

는 원인에 끼워 맞추었다.[1]

다행히 오늘날 프랑스의 채식주의자들에게 일어날 수 있는 최악의 상황은 일반적이지 않은 식습관이 프랑스 국가 정체성에 대한 현대판 이단 행위라고 믿는 사람들의 미묘한 경멸 정도이다. 그러나 점점 더 많은 사람이 육류 없는 생활 방식을 받아들이고 있다는 점에서 프랑스 채식주의자들의 미래는 카타리파 신도들의 불행한 운명보다 더 희망적으로 보인다.

# 13
# 교황의 빨간색

아비뇽 다리 위에서Sur le Pont d'Avignon
신나게 춤추자, 즐겁게 춤추자On y danse, On y danse
—15세기 프랑스 동요

지중해로부터 80킬로미터가량 떨어진, 론강 유역에 아름답게 자리 잡은 아비뇽은 이견의 여지없이 프로방스 지방에서 가장 매력적인 지역 중 하나이다. 고딕 양식의 14세기 교황궁이 우뚝 솟아 있고, 그 아래 펼쳐진 아름다운 거리와 광장에는 태양을 향해 문을 활짝 연 작은 상점과 카페가 늘어서 있다. 중앙 식료품 시장인 레알Les Halles에는 올리브, 신선한 허브, 향신료, 굴, 그리고 매우 다양한 지역 특산 치즈와 고기, 빵이 넘쳐난다. 주변 시골의 코트 뒤 론Côtes du Rhône 와인 생산지에서는 프랑스 최고의 포도 품종이 생산된다.

남부 론 지방 와인의 주류는 20세기 초 등급 체계가 만들어진 후 처음으로 최고 등급인 AOC를 받은 프랑스 와인 중 하나인, 검붉은 빛에 강하고 흙 향earthy이 풍부한 샤토뇌프뒤파프Châteauneuf-du-Pape이다.[1] 그 독특한 테루아르는 '교황의 새로운 성'이라는 뜻인 동명의 마을 주변에 집중되어 있다. 이는 '아비뇽 유수'라는 프랑스와 가톨릭교회 역사상 짧지만 일대 전환이 이루어진 시대가 포도 재배에 있어서 남긴 유산이다. 아비뇽 유수는 화려한 성, 복잡한 음모, 대립 교황이 등장하는 이야기로, 이러한 사태를 야기한 복잡한 정치보다 훨씬 더 오래도록 전설로 이어져 내려왔다.

1300년대 초 미남왕 필리프(필리프 4세) 시절로 돌아가 보자. 새로 선출된 교황 클레멘스 5세는 필리프 4세가 성전 기사단을 탄압하는 것을 허용했다. 클레멘스 5세는 프랑스와 교황의 관계가 심각하게 경색된 시기에 외교관으로서의 능력을 인정받아 선출되었다. 따라서 프랑스 왕과의 관계 개선이 그의 주요 임무 중 하나였기 때문에 그는 아비뇽에 거주하기로 결정했다. 아비뇽은 지중해와 이탈리아 해안에서 그리 멀지 않은 론강 유역에 위치한 유럽의 교통 요충지였던 데다가 그 옆의 넓은 영토는 사실상 교황의 소유였기 때문이다. 게다가 유력 가문 간 권력 투쟁으로 분열되어 교황권이 극도로 약해진 상황에서 당시 로마는 위험한 곳이기도 했다. 사실 과거에도 수도가 위태로울 때 교황이 로마 밖에서 머무는 경우가 있었다. 그러나 클레멘스 5세는 이탈리아를 벗어난 지역에 거주하기로 결정하고 그 뒤를 이은 교황들도 그곳에 머무르게 하는 역사의 새 장을 열었다. 연이어 7명의 프랑스인 교황이 아름답고 풍요로운 프로방스의 전원에 머물렀던 이 시기를 아비뇽 유수라고 한다.

당연히 이탈리아인들은 이렇듯 교황권을 포기한 데 대해 불만을 가졌다. 이에 비평가들은 아비뇽 유수를 '바빌론 유수'에 빗대어 표현하면서 교황직이 프랑스 왕에 종속되고 교회의 영적 순결이 훼손되었다고 주장했다. 단테의 『신곡』 중 「지옥편」에서 클레멘스 5세는 제8원에 등장한다.

그러나 이 끔찍한 죄인은 세속의 왕국에 천상의 유산을 남겼다. 바로 샤토 파프 클레망Château Pape Clément으로, 보르도 근처에서 생산된 와인이다. 교황의 자리에 오르기 전 보르도 대주교였던 클레멘스 5세는 그곳의 포도밭을 기부받아, 열심히 경작해 면적을 넓혔다. 그리하여 교황이 되었을 무렵에는 '교황 클레멘스의 포도밭'으로 알려지게 되었다. 이 포도밭은 오늘날에도 좋은 평판을 유지하고 있으며, 과일 향이 풍성한 와인이 생산된다. 이곳은 이견의 여지없이 보르도 와인 산지에서 가장 유서 깊은 지역이라고 할 수 있다.

1314년 교황 클레멘스 5세가 아비뇽 인근에서 선종한 뒤 추기경단 내 경쟁파는 신임 교황에 동의할 수 없었다. 2년 뒤 프랑스 왕의 압박을 받은 추기경단은 노쇠한 일흔두 살의 프랑스인 추기경을 차기 교황 요한 22세로 선출했다. 교황직에 오래 있기 힘든 사람을 우선 뽑아 각 계파가 다음 선거를 위해 입지를 강화할 시간을 벌려는 계산이었다. 그러나 그들의 바람과는 달리 요한 22세는 18년 동안 재위했다(혹자는 건강이 좋지 않은 듯 보인 것은 위장이었다고도 한다). 그는 이전에 아비뇽의 주교였던 데다가 로마에서 혼란스러운 상황이 계속되는 와중에 아비뇽에 그대로 머무르게 되어 만족했다. 요한 22세의 장수 비결은 이상한 식습관이라고들 하는데, 그는 우유, 달걀흰자, 흰 살 생선, 닭고기, 치즈 같은 흰 음식을 선호했다. 가지의 '흰' 속살로 만든 파이의 일종인 파프통 도베르쟁papeton d'aubergines이라는 아비뇽 특선 요리는 원래 교황의 모자 모양인데, 그의 재임 중에 생겨났다고 한다.

그러나 요한 22세가 남긴 최고의 미식 유산은 가지 요리가 아니다. 아비뇽의 음모로부터 주기적으로 벗어나 있기 위해 그는 도시 북쪽 론 계곡 인근의 현재 샤토뇌프뒤파프라는 작은 마을에 여름 별장을 세웠다. 이 지역에서는 갈로·로마 시대부터 와인이 생산되었고, 보다 최근에는 성전 기사단이 와인을 생산했으나 당시에는 포도 농사가 중단된 상태였다. 요한 22세는 성을 짓고 프랑스 남서부에 있는 자신의 고향 카오르에서 와인 생산자들을 데려와 포도원을 복원했다. 그들은 프로방스의 맛이 고스란히 구현된 와인을 만들어냈는데, 이 와인은 10여 가지 포도 품종이 혼합되어 이루어진 복잡 미묘한 풍미가 특징이다. 샤토뇌프뒤파프는 프랑스 혁명기 교권이 유린된 상황에서도 살아남으며 수 세기 동안 뛰어난 명성을 누려왔다. 19세기 프로방스 출신의 시인으로 1904년 노벨 문학상을 받은 프레데리크 미스트랄의 "장엄하고 위풍당당한 교황의 와인"이라는 평이 유명하다.[2]

요한 22세의 다른 강박 관념은 그 시대의 불안을 반영한다. 그는 연금술을 금하고 종교 재판관에게 주술과 사탄 숭배 사건을 조사하도록 명했다. 이처럼 주술과 이단에서 연상되는 부정적 이미지는 중세 말기 유럽 전역에서 수천 명이 고문을 받거나 죽임을 당하는 마녀사냥의 발판을 마련하는 데 일조했다. 재임 초기 독과 흑마술을 동원한 암살 시도가 실패로 돌아간 뒤 요한 22세는 이 둘에 편집증적 피해망상을 가지게 되었다. (그가 흰 음식을 선호한 이유를 여기서 찾기도 한다. 독이 들어 있다면 간파하기도 쉽고 흰색의 성스러움이 마법처럼 보호의 위력을 발휘할 것 같으니 말이다.) 당시 적을 독살하는 행위가 만연한 만큼 그의 후임 교황들도 호화로운 만찬 중 숨겨진 독을 탐지하기 위해 시식 시종부터 일각고래 뿔, 의심쩍은 기계 장치 등 다양한 방법을 개발했다.

요한 22세가 마침내 자연사로 선종하고도 5명의 교황이 아비뇽에 머

이 웅장한 14세기의 교황궁은 여전히 우뚝 솟아 아름다운 아비뇽 마을과 론강의 둑을 내려다보고 있다. © Julie Mayfeng (Dreamstime Photos).

물렀다. 그리고 그들은 수년에 걸쳐 세계에서 가장 크고 화려한 고딕 양식의 교황궁을 건설했고, 이 궁은 아직도 마을 중심부에 자리 잡고 있다. 아비뇽 교황궁은 학자와 예술가들이 모여드는 기독교 세계의 매우 중요한 문화 중심지 중 하나가 되었다. 궁전의 벽은 아름다운 프레스코화와 태피스트리로 장식되어 있고, 별이 총총한 밤하늘처럼 푸르게 칠해진 그레이트 홀의 천장 아래에서 화려한 연회가 열렸다. 한 끼 식사로 양 천 마리를 굽고, 수천 리터의 와인을 곁들였다. 사실 프랑스 엘리트들 사이에서 부르고뉴 와인이 훌륭하다는 평판을 얻은 것은 이 시기였다. 그간 부르고뉴 와인은 파리로의 접근성이 떨어졌기 때문에 잘 알려지지 않았지만, 접근성이 좋은 아비뇽에 운반되어 론 계곡에서 생산된 다른 훌륭한 와인과 더불어 그곳에서 대량 소비되었다. 아비뇽의 요리사들은 사프란

같은 값비싼 향신료와 금박까지 곁들여 저녁 연회 식탁을 화려한 색으로 수놓았고, 손님들에게는 은과 금으로 만든 접시로 대접했다.[3] 당시는 프란치스코회처럼 청빈 수도원이 인기를 끌었던 때였으므로, 아비뇽 교황궁의 향락은 감탄만큼이나 비난을 받기도 했다.

과도한 사치라는 평판과 함께 친족 중심으로 등용하는 교황의 관행에서 비롯된 족벌주의와 부패에 대한 비난이 거세졌다. 이 시대의 또 다른 유산은 "교황의 겨자 제조자처럼 행동한다"라는 프랑스 속담으로, 자신이 어리석은 줄 모르고 스스로 과대평가하는 사람을 가리킬 때 사용된다. 알렉상드르 뒤마의 말에 따르면, 요한 22세에게 우둔한 조카가 있었는데 어떤 책임 있는 직책도 맡기지 못할 정도라 그를 수석 겨자 제조자로 임명했다고 한다(요한 22세는 겨자를 매우 좋아했다).

아비뇽의 제6대 교황 우르바노 5세는 로마 교황직을 회복하려 했으나, 아비뇽의 안락함이 너무도 유혹적이었던 탓에 많은 추기경이 그를 따르기를 거부했다. 그 과업은 후임이자 아비뇽의 마지막 교황 그레고리오 11세에게 넘어갔고, 1378년 마침내 로마로 돌아가게 되었다. 프랑스와 잉글랜드의 백년 전쟁이 격화되면서 교황은 이제 프랑스가 너무 혼란스럽고 위험하다고 느꼈고, 로마로 귀환하면 교황령을 확실히 장악하고 이탈리아 내 동맹들과의 관계를 확고히 하는 데 도움이 되리라 생각했다.

그러나 아비뇽 시대는 완전히 끝나지 않았다. 그레고리오 11세 사후 이제 로마에 자리 잡은 추기경단은 이탈리아인 교황 우르바노 6세를 선출하라는 압박을 받았다. 우르바노 6세는 인기가 없었는데, 특히나 그를 좋아하지 않았던 프랑스 추기경들은 그의 선출은 강압에 의한 것이니 무효라고 주장했다. 그러고는 아비뇽으로 돌아간 클레멘스 7세를 다른 교황, 즉 대립 교황으로 선출했다. 클레멘스 7세는 프랑스 왕을 비롯해 유럽 각국 군주들의 지지를 받았지만, 잉글랜드와 신성 로마 제국을 비롯한 강대국들은 로마의 교황을 지지했다. 그 후 40여 년간 로마의 교황과 아비뇽의 교황이 기독교 세계를 나누는 일명 '서방 교회의 대분열' 시기가 이어졌다. 교황 분쟁은 유럽 국가들 사이에서 엄청난 외교적 위기를 초래했고, 때로는 지역적 군사 분쟁으로 이어지기도 했다.

서방 교회의 대분열은 1417년 콘스탄츠 공의회에서 새로운 합의가 도출되어 마르티노 5세를 교황으로 선출함으로써 막을 내렸다. 그러나 그 여파는 오래 지속되었다. 음모와 갈등의 시간이 오래 이어지면서 반反교황 정서가 확산되어 한 세기 후 종교 개혁으로 폭발된다. 교황청의 사치와 부패, 영적 순결보다 세속 정치를 더 중시하는 행태를 보면서 철학자와 성직자들은 신앙의 급진적 개혁의 필요성을 더욱 절감했다.

간단히 말해서 아비뇽 유수는 오늘날까지 이어지는 와인만큼이나 복잡한 유산을 남겼다. 많은 이가 샤토뇌프뒤파프를 맛 좋으면서도 지독히 비싼 와인으로만(그리고 어쩌면 가짜 프랑스 억양을 시도해볼 좋은 기회 정도로) 알지만, 700년 전 유럽을 분열시킨 교회와 국가의 거대한 갈등의 잔재이기도 하다. 한때 교황, 대립 교황, 왕의 연회 석상에 올랐던 이 와인은 오늘날에도 우리의 빈약한 식탁을 빛내주고 있다. 수 세기 동안 지속된 혼란이 이 작은 땅을 유린했던 사실을 고려하면 꽤나 인상적인 업적이 아닌가.

# 14
# 게랑드의 하얀 금

프랑스 서해안, 브르타뉴 남쪽에는 중세 마을 게랑드Guérande가 있다. 위풍당당한 15세기의 성벽, 오래된 자갈길, 화강암으로 지어진 집, 수많은 크레프 가게가 자리한 이 마을은 산책하며 둘러보기 좋은 아름다운 곳이다. 왕과 농민 모두 갈망하던 특산물을 둘러싼 거대한 범죄 집단의 거점이었다고는 상상도 하기 어렵다.

'게랑드의 하얀 금', 곧 플뢰르 드 셀fleur de sel이라고 하면 마약의 우아한 이름처럼 들리겠지만, 전 세계 미식가들이 찬미하는 전설적인 바다 소금이다. 마을을 산책하다 보면 이 소금을 판매하는 시장 상인이나 작은 상점을 아주 많이 발견할 수 있는데, 이는 그 중독성을 보여주는 방증이다. 단순한 가정 요리조차 전혀 다른 차원의 맛을 보장하는 허브와 소금의 혼합물이 만들어낸 톡 쏘는 맛은 좀체 거부하기 어렵다. 크레프나 아이스크림 위에 뿌린 솔티드 캐러멜 소스의 유혹은 세상에서 가장 의지력이 강한 사람조차 버틸 수 없을 것이다.

플뢰르 드 셀은 단순한 소금이 아니다. 마을 중심가에서 로마 시대부터 이어져 온 가장 오래된 염전인 게랑드 염습지로 운전해 나가면 금세 알 수 있다. 토양이 와인, 치즈, 꿀의 독특한 테루아르를 만들어내듯이 바닷물마다 다른 소금의 향을 만들어낸다. 브르타뉴 해안은 세계에서 가장 순도 높은 소금을 생산해내며, 오늘날 팔뤼디에paludier라는 소금 장인이 약 20제곱킬로미터에 달하는 지역에서 연간 1만 4000톤의 소금을 수확한다.[1] 그중 극히 일부는 바닷물 표면에서 조심스레 걷어낸 섬세한 결정인 최상급 플뢰르 드 셀이다(이 작업은 세심하게 해야 하므로 주로 여성들이 맡는다). 그러나 이곳에서 생산되는 소금의 대부분은 바닷물이 증발한 소금밭을 갈퀴로 긁어내 얻은 매력적인 비정제염 그로 셀 드 게랑드gros sel de Guérande이다. 그로 셀 드 게랑드는 요리에 바다의 풍미를 더한다. (반면에

게랑드 염전에서 일하는 팔뤼디에. © Maxironwas (Dreamstime Photos).

플뢰르 드 셀은 오랜 열기에서 빨리 녹아 그 풍미가 금세 사라지므로 요리의 마지막 단계에서 맛을 더할 때 사용된다.)

당연히 이처럼 세계적인 명성을 가진 바다 소금은 지역 경제에서 중요한 역할을 한다. 그러나 게랑드의 소금이 다른 많은 중독성 있는 제품들처럼 밀매, 반란, 저항의 긴 역사가 얽혀 있다는 사실은 잘 알려지지 않았다.

오늘날 소금은 미식의 사각지대에 놓여 있으며, 값싸게 구하는 것이 당연시된다. 그러나 인류 역사의 상당 기간 동안 전 세계적으로 소금은 일상의 필수품이었다. 통조림, 냉장, 인공 방부제 기술이 발전하기 전까지는 음식을 장기간 보존할 수 있는 방법이라곤 소금을 사용한 염장이나 절임 등 몇 가지밖에 없었다. 소금은 치즈를 만드는 데 필수 재료였고, 빵이 더 빨리 부풀고 더 오래 유지되도록 도와주는 역할도 했다. 보통 소금은 향신료에 비해 가격이 저렴해 서민들이 식사의 맛을 개선할 수 있는 몇 안 되는 선택지였다. 다른 식품과 마찬가지로 소금은 세금을 납부하거나 급여를 지불하는 통화로도 사용될 수 있었다. 사실 급여를 의미하는 단어 샐러리salary는 로마 군단병들이 각자에게 할당된 소금을 살 수 있도록 지급된 돈이라는 뜻의 라틴어 살라리움salarium에서 유래한다. 소금은 사물의 속성을 정화하고 보존한다는 상징 덕분에 전 세계적으로 수천 년 동안 종교 의식에서 사용되었다. 예수님이 제자들을 오늘날에도 정직하고 청렴한 사람을 가리키는 표현으로 사용되는 '세상의 소금'이라고 불렀던 것은 우연이 아니었다.[2]

소금은 바닷물은 물론 소금 광산, 소금 온천 등에서 자연적으로 발견된다. 역사적으로 인류 문명은 땅과 바다에서 소금을 추출하는 기발한 방법을 고안해, 초기 정착지는 대부분 소금의 원천을 중심으로 형성되었다. 다행히도 프랑스에는 내륙의 소금 광산과 소금 온천을 비롯해 언제든지 바다 소금을 얻을 수 있는 긴 해안 등 소금의 원천이 매우 풍부했다.

따라서 소금은 중세 시대의 획기적인 발전상 중 유럽 전역에 걸친 무역망 확대와 부유한 무역 도시의 성장에 핵심 요소로 작용했다. 중세 초기에 지배적이었던 지역적 자급자족 경제는 상업 발달과 도시 확장이 이루어지는 시대에 굴복하고 말았다. 이제 마을은 와인이나 가죽 제품 같은 특정 상품을 전문적으로 생산하고, 판매 이익으로 다른 지역에서 생산한 식재료와 생필품을 샀다. 이렇게 해서 게랑드는 중세 시대에 상선이 바다 소금을 프랑스와 잉글랜드, 네덜란드의 항구들, 그리고 한자 동맹 도시들로 실어 나르며 부를 축적했다.

마침내 프랑스 왕들은 소금 시장이 잉글랜드와 플랑드르부터 성전 기사단까지 경쟁 상대들과의 끝없이 계속되는 전쟁에 필요한 재원을 마련해줄 수 있다는 것을 깨달았다. 13세기 후반 미남왕이자 무쇠왕 필리프 4세는 일명 가벨gabelle이라는 새로운 소금세를 도입했다. 그리고 이 세금은 이후 백년 전쟁 기간에 샤를 5세(현명왕 샤를) 치하에서 영구세가 되었다. 샤를은 잉글랜드에 붙잡힌 아버지의 몸값을 치르고 나바라의 왕으로 주술왕이라고 불렸던 카를로스 2세의 반란을 진압하는 데 돈이 필요했다. (새로운 세금을 도입할 때 내세우는 핑계가 꽤 흥미롭지 않은가.)

가벨은 프랑스에서 백성들이 가장 증오하는 세금이 되었다. 특히 귀족과 성직자들이 다양한 면제권을 동원해 어떻게 해서라도 납세를 피하려 했기 때문에 더욱 그랬다(어떤 일은 시대를 막론하고 조금도 달라지지 않는다). 소금에 과도한 세금이 부과되었지만 전국적으로 동일한 방식은 아니었다. 게랑드가 위치한 브르타뉴는 1532년 공식적으로 프랑스에 병합되면서 면제 특권을 받아 완전히 세금이 면제되었다. 반면에 파리를 비롯해 프랑스 북부와 중부 대부분의 지역에서는 소금에 중과세되어 소금 가격은 브르타뉴 국경을 넘기만 해도 20배까지 올랐다.

루이 14세 시대 장바티스트 콜베르가 재무 장관에 취임하면서 상황은 더욱 악화했다. 소금 거래를 국가 독점으로 만들어버린 것이다. 이제 소금은 특정 왕실 창고에서만 살 수 있었고, 이에 따라 백성들은 이 생필품을 구하기 위해 때로는 꽤 먼 거리를 이동해야 했다. 또한 매년 일정량의 소금을 강제로 구매해야 했으니, 이는 곧 피할 수 없는 직접 과세인 셈이었다.

이 모든 이유로 인해 자연스럽게 거대한 소금 암시장이 형성되었다. 그 보상은 어마어마했다. 면세 지역에서 과세 지역으로 소금을 운반하는 데 성공하면 석 달 치 수입에 상당하는 금액을 벌 수 있었다. 1784년 전 재무 장관 자크 네케르는 소금 1미노minot(프랑스의 옛 부피 단위로 약 39리터에 해당한다—옮긴이)의 가격이 브르타뉴에서는 31수sou(프랑스의 옛 화폐 단위—옮긴이), 앙주에서는 591수, 베리에서는 611수까지 지역별로 가격이 천차만별이라는 사실에 주목했다.[3] 따라서 브르타뉴 경계 지대의 주민 절반이 직간접적으로 소금 밀매에 가담해 생계를 유지한다거나, 비트레 같은 국경 지대 마을 사람들은 국경 반대쪽 지역 주민보다 10배는 비싼 값에 소금을 산다는 추정이 전혀 놀라운 결과가 아닌 셈이다.[4] 많은 밀매업자가 스스로 또는 잘 훈련된 개나 아이들의 도움을 받아 독자적으로 움직였지만, 일부 소금 밀매업자들은 상당한 조직력을 갖추었다. 소금 밀매는 체제에서 가장 엄격하게 다루는 범죄 중 하나로, 불행히도 붙잡힌 사람에

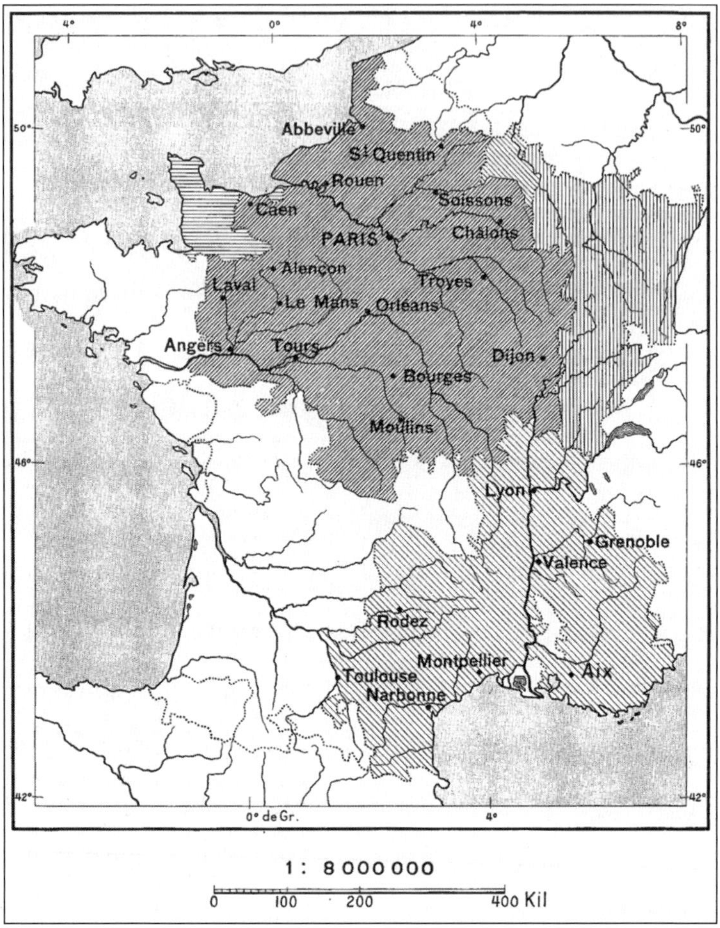


소금세 가벨이 프랑스 전역에 균등하게 부과되지 않았기 때문에 암시장이 활성화되었다. 파리와 중북부 지방(위의 지도에서 진하게 표시된 영역)은 소금 가격이 가장 높은 지역으로, 남부보다는 2배, 브르타뉴와 남서부보다는 20배 높았다. 엘리제 르클뤼, 『인간과 땅』 제3권, p. 591.

게는 장기 복역이나 갤리 노예선에서의 종신 노역형이 기다리고 있었다. 아이들이라고 예외는 아니어서, 그들이 소금 밀매 범죄로 복역하는 죄수의 상당수를 차지했다.

이들 밀매업자는 정권에 위협이 되는 존재였다. 재정 손실 때문만은 아니었다. 시골을 배회하는 무장 집단을 환영할 나라가 어디 있겠는가. 17세기에는 소금 밀매를 단속하기 위해 가블루gabelous라는 특별 보안대가 창설되기도 했다. 그러나 가블루의 급여가 형편없는 수준인 탓에 밀매업자들과 결탁하는 경우나 무능력하고 폭력적인 사람이 많이 있어서, 지역 주민들은 대개 가블루라면 질색했다.

과도한 처벌과 불공정한 세율을 적용한 소금세 가벨이 반란과 혁명이 일어나는 데 큰 영향을 미쳤다고 해도 과언이 아니다. 15세기 이후 소금세로 인해 농민 봉기가 주기적으로 일어났지만 대개는 막강한 파괴력을 지닌 정부에 의해 진압되었다. 1789년 프랑스 혁명 전날 소집된 삼부회에서 세 신분의 대표자들은 소금세가 폐지되어야 한다는 데 입을 모았고, 1년 뒤 앙시앵 레짐ancien régime(구체제—옮긴이)이 종말을 맞이한 뒤 그렇게 되었다.

이러한 조치로 많은 이가 행복해졌지만 밀매업자와 가블루는 일자리를 잃게 되었다. 그리하여 많은 밀매업자와 세금 징수관이 무기를 내려놓지 않고, 1790년대 새로운 체제를 괴롭힌 반혁명 운동에서 함께 싸웠다. 반란 세력으로 변신한 밀매업자 중 장 슈앙Jean Chouan이 유명한데, 그는 소금세 징수관을 죽인 죄로 감옥에 복역했었다. 혁명 후 일자리를 잃자 강제 징병에 대한 농민들의 불만을 이용해 프랑스 서부에서 반란을 일으켰다. 역사에서는 이를 올빼미당의 봉기라고 한다. 이 무장 폭동은 결국 실패로 끝났지만, 이에 영감을 받은 오노레 드 발자크가 자신의 이름을 걸고 낸 첫 작품 『올빼미당*Les Chouans*』을 썼으니 후세에 길이 남을 문화적 업적을 이룬 셈이다.

결국 소금세는 나폴레옹 시대에 부활한다. 어쨌거나 그도 끊임없는 전쟁 경비를 감당할 재원이 필요했기 때문이다. 소금세는 1945년에서야 공식적으로 폐지되었다. 그러나 게랑드는 하얀 금에 대한 영원한 욕구 덕분에 소금세가 있건 없건 소금 무역으로 번영을 누리고 있다. 매년 6월부터 9월까지 수확기면 엄청난 양의 소금이 생산되어 전 세계 식탁으로 향한다. 염전 노동자들은 기계나 화학 약품의 도움 없이 수 세기 전 조상의 방법 그대로 작업한다. 탄압과 혁명, 전쟁의 혼란, 소금의 역사적 중요성을 희석한 혁신에도 불구하고, 게랑드의 바다 소금은 존재감을 잃지 않고 전 세계 미식계에서 그 지위를 유지하고 있다.

# 15
# 흑태자의 유산

2000년이 넘는 동안 프랑스 남서부는 온갖 열정적인 경쟁자들이 각축을 벌이는 무대였다. 이 땅은 지역 패권을 겨루는 외국 침입자들과 프랑스 왕의 군대에 유린당했다. 패배한 전투와 비운의 로맨스가 영주의 총애를 받고자 다투던 음유 시인들의 노래를 통해 영생을 얻었다. 오늘날 이 지역은 보다 덜 폭력적인 경쟁으로 분열되어 있다. 일례로 럭비는 프랑스 어느 지역보다 이 지역에서 인기가 높다. 그러나 아마도 가장 오래도록 지속된 것은 카술레cassoulet 요리법을 어디에서 만들고 완성했는지의 문제를 둘러싼 카르카손, 툴루즈, 카스텔노다리 간의 경쟁일 것이다.

카술레는 고기와 흰 강낭콩을 넣어 뭉근해질 때까지 오랜 시간 요리하는 전설적인 맛의 스튜이다. 보통은 돼지고기로 만드는데, 카르카손에서는 양고기나 자고새 고기를 사용하고 카스텔노다리에서는 오리나 거위 고기, 툴루즈에서는 지역 특산 소시지를 넣는다. 전통적인 프랑스 농민의 요리인 카술레는 오늘날 프랑스에서 판매되는 통조림 요리 중 5분의 1을 차지할 정도로 인기 있는 가정식 메뉴이다. 그러나 슈퍼마켓에서 판매되는 제품은 원조 지방에서 만들어진 정통 카술레와 비교도 되지 않는다. 1920년대 후반, 저명한 음식 평론가 퀴르농스키Curnonsky가 카스텔노다리를 방문했다. 그는 지역에서 가장 유명한 카술레 요리사인 아돌핀 노부인을 찾아갔는데, 다음 날에야 카술레가 준비된다는 말을 들었다. 요리가 완성되기까지 15시간은 걸리고, 그저 카술레를 젓기 위해 한밤중에 여섯 번이나 일어나야 할 만큼 품이 많이 드는 요리였던 것이다. (퀴르농스키는 그 최종 결과물이 단순한 카술레가 아닌 '유일무이한 카술레'라고 기록했다.)[1]

미디 운하의 둑방에 자리한 아기자기 아름다운 마을 카스텔노다리는 카술레에 대한 애정을 노골적으로 뽐내며 카스텔노다리가 카술레의 '세계 수도'라고 선언한다. 마을 거리에는 카술레 전문 식당과 가게가 즐비하며, 여름마다 며칠 동안 카술레 축제가 열리는데 음악과 게임, 600인분이 넘는 카술레로 잔치를 즐긴다. 방문객들이 마을에 들어서면 카술레라는 이름이 유래된 이 지역 전통 솥인 카솔cassole을 들고 있는 한 여성의 큰 동상이 그들을 맞이한다.

카술레의 기원에 대한 가장 오래된 전설은 카스텔노다리를 무대로 한다. 전설에 따르면 카술레가 처음 만들어진 것은 백년 전쟁 중인 1355년으로, 악명 높은 잉글랜드의 흑태자가 마을을 포위했을 때이다. 카스텔노다리 주민들은 남은 음식(주로 고기와 콩이었다)을 공용 솥에 넣고 조리하기로 했다. 필요와 연대에서 탄생한 이 요리의 마력 덕분인지 적을 방어하던 프랑스군은 잉글랜드 해협까지 그들을 몰아붙일 정도로 강력해졌다.

카스텔노다리 사람들은 이 전설을 역사의 미담으로 받아들이겠지만,

불행히도 백년 전쟁이 끝나고 몇 세기가 지난 뒤 처음으로 생겨난 전설에 불과하다. 그 전쟁의 현실은 카스텔노다리 주민들은 물론 프랑스의 나머지 지역 사람들에게도 암울했다. 백년 전쟁이라는 이름은 다소 잘못된 명칭인데, 한 세기 이상 계속되었던 데다가 지속적인 하나의 전쟁이 아닌 비슷한 목적과 전략을 공유하는 잉글랜드와 프랑스 사이에 벌어진 일련의 분쟁이었기 때문이다. 이 시대를 어떻게 이름 붙이든 간에 프랑스인들에게는 참혹한 시간이었다. 한 세기 동안 벌어진 분쟁의 결과 수백만 명이 넘는 사람들이 죽었다고 한다.

앞서 이 전쟁이 벌어진 주요 원인 중 몇 가지를 언급했는데, 그중 가장 결정적인 문제는 잉글랜드가 프랑스 남서부에 계속 영토를 소유하고 있다는 사실이었다. 1259년 잉글랜드와 프랑스 간의 분쟁을 종식하기 위해 체결한 파리 조약으로(다른 많은 조약처럼 다음 전쟁의 빌미가 되었다) 잉글랜드 왕은 보르도항 중심의 가스코뉴 지방을 제외한 아키텐의 영토 대부분을 포기하고 프랑스 왕에게 신하의 예를 다하기로 합의했다. 이는 잉글랜드 왕 개인의 굴욕일 뿐만 아니라 유럽 무대에서 잉글랜드의 이익을 추구할 기회를 제한하는 결과를 가져왔다(예를 들어 잉글랜드는 주요 교역 상대인 플랑드르와 우호적인 관계를 맺을 수 없었다. 잉글랜드는 프랑스 왕을 지지해야 할 의무가 있는데, 프랑스는 플랑드르와 적대적인 관계였기 때문이다). 한편 영토를 확대하고 권위를 확장하고자 하며 가스코뉴에서 잉글랜드가 가져가는 부를 탐내던 프랑스 왕의 입장에서 그 지역을 차지하고 있는 잉글랜드인의 존재는 눈엣가시였다. 그리고 두 나라는 가스코뉴를 둘러싸고 대치하며 전쟁으로 확대되기 전 수십 년 동안 몇 번의 국지적인 분쟁을 겪었는데, 그중 하나는 필리프 4세의 딸 이자벨라와 미래의 잉글랜드 왕 에드워드 2세의 결혼으로 일단락되었다.

그러나 이 결혼도 전쟁 발발의 원인으로 작용했다. 앞서 보았듯이 1328년 필리프 4세의 막내아들이 후계자 없이 죽은 뒤(아마도 성전 기사단장의 저주가 꽤나 위력적이었던 모양이다) 프랑스 왕위는 필리프의 동생의 자손이 이루고 있던 발루아 가문으로 전해졌다. 프랑스의 대영주들은 선왕의 조카가 필리프 6세로 즉위하는 데 만족해했다. 그런데 당시 잉글랜드의 왕이었던 에드워드 3세가 필리프 4세의 적통 후계자임을 주장하고 나섰다(그는 필리프 4세의 딸 이자벨라의 장남이었다). 프랑스 법학자들과 귀족들은 그의 계승권은 모계 쪽에서 기인한 것인데, 여성은 왕위 계승권이 없으므로 효력이 없다는 근거로 에드워드의 주장을 거부했다. (이러한 결정으로 인해 왕정이 지속되는 동안 여성은 왕위에 올라 프랑스를 통치할 수 없다는 법적 선례가 만들어졌다.) 에드워드는 자신의 주장을 강하게 밀어붙이지 않았는데, 이런 점에서 이 계승권을 둘러싼 갈등은 백년 전쟁의 주된 동인이기보다 잉글랜드가 전쟁을 일으킨 명분으로 해석된다.

백년 전쟁은 일반적으로 1337년, 잉글랜드가 반란을 일으킨 아르투아 백작 로베르에게 도피처를 제공했다는 이유를 들어 필리프 6세가 가스코뉴에 대한 잉글랜드의 권리가 박탈되었음을 선언하면서 시작되었다고 간주한다. 1346년 프랑스 북부 크레시에서 첫 번째 주요 전투가 벌어졌고, 프랑스의 완패로 끝났다. 잉글랜드는 수적으로 열세인 데다가 적국 한가운데서 싸우는 불리한 여건이었지만, 이후 전쟁에서 반복적으로 드러나는 특징인 유명한 잉글랜드의 장궁long bow의 위력과 프랑스 기사들의 근거 없는 오만함이 복합적으로 작용해 승리를 끌어냈다.

잉글랜드군은 다음으로 칼레를 포위했다. 그들의 봉쇄 전략은 11개월 동안 효과적으로 지속되었고, 칼레 시민들을 도울 마법의 카술레는 없었다. 상황은 점점 절박해졌다. 모든 계층의 사람들이 말은 물론이고 개, 고양이, 쥐까지 잡아먹는 지경에 이르렀다. 칼레 시장은 프랑스 왕에게 보내는 편지에서 구원을 요청하며 이렇게 말했다. "마을에 먹을 것이라고는 찾아볼 수 없습니다. 이제 저희 자신의 살을 먹어야 할 지경입니다."[2] 마침내 프랑스 왕이 그들의 간청에 움직였지만 잉글랜드군의 포위를 뚫기 어려웠고 칼레 주민들은 운명의 손에 맡겨졌다. 그들은 결국 항복했고, 칼레는 1558년까지 프랑스 내 잉글랜드의 보루가 되었다.

잉글랜드의 기세는 다음 장에서 다룰 전 세계를 휩쓴 대재앙인 흑사병으로 인해 잠시 주춤해졌다. 그래서 그 후 몇 년간 국지적인 전투만 벌어졌다. 프랑스에서는 필리프 6세가 사망하고 선량왕 장 2세가 뒤를 이

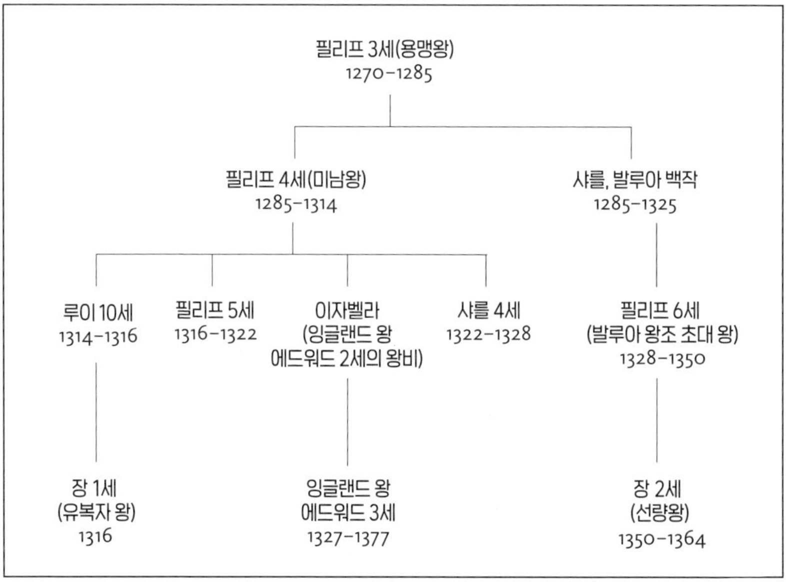


왕위 계승 분쟁과 백년 전쟁.

어 왕위에 올랐다.

그러나 1355년 다시 전쟁이 일어났다. 이번에는 프랑스 남서부에서였다. 잉글랜드 왕의 장남인 에드워드는 늘 검은 갑옷을 입었기 때문에 흑태자라는 별칭으로 불렸다. 하지만 그가 랑그도크 지방을 초토화시킨 뒤에는 그 별명이 다른 이유에서 비롯된 것처럼 보였다.

전쟁의 희생자 대부분은 군인이 아닌 프랑스 도시와 시골 마을의 평범한 주민들이었다. 그들은 프랑스 왕의 권위가 미치지 않는 틈을 타 등장한 산적 떼뿐만 아니라 잉글랜드군의 의도적인 표적이 되었다. 잉글랜드는 랑그도크 같은 지역에서 나오는 식량과 세금이 없다면 프랑스는 전쟁을 계속할 능력이 되지 않으므로 결국 화의를 강구할 것이라고 생각했다. 그래서 1355년 가을, 흑태자 본인이 직접 지휘하며 보르도에서 의도적으로 초토화 작전을 펼친 것이다. 그는 프랑스 남서부 1120킬로미터에 달하는 지역을 약탈하고 주민들을 죽이며 진격해 지중해 항구 도시인 나르본에서 멈추었다.

흑태자가 카스텔노다리에 오게 된 것은 바로 이 작전에서였다. 하지만 불행히도 실제 이야기는 카술레 전설처럼 아름답게 끝나지 않았다. 사실 그 마을은 공성전까지 가지 않고 금세 함락되었으며, 흑태자의 군대는 마을과 성, 교회를 깡그리 불태우고 많은 주민을 죽인 뒤 이틀 밤 만에 떠났다.

다음 해 흑태자는 루아르 계곡에서 또 다른 작전을 이끌어, 1356년 9월 푸아티에 전투에서 잉글랜드는 또다시 결정적인 승리를 거두었다. 그들은 프랑스 왕까지 포로로 잡아 금화 수백만 크라운을 몸값으로 요구했다. 1360년 장 2세는 포로로 잡힌 상태에서 잉글랜드와 휴전 협정인 브레티니 조약을 체결했고, 이로써 백년 전쟁의 제1기가 막을 내렸다. 조약에 따라 잉글랜드는 프랑스 영토의 3분의 1에 달하는 상당한 영토를 회복하고, 프랑스 왕에게 신하의 예를 다하는 의무에서 벗어났다. 에드워드는 프랑스 왕위 계승권을 포기하는 데 합의했다. 백년 전쟁 제1기는 전반적으로 프랑스의 압도적 열세였던 만큼 현명왕 샤를 5세가 프랑스의 차기 왕으로 즉위하자 전쟁이 재개된 것은 당연한 흐름이었다.

흑태자는 이제 아키텐 공작으로 프랑스에서 계속 명성을 떨쳤다. 1370년 그는 반란을 일으킨 리모주를 약탈하고 수많은 주민을 학살해 악명이 소문이 아님을 입증했다. 그러나 잉글랜드 왕위에 오르지 못하고 1376년 오랜 지병으로 세상을 떠나고 말았다.

흑태자의 명성과 그의 군대가 남서부 지방에 가한 피해를 생각하면, 카술레 탄생에 얽힌 사실과 다른 흥미로운 전설이 생겨난 것도 그리 놀랍지 않다. 그럼에도 카스텔노다리는 진지하게 카술레의 탄생지라고 주장하고 있다. 1337년 이탈리아인 도자기 제조업자가 인근의 작은 마을 이셀에 작업장을 만들고 카솔이라는 테라코타 솥을 만들기 시작했다. 지역 사람들은 이 솥으로 고기와 콩을 넣은 스튜를 요리하면 특별한 맛이 우러난다는 사실을 깨달았고, 결국 그 이름을 따서 이 요리를 카술레라고 부르게 되었다. 원래의 카술레 요리법은 현대의 요리법과 꽤 달랐다. 샤를 5세와 샤를 6세의 왕실 요리장이었던 타유방Taillevent이 쓴 유명한 중세의 요리서인 『타유방의 요리서*Le Viandier*』에 기록된 오랜 요리법에서는 돼지고기 대신 양고기를 쓰고 순무를 넣으라고 강조한다. 오늘날 카술레의 대표 재료인 흰 강낭콩은 남아메리카가 원산지로 16세기까지 프랑스에 유입되지 않았다.

카술레는 현재 프랑스 문화에서 매우 중요한 위치를 차지한다. 정부는 이를 법적으로 보호하기로 결정하고, 카술레 통조림에 넣는 고기의 양은 어느 정도가 되어야 하는지 규정하는 법을 제정했다. 하지만 이 법은 더 중요한 카술레 논쟁에 대해서는 침묵하고 있다. 오늘날 사람들은 대부분 프랑스의 저명한 요리사이자 정통 미식 대백과사전 『라루스 가스트로노미크*Larousse Gastronomique*』의 저자인 프로스페르 몽타뉴Prosper Montagné의 절충적 접근을 수용한다. 그는 다음과 같이 말함으로써 카술레 전쟁을 진정시켰다. "카술레는 옥시탕 지방 요리의 삼위일체의 신이다. 성부는 카스텔노다리의, 성자는 카르카손의, 성령은 툴루즈의 카술레이다."[3] (몽타뉴는 1929년에 이 글을 썼는데, 그때는 이러한 이단적 비유를 해도 훨씬 안전한 시대였다.) 오늘날 카술레는 전 세계에서 끝없이 변주되며 만들어진다. 안타깝게도 이 중 무엇도 잉글랜드군을 물리칠 힘을 주지는 못하지만, 겨울 저녁 따뜻하게 배를 채워주는 카술레의 매력만큼은 변함없이 이어지고 있다.

# 16

# 네 도둑의 식초

외국인이 보통 프랑스 슈퍼마켓에 가면 어떤 코너에서는 엄청난 혼란을 겪을 것이다. 한정된 선택지 중에서 쓱 고르는 데 익숙한 사람들은 겨자나 식탁용 소금, 신선한 요구르트 등 프랑스인들이 즐기는 식품의 셀 수 없을 만큼 다양한 종류를 보고 어리둥절해지기 십상이다. 까르푸의 치즈 코너에서 누군가 입을 떡 벌리고 텅 빈 눈빛을 하고 있다면 아마도 50가지 종류의 카망베르를 보고 고민 중일 것이다.

식초 코너는 새로운 기쁨을 발견하게 하는 미로이다. 여기서는 레드 와인, 화이트 와인, 발사믹, 맥아 식초로 구분해 진열하지 않는다. 식초를 뜻하는 비니거vinegar라는 단어가 '신 와인'이라는 뜻의 비네그르vinaigre에서 유래했다는 데서 유추할 수 있듯이 프랑스에서 식초는 생각보다 훨씬 흥미롭고 다양한 제품이다. 허브나 과일, 견과류 향이 나거나, 마늘이나 샬롯의 강렬한 맛을 더한 식초도 있다. 발사믹 식초는 오리지널 버전과 그보다 더 짙고 부드러운 벨루르velours 버전 등이 있다. 화이트 발사믹 식초는 매우 인기 있는 대체재이다. 식초는 청소 코너에서도 군림하고 있는데, 화이트 식초가 정기적으로 세탁기, 식기세척기, 무선 주전자를 살균할 때 사용하는 프랑스 가정의 필수품이라는 점을 생각해보면 놀랍지도 않다. 집에서 불쾌한 냄새가 나거나 배수구가 막힌 상황에 직면하면 가장 먼저 화이트 식초를 문제가 있는 부분에 부어보라(설사 샐러드드레싱용이라도 말이다).

그러나 '네 도둑의 식초four thieves vinegar'라는 인기 있는 식초 종류는 보통의 프랑스 슈퍼마켓에서는 좀처럼 찾기 어렵다. 프랑스 역사상 가장 처참한 시대에 한 줄기 빛이 되어준 이 식초는 가정에서 민간요법으로 만들어졌는데, 이와 관련한 섬뜩한 전설이 전해진다.

1347년은 프랑스인에게 암울한 한 해였다. 여름에는 잉글랜드에게 칼레를 빼앗겼고 가을에는 이보다 훨씬 더 파괴적인 침략이 이어졌다. 당시 사람들은 이를 역병이라고 불렀다. 오늘날 우리에게 흑사병이라고 알려진, 세계를 종말 가까이 이끈 선腺페스트의 전파였다. 5년 후 흑사병이 진정될 때까지 프랑스 인구의 3분의 1이 사망했다.[1]

역사가와 전염병학자들이 흑사병의 거의 모든 면에 있어서 논쟁을 이어오고 있지만, 오늘날은 흑사병이 중국에서 발원해 카스피해를 거쳐 유럽을 잠식했다는 견해가 지배적이다. 이 시기 유럽에서 근대의 싹이 형성되지 않았더라면 전파가 늦어졌을 수도 있다. 당시 근대 자본주의의 선행 조건인 시장과 교역, 무역망, 화폐의 발전으로 대형 상선단이 형성되고 무역 회사가 세워졌으며, 급속한 인구 증가와 더불어 농촌은 안정을 찾아가고 교역로도 내륙으로 더욱 확대되어갔다. 이 모든 요소가 전염병의 파급력을 높이는 데 일조한 셈이다. 인간의 접촉 범위는 더 넓어졌지만 박테리아나 질병에 대한 이해도는 낮았기에 전염병은 신의 형벌로 여겨졌다.

실제로 선페스트를 일으키는 균인 예르시니아 페스티스는 감염된 쥐에 기생해 사는 벼룩을 통해 인간의 몸속에 침투했다. 유럽 전역의 해역을 오가는 무역선은 전염병 확산의 완벽한 매개체였다. 감염된 쥐들이 있는 치명적인 화물이 아무도 모르는 새 선체에 실려 있었던 것이다.

흑사병은 1346년 후반 몽골군이 크림반도의 카파에 있는 제노바 상인들의 교역소를 포위 공격한 뒤 카스피해 지역으로부터 서쪽으로 전파되었다고 추정된다. 몽골군은 전염병으로 인해 포위망이 무너지자 병으로 죽은 사람의 시체를 투석기를 이용해 성안에 던져 넣었다. 1347년 5월 상인들이 카파를 탈출하면서 치명적으로 위험한 승객을 데리고 나온 것 같다. 그해 여름에 전염병은 콘스탄티노폴리스를 휩쓸고 지중해 교역 도시를 거쳐 확산되기 시작했다.

흑사병이 마르세유항을 통해 프랑스에 유입되고 불과 몇 주 만에 5만 명 이상이 사망했다.[2] 흑사병은 북쪽으로 론 계곡을 지나 리옹까지, 서쪽으로는 지중해 연안을 따라 랑그도크 지방까지 휩쓸었다. 그리고 고대 교역로를 따라 보르도까지 올라갔다. 보르도는 당시 유럽에서 가장 중요한 무역항이었다. 여기서부터 전염병은 프랑스 북부, 잉글랜드, 그 너머로 쉽게 퍼져나갔다.

이 전염병은 전례 없는 처참함과 빠른 속도로 유럽을 뒤덮었다. 흑사병은 각 지역 단위에서는 약 1년 안에 위세가 꺾이는 양상을 보였지만, 그 짧은 기간에 인구의 3분의 1, 또는 절반 가까이 사라질 수도 있었다. 건강한 사람도 감염되면 며칠 만에 사망할 수 있었다. 고열, 구역, 환각,

전신 부종, 서혜부나 겨드랑이 림프샘 멍울 등 현대 기준으로 정리한 그 증상은 보기만 해도 오싹해진다. 운 좋은 소수의 사람만 살아남았다. 사람들은 높은 사망률과 처참한 고통을 목격하며 공포에 휩싸인 나머지 감염된 가족들, 심지어 자식조차 버리는 경우가 종종 있었다. 사람들이 너무 많이 죽어 나갔기 때문에 제대로 장례를 치르지 않고 공동묘지에 시신을 던져버리기도 했다. 죽음과 절망이 지속되는 상황에서 사회적 관습은 무력해졌다. 사람들은 마치 매일매일 그날이 삶의 마지막 날인 듯 살아가며 온갖 악행에 굴복했다. 이와 반대로 극단적인 신앙심을 수용한 이들도 있었다. 일례로 '채찍질 고행파Flagellants'라는 광신도 집단은 인간이 저지른 죄를 속죄하는 의미로 자신을 채찍질하며 마을을 순례했다.

많은 사람이 흑사병을 하늘의 저주라고 생각했지만, 어떤 이들은 지상에서 희생양을 찾았다. 유럽 전역에서 수천 명의 유대인이 우물에 독을 타 의도적으로 흑사병을 퍼뜨렸다는 죄로 고발되어 고문받고 죽임을 당했다. 스트라스부르에서는 아직 흑사병이 유입되기도 전인 1349년 밸런타인데이 하루 동안 1000여 명의 유대인이 불에 타 죽었다. (그들의 재산을 몰수했다는 점에서 이러한 집단 학살을 자행한 동기가 바로 금전적 목적에 있었음을 짐작할 수 있다.) 물론 유대인의 죽음으로도 도시를 역병에서 구할 수 없었고, 그 후 스트라스부르에서 1만 6000명이 넘는 사람들이 죽었다.[3]

이후 5년 동안 흑사병이 유럽과 아시아 많은 지역을 뒤덮었다. 사망률은 나라마다 상이했지만 이 짧은 기간에 유럽 인구의 최소 30퍼센트, 최대 50퍼센트가 사망했다. 흑사병은 다소 덜 치명적인 수준이기는 했으나 그 세기에 다섯 번 더 등장했다(1361년에는 유럽 인구의 '겨우' 10~20퍼센트만 사망했다). 흑사병을 비롯한 전염병 때문에 유럽 인구는 16세기가 되어서야 1347년 이전 수준을 회복한다. 흑사병의 발생 빈도는 점차 감소했지만 한 번 발생하면 치명적인 타격을 입히며 18세기까지 유럽을 괴롭혔다.

세월이 흐르며 흑사병은 신이 내리는 벌이라는 초기의 믿음이 세속에서 원인을 찾는 이론에 꺾이기 시작했고, 이로 인해 사람들은 식습관을 비롯한 개인의 행동에 광범위한 변화를 받아들이게 되었다. 흑사병이 창궐하던 시기, 내륙으로 전파되기 전 해안 지역에서 두드러지게 발현되었던 탓에 많은 이가 바다에 병을 유발하는 오염물이 있다고 믿고 생선 먹는 것을 중단했다. 어떤 이들은 흑사병이 주요 교역로를 따라 전파된다는 점을 들어 그 매개체로 교역로를 오가는 선박을 지적하고, 향신료를 비롯해 수입 식품을 피하기 시작했다. 서혜부에 살아 있는 닭이나 마늘을 끈으로 묶어두거나 테리악theriac(뱀 고기, 아편, 수십 가지의 향신료와 허브, 식물로 만든 고대로부터 전해지는 값비싼 약) 같은 만병통치 물약에 마지막 희망을 거는 민간요법도 등장했다.[4] 이로부터 훨씬 뒤에야 방역과 같은 신뢰할 수 있는 공중 보건 조치가 시행되기 시작했다. 1500년대 초반, 오늘날에는 예언서로 유명하지만 당대에는 의사로 이름을 떨쳤던 노스트라다무스가 '장미 알약'이라는 로즈힙으로 만든 약초 알약으로 많은 흑사병 환자를 성공적으로 치료했지만, 실제로는 위생을 강조한 덕분에 얻은 성공일 가능성이 크다.

흑사병 시대에 대부분의 의사는 세균 이론이나 여러 근대 의학 원칙에 대해 잘 알지 못했기에 대신 정기적으로 요리에 관한 조언을 제시했다. 그들이 제시하는 이론과 실천법은 히포크라테스나 갈레노스(그들이 조언한 역병을 피하는 방법, "빨리 떠나, 멀리 가서, 늦게 돌아오라Cito, longe, tarde"는 천여 년이 지난 후에도 개선되지 않고 그대로 수용되었다) 같은 고대 그리스 의사들의 저서에 큰 영향을 받았다. 고대의 질병 이론은 인간의 몸은 네 가지 원소(불, 공기, 흙, 물), 네 가지 성질(열기, 냉기, 습기, 건조), 네 가지 체액(흑담즙, 황담즙, 혈액, 점액)으로 구성되었다는 믿음에서 시작되었다. 체액이 불균형해지면 몸이 질병에 걸리기 쉬워지지만, 양생법(식생활 변화)과 불쾌한 방법(거머리 사혈, 설사 유도)으로 균형을 회복할 수 있다. 따라서 열이 많고 습한 체질이 흑사병에 걸릴 위험성이 높으므로 구운 고기와 빵 같은 차고 건조한 음식을 먹는 것이 중요했다.[5] 어떤 허브와 향신료는 권장되었지만(열성이 높은 것이 아니라면), 대부분의 과일은 피해야 했다.

그중 차고 건조한 재료 중 최고는 식초였으므로 흑사병에 대항하는 다양한 용도로 사용되었다. 소스에 넣거나 주요리에 뿌리는 식이 요법 외에도 인기 있는 흑사병 '치료법'의 핵심 재료로 활용되었다. 사람들은 식초에 손을 씻고 집 주변에 식초를 떨어뜨렸다. 그리고 식초에 담갔던 천을 마스크로 쓰면 많은 전염병의 원인이 되는 나쁜 공기로부터 보호된다고 믿었다.

이러한 민간요법은 전설로 이어지기 좋은 훌륭한 소재가 되었고, 이렇게 해서 우리는 흑사병 시대 초기 '네 도둑의 식초'의 기원에 도달한다. '네 도둑의 식초'에는 마늘과 장뇌부터 로즈메리, 라벤더, 세이지에 이르기까지 온갖 허브와 향신료, 방향 식물이 들어간다. '네 도둑의 식초'라는 이름은 그 기원 설화에서 비롯했다. 프랑스에 흑사병이 창궐했을 때 죽은 사람들의 재산을 털던 도둑 4명이 붙잡혀 판사 앞에 끌려갔다. 판사는 처음에 화형을 선고했는데, 이 도둑들이 감염으로 죽은 시신과 그토록 밀접하게 접촉했는데도 굉장히 건강해 보이는 데 의구심을 품지 않을 수 없었다. 그리하여 그들의 비밀을 공유한다면 화형보다 덜 고통스러운 교수형으로 선처해주겠다고 제안했다. 도둑들은 온갖 재료가 들어간 식초 제조법을 털어놓으며, 도둑질하러 가기 전에 그 식초를 온몸에 바른 덕분에 병에 걸리지 않을 수 있었다고 주장했다.

식초는 이미 오래전부터 여러 질병에 유익한 재료로 알려져 있었고, 중세 시대에는 약제사와 식초 제조업자가 오랫동안 같은 길드에 속할 만큼 밀접하게 연결된 직업이었다. 흑사병이 거의 퇴치된 오늘날 '네 도둑의 식초'를 이용하는 사람들은 이 식초가 상처를 소독하고 이를 제거하며 구강 궤양을 치료하는 효과가 있다고 장담한다. 또한 두통과 호흡 곤란에도 도움이 된다고 한다.

오늘날 식초는 대부분 샐러드드레싱에 주로 사용된다. 전통 비네그레트 드레싱은 오일과 식초를 섞어 만들며, 주로 겨자와 허브를 더한다. 오늘날 영국에서는 18세기 프랑스인 망명 귀족 달비냑d'Albignac의 노고를 기리며 이를 프렌치드레싱이라고 부른다. 브리야사바랭에 따르면, 어느 날 달비냑이 런던의 레스토랑에서 식사를 하고 있는데 옆 테이블의 사람들이 자신들의 샐러드에도 그와 같은 드레싱을 만들어줄 수 있는지 물었다고 한다(당시 프랑스인의 샐러드드레싱 제조 기술은 명성이 자자했다). 그렇게 만들어준 결과물이 너무 맛있었기에 달비냑은 사교 모임마다 드레싱을 만들어달라는 요청을 받았다. 마침내 그는 '감각 뛰어난 샐러드 메이커'라는 유명세를 얻어, 각종 재료가 담긴 마호가니 여행 가방을 끄는 하인을 데리고 집집마다 돌아다니며 상류층을 위해 맛있는 샐러드를 만들었다. 이렇게 재산을 모은 그는 프랑스에 돌아가 안락한 삶을 누릴 수 있었다.[6]

식초가 달비냑을 가난으로부터 구할 수 있었지만, 불행히도 프랑스를 흑사병으로부터 구하지는 못했다. 그러나 흑사병이 오래 지속된 결과가 부정적이지만은 않았다고 밝혀둬야겠다. 흑사병으로 인해 노동력이 급격히 감소하자 봉건 제도가 위태로워졌다. 영주들은 그들의 영토에 남아 일하는 사람들에게 임금을 지불해야 했고, 도시에서는 장인artisan과 노동자들이 급여 인상과 더 나은 노동 조건을 요구할 수 있게 되었다. 점차 제3신분 구성원들이 땅을 사고 재산을 축적할 수 있게 되었고 생활 수준이 향상되었으며 사회 계층 간 이동이 가능한 새로운 길이 나타나기 시작했다. 상류층은 과거로 돌아가려 했지만 민중 봉기가 일어나 새로운 사회 조건이 정착하게 되었다. 이런 맥락에서 흑사병이 근대 초기 봉건주의의 쇠퇴에 크게 기여했다고 해석하기도 한다.

또한 흑사병은 아비뇽 유수 시절 부패로 이미 많은 비난을 한 몸에 받았던 프랑스 가톨릭교회의 힘을 약화했다. 처음 흑사병이 강타했을 때는 많은 이가 신앙에 매달렸지만 기도와 청빈한 삶으로 이 지독한 전염병을 물리칠 수 없다는 사실을 빠르게 깨달았다. 많은 성직자가 죽었고, 이토록 많은 이가 죽어가는 와중에 종교적 장례 의식을 치른다는 것은 엄두도 낼 수 없었다. 이제 사람들은 신비주의와 초자연적 신령주의, 혹은 보다 사적인 형태의 기독교 예배, 또는 불가지론을 받아들이며 교회를 외면했다. 신도들의 세계관을 지배해온 교회의 권위가 약해진 것은 다가올 종교개혁과 르네상스 시대의 중요한 전조 현상이었다.

흑사병은 프랑스인의 식습관에도 일시적인 영향을 미쳤다. 흑사병 시대 초기에 농업 생산과 교역의 붕괴는 상당한 식량 부족을 야기했다. 하지만 더 높은 임금을 요구할 수 있을 정도로 적은 인구를 남긴 채 흑사병이 진정되면서 상류층과 하류층의 식습관도 어느 정도 평준화되었다. 이제는 농민들도 귀족들처럼 밀 빵과 고기를 먹을 경제적 여유가 생긴 것이다. 그러나 이러한 식생활의 평등은 오래 이어지지 않았다. 앞으로 살펴보겠지만 상류층은 빠르게 일반 백성과 차별화하는 방법을 찾기 시작했고, 식탁은 다시 한번 계급 투쟁에 있어서 주목할 만한 전선이 되었다.

# 17
# 황제와 미친 왕의 치즈

프랑스 미식계의 보석 중 하나인 로크포르Roquefort는 프랑스 남부의 외딴 곳에 자리한 로크포르쉬르술종이라는 작은 마을 주변, 오랜 시간을 버텨온 광대한 라르자크 석회암 고원Causse du Larzac 일대의 산속 동굴에서 숙성된다. 프랑스에서 콩테 치즈에 이어 두 번째로 인기 있는 이 강렬하고 짭짤한 맛의 치즈는 2000년이 넘는 역사를 가졌다. 이 치즈가 어떻게 생겨났는지 지역에서 전해지는 이야기에 따르면, 한 목동이 예쁜 아가씨를 보고 한눈에 반한 나머지 점심으로 먹던 빵과 치즈를 산속 동굴에 내버려두고 그녀를 뒤쫓아 갔다. 얼마 후 동굴로 돌아와 보니 빵과 치즈에 푸른 곰팡이가 피어 있었다. 호기롭게 치즈를 한 입 베어 먹었는데 굉장히 맛이 좋았다. 그리하여 콩발루산의 독특한 동굴들은 세계적으로 유명한 치즈 산업의 본거지가 되었다. 오늘날 법적으로 이곳에서 숙성된 치즈만 로크포르라는 이름을 붙일 수 있다.

로크포르는 처음부터 엘리트층의 사랑을 받았다. 일설에 의하면 율리우스 카이사르도 기원전 50년 무렵 갈리아 지방을 정복한 뒤 발견한 이 치즈의 열렬한 팬이었다고 한다. 전해오는 이야기에 따르면 샤를마뉴가 로크포르, 적어도 로크포르와 비슷한 이름의 블루치즈를 처음 접한 것이 스페인과 전투를 끝내고 귀환하던 길에 프랑스 남부의 한 주교의 거처에 들렀을 때였다. 금식일이라 황제에게 고기 요리를 대접할 수 없자 주교는 그 지역의 귀중한 치즈로 접대했다. 곰팡이가 굉장히 심하게 펴서 샤를마뉴가 보기에 영 내키지 않았겠지만, 그는 손님으로서 예의를 지키기 위해 아무 말 없이 푸른곰팡이가 핀 부분을 떼어내기 시작했다. 그 모습을 본 주교가 끼어들었다. "그러시면 안 됩니다. 폐하는 지금 가장 맛있는 부분을 뜯어내시는 겁니다!" 이미 유럽 대부분을 정복한 샤를마뉴는 작은 치즈 조각 따위에게 질 수는 없었다. 그래서 푸른곰팡이가 있는 부분을 전부 먹고는 사랑에 빠져, 주교에게 매년 그 치즈를 마차에 가득 실어 보내도록 명했다.

그러나 로크포르 역사에서 가장 중요한 왕실 인물은 파란만장한 인생을 살아간 광인왕 샤를 6세일 것이다. 광인이라는 그의 평판은 로크포르에 대한 사랑에서가 아닌(프랑스에서는 곰팡이가 핀 치즈를 먹는다고 해서 아무도 미친 사람으로 여기지 않는다) 흑사병이 물러가자 다시 시작된 백년 전쟁의 절정기에 보여준 변덕스러운 행동에서 비롯했다.

불운한 선량왕 장 2세가 프랑스의 3분의 1을 넘겨주는 조약을 체결한 뒤 잉글랜드에 억류된 채로 죽자, 그의 아들 현명왕 샤를 5세가 뒤를 이었다. 그 후 15년 동안 프랑스는 기발한 새로운 전술과 리더십을 발휘해 전쟁에서 우위를 점하며 빼앗겼던 영토 대부분을 회복했다. 하지만 1380

년 현명왕 샤를 5세가 죽고 열한 살 난 아들 샤를 6세가 뒤를 이어 왕위에 올랐다. 그는 광인왕 상태에서 40년이 넘도록 통치했고, 그 기간에 프랑스는 내전과 잉글랜드군의 승리로 분열되었다.

샤를의 광기의 첫 징후는 1392년 브르타뉴인의 반란을 진압하러 가는 길에 나타났다. 행군 중 길가에서 한 미치광이가 나타나 더 나아가서는 안 된다며, 배신자가 있다고 외쳤다. 이 미치광이의 출현이 왕에게 큰 영향을 미친 것은 분명하다. 다음 날 갑자기 왕이 "반역자를 공격하라! 나를 적에게 넘기려 한다!"라고 외치며 자신의 군대와 친구들을 향해 달려든 것이다. 신하들이 그의 칼을 빼앗고 제지했지만, 그 사이에 군인 4명이 죽고 말았다. 이는 그가 이후 평생 겪게 될 44번의 정신병 발작 중 첫 번째였다.

한 번 발작하면 3개월에서 9개월까지 지속되었다는 점에서 현대 의학에서는 샤를 6세가 조현병을 앓고 있었다고 추측한다. 그는 갑자기 가족이나 자신이 누구인지 기억하지 못했고, 늑대처럼 울부짖거나 자신이 유리로 만들어졌다고 주장하기도 했다.[1] 그러다가 광기가 진정되고 몇 달 동안 온전한 정신으로 지냈다. 하지만 샤를은 자신의 병에 굴복할 수밖에 없었다.

당연히 이로 인해 국정 운영과 잉글랜드와의 전쟁 수행에서 큰 문제가 발생했다(프랑스의 입장에서는 다행히도 오랜 휴전이 있었다). 샤를이 이제 명목상의 통치자에 머물러야 하는 상태임은 분명해졌다. 그러면 누가 실권을 쥘 것인가? 이후 15년 동안 부르고뉴 공작과 오를레앙 공작이 권력 다툼을 벌였고, 1407년 결국 내전으로 폭발되었다. 부르고뉴 공작은 잉글랜드의 왕이자 프랑스의 최대의 적인 헨리 5세와 동맹을 맺었다.

헨리 5세는 오늘날 1415년 아쟁쿠르에서 거둔 기적적인 승리와 훗날 셰익스피어가 동명의 희곡에서 그를 대변해서 쓴 성 크리스핀 축일의 연설로 유명하다("소수인 우리, 다행히도 소수인 우리는 모두 한 형제이다…"). 아쟁쿠르에서 프랑스군을 격파한 그는 노르망디를 되찾았고, 부르고뉴파는 파리의 국정을 장악했다. 오를레앙파와 손잡은 왕세자(도팽dauphin)는 파리에서 도망쳐 프랑스 중부 부르주에 대립 왕실을 세웠지만 그의 정치적 권위와 영토 통제권은 제한적이었다. 승리한 부르고뉴파는 이를 두고 '부르주의 왕'이라며 조롱했다.

이러한 경멸은 1420년 그의 아버지 샤를 6세가 잉글랜드와 트루아 조약을 체결해 왕세자의 지위를 공식적으로 박탈했을 때 더욱 심해졌다. 그리고 샤를 6세의 딸 카트린과 결혼해서 사위가 된 헨리 5세가 새로운 계승자가 되었다. 백년 전쟁에서 잉글랜드가 거둔 가장 큰 승리였다. 잉글랜드와 그들의 동맹 부르고뉴파는 이제 프랑스의 절반을 차지했고 광인왕이 죽으면 왕위를 계승할 권리를 확보했다. 그러나 상황은 예상과 달리 전개되었다. 1422년 헨리 5세가 샤를 6세보다 몇 달 앞서 세상을 떠나면서 프랑스 왕위를 둘러싼 새로운 전투가 벌어졌다. 왕세자는 잔이라는 아가씨의 도움에 힘입어 결국 부르주를 넘어 프랑스의 왕이 되었다. 이 이야기에 대해서는 다음 장에서 다룰 것이다.

광인왕 샤를의 치세는 프랑스에 처참한 결과를 안겼다. 하지만 이 광인왕이 재위 기간 중 믿기지 않을 정도로 분별력 있는 일을 한 가지는 했는데, 바로 로크포르 지역의 주민들만이 그들의 특산물인 치즈를 숙성할 수 있다는 독점권을 부여한 것이다. 이는 AOC식 지리적 구분 체계의 시작이라고 볼 수 있다. 이후 몇 세기 동안 프랑스 군주들이 왕실 차원에서 이 치즈를 보호해, 이와 비슷한 블루치즈를 로크포르산이라고 하면 왕실의 제재를 받았다.

이러한 조치에도 불구하고 19세기에 이르면 로크포르 생산자들은 유사품으로 인해 원제품의 명성이 훼손될까 근심이 커지게 된다. 혁명 이후의 시대에서 왕실의 선언은 더 이상 보호막이 되어주지 못했다. 철도와 냉장 기술의 발전으로 치즈를 멀리까지 운송하는 것이 가능해지면서 더 많은 사람들이 치즈를 즐길 수 있는 시대에, 보통의 블루치즈에 전설적인 로크포르 라벨을 붙일 수 있다면 지역 생산자들의 운명이 어찌 될지는 자명했다. 그래서 1925년에 어디서 어떻게 생산되어야 하는지 규정한 AOC가 치즈 중 최초로 로크포르에 적용되었을 때 그들은 뛸 듯이 기뻐했다. AOC는 생산지와 생산 방식만이 아닌 치즈에 사용되는 젖을 생산하는 양의 품종과 목축지까지도 통제한다. 이러한 엄격한 조건을 충족하지 못하는 치즈는 로크포르 라벨을 붙일 수 없다.

그러나 로크포르의 명성이 너무도 높은 탓에 유사품 블루치즈에 그 이름을 붙이지 않을 수가 없다. 미국 레스토랑에는 '로크포르 드레싱', '로크포르 소스' 같은 선택지가 있는데, 이는 대부분 자국에서 생산된 로크포르 대체품으로 만들어진 것이다. 그래서 로크포르를 살 때는 작은 글씨로 '로크포르 스타일'이라고 쓰여 있지는 않은지 라벨을 꼼꼼히 확인해야 한다.

더욱 고통스러운 부분은 때때로 로크포르가 외교 분쟁에 휘말린다는 점이다. 유럽이 호르몬제를 투여한 미국산 쇠고기 수입을 금지하자 분노한 미국은 로크포르에 보복 관세를 부과했다. 프랑스와 미국의 관계가 그리 좋지 않았던 조지 W. 부시 행정부 말기인 2009년 로크포르에 무려

300퍼센트의 놀라운 수입세가 부과되어 사실상 미국에서 로크포르를 먹기가 불가능해졌다. 이러한 조치는 곧 번복되었지만 2014년 또 다른 난관에 부딪혔다. FDA가 로크포르와 그 밖의 많은 프랑스 치즈에 잠재적으로 해로운 수준의 박테리아가 포함되어 있다고 주장하며 사실상 수입을 금지한 것이다(이 섬뜩한 견해는 이렇게 위험한 치즈를 먹고도 살아남은 수백만 프랑스인들이 반증이라며 부정되었다). 새로운 검사 체계를 통해 로크포르는 다시 미국에 들어갈 수 있게 되었지만 여전히 매우 비싼 상품으로 남아 있다. 푸른곰팡이가 핀 치즈에 대한 사랑이 외딴 프랑스 산골의 작은 마을부터 세계의 식탁까지 얼마나 멀리까지 퍼졌는지 생각해보면, 이 치즈의 왕의 소비를 방해하려는 행위는 어떻게 보아도 비열하고 치졸하다는 비난을 피하기 어렵다.

# 18
# 보테 부인과 버섯 미스터리

'버섯 사냥la chasse aux champignons'은 프랑스에서 진지하고 경쟁적인 노력을 기울이는 작업이다. 많은 사람이 매년 가을이면 조심스레 보호해온 자신만의 버섯 명당을 마치 시계처럼 규칙적으로 찾아간다. (9월 한밤중에 손전등을 들고 숲을 헤매는 사람을 본다면 그는 범죄 증거를 은닉하려는 게 아니라 그저 버섯 보물찾기 중인 것이다.) 프랑스에는 수천 종의 야생 버섯이 있는데, 대부분은 '죽음의 모자calice de la mort' 버섯처럼 독버섯이므로 한 입만 먹어도 사망할 수 있다. 다행히 프랑스 약사들은 독버섯 식별 훈련을 받았으니, 숲에 소풍 갔다가 기념으로 버섯을 땄다면 돌아오는 길에 약국에 들러 먹어도 안전한지 물어보면 된다.

프랑스 사람들은 세계에서 가장 인기 있는 버섯 품종으로 흔히 양송이버섯으로 알려진 샹피뇽 드 파리champignons de Paris(파리의 버섯이라는 뜻—옮긴이)처럼 독성이 없는 재배종 버섯도 즐겨 먹는다. 이 버섯이 '파리의 버섯'이라고 불리게 된 것은 1600년대 공식적으로 버섯 재배를 시작한 후 파리와 그 인근 지역에서 주로 재배되었기 때문이다. 그중 루아르 계곡 동쪽 지역이 유명한데, 이곳에는 루아르 지방의 멋진 성과 도시를 건설하는 데 사용한 아름다운 백석白石을 대량으로 채석한 흔적인 동굴이 수백 킬로미터에 걸쳐 줄지어 있다. 이 동굴들은 상처를 뒤로하고 온갖 지하 명소로 변신했다. 4성급 동굴 호텔에 머무르며 지하 레스토랑에서 만찬을 즐기거나, 심지어 1년 내내 동굴에서 살 수도 있다. 그러나 무엇보다 매력적인 것은 버섯을 재배하는 동굴로, 매년 수 톤의 버섯을 손으로 딴다. 소뮈르 인근의 르푸이노트르담이라는 아기자기 아름다운 마을에서 가족이 운영하는 버섯 동굴에 방문해 루아르 버섯 문화의 역사에 대해 배울 수 있다(그리고 물론 길가에서 버섯도 살 수 있다). 생일레르생플로랑 근처에 있는 더 큰 규모의 버섯 박물관에서는 여러 단계의 버섯 탐험과 버섯 시식 행사를 진행한다.

버섯이 프랑스 요리에서 항상 인기 있는 재료였던 것은 아니다. 어쨌거나 야생에서 나는 버섯만 채취해 먹던 시절까지는 잘못 먹으면 죽을 수도 있는 위험성이 있는 재료였으니 말이다. 버섯은 흙의 속성을 지녔다고 간주되어 중세의 식품 위계상 낮은 위치를 차지해, 건강하지 못한 체액을 생산한다고 여겨졌다. 그러나 16세기 들어 점점 인기가 높아지기 시작해 한 세기 후에는 버섯을 좋아한 루이 14세 덕분에 프랑스 요리에서 그 지위가 확고해졌다. 17세기에 근대 농경학의 아버지 올리비에 드 세르Olivier de Serres가 버섯 재배 방법을 개발하면서 더욱 인기 있는 작물이 되었다. 그리하여 위대한 오귀스트 에스코피에가 1903년 펴낸 프랑스 미식의 경전인 『요리 가이드*Le Guide culinaire*』에 여러 훌륭한 버섯 요리법을 담을 정도로 대중화되었다. 흥미롭게도 그중 다수의 버섯 요리명에서 '아그네스 소렐'이라는 이름을 볼 수 있다. 예컨대 버섯과 닭고기를 넣은 굉장한 맛의 크림수프인 아그네스 소렐식 전통 벨루테Velouté Agnès Sorel, 닭고기와 버섯, 소의 혀에 마데이라 소스를 뿌린 풍부한 맛의 요리인 아그네스 소렐식 쉬프렘 드 볼라이유Suprême de Volaille Agnès Sorel 등이다. 에스코피에는 자신의 요리에 유명한 여성의 이름을 붙이는 것을 즐겼다. 일례로 피치 멜바Peach Melba(시럽에서 끓여 식힌 복숭아 반쪽 위에 바닐라 아이스크림을 올린 뒤 라즈베리로 만든 멜바 소스를 얹은 디저트—옮긴이)는 유명 오페라 가수 넬리 멜바의 이름을 붙인 것이다. 그런데 아그네스 소렐은 누구인가? 그녀와 버섯이 무슨 상관이란 말인가? 첫 번째 질문은 그리 어렵지 않으며, 그 답은 백년 전쟁이 어떻게 끝나는지 밝히는 단서가 된다. 그러나 두 번째 질문은 다소 복잡하다.

프랑스와 잉글랜드 양측 모두 힘겹게 백년 전쟁의 마지막 국면에 접어들었을 때 샤를은 암울한 상황에 처했다. 계승권을 박탈당한 왕세자는 루아르 계곡의 부르주에 몸을 숨겼다. 잉글랜드와 그 동맹인 부르고뉴파가 파리와 프랑스 북부를 장악했고, 샤를이 살아생전 왕위에 오를 일은 없어 보였다. 그는 특별한 카리스마가 있지도 총명하지도 않았고, 왕의 자질도 부족해 보였다. 샤를은 낙담한 나머지 자신의 정통성을 의심하며 나태하고 자포자기한 나날을 보냈다. 하지만 전혀 다른 두 여성이 의기소침한 부르주의 왕을 약 40년 동안 프랑스를 통치하는 샤를 7세(승리왕 샤를)로 만들어준다. 첫 번째 여성은 역사상 가장 유명한 여성 중 하나인 성녀 잔 다르크이다. 두 번째 여성이 아그네스 소렐인데, 오늘날까지도 프랑스 밖에서는 거의 알려지지 않았다. 그녀는 왕과의 치정 관계로 당대에 오명에 시달렸지만, 프랑스 미식의 역사에서 영원한 자취를 남길 수 있었다. 잔 다르크가 성녀라면 아그네스 소렐은 육체의 악마였다.

역사 수업 시간에 졸았던 사람들이라면 잔 다르크가 왕세자 샤를이 그의 왕국을 되찾도록 도우라는 신의 음성을 들었다고 주장하는 젊은 아가씨라고 알고 있을 것이다. 당시 프랑스 사람들은 신앙심이 깊었기에 신이 프랑스를 선택하셨다고 굳게 믿기도 했지만, 잔이 실제 신의 전령이라고 샤를이 굳게 믿어야 할 만큼 그의 처지가 절박했다는 방증이기도 하다. 그리고 그들의 신앙은 보상을 받았다. 1429년 잔이 이끄는 프랑스군이 루아르 북부에서 마지막으로 남아 있던 프랑스령 도시인 오를레앙의 잉글랜드군을 몰아냈다. 잔은 이후로 이어진 열세 번의 전투에서 아홉 번의 승리를 거두었고, 수십 개의 마을이 싸우지도 않고 항복하는 등 그 위명을 떨쳤다. 마침내 전통적으로 프랑스 왕의 대관식이 거행된 랭스를 점령하고 왕세자를 샤를 7세로 즉위하게 함으로써 자신에게 주어진 신성한 사명을 완수했다.

그러나 불행히도 잔은 다음 해 부르고뉴파에 사로잡혔다가 그녀의 몸값을 치른 잉글랜드군에 넘겨져 1431년 루앙에서 화형에 처해진다. 많은 프랑스 영웅과 달리 잔은 미식의 영역에서는 그리 유명하지 않다. 극도로 금욕적인 전사이자 성녀였던 것을 생각하면 놀랍지도 않지만 말이다.

잔은 전쟁의 흐름을 프랑스에 유리한 방향으로 바꿔놓았다. 결국 부르고뉴파는 잉글랜드와 동맹을 끊고 샤를과 손잡았으며, 샤를은 1436년 파리를 탈환했다. 노르망디와 가스코뉴 전투에서 승리를 거두며 프랑스 도시와 영토도 되찾았다. 그 후 1444년 투르에서 휴전 협정을 맺어 5년간 전투가 중단되었다. 아그네스 소렐이 역사 무대에 등장한 것은 바로

이 시기였다.

아그네스는 1442년 한미한 귀족 집안에서 태어났다고 전해진다. 1443년 그녀는 궁정에서 왕의 시선을 끌었고, 왕은 이 젊은 여성에게 한눈에 빠져들었다. 궁정 생활을 다소 답답하게 느끼고 있던 왕에게 아그네스의 미모와 지성, 재치는 엄청난 활력소로 작용했다. 당대 사건의 위대한 기록자인 교황 비오 2세는 샤를과 아그네스에 대해 이렇게 썼다. "왕은 사랑에 푹 빠진 나머지 그녀 없이는 한 시간도 보낼 수 없을 정도였다. 식탁이든, 침대든, 국정 회의든 그녀는 항상 왕의 곁을 지켰다."[1] (샤를의 왕비인 앙주의 마리는 14명의 아이를 낳고 기르느라 바빴다.) 샤를은 아그네스가 죽을 때까지 일편단심으로 총애하며 재산을 하사하고, 최초의 프랑스 왕의 공식 정부로 삼았다. 가장 주목할 점은 보테성이라는 뱅센 근처의 왕실성을 하사해, 그녀는 '미모의 부인'이라는 뜻의 담 드 보테Dame de Beauté, 즉 보테 부인이라는 이름을 얻게 되었다.

왕이 정부를 공식적으로 인정한 것은 엄청난 파문을 일으켰고, 이는 풍만한 가슴을 노출하는 과감한 패션과 더불어 그녀의 악명이 더 높아지는 원인으로 작용했다. 장 푸케가 그린 아그네스의 유명한 초상화에서 그녀는 아기 예수를 안고 있는 성모 마리아의 모습으로 묘사되었는데, 수유하려는 듯 한쪽 가슴이 노출되어 있다. '모유 수유하는 마돈나'는 당시 인기 있는 예술적 상징으로서, 아그네스를 모델로 삼은 것은 프랑스에서 가장 아름다운 여성이라는 명성에 의해 정당화되었다. 그러나 보통 '하늘의 여왕'인 성모 마리아와 결부되는 대상은 왕비라는 점에서 이는 샤를 7세의 왕비에게는 상당한 모욕이었다.

그러나 아그네스는 스캔들의 근원에 그치지 않았다. 그녀는 타고난 외교가로서, 매력과 재치를 발휘해 왕이 골치 아픈 궁정 생활을 잘 헤쳐 나가도록 도왔다고 한다. 그리고 자신의 공식적 지위를 최대한 활용해 미래의 많은 왕의 정부들이 교묘하게 권력을 행사할 수 있는 틀을 마련했다. 또한 샤를을 의기소침한 왕에서 귀족을 길들이고 프랑스를 성공적으로 개혁한 의욕적이고 뛰어난 군주로 변신시킨 공로도 인정받고 있다. 당시의 소문에 따르면 그녀가 어릴 때 한 점성술사가 기독교 국가의 왕 중에서 가장 용맹하고 용기 있는 왕에게 사랑받을 운명이라고 예언했다고 한다. 아그네스는 이 이야기를 왕에게 하면서 잉글랜드가 계속 프랑스 영토를 점령하도록 용납한다면 자신의 운명의 상대가 어떻게 샤를이 될 수 있겠냐며 왕을 설득해 잉글랜드와 전쟁을 다시 시작하라고 권했다고 한다. 만약 샤를을 설득하지 못했다면 그녀는 잉글랜드의 왕비가 되었을지도 모를 일이다.

이 소문이 진실이든 아니든 간에, 1449년에 전쟁이 재개된 것은 사실이다. 다음 해 프랑스군이 화약과 대포를 사용하면서 전쟁은 전환 국면에 접어들어 잉글랜드군이 열세에 놓였고, 마침내 샤를은 노르망디를 되찾을 수 있었다. 마지막 난관은 수십 년간 유혈 사태의 중심이었던 프랑스 서부의 가스코뉴 정복이었다. 그러나 1453년 카스티용 전투에서 프랑스가 승리를 거두고 보르도가 항복하면서 마침내 백년 전쟁이 막을 내렸다.[2] 잉글랜드는 칼레를 유지했지만, 회복한 영토와 강력한 군주제의 등장 등 다른 부분에서는 프랑스의 압도적인 승리였다. 이제 프랑스는 왕이 프랑스 영토 전체에 세금을 부과하고 이를 상비군 양성에 사용하는 더 크고 강력한 중앙 집권 국가가 되었다.

불행히도 아그네스는 전쟁의 끝을 보지 못했다. 1450년 그녀는 네 번째 아이를 낳은 직후 의심스러운 상황에서 세상을 떠났다. 당시 많은 사람이 그녀가 분노한 왕위 계승자, 미래의 루이 11세에게 독살당했다고 생각했다. (지금까지 전해지는 이야기에 따르면 왕세자는 그녀가 생강빵pain d'épices을 좋아한다는 점을 이용해 빵 한 조각에 몰래 독을 넣었다고 한다.) 최근 아그네스의 유해를 과학적으로 연구한 결과 그녀의 사인은 수은 중독이며 그 수치는 의료적 사용량을 훨씬 웃돈다는 사실이 밝혀졌다.[3] 그러나 범인이 누구인지는 여전히 수수께끼로 남아 있다.

아그네스는 짧지만 극적인 삶을 살았던 덕분에 적어도 모국 프랑스에서는 오래도록 명성을 누렸다. 그리고 그녀 자신도 요리로 유혹하는 기술에 관심을 기울였다는 점에서, 에스코피에 같은 요리사들이 매력적인 요리에 그녀의 이름을 붙인 것도 놀랍지 않다. 아그네스는 유명한 미식가였고 부엌에서 상당한 시간을 보냈다. 그녀는 유명 요리사를 고용하고 보테 성에서 호화스러운 연회를 열었다. 아그네스는 지금까지 전해지는 두 가지 요리, 아그네스 소렐식 탱발Agnès Sorel timbales(다진 닭고기와 송로버섯을 페이스트리 반죽에 넣고 구워 마데이라 소스와 함께 내는 요리)과 도요새 살미woodcock salmis(구운 도요새 고기를 코냑, 레드 와인, 송로버섯을 비롯한 버섯으로 만든 소스와 함께 내는 요리)를 고안했다.

그렇지만 그 외에 아그네스가 오늘날 그녀의 이름을 붙인 수많은 다른 요리를 만들었다거나 심지어 먹었다는 증거도 없다. 그리고 더욱 의심스러운 점은 이 모든 요리에 하나같이 버섯이 들어갈 명백한 이유가 없다는 것이다. 아그네스가 당시 별로 인기가 없던 재료인 버섯을 유난히 좋아했다고 하기는 어려운데 말이다.

하지만 이미 코냑과 크림, 와인이 잔뜩 들어간 요리에 버섯을 더하면

따뜻하고 땅의 깊은 맛을 낸다는 것은 의심의 여지가 없다. 그리고 어둑어둑한 숲이나 조용한 동굴, 북적이는 시장 등 어디서 구한 버섯이건 간에, 버섯이 프랑스 사람들이 매우 열광하는 재료라는 사실만큼은 부인할 수 없다. 따라서 버섯과 담 드 보테의 연관은 적절하며, 프랑스에서는 평범한 음식도 어떻게 최고급 요리의 반열에 오르게 되는지 보여주는 또 다른 예이다.

# 19
# 르네상스의 과일

백년 전쟁의 열기가 유럽을 자극하기에는 부족했던지 종전 이후의 세기에는 기념비적인 역사적 사건이 광풍처럼 몰아쳤다. 르네상스라는 문화적·지적 혁신이 유럽 대륙에 꽃피면서 학자와 예술가들은 고대의 탐구 정신을 동력으로 삼아 빈사 상태의 중세 전통을 밀어냈다. 유럽의 선원들은 광대한 아메리카 대륙을 발견해 탐험하고 착취했으며, 최초로 세계 일주를 했다. 천 년 역사의 비잔티움 제국은 튀르크족에게 콘스탄티노폴리스가 함락되면서 운명을 다했다. 구텐베르크의 인쇄술로 지식과 언어가 일반 대중에 전파되는 혁명이 일어났고, 코페르니쿠스는 태양이 지구 주위를 돌지 않는다고 주장함으로써 인간의 실존적 기반에 도전했다. 그리고 이 모든 사건과 연결되는 맥락에서 종교 개혁이 일어난다. 정통성과 권위에 도전받은 가톨릭교회와 개신교 간 증오에 찬 대립 관계는 이후 몇 세기 동안 유럽 대륙을 피로 물들였다.

이러한 시대의 흐름 속에서 어느 순간, 정확한 기점이나 예고도 없이 유럽에서 중세가 끝나고 근대가 시작되었다. 이러한 변화는 유럽의 강대국이었던 프랑스에서 가장 두드러지게 나타났다. 당시 근대화된다는 것은 본질적으로 인간의 진보를 믿는다는 뜻이다. 사람들은 점차 경직된 정치적·종교적 도그마와 인간이 탐구할 지식의 범위가 정해져 있다는 중세의 사고에 도전했다. 새로운 실험과 발견이 세계에 대한 인간의 이해를 넓히고 삶을 향상하기 시작하면서, 인간의 이성과 야망이 더 나은 미래를 만들 수 있다는 믿음이 널리 퍼지기 시작했다. 그래서 강력한 민족 국가 개념, 시장 경제, 과학 혁명 같은 많은 변화가 근대화와 연관되어 있지만, 이 모두는 인간이 자신이라는 존재를 이해하는 시각과 인간의 개선 능력에 대한 점진적이지만 획기적인 변혁을 토대로 이루어진 것이다.

비범하고 다재다능한 레오나르도 다빈치보다 이러한 변혁의 시대의 특징을 잘 보여주는 사람은 없을 것이다. 그는 이탈리아 르네상스의 핵심으로, 「모나리자」와 「최후의 만찬」 같은 명화를 그렸고 놀라운 공학적 기계를 발명했으며 상세한 인체 해부도도 만들었다. 하지만 그가 프랑스에서 가장 위대한 왕의 초대를 받고 루아르 계곡의 성에서 인생의 마지막 3년을 안락하게 보냈다는 사실은 많이 알려지지 않았을 것이다. 실제로 이 르네상스의 거인의 무덤은 여전히 앙부아즈에 위치한 아름다운 왕실 성의 지하에 자리하고 있다. 그가 지냈던 매너 하우스manor house(장원의 영주가 기거하는 저택—옮긴이)는 다빈치의 삶과 유산에 헌정된 기념관으로 사용되며, 이곳에 가면 그가 채식주의자였으며 건강을 유지하기 위해 간단히 식사를 하고 물에 희석한 와인을 적당량 마시도록 권장했다는 사실을 알게 된다.

앙부아즈에 있는 클로뤼세성의 레오나르도 다빈치 공원에는 이 위대한 예술가의 그림 복제품과 사진 속 이층 다리를 비롯한 기계 장치 모형이 전시되어 있다. © Aagje De Jong (Dreamstime Photos).

앙부아즈에는 또 다른 르네상스 보물도 있다. 로마인들이 아시아와 아프리카에서 자라던 감귤류가 원시 온실과도 같은 유럽 해안가에서 자랄 수 있다는 사실을 알게 된 지 천 년 만에 프랑스에서 처음으로 꽃을 피운 오렌지 나무가 있는 곳도 바로 이곳, 앙부아즈성의 정원이다. 이 나무들은 처음에는 오렌지 열매를 맺지 못했지만 나무를 재배한 것만으로도 대단한 성공이라 여겨졌고, 오렌지 나무를 위한 정교하고 생산적인 온실인 오랑주리orangery를 건설하는 왕의 전통이 시작되었다. 이러한 경쟁은 루이 14세가 건설한 360여 미터에 달하는 베르사유의 오랑주리에서 절정에 달했다. 루이 14세는 무엇보다 오렌지와 오렌지 꽃을 좋아했는데, 오랑주리 덕분에 1년 내내 쉽게 오렌지를 즐길 수 있었다. (일반 서민들에게는 20세기가 되어서야 가능한 일이었다.) 오늘날 프랑스에서 생산되는 오렌지는 그 양이 남쪽의 이웃 나라들보다 훨씬 적지만 여전히 널리 사랑받고 있다. 프랑스인은 만족스러운 저녁 식사를 한 뒤 후식으로 정교하게 만들어진 초콜릿 디저트 대신 그 자리에서 껍질을 깐 오렌지를 즐기곤 한다.

실제로 프랑스 르네상스의 요람을 찾는다면 앙부아즈와 루아르 계곡은 반드시 가봐야 한다. 15~16세기에 프랑스 왕들은 파리가 아닌 왕의 계곡이라고도 불리는 곳에 세워진 아름다운 왕궁에서 많은 시간을 보냈다. 이는 부분적으로는 백년 전쟁 시기 부르주와 시농 같은 지역에서 오랜 시간을 보낸 샤를 7세의 유산이지만, 왕이 예측 불허의 폭도와 음모를 획책하는 귀족들이 넘쳐나는 위험한 파리를 벗어나 몸을 피하려는 의도이기도 하다. 프랑수아 라블레의 표현을 빌리자면, 파리 사람들은 "사소한 일에도 봉기와 반란을 일으킬 만반의 준비가 되어 있는데, 다른 나라들이 프랑스 왕의 인내심에 감탄할 정도이다."[1]

15세기 후반 샤를 7세의 아들인 루이 11세는 아내와 후계자를 앙부아즈에 기거하게 했다. 아버지와 아그네스 소렐의 공식적인 불륜 관계를 견뎌내야 했던(그래서 그녀를 독살했다는 소문에 휩싸이기도 했던) 그는 자신의 궁정에서 여자들이 영향력을 행사하게 두지 않았다. 루이 11세는 대체로 비호감이었던 군주로서, 사람들은 그의 무자비함과 교활함을 빗대어 '거미왕'(정확히는 '세계의 거미'라고 불렸다—옮긴이)이라는 별칭을 붙여 불렀다. 아들 샤를 8세가 그의 뒤를 이었는데, 샤를 8세는 육체적으로나 정신적으로 유약해 보였지만 실제로는 프랑스의 발전에 엄청난 영향을 미친 왕이었다.

1494년 이탈리아 원정을 결심했을 때 샤를 8세는 프랑스가 중세에서 근대로 나아가는 데 자신이 결정적인 역할을 하게 되리라곤 생각도 하지 못했다. 그가 전쟁에서는 거의 우위를 점하지 못했지만(뒤를 이은 프랑스 왕들도 이탈리아 전쟁에 뛰어들어 이 처참한 전쟁은 반세기가 넘도록 이어졌다), 프랑스 르네상스를 촉발한 것은 그의 이탈리아 체류였다. 샤를은 이탈리아반도를 지나 나폴리 왕국으로 진군하는 과정에서 목도한 예술적·학문적 혁신에 사로잡혀 나폴리 왕가에 대한 권리를 주장했으며, 이를 잠시 되찾기도 했다. 그러나 결국 샤를은 불명예스럽게 알프스 너머로 쫓겨 왔지만, 다수의 이탈리아 장인과 건축가, 정원사를 프랑스로 데려와 모국에 그들의 작품을 재현하게 했다. 그리고 그들 중 많은 이를 자신이 어릴 때 살던 앙부아즈성에 배치했다.

북부 유럽에서 최초로 이곳 앙부아즈의 오랑주리에서 오렌지 나무에 꽃을 피운 사람이 바로 이들 이탈리아 전문가 중 한 사람, 파첼로 다 메르콜리아노Pacello da Mercogliano라는 수도사이자 정원사이다. 르네상스 시대의 대표적인 과일인 오렌지는 이탈리아 르네상스 거장들의 그림에 자주 등장한다(레오나르도 다빈치는 「최후의 만찬」의 식탁에 다소 시대에 맞지 않는 오렌지와 장어 요리를 올려놓았다). 일설에 따르면 샤를이 이탈리아에서 멜론부터 파스타, 파르메산 치즈까지 여러 식재료를 가져왔다고 하지만 여기에는 과장된 부분이 적지 않다. 복잡하게 얽혀 있는 이탈리아와의 관계가 프랑스 요리에 영향을 미친 것은 사실이지만, 이미 이탈리아 음식과 취향이 유행하고 있었기 때문에 샤를 자신이 프랑스 왕궁에 이러한 음식을 소개했을 가능성은 거의 없다.

1498년 샤를은 어이없게도 앙부아즈성의 문틀에 머리를 찧은 직후 사망했다. 그에게 생존한 후계자가 없었기 때문에 친족이 루이 12세로 왕위를 계승했다(그는 곧바로 샤를의 미망인 브르타뉴의 안Anne de Bretagne과 결혼했다). 루이는 수차례 이탈리아 전쟁에서 처참한 실패를 겪었는데, 실제로

마키아벨리는 『군주론』에서 그의 사례를 들어 통치자가 외국을 침공할 때 절대 하지 말아야 하는 일에 대해 설명했다. 그러나 루이 12세는 국내 정치는 꽤 잘 해내서 국민의 지지를 받은 개혁으로 '국민의 아버지'라는 칭호를 얻었다. 그는 주로 삶은 쇠고기로 구성된 식단을 비롯해 전반적으로 매우 검소한 습관을 가졌다.

루이 12세와 안 왕비는 르네상스 예술과 학문을 계속 장려했지만 진정한 '르네상스의 왕'은 루이의 친족이자 후계자인 프랑수아 1세였다. 실제로 그의 재위 초기는 프랑스 역사상 가장 찬란한 시기로 재조명되고 있다. 이 젊고 잘생기고 대담한 왕은 왕실에 활기를 다시 불어넣었다. 화려한 전시에 대한 그의 애정은 진심이었지만 왕의 인기와 권위를 높이는 교묘한 수단이기도 했다. 사람들은 젊은 새 왕에게 환호했고, 1515년 그가 마리냐노 전투로 이탈리아 전쟁에서 첫 대승을 거두어 밀라노 공국을 잠시 프랑스에 편입한 뒤 인기가 더욱 높아졌다.

승리를 거둔 프랑수아 1세는 새로 획득한 밀라노 공국에서 4개월 동안 머물며 이탈리아 르네상스 문화의 광채를 흡수했다. 예순넷의 레오나르도 다빈치를 만난 것도 이때였다. 프랑수아는 그에게 왕실 수석 화가, 기술자, 건축가로서 상당한 연봉을 제안했다. 다빈치가 도저히 거절할 수 없는 제안이었다. 1516년 그는 짐 속에 「모나리자」를 넣고 노새를 타고 알프스를 넘어 프랑스로 향했다.

프랑수아는 평생토록 르네상스 예술과 학문의 큰 후원자가 되었다. 기욤 뷔데와 클레망 마로 같은 인문주의자들이 왕과 그의 누나 마르그리트의 전폭적인 지원을 받았다. 마르그리트 자신도 유명 작가이자 학자였으며, 라블레가 교회와 소르본대학교로부터 비난받을 때 그를 변호해주기도 했다. 프랑수아는 소르본대학교에 맞설 인문적 대안으로 콜레주 드 프랑스를 설립했고, 몇 년을 바쳐 퐁텐블로와 샹보르에 성을 지었다. 그의 개인 도서관은 이후 프랑스국립도서관의 토대가 되었고, 그의 예술 소장품은 퐁텐블로와 루브르에 전시되어 있다(다빈치 사후 그가 구입한 「모나리자」도 여기 포함되어 있다). 프랑수아가 일생 예술의 후원자가 될 수 있었던 공로는 그의 어머니 루이즈 드 사부아에게 돌려야 한다. 그녀는 두 아이가 어릴 때부터 인문주의 문학, 외국어, 예술 분야에 있어서 뛰어난 교육을 받게 했다.

그러나 프랑수아의 근대성에는 한계가 있었다. 그는 처음에는 종교 개혁가의 주장에 관심을 보였지만, 종교 개혁이 자신의 왕국에 정치적 위협이 된다는 사실이 명백해지자 결국은 종교 개혁에 반대했다. 그리고 1534년 종교 개혁가들이 파리 전역과 심지어 앙부아즈의 왕궁에도 벽보를 붙인 '벽보 사건' 이후 개혁주의자들을 잔혹하게 진압했다. 프랑스의 가장 중요한 개혁주의 신학자로 칼뱅주의를 수립한 장 칼뱅은 스위스로 도피했고, 수백 명의 종교 개혁가들이 이단의 말뚝에 묶여 화형에 처해졌다. 그러나 프랑스에서 종교 개혁의 불길은 꺼지지 않았고, 앞으로 살펴보겠지만 수십 년에 걸친 소모적이며 피비린내 나는 내전으로 이어진다.

어쨌거나 궁극적으로 프랑수아 1세는 오늘날 매우 인기 있는 프랑스 왕으로 남아 있다. 교양 있고 화려하며 기사도를 추종하는 전사왕으로서, 그는 프랑스인이 존경하는 자질을 모두 갖추고 있기 때문이다. 그러나 프랑스인의 이러한 기억은 재위 초기 5년에 국한된 것이다. 증오하는 숙적인 신성 로마 제국의 카를 5세와 잔인하고 처참한 전쟁을 연이어 벌인 그 후 27년의 역사는 덜 알려져 있다. 프랑수아는 여러 번 패배했고 그중 한

번은 스페인에서 포로로 잡히기까지 했으며, 이로 인해 국가 재정이 위태로워졌다.

음식의 영역에서는 프랑수아보다 그늘에 가려져 있던 연약하지만 상냥한 첫 번째 왕비 클로드가 더 빛을 발한다. 클로드 왕비는 안타깝게도 8년간 7명의 아이를 낳은 후 스물넷의 나이로 사망했다. 우리는 앞서 그녀의 이름을 딴 과즙이 풍부한 렌클로드 자두에 대해 이야기했다. 프랑수아 1세가 오늘날의 미식가들처럼 이 자두를 좋아했는지는 모르겠지만, 자두에 그녀의 이름을 붙여 존경을 표한 대중처럼 아내의 온화하고 너그러운 성정을 높이 평가했다(하지만 프랑수아 1세의 경우는 왕비가 그의 천성적인 바람기를 용인해준 덕분이라고 할 수 있을 것이다).

프랑수아 자신은 유럽모과quince(서양배처럼 생긴 딱딱한 과일로, 오늘날에는 잘 먹지 않는다)로 만든 달콤한 잼인 코티냑 도를레앙Cotignac d'Orléans이라는 프랑스 장인의 음식과 더 관련이 있다. 원래 오를레앙으로 이주한 코티냑 출신의 제과제빵사가 만든 이 음식은 전통적으로 위대한 루아르 도시를 방문하는 고귀한 손님에게 대접하는 중세의 진미로, 잉글랜드로부터 오를레앙을 해방시킨 잔 다르크도 그 손님 중 하나였다. 이런 이유에서 이 핏빛 잼은 잔 다르크의 모습이 새겨진 작고 둥근 나무 통에 담겨 판매된다. 오늘날은 오를레앙의 강 하류에 위치한 유서 깊은 마을 생티Saint-Ay의 한 과자점에서만 중세와 똑같은 방식으로 코티냑 도를레앙을 생산한다. 이것만 먹거나 약간의 치즈를 곁들여 먹으면 맛있다.

프랑수아는 (라블레의 소설 속 동시대의 가상 인물 팡타그뤼엘처럼) 이 잼의 열렬한 팬이었다. 발루아 왕조 시대의 프랑스 귀족들 사이에서 설탕과 향신료로 코팅된 과일부터 젤리와 과일 조림까지 온갖 과자류의 인기가 높아졌고, 이탈리아 르네상스의 영향으로(당시 베네치아인들은 유럽 내 설탕 공급량을 통제해 이견의 여지가 없는 제과의 거장이라는 명성을 누렸다) 그 인기는 더욱 높아졌다. 전해오는 이야기에 따르면 어느 날 프랑수아가 정부 안 드 피셀루와 나누어 먹기 위해 코티냑 도를레앙 한 단지를 가져왔는데, 그녀의 침대 밑에 숨어 있는 브리삭 백작만 발견했다. 왕은 자리를 뜨면서 침대 밑으로 코티냑 도를레앙을 밀어 넣으며 말했다. "이것 좀 들게, 브리삭. 다 먹고 살자고 하는 짓인데!"[2]

르네상스는 프랑스 문화에 엄청난 영향을 미쳤지만 아직 프랑스 미식은 극적인 변화를 맞이하지는 못했다. 앞으로 살펴보겠지만 프랑스 요리의 진정한 혁명은 이보다 늦은 16, 17세기에 일어났고, 이는 근대 초기의 획기적 변화와 더 밀접한 관련이 있다. 그러나 르네상스는 새로운 취향과 발견이 이루어져 결국 프랑스를 문화, 지성, 그리고 사실상 미식 혁신의 정점으로 끌어올릴 인간 정신이 급성장한 시대였다.

# 20
# 모체 소스

> 소스sauce [명사]: 문명과 개화의 절대적인 증거. 소스가 없는 국민은 천 가지의 악덕을 가지고 있지만, 소스를 한 가지 갖고 있는 국민은 구백구십구 가지의 악덕만 가지고 있다. 소스가 발명되어 수용될 때마다 악덕을 버리고 용서를 구하기 때문이다.
>
> — 앰브로즈 비어스, 『악마의 사전*The Devil's Dictionary*』(1906)

자, 상상해보자. 완벽하게 찐 아스파라거스에 홀랜다이즈 소스가 없다면, 전문가 솜씨로 구운 스테이크에 베어네이즈 소스가 곁들여지지 않는다면, 또는 섬세하게 가시를 발라낸 생선 살 구이에 뵈르 블랑 소스가 빠져 있다면 어떨까? 여기서 다른 질문을 해보자. 왜 이런 짓을 할까? 프랑스인이라면 분명 그러지 않는다. 그들의 소스 사랑과 소스를 만들어내는 기술은 전 세계적으로 유명하지 않은가. 전형적인 프랑스 가정의 냉장고에는 병에 담긴 소스가 언제든 작전에 투입될 준비 태세를 갖춘 작은 미식 병사처럼 가지런히 정리되어 있다.

프랑스 소스마다 이에 얽힌 역사적 전설과 열띤 논쟁이 존재한다. 예를 들어 매우 널리 사용되는 베샤멜béchamel 소스는 17세기에 만들어졌는데, 당대 유명한 요리사 중 하나인 프랑수아피에르 드 라 바렌François-

Pierre de La Varenne이 이탈리아 소스를 응용해 만들었을 것이다. 그런데 몇 년 뒤 베샤멜 후작이(혹은 그의 요리사가) 그 소스를 조금 손보아 루이 14세에게 대접했는데, 덕분에 소스에 영구히 그의 이름을 붙일 수 있었다. 이러한 조치로 당시 몇 년 동안 비슷한 소스를 사용해온 사람들이 무시당했다고 느끼면서 상당한 논란이 발생했다. 불운한 데스카르 공작은 이렇게 항변했다. "그는 행운아다. 베샤멜이라니. 나는 그가 태어나기 20년 전부터 닭 가슴살에 이 크림소스를 곁들여 내놓았는데 말이다."[1]

그러나 거의 모든 현대의 프랑스 소스에 나타나는 공통점은 중세 말기와 16세기 중반 이후 등장했다는 점이다. 수 세기 동안 소스는 유럽 요리의 일부로 자리 잡았지만 많은 소스가 오늘날 우리가 알고 있는 소스처럼 인식되지는 않았다. 고대 로마인들은 생선 내장을 발효시킨 가룸garum이라는 소스를 매우 좋아했다. 그것은 매우 짜고 비쌌으며, 로마인들이 사용한 몇 안 되는 소스 중 하나였다(그들은 누워서 식사하는 습관이 있었기 때문에 소스를 많이 사용하면 쉽게 지저분해지므로 비실용적이었다).

소스는 중세 프랑스에서 훨씬 인기가 있었는데, 우리의 현대적 취향과는 여전히 거리가 있었다. 당시 소스에는 엄청난 향신료가 들어갔다. 예를 들어 푸아브라드 소스는 흑후추, 마늘, 식초가 주재료이고, 카멜린 소스는 정향, 육두구, 생강으로, 샛노란 푸아브르 조네 소스는 사프란과 생강으로 만든다. 14세기 프랑스 요리사는 아시아에서 온 생강처럼 생긴 근채류 갈랑갈, 서아프리카에서 온 후추 맛이 나는 '그래인 오브 파라다이스grains of paradise' 같은 이국적인 향신료도 즐겨 사용했다. 향신료를 과도하게 사용한 것은 냉장 기술이 없던 시대에 고기와 생선의 맛을 가리기 위한 목적이었다고 하지만, 이러한 이론은 자세히 따지고 들면 논리적 근거가 부족하다. 이런 값비싼 향신료를 살 형편이 되는 사람들은 식탁에 신선한 식재료를 올릴 수 있었기 때문이다.[2] 따라서 향신료를 많이 사용한 것은 이를 통해 우월한 사회적 지위와 부유함을 드러내거나, 단순히 유럽산 허브보다 더 매력적이라는 순수한 믿음 때문일 가능성이 크다. 중세인들은 소화가 더 잘된다는 믿음에서 강하게 양념한 음식에 훨씬 더 너그러운 태도를 보였고, 향신료가 만들어낸 밝은색의 음식을 좋아했다.

중세의 소스는 식초, 레몬, 그리고 특히 익지 않은 포도로 만든 베르쥬verjus라는 신 포도즙을 주로 사용했기 때문에 산도도 높았다. 당시 만들어진 대다수의 소스는 베르쥬를 주재료로 사용했지만, 이후 약간의 산도를 요하는 소스에는 레몬즙으로 대신하게 되었다. 베르쥬가 프랑스 요리에서 완전히 사라지지는 않았지만(디종 머스터드의 오리지널 레시피에서 눈에 띄는 재료는 베르쥬이다) 오늘날 전형적인 프랑스 슈퍼마켓에서 베르쥬를 찾으려면 꽤나 애를 써야 할 것이다. 그러나 많은 전통 요리의 재료들처럼 요리사들이 소스, 마리네이드, 샐러드드레싱에서 와인과 식초보다 시큼털털한 맛이 덜한 대체재로 그 유용성을 재발견하면서 최근 다시 주목받고 있다. 레바논의 후스룸husrum이나 이란의 아브구레ab-ghooreh가 오래도록 사랑받는 데서 알 수 있듯이 신 포도즙은 중동 요리에서 널리 사용되는 재료이다.

중세의 소스는 대체로 버터나 오일 같은 지방류를 사용하지 않았다. 『타유방의 요리서』, 『파리의 살림살이*Le Ménagier de Paris*』 같은 14세기의 인기 요리서에 등장한 그 어떤 소스에도 버터나 오일을 넣지 않는다. 그러나 17세기의 『훌륭한 접대의 기술*L'art de bien traiter*』이나 『부르주아층의 요리사*La Cuisinière bourgeoise*』 같은 요리서에 나오는 소스의 절반 이상은 버터를, 20퍼센트는 오일을 사용한다.[3] 이러한 요리 혁명은 부분적으로는 가톨릭의 버터 사용 금지에 대한 개신교의 저항이자, 예술과 문화에 있어서 자연스러운 접근을 지향하는 프랑스 사회 내의 변화로 해석된다(버터와 오일은 식초와 향신료보다 식재료 본연의 맛을 지킨다고 생각되었다). 현대의 프랑스 소스는 지나치게 많은 버터나 크림을 사용하는 편이라 다이어트를 하는 사람이라면 제일 먼저 식사 자리에서 소스를 치워야 한다. 치러야 할 대가가 어마어마하지 않은가.

대부분의 소스에 지방이 첨가되면서 식초와 향신료, 베르쥬의 사용이 감소했고 자연히 소스의 산도도 낮아졌다. 또 다른 중요한 변화는 차이브, 마늘, 샬롯, 버섯 등 현지에서 나는 허브와 채소의 '발견'으로, 이 재료들이 소스에 쓰이기 시작했다. 앞서 살펴보았듯이 정원에서 흔히 볼 수 있는 이러한 작물들은 프랑스 일반 대중이 오래전부터 즐겨왔던 재료였고, 이제 귀족과 부유층에 수용되면서 대중화되었다.

따라서 중세 시대의 향이 강하고 산도 높은 재료는 점차 현대 프랑스 요리의 세 기둥인 크림, 버터, 허브로 대체되었고, 이는 소스뿐만 아니라 일반 요리에서도 두드러지게 나타난 변화였다. 17, 18세기를 거치며 프랑스 요리사들은 중세 요리의 강하고 압도적인 맛을 버리고 자연스럽고 섬세한 맛을 추구해갔다. 프랑스에서 나는 허브가 이국의 향신료를 대체하고, 소스와 드레싱은 주재료의 맛을 압도하기보다 강화하는 방향으로 제조되었으며, 채소는 알아볼 수 없을 정도로 푹 삶는 대신 신선하고 아삭하게 제공되었다. 수 세기 동안 많은 재료를 복잡하고 인위적으로 섞는 요리 전통이 이어져 왔으나, 이제는 각 재료의 본연의 맛을 포착해 강조할 수 있도록 향신료는 보완적으로만 사용하는 단순한 요리를 선호하게 되었다.

니콜라 드 본느퐁Nicolas de Bonnefons 같은 저명한 초기 요리서 작가들이 주장했듯이 "음식은 있는 그대로의 맛을 살려야 한다"라는 급진적인 생각은 사회 전반에 걸쳐 근대로 나아가는 변화에 어느 정도 영향을 받았다.[4] 일례로 향신료의 맛이 강한 요리에서 변화하게 된 것은 식단과 '체액'의 균형을 강조한 갈레노스식 접근법의 오류를 밝혀낸 과학 혁명과 근대적 의료 행위가 발전한 덕분이라는 견해가 있다. 이제 음식을 약효가 아닌 맛 자체로 즐길 수 있게 되었다. 한편 17세기 후반 들어 국제 무역이 급격히 확대되면서 향신료의 값이 낮아지고 새로운 식민지로부터 특이한 식재료가 유입되어 향신료가 더 이상 사치품이 아니게 되었기 때문이라는 주장도 있다. 일반 서민들이 과거 귀족들의 전유물이었던 재료로 요리할 수 있게 되자 엘리트층이 느꼈던 매력이 사라졌다는 것이다. 17세기 초 부엌 화덕의 발명으로 뜨거운 불 앞에서는 힘들었던, 계속 젓고 시간에 민감하게 반응해야 하는 소스와 요리를 만드는 것이 가능해졌다. 이후 18세기에 계몽주의 사상의 확산으로 사람들은 자연과 조화를 이루는 보다 '진정한' 생활 방식을 추구하게 되었다. 이러한 모든 사회적 변화의 흐름을 타고 더욱 단순하고 자연스러운 요리가 개발되었고, 특히 프랑스의 소스 제조에 있어서 변화가 두드러졌다.[5]

19세기 초반, 프랑스 소스의 진화에 있어서 또 다른 중요한 사건이 일어났다. 그 주인공은 전설적인 프랑스 요리사 마리앙토냉 카렘Marie-Antonin Carême이었다. 카렘은 1783년에 15남매 중 하나로 태어났다. 열 살 때 아버지는 혼자서 잘 살아갈 수 있을 거라며(실제로 그랬다) 그를 버렸다. 카렘은 싸구려 식당에서 일하면서 요리의 기초를 배웠고, 열세 살 때 당시 파리 최고의 파티시에 실뱅 바이Sylvain Bailly의 수습생이 되었다. 바이는 카렘에게 건축 도면을 공부해 이를 응용한 놀라운 페이스트리를 만들도록 격려했다. 카렘은 빼어난 피에스 몽테 솜씨로 엄청난 명성을 얻어, 마침내 나폴레옹 시대의 저명한 외교관 샤를모리스 드 탈레랑페리고르Charles-Maurice de Talleyrand-Périgord에게 발탁되었다. 탈레랑은 미식을 외교적 무기로 즐겨 사용했고, 카렘은 그 휘하의 장수로서 12년 동안 그의 주방에서 일했다. 유럽에서 가장 위대한 사람들을 위해 일하며 카렘은 또한 프랑스 요리를 다듬고 정리하기 시작했다. 이러한 공을 인정받아 그는 프랑스 미식의 가장 중추적인 인물로 평가된다.

카렘은 프랑스 소스의 체계를 정리해서 알망드, 베샤멜, 에스파뇰, 벨루테를 네 가지 기본 '모체 소스'로 삼고 여기서 다른 소스가 파생될 수 있다고 규정했다. 이 소스들은 그 자체만으로는 약간 밋밋할 수도 있지만 몇 가지 재료를 첨가하면 훨씬 풍부한 '파생 소스'가 만들어진다. 베샤멜 소스에 그뤼에르 치즈와 달걀노른자를 더하면 모네이 소스가 되고, 바닷가재와 브랜디, 크림을 더하면 낭투아 소스가 만들어진다. 보르들레즈 소스는 샬롯, 레드 와인, 허브를 더한 에스파뇰 소스이며, 브레통 소스는 벨루테 소스에 버섯, 리크, 화이트 와인을 추가해서 만든다. 그래서 이 네 가지 모체 소스는 함께 내는 특정 요리를 보완하기 위해 그에 어울리는 다양한 후손을 끝없이 만들어낼 수 있다(맛에 상관없이 모든 요리에 한 가지 소스를 무차별적으로 사용하던 이전 시대와 대비되는 부분이다). "잉글랜드에는 세 가지 소스와 삼백 개의 종교가 있지만, 프랑스에는 세 개의 종교와 삼백 가지 소스가 있다"[6]라는 탈레랑의 발언은 카렘에게 영감을 받은 것일지도 모르겠다.

요리를 조금이라도 할 줄 안다면 이상의 소스들은 루roux를 사용한다는 사실을 알아챌 수 있을 것이다. 루는 소스를 걸쭉하게 만들기 위해 밀가루를 버터에 볶은 것이다. 그러면 밀가루가 들어가지 않는 홀랜다이즈나 베어네이즈 소스는 어떻게 파생되었을까. 사실 이 두 소스는 프랑스 역사에서 뒤늦게 등장했는데, 우리가 이미 만났던 또 다른 저명한 요리사 오귀스트 에스코피에 덕분이다. 20세기 들어 그는 모체 소스의 분류 체계를 다섯 가지로 재정립했다. 기존 분류에 홀랜다이즈와 토마토소스를 더하고, 알망드 소스(독일 소스)를 에스파뇰 소스의 파생 소스로 강등시켰다. 에스코피에가 1870년에 독일의 전쟁 포로였던 점을 생각하면 독일에 그리 매력을 느꼈을 것 같지는 않다. 하지만 그는 빌헬름 2세의 요리사였고, 황제는 그의 요리를 매우 좋아해서 이렇게 말했다고 전해진다. "나는 독일의 황제이지만, 자네는 요리사의 황제일세."[7]

프랑스 소스 제조에 있어서 버터가 독재자로 군림하지만 프랑스인은 버터를 전혀 사용하지 않는 소스로도 세계적으로 유명하다. 바로 버터 대신 오일을 사용하는 마요네즈이다. 마요네즈의 탄생에 얽힌 많은 전설이 있는데 그중 가장 널리 알려진 것은 1756년 프랑스가 스페인 메노르카섬의 마온항을 점령한 뒤 발명되었다는 설이다. 당시 프랑스군을 지휘하던 리슐리외 공작은 승리를 축하하는 연회를 열었다. 그의 요리사는 달걀과 크림으로 소스를 만들고 싶었지만 현지에서 크림을 구할 수 없자 대신 올리브 오일을 사용했다. 그 결과 마요네즈가 탄생했다!

소스는 단지 좋아하는 요리의 맛을 더해주는 존재, 그 이상이다. 그 작은 소스 단지나 스푼 안에 미식 감성이라는 우주가 담겨 있는 것이다.

가룸부터 채식주의자용 마요네즈까지, 소스를 통해 문화적 시대정신을 맛있게 엿볼 수 있다. 그렇기 때문에 발견과 혼란의 시대였던 16~17세기에 소스가 급진적으로 변화했다는 사실이 그리 놀랍지 않다. 자, 이제 그 시대로 돌아가 보자.

# 21
# 정복과 초콜릿

바스크Basque 사람들은 프랑스와 스페인 왕국에 의해 분할·흡수되기 전까지 수 세기 동안 피레네산맥의 그늘에서 살아왔다. 프랑스 바스크 지방Pays Basque의 상당 부분은 농촌 지역으로, 오래전부터 이어온 독특한 농업 전통을 따르고 있다. 맛있는 오소이라티 치즈는 수백 년 동안 산에서 양을 방목해온 목동들이 만든다. 매년 가을이면 향신료 중 유일하게 AOC 보호를 받는 피멍 데스플레트라는 유명한 고추를 수확해 에스플레트 마을의 사방에 매달아 말린 뒤 갈아서 바스크 요리에 널리 사용되는 향신료인 파프리카로 만든다. 이와 같이 전통을 따르는 분위기에는 가끔 어두운 면이 나타나기도 한다. 유명한 프랑스 요리사 알랭 뒤카스Alain Ducasse의 사례가 널리 알려졌는데, 이방인인 프랑스의 엘리트가 바스크 지방을 착취하는 데 불만을 가진 극단주의자들이 새로 문을 연 그의 고급 레스토랑에 여러 차례 폭탄 공격을 가했고, 결국 그는 2007년 바스크 시골에서 쫓겨났다.

호화 휴양지 비아리츠에서 내륙으로 몇 킬로미터 떨어진 곳에 프랑스 바스크의 주도인 바욘이 자리 잡고 있다. 바욘은 비스케이만으로 이어지는 아두르강 어귀의 고대 항구 도시이다. 오늘날 많은 방문객을 바욘으로 끌어당기는 매력은 강가와 중세 거리에 줄지어 서 있는 화려한 색감의 높은 집, 신선한 해산물과 현지에서 생산된 바욘 햄, 어쩌면 매년 열리는 투우 경기까지 다양하다. 하지만 바욘을 방문하는 가장 매력적인 이유는 매년 예수 승천 대축일 기간의 '초콜릿의 날' 때문일 것이다. 바욘은 오랜 수제 초콜릿 제조 전통을 자랑하는 유럽 도시 중 하나로서, 오늘날은 초콜릿을 사랑하는 순례자들이 몰려들고 있다. 이 이야기는 근대 초기 한 번도 아닌 두 번의 획기적인 정복에서 시작된다.

평소에 즐겨 먹는 팽 오 쇼콜라부터 눈 깜짝할 사이에 사라져버리는 치명적인 초콜릿 수플레에 이르기까지 일상에서 확연히 드러나는 프랑스인의 초콜릿에 대한 사랑을 생각해보면, 초콜릿의 원조가 프랑스라고 생각하는 것도 무리는 아니다. 하지만 사실 초콜릿은 비교적 최근에 프랑스 미식계에 입성한 식재료로, 1492년 콜럼버스가 카리브해에 운명적인 첫 발걸음을 내디딘 뒤 몇 년 동안 구세계와 신세계 간에 일어난 농작물, 동물, 질병의 대규모 생태 이전을 뜻하는 일명 '콜럼버스의 교환'의 일부이다. 유럽, 아프리카, 아메리카 대륙이 물리적으로 갈라진 지 2억 년이 지난 후 인간의 뛰어난 재주와 탐욕이 그 생태계와 사회를 다시 연결한 것이다. 그것은 인류 역사상 세상을 뒤바꾼 가장 충격적인 변화 중 하나였다. 마침내 교류와 교환의 무대가 전 세계로 확장되면서, 한 나라의 인구가 전멸되거나 노예가 되었고 유럽 식민주의 국가들이 세계 패권을 다투었다. 상상조차 할 수 없는 고통과 파괴의 시대이자, 독보적인 발견과 이익의 시대였다.

유럽의 식민지 건설의 첫 세기는 향신료를 생산하는 남아시아와 극동 지역으로 향하는 동쪽이나 서쪽 무역로를 찾으려는 열망이 작용한 시기였다. 아프리카 대륙을 돌아 동쪽으로 향하는 신항로를 통해 스페인과 포르투갈, 영국, 네덜란드는 막대한 부를 축적했다. 처음에 이들 나라의 상선은 유럽 내 증가하는 향신료 수요를 충족하기 위해 기존 향신료 무역에만 투입되었지만, 시간이 흐르면서 이 나라들은 향신료 생산지를 강제로 식민지로 삼고 무역뿐만 아니라 생산 역시 통제하기 시작했다. 이는 수세기 동안 이어진 동서 무역 패턴을 전면적으로 뒤집는, 세계 경제의 중차대한 변화였다. 그러나 프랑스는 1500년대 종교 전쟁과 유럽 내 분쟁을 치르느라 국력의 소모가 컸기 때문에 중요한 대발견의 시대에 합류하지 못하고 세계 향신료 무역에 한발 늦게 뛰어들었다. 그래서 프랑스가 영구 식민지를 건설하기 시작했을 때는 캐나다처럼 향신료가 거의 나지 않는 지역만 남아 있었다.[1]

서쪽 항로로는 유럽인들이 바라던 향신료섬(인도네시아 동부의 말루쿠 제도—옮긴이)이 아닌 아메리카 대륙에 이르렀다. 유럽 사회와 미식에 심오하고도 지속적인 영향을 미치게 된 만남이었다. 이러한 대륙 간 교환이 없었다면 이탈리아는 토마토를, 아일랜드는 감자를 몰랐을 것이며 아메리카는 밀, 설탕, 오렌지 없는 세상에서 살았을 것이다. (에스플레트의 피멍도 특산품이 되지 못했을 것이다.) 아메리카 대륙에서 유입된 새로운 음식이 유럽에 수용되는 속도는 천차만별이었는데, 옥수수처럼 익숙한 작물과 칠면조 같은 육류는 빨리 수용되었지만 감자 같은 작물은 깊은 인상을 남기기까지 훨씬 더 오랜 시간이 걸렸다. 낯선 음식일수록 손에 잡히기까지 시간이 오래 걸렸다. 따라서 비견될 음식이 없던 초콜릿이 호감을 얻기까지 한 세기가 넘게 걸렸다는 사실이 충분히 납득된다.

초콜릿은 유카탄반도가 원산지인 카카오나무의 열매로 만드는데, 메소아메리카 문명에서는 유럽 선박이 도착하기 수 세기 전부터 즐겨왔다. 당시는 음료로만 즐겼고, 대체로 맛과 향이 강했다. 1519년 에르난 코르테스와 콩키스타도르conquistador(스페인어로 정복자라는 뜻으로, 아메리카 대륙을 침입한 스페인 사람을 가리킨다—옮긴이)가 유카탄반도를 침공하자, 아즈텍 제국의 황제 몬테수마는 외교적으로 해결하기로 결정하고 코르테스 일행을 수도 테노치티틀란으로 초대해 오래 머무르게 했다. 스페인인들은 초콜릿이 원기 회복에 좋다는 사실에 주목했지만, 막상 먹어보니 씁쌀하기만 했다. 외교적 접대는 실패로 돌아가고, 스페인인들은 강력한 아즈텍 문명을 파괴하고 부를 약탈하기 시작했다. 그들은 우월한 무기와 아즈텍 제국의 경쟁자들과의 동맹에 힘입어 불과 2년 만에 승리를 거두었고, 이후 수십 년 동안 유럽의 미생물들에 의해 원주민 50~80퍼센트가 목숨을 잃었다. 1523년 코르테스는 새로운 식민지의 초대 총독이 되어 무자비하게 중앙아메리카 및 남아메리카의 많은 지역을 식민지로 병합했다.

그 후 수십 년 동안 멕시코의 스페인 식민지 개척자들은 원주민이 마시던 초콜릿 음료로 이것저것 해보다가 설탕과 (또 다른 현지 재료인) 바닐라를 넣으면 유럽인 입맛에 훨씬 더 잘 맞는다는 사실을 알게 되었다.[2] 그리하여 1600년대까지 초콜릿은 수익성 좋은 무역품이 되었고 곧 스페인 귀족층의 마음을 정복했다(부유층이 아닌 사람들이 일상적으로 먹기에는 너무 비쌌다). 초콜릿이 스페인에서 굉장한 인기를 끌자 이후 (엄청난 커피 중독자였던)

오노레 드 발자크는 이렇게 물었다. "초콜릿이 발견되고, 초콜릿을 탐닉하는 바람에 새로운 로마 제국으로 발돋움하려던 스페인이라는 나라가 타락하리라고 누가 생각이나 할 수 있었겠는가?"[3] 실제로 16세기 세계에 거대한 식민지를 건설했던 스페인은 결국 이후 제국주의 경쟁에서 영국, 네덜란드, 프랑스에 추월당한다.

초콜릿이 프랑스 사람들에게 매력적으로 느껴지기까지는 좀 더 시간이 걸렸다. 사실 초콜릿이 처음 소개된 것은 또 다른 정복, 즉 스페인의 국토 회복 운동 레콩키스타Reconquista(스페인어로 '재정복'이라는 의미—옮긴이)의 결과였다. '암흑 시대' 유럽에서 가장 강하고 계몽된 이슬람 국가 알안달루스는 11세기에 들어서면서 기독교 침략자들의 희생물이 되어 분열되기 시작했다. 13세기 중반에 이베리아반도의 이슬람 영토는 그라나다만 남게 되었다. 1492년 콜럼버스가 아메리카 대륙 해안을 떠돌던 그해, 그의 왕실 후원자인 페르난도왕과 이사벨 여왕은 마침내 그라나다를 정복하고 기독교 국가 스페인을 '회복'했다. 끔찍한 후속 조치로, 그들은 스페인에서 수십만 명에 달하는 유대인을 추방했다. 스페인 종교 재판의 공포가 이베리아반도를 휩쓸자 이웃 포르투갈 왕국도 점차 자국 내 유대인을 추방했다. 이들 세파르디 유대인 공동체는 알려진 세계the known world에 흩어졌는데, 그들 중 상당수는 피레네산맥 바로 너머 프랑스 남서부에 자리 잡아 신대륙에서 들어온 물품의 교역에 중요한 역할을 했다.

가장 주목할 점은 많은 포르투갈계 유대인이 바욘에 다시 터를 잡고 초콜릿 제조법을 소개했다는 사실이다. 바욘의 세파르디 유대인 거주 구역인 생테스프리 인근에서, 그들은 아메리카 대륙에서 카카오 콩을 수입해 볶고 간 뒤 향신료와 바닐라, 설탕을 섞어 훌륭한 초콜릿 음료를 만들었다. 한 세기 동안 초콜릿 제조는 바욘 유대인들의 대표적인 생계 수단이 되어주었지만, 결국 그들의 제조 비법이 널리 알려지며 1691년 기독교 지도부에 의해 초콜릿 사업에서 배제되었다. 이렇게 빈번하게 차별당하면서도 바욘의 유대인 공동체는 무역과 상업에서 중요한 역할을 하며 20세기 홀로코스트로 파괴되기 전까지 몇 세기 동안 지역 번영에 크게 기여했다.

초콜릿 제조 전통은 바욘의 바스크박물관이나 생테스프리에서 현재 운영 중인 초콜릿 공장 겸 상점 라틀리에 뒤 쇼콜라l'Atelier du Chocolat 같은 장소에 잘 보존되어 있다. 도시의 여행 안내소에서는 초콜릿을 테마로 한 투어 프로그램을 운영한다. 바욘의 고딕풍 성모 마리아 대성당의 그늘이 드리워진 중세 거리를 거닐다 보면 여전히 전통 제조법을 따르는 많은 초콜릿 장인 쇼콜라티에를 만날 수 있다. 그러면 남미산 코코아와 바스크 현지에서 생산된 우유에 바닐라나 계피를 섞어 만든, 폭신한 거품이 올려진 뜨거운 음료 쇼콜라 무스를 주문하자(한번 맛보면 앞으로 보통 핫 초콜릿에 만족하지 못할 수도 있지만, 그럴 만한 가치가 충분히 있다). 그리고 물론 매년 열리는 '초콜릿의 날' 축제는 현지 쇼콜라티에가 거리에서 기술을 펼치는 모습을 보고 프랑스에서 만들어진 가장 훌륭한 수제 초콜릿을 다양하게 맛볼 수 있는 멋진 기회이다.

이런 식으로 초콜릿에 탐닉하는 모습이 16세기의 프랑스인들에게는 낯설게 보일 것이다. 당시 사람들은 초콜릿을 원래는 약국에서 판매되는 약으로서 음료로만 마시는 데 익숙했다. 초콜릿은 위와 소화에 좋고, 몸을 따뜻하게 해서 원기를 북돋는 작용을 했다(너무나도 효과가 좋아서 정력제로 여겨질 정도였다). 하지만 부정적인 측면에서는 험담을 유도하고 불면증,

짜증, 과잉 행동을 유발한다는 주장도 제기되었다. 그리하여 1644년 파리의과대학은 초콜릿을 하루에 두 잔 이상 마시지 말도록 권고했다.

그러나 17세기 동안, 특히 루이 13세와 루이 14세가 스페인 공주와 결혼하면서 프랑스 귀족층에서 초콜릿을 즐거움을 주는 세련된 사치품으로 여기기 시작했다. 영국의 앤 여왕과 오스트리아의 마리아 테레지아 여제는 초콜릿에 대한 애정을 왕실에 전파해 그 인기를 굳혔다. 루이 14세는 먹어도 포만감이 느껴지지 않는다는 이유로 개인적으로는 초콜릿을 좋아하지 않았지만, 그의 재위 기간 중 프랑스의 새로운 카리브해 식민지에 최초의 프랑스 카카오 플랜테이션 농장이 건설되었다. 그의 후계자 루이 15세는 초콜릿의 열렬한 팬이라 자신의 방에서 초콜릿 음료를 직접 준비하기를 좋아했다.

가톨릭교회는 이 새로운 음식에 대한 입장을 정리하는 데 곤혹스러워했다. 새로운 스페인 제국에서 유럽인들이 광범위한 선교 활동을 펼친 덕분에 사제와 수녀는 누구보다 빠르고 열렬하게 초콜릿의 매력에 빠져들 수 있었다. 하지만 초콜릿은 그리스도의 종에게는 어울리지 않는 열정을 불러일으킨다고 여겨졌다. 그래서 금식일에 초콜릿을 먹어도 되는지의 문제를 두고 수십 년간 논쟁이 이어지기도 했다. 결국 교회는 이토록 인기 있는 음식을 금지하려는 시도가 무의미함을 깨닫고 "음료는 금식을 어기는 것이 아니다liquidum non frangit jejunum"라는 오랜 원칙을 따르기로 결정했다. 초콜릿은 당시 유럽에서 음료로만 섭취했기 때문에 신의 노여움을 사지 않고 마실 수 있었다.[4]

19세기까지 초콜릿은 여전히 사치품으로 분류되었지만, 새로운 산업 생산 방식이 도입되고 서아프리카 식민지에서 카카오가 유입되면서 초콜릿 가격이 낮아진 덕분에 접근 가능한 소비층이 확대되었다. 그리고 딱딱한 형태의 초콜릿이 완성되어 마실 수 있을 뿐만 아니라 먹을 수도 있게 되면서, 대중을 위한 값싼 초콜릿의 시대가 실제로 도래했다(다행히도 산업혁명을 이끈 방대한 노동력 덕분이다). 1800년대 중반 영국에서는 다크 초콜릿, 스위스에서는 밀크 초콜릿 등 바 형태의 초콜릿이 개발되면서 대다수의 사람이 초콜릿을 마시기보다 먹게 되었다. 그리고 오늘날 프랑스인은 매년 평균 약 7킬로그램의 초콜릿을 소비한다. 스위스인이나 독일인의 절반 정도밖에 되지 않는 양이지만, 지구상 다른 나라보다 훨씬 많이 먹는 편이다.[5]

프랑스 사람들 대다수가 현대의 초콜릿이 끔찍한 식민지 건설과 대량학살의 산물이라는 사실을 모르고 있겠지만, 서아프리카 카카오 생산 과정에서의 착취를 강조하는 지속적인 캠페인 덕분에 초콜릿 무역을 둘러싼 현재의 논란에 대해서는 조금 더 인지하고 있을 것이다. 현재 전 세계 카카오의 60퍼센트 이상이 가나와 코트디부아르, 이 두 나라에서 생산된다. 많은 카카오 농장 일꾼들이 일당 1달러도 안 되는 임금을 받으며, 카카오 농장에서 일하는 아동이 200만 명이 넘는다고 추정되는데 일부는 이웃 나라들에서 인신매매된 아이들이다.[6] 근본적으로 초콜릿이 싼 이유는 인건비가 비정상적으로 낮게 유지되기 때문이므로 활동가들은 사실상 가격을 더 올려야 한다고 주장한다. 1980년대 이후 공정 무역 운동으로 카카오 산업에서의 착취를 줄이려 노력했지만, 공정 무역 초콜릿이 과연 무엇인지에 대한 의견 불일치로 진전에 어려움을 겪었다.

이토록 달콤하면서 즐거움을 주는 음식에 이토록 기나긴 참혹한 역사가 담겨 있다는 사실이 지독한 아이러니이지만, 지금까지 살펴보았듯이 음식의 역사는 시대의 사회적 병폐와 밀접하게 연관된 경우가 많다. 전쟁과 정복은 항상 인간의 식생활에 영향을 미쳤고, 상류층의 미식 요구는 끊임없이 착취와 폭력을 낳았다. 초콜릿의 천연 항우울 성분이 이런 점에 있어서는 치료제가 되지 못하겠지만, 공정하게 거래되는 초콜릿에 대한 지원이 확대되어 이 우울한 역사를 곧 완벽히 마무리 짓기를 바랄 뿐이다.

# 22
# 마담 세르팡의 요리 공헌

수십 년 동안 시금치는 미국인들의 식탁에서 미움받는 부요리였다. 아이들은 (그리고 많은 어른도) 디저트를 주지 않겠다는 위협을 받고 억지로 시금치를 먹어야 했다. 이 잎이 무성한 채소는 풋내와 쓴맛으로 고통을 준다. 이 두 가지 특징은 어떤 음식에서도 환영받지 못하지만, 미국인들이 시금치를 버터에 숨이 죽을 정도로 볶은 뒤 크림을 넣어 끓인 에피나르 아 라 크렘므épinards à la crème나 시금치에 크림과 치즈를 넣고 오븐에서 구운 에피나르 앙 그라탱épinards en gratin 같은 프랑스식으로 이를 요리하는 법을 배우지 못했다는 것도 문제의 일부이다. (프랑스 요리의 한 가지 규칙은 버터, 크림, 치즈에 듬뿍 적시면 무엇이든 먹을 수 있다는 것이다.) 다행히 유명 요리사들이 미국인들에게 프랑스 요리 및 이를 응용한 요리 만드는 법을 소개하기 시작하면서 시금치도 가족 식사에서 훨씬 더 환영받는 재료가 되었다. 줄리아 차일드의 크림소스 시금치 요리법은 지금까지 교과서로 전해진다.

프랑스인들은 미국인들에게 브런치의 단골 메뉴 에그 플로랑틴처럼 시금치를 주재료로 하는 '플로랑틴Florentine'이라는 요리도 전했다. 프랑스에서는 플로랑틴에 고기와 생선을 곁들여 내는 것이 훨씬 인기가 있는데, 플로랑틴의 의미가 '피렌체식'이라는 점을 생각하면 의아하게도 이탈리아 피렌체 사람들은 시금치를 그다지 좋아하지 않는다. 역사가들은 플로랑틴이라는 이름이 붙게 된 데 명확한 이유는 없다고 하지만, 마담 세르팡Madame Serpent(뱀처럼 사악하다는 의미—옮긴이)이라는 여인이 미래의 프랑스 왕과 결혼하기 위해 마르세유에 도착한 16세기에서 기원을 찾을 수 있다.

당시 그녀는 그저 카트린 드 메디시스라고 불렸다. 이 열네 살 소녀는 유명한 피렌체의 메디치 가문의 일원이자 교황 클레멘스 7세의 조카였다. 프랑수아 1세는 이탈리아에서 프랑스의 세력을 확장할 발판을 마련하려는 계획으로 1533년 그녀와 자신의 둘째 아들 앙리의 정략결혼을 추진했다. 불행하게도 카트린은 결혼한 지 1년 만에 삼촌인 교황이 죽은 데다가 결혼 후 10년이 넘도록 아이를 가지지 못해 입지가 불안정해서 밀려나지는 않을까 두려움에 떨어야 했다. 그녀는 앙리에게 헌신적이었지만 남편은 동반자이자 정치적 조언자로 미모의 정부 디안 드 푸아티에를 더 총애했다. 카트린은 공개적인 삼각관계의 굴욕을 견디며 음지에서 조용히 버텼다. 그녀가 살아남을 수 있었던 것은 결국 이러한 상황을 묵묵히 받아들인 덕분이었다. 카트린 대신 더 강력하고 매력적인 후보자가 그 자리를 꿰차게 될 것을 두려워한 디안이 앙리에게 유순한 아내를 계속 곁에 두라고 설득한 것이다. 마침내 카트린은 앙리와의 사이에서 10명의 자식을 낳았다. 아버지와 형이 죽자 1547년 앙리는 앙리 2세로 왕위에 올랐고 카트린은 프랑스의 왕비가 되었다.

왕비가 된 이후에도 카트린은 디안 드 푸아티에에 대한 남편의 헌신을 견뎌야 했다. 그러나 1559년 왕이 마상 창 시합에서 입은 부상으로 사망하자 이러한 관계는 역전되었다. 카트린은 왕의 애첩을 추방하고 곧 유럽에서 가장 강력한 여인이 되었다. 그녀는 차례로 왕이 된 3명의 어린 아들들을 대신해 섭정으로 프랑스를 다스렸다. (디안은 왕이 사망하고 몇 년 뒤 죽었는데, 우연찮게도 젊음과 아름다움을 유지하기 위해 복용하던 금가루를 넣어 만든 물약에 중독된 상태였다고 한다.)

카트린의 장남 프랑수아 2세는 아버지의 사후 왕위에 올랐을 때 10대에 불과했다(이때 이미 어린 시절의 친구인 스코틀랜드 여왕 메리와 결혼한 상태였다). 이 병약한 청년은 왕위에 오른 지 1년 만에 염증으로 사망하고 열 살짜리 동생이 샤를 9세로 뒤를 이어 프랑스를 통치했다. 샤를은 카트린의 섭정하에서 수년 동안 프랑스의 종교 전쟁을 겪어내다가 1574년 남자 후계자 없이 세상을 떠났다. 왕위는 그의 동생 앙리 3세에게 넘어갔다. 그는 당시 유럽판 왕좌의 게임에서 폴란드의 왕으로 선출된 상태였지만, 프랑스로 돌아가 발루아 왕조의 마지막 왕으로서 15년 동안 통치하다가 가톨릭 수사에게 살해당했다.

이처럼 어리고 약한 왕들이 연이어 왕위를 잇자, 그렇지 않아도 골치 아픈 존재였던 유력 귀족들은 더욱 대담해져서 귀족 간의 내분이 심화되었으며 외국인 섭정 태후와의 갈등도 커졌다. 카트린은 기민한 정치 감각을 발휘해 30년 동안 이어진 극적인 권력 투쟁에서 살아남았다(아마도 동시대 고향 사람인 니콜로 마키아벨리에게 영향을 받은 것 같다). 그녀는 프랑스 역사상 양극단의 평가가 존재하는 인물인데, 살인을 서슴지 않는 비정한 권력 강탈자인 마담 세르팡과 진심으로 아들들과 프랑스의 안녕만을 위했던 강력하고 영리한 통치자라는 이중적인 모습으로 묘사된다. (당연히 국가 운영에 있어서 여성의 역할을 폄하하려는 이들은 앞의 견해를 지지한다.) 어둑한 새벽에 수천 명의 개신교도를 살해한, 프랑스 역사에서 가장 잔혹한 폭력 행위인 '성 바르톨로메오 축일의 학살'에서 논쟁의 여지가 있는 그녀의 역할 때문에 이렇게 상반된 평가가 오래 이어져 왔다.

카트린과 그녀의 세 아들이 통치하는 동안 프랑스는 종교 전쟁에 휩싸였다. 가톨릭교회는 점차 조직력을 갖춰가는 프랑스 개신교도들, 즉 위그노Huguenot와 정면충돌했다. 이는 몇 세기 동안 유럽 대륙을 휩쓴 구교(가톨릭)와 신교(개신교) 간의 거대한 갈등의 일부였고, 특히 프랑스는 피비린내 나는 전쟁터였다. 위그노는 잉글랜드의 청교도처럼 장 칼뱅의 엄격한 개혁주의 교리를 고수했다. 본래 종교 개혁 운동은 부패하고 경직된 기독교를 정화하자는 목적에서 비롯했지만, 위그노는 시간이 지나면서 더욱 노골적으로 정치성을 띠게 되었다. 그들은 교회 대표자들의 중재만이 구원을 얻을 유일한 통로가 아니며 개인이 성경을 해석하고 스스로 구원을 얻을 수 있다고 주장함으로써 가톨릭교회의 권위에 도전했고, 이는 곧 교회와 얽혀 있는 군주의 정당성에도 도전하는 셈이었다. 왕에게 불만을 품었거나 점차 강화되는 국왕 중심의 중앙 집권화 흐름에 반대하는 많은 귀족 가문이 개신교로 개종했다. 왕에 대한 반대를 정당화하는 논리로 수용한 것이다. 이단자로 몰아 화형에 처하는 등 위그노에 대한 왕의 박해에도 그들의 종교적 열정은 점점 커져만 갔다. 그들은 교회와 왕의 공격에 저항하기 위해 정치적으로나 군사적으로 조직력을 갖추기 시작했다. 심지어 대서양의 항구 도시 라로셸과 피레네산맥 지역의 나바라 왕국 같은 지역적 거점을 획득했다.

남편의 사후 카트린은 처음에는 구교와 신교 간 전면전을 막으려는 바람으로 두 종파에 유화적인 접근책을 펼쳤다. 그러나 양측에 강력한 귀족들이 모이면서 종교적 분열이 돌이킬 수 없을 정도로 정치화되고 말았다. 1562년 첫 번째 종교 대학살이 일어난 뒤 프랑스 전역으로 퍼져나갔다. 경쟁 관계의 귀족들이 사병을 만들고 상대에 대해 끔찍한 폭력을 행사하면서 온 나라가 내전으로 분열되었다. 이렇게 약 40년에 걸친 기간 동안 프랑스는 잦은 종교 전쟁으로 인해 경제는 무너졌고 국민은 잔인하게 학살되었으며 국력이 소모되었다. 1500년대 전반에 드러난 번영과 발전의 전망은 폐허 속에 사라지고 말았다.

1572년 카트린은 새로운 전술을 생각해냈다. 왕실의 방계이자 위그노 세력의 지도층인 앙리 드 나바르와 가톨릭 파인 딸 마르그리트의 결혼이었다. 그녀는 이 결혼을 종교 간 화합과 평화의 상징으로 삼을 계획이었지만, 실제로는 이미 팽팽한 긴장 관계를 더 악화시키는 결과를 낳았다. 가톨릭 강경파는 이 결혼을 개신교에 대한 승리로 인식했고, 대부분 가톨릭이고 가파른 빵값 상승에 동요한 파리 대중들은 수백 명에 이르는 위그노의 화려한 결혼 행렬에 반발심을 가졌다. 결혼식 며칠 뒤 카트린은 신교도들의 또 다른 반란을 미연에 방지하기 위해 위그노 지도자들을 죽여야 한다고 샤를 9세를 설득했다. 일단 살육이 시작되자 이를 개신교도를 죽이라는 왕의 허가라고 믿었던 가톨릭 세력에 의해 폭력이 파리 전역으로 퍼져나갔고 점차 지방으로 확산되었다. 다음 한 주 동안 살해된 위그노는 파리에서만 2000여 명, 외곽 지방에서는 3만 명이 넘었다. 이것이 바로 '성 바르톨로메오 축일의 학살'이다. 이로써 종교적·정치적 화합의 희망은 완전히 꺼지고 종교 전쟁이 재개되었다.

대학살과 혼란을 야기한 '성 바르톨로메오 축일의 학살'은 수십 년 동안 지속된 종교 전쟁 중 일어난 가장 악명 높은 사건이다. 『노르드 가정서*Nordisk familjebok*』(Stockholm: 1904), p. 999에 실린 에칭화.

카트린이 이 모든 일에 어느 정도까지 개입되어 있었는지 정확히 알 수는 없지만, 그녀는 이 학살에 대해 어떠한 후회도 표현하지 않았다. 그리고 이러한 충격적인 행동이 카트린 드 메디시스의 '검은 전설'을 형성하는 핵심적 역할을 한다(이 전설에 따르면 그녀는 독살자이자 흑주술사이다). 이 끔찍한 학살을 주도한 사람이 타락한 외국 출신의 왕비라는 프랑스 비평가들의 주장이 오랫동안 수용되어왔지만, 카트린이 어느 정도의 죄책감을 가졌다는 사실도 널리 공유되어야 한다. 하지만 '성 바르톨로메오 축일의 학살'은 1589년 1월, 그녀가 죽는 날까지 화합을 위해 지속적인 노력을 기울여왔다는 사실을 무색하게 하는 꼬리표로 붙어 있다.

그러나 카트린은 프랑스 요리를 여러 긍정적인 면으로 변화시킨 공을 인정받아 미식의 영역에서는 훨씬 인기가 높다. 꿀벌이 꿀을 좇듯 그녀에게도 전설이 따라붙는다. 그중 플로랑틴의 시작에 대한 것도 있다. 그녀는 고향 피렌체를 떠나 프랑스로 오면서 이탈리아 요리사, 제과사, 제빵사들을 데려와 수년 동안 프랑스 궁정에 여러 새로운 요리와 요리법을 소개했다. 그와 동시에 프랑스 귀족들은 채소에 대한 중세 시대의 혐오감을 떨쳐내고 이미 이탈리아에서 인기를 얻고 있던 채소들을 수용하기 시작했다. 그중 시금치가 있었는데, 카트린이 즐긴 덕분에 인기를 얻어 이후 시금치 요리는 '피렌체식'으로 지정되게 되었다.

카트린과 그녀의 요리사들은 브로콜리와 아티초크도 소개했는데, 그녀는 특히 아티초크를 좋아했다(일설에는 그녀가 어느 날 밤 아티초크 심artichoke heart을 과식하는 바람에 소화 불량으로 죽을 뻔했다고 한다). 아티초크에는 최음 성분이 있다고 여겨졌고, 당연히 이 역시 그 매력을 높이는 요인이었다. 여기서 오늘날에도 사용되는 표현이 나온다. '아티초크의 심장을 가졌다

avoir un coeur d'artichaut'는 쉽고 무분별하게 사랑에 빠지는 사람을 가리킬 때 사용된다. 아티초크는 프랑스 전역에서 매우 인기 있는 채소인데, 오늘날에는 파리식, 노르망디식, 리옹식, 프로방스식 요리법이 있다. 카트린은 아메리카 대륙이 원산지인 강낭콩을 가져온 공을 인정받는데, 삼촌인 교황 클레멘스 7세의 결혼 선물이었던 것 같다. 이 시기에 아메리카에서 들여온 많은 새로운 음식이 유럽에 소개되었던 점을 생각하면 충분히 타당한 추정이다.

아스파라거스도 당시 프랑스에서 높은 인기를 누렸지만, 카트린보다 그녀의 연적인 디안 드 푸아티에가 즐겨 먹던 채소였다. 그녀는 가능한 한 매끼 아스파라거스를 먹었는데, 신선한 채소 위주의 엄격한 식단 관리로 젊음과 왕의 총애를 유지하려는 목적이었다.

카트린의 이탈리아 요리사들은 요리의 다른 영역에도 영향을 미쳤다. 프랑스에 마카롱, 프랑지판, 누가, 소르베 만드는 기술을 전한 것이다. 사실 이 시대에 뿌리를 두고 있는 설탕으로 만든 거의 모든 과자류는 카트린 드 메디시스와 그녀가 데려온 요리사들이 전한 것이다. 이러한 견해는 논란이 있지만, 당시 설탕이 새로운 향신료였던 것은 사실이다. 수 세기 동안 동방에서 전해진 자극적인 향신료에 길든 시대에 설탕은 부와 지위를 과시하기 위해 즐겨 사용된 수단이었다. 구하기도 어렵고 매우 비싼 이 향신료는 온갖 요리, 심지어 고기와 생선에도 사용되었다. 앙리 3세는 프랑스 왕좌를 물려받기 위해 폴란드에서 돌아오던 중 베네치아에서 한 연회에 참석했는데, 엄청난 부를 과시하기 위해 접시부터 냅킨까지 모든 것이 설탕으로 만들어졌다고 한다.

앙리는 베네치아에서 포크라는 이상한 도구를 처음 접했다. 그와 그의 어머니는 프랑스 궁정에 포크를 도입하려 했지만 성공하지 못했다. 사람들은 포크가 사내답지 못하고 비실용적이라고 생각했다. 스푼과 나이프만으로도 당시의 요리를 먹기에 충분했다. 게다가 포크가 죄악을 저지르게 할 것 같다고도 느꼈다. 생긴 모양이 악마의 쇠스랑과 비슷하지 않은가? (당시 포크는 갈래가 두 개뿐이었다.) 개신교도들은 영적인 문제에서나 세속의 문제에서나 가톨릭교회와 의견 일치를 이루는 부분이 하나도 없었지만, 포크 사용 문제에 있어서만큼은 같은 입장을 고수했다. "하느님께서 나를 포크로부터 보호해주시리라."[1] 마르틴 루터는 이렇게 말했다고 한다. 그러나 이러한 우려도 라블레의 포크 사랑을 단념시키지는 못했다. 그는 이탈리아에서 산 포크를 허리띠에 자랑스레 매달고 다녔다. 카트린은 이토록 죄악시되는 포크를 프랑스에 들여왔다는 이유로 상당한 비난에 시달렸다(그녀를 비난하는 쪽은 이를 그녀의 악마 같은 잔혹함의 증거로 삼는다). 따라서 프랑스에서 포크가 사용되는 데 카트린의 영향이 컸다고들 하지만, 사실 프랑스에서 포크가 널리 사용된 것은 18세기에 들어서였다.

종합해서 볼 때 프랑스 요리가 16세기에 이탈리아의 영향을 많이 받은 것은 사실이지만 이를 오롯이 카트린과 그녀의 요리사들의 공으로 돌리기에는 무리가 있다. 지금까지 살펴보았듯이 프랑스 귀족들은 그보다 수십 년 전부터 이탈리아 문화에 매료되었던 데다가 카트린은 남편이 죽은 뒤에야 영향력을 행사했기 때문이다. 따라서 이 시대 새로운 음식을 도입하고 맛의 지평을 넓힌 공로를 카트린에게 돌리는 지금까지의 의견에 의구심이 생기지 않을 수 없다.[2] 이탈리아의 맛있는 음식과 요리법의 수용이 프랑스 미식이 유럽의 고급 요리로 진화하는 데 핵심적인 단계였다는 것만큼은 이견의 여지가 없지만 말이다.

# 23
# 모든 냄비에 닭고기를

1928년 미국 대통령 선거에서 공화당의 허버트 후버가 뉴욕 주지사 출신의 민주당 후보 앨 스미스를 상대로 압도적인 승리를 거두었다. 스미스는 당시 호감을 얻지 못하던 가톨릭인 데다가 반反금주법을 지지하던 파라는 두 가지 문제에 발목을 잡힌 것이었다. 선거 유세의 많은 부분이 이러한 종교적·윤리적 쟁점을 중심으로 전개되었지만, 서민들의 곤경은 언제나 중요한 정치적 이슈였다. 후버는 유권자에게 '모든 냄비에 닭고기를, 모든 가정에 자가용을' 약속했다. 하지만 우리는 뒤이어 무슨 일이 일어났는지 잘 알고 있다. 주식 시장 대폭락, 대공황, 실업자를 위한 배급소, 세계 대전 등등. 오늘날 미국 정치인들이 '모든 냄비에 닭고기를'이라는 표현을 실현될 가망이 없는데도 그저 인기를 얻기 위해 내세우는 선거 공약의 대표적인 예로 조롱하듯 사용하는 것도 당연하다.

그러나 이 문구는 프랑스에서 전혀 다른 의미를 가진다. 국민에게 이 약속을 처음으로 한 프랑스인이 바로 엄청난 인기를 누렸던 앙리 4세이기 때문이다. 사실 앙리는 태어나면서부터 음식에 관련된 일화와 전설이 잇따랐고, 그 덕분에 인기 없는 왕위 계승자에서 프랑스 역사상 가장 사랑받는 왕으로 변신할 수 있었다.

앙리는 1553년 피레네산맥 지역의 스페인과 프랑스 국경에 걸쳐 있는 작은 왕국 나바르에서 태어났다. 그는 성인 시절 대부분 '나바르의 앙리'로 불렸는데, '성 바르톨로메오 축일의 학살' 전날 카트린 드 메디시스의 딸 마르그리트와 결혼식을 올린 발루아 왕가의 방계 친척으로 앞 장에서 소개되었던 그 사람이다. 그가 태어났을 때는 발루아 왕조의 왕위 계승과는 한참 거리가 멀었다. 앙리는 방계였고, 카트린에게는 생존한 아들이 이미 셋이나 있었기 때문이다.

전해오는 이야기에 따르면 앙리는 나바르의 평범한 백성들 사이에서 소박하게 자랐다고 한다. (사실 그는 파리의 왕실 보육원에서 사촌들과 유복한 어린 시절을 보냈다.) 그가 태어났을 때 할아버지가 중세식 예방 접종으로 그의 입술에 마늘을 문질러주었다. 그래서인지 그는 평생 마늘을 좋아했다. 마늘은 그 약효에도 불구하고 가난한 자의 향신료라는 인식 때문에 당시 귀족들은 즐겨 먹지 않던 음식이었다. 그러나 앙리는 이러한 금기를 적극 활용해, 엄청난 양의 마늘을 먹으며 백성들과 같은 보통 사람이라는 명성을 굳건히 다졌다. 그의 애첩 중 하나가 이렇게 말할 정도였다. "폐하께서는 왕이셔서 정말 다행입니다. 그렇지 않았다면 저희가 폐하 곁에 서 있지 않았을 테니까요. 폐하에게서 동물 사체 썩는 것처럼 지독한 냄새가 나거든요."

세례식에서 그의 입술에 와인을 적셨는데, 아마도 그 지역에서 생산되는 달콤한 화이트 와인 쥐랑송이었을 것이다. 그래서인지 그는 어른이 되어서도 이 와인을 매우 좋아했다. 몇 세기 후 시인 콜레트는 이렇게 회상했다. "10대 시절, 나는 열정적인 왕자를 만났다. 모든 위대한 유혹자들처럼 오만하면서도 위험한 존재, 바로 쥐랑송이다."[1] 표면상으로는 이 뛰어난 와인의 맛을 찬미하면서 엄청난 여성 편력을 자랑한, 진정한 아티초크의 심장을 지닌 앙리 4세에 대해 언급한 것이기도 하다. 그 덕분에 앙리는 7명의 여성으로부터 18명의 자식을 얻었다. 그는 거듭되는 정사와 유혹으로 인해 끊임없이 정치적·군사적 문제에 휘말렸다. 현재 애인의 아버지를 기쁘게 하기 위해 중요하지도 않은 지역을 침공하는 식이었다. 그러나 이 중 그 무엇도 앙리의 인기를 떨어뜨리지는 못했다.

앙리와 프랑스 왕가인 발루아 가문과의 관계는 아버지 앙투안 드 부르봉 쪽에서, 나바르의 왕위 계승권은 어머니 잔 달브레 쪽에서 물려받았다. 1560년대 프랑스 전역이 종교 전쟁에 휩싸였을 때 나바르가 개신교의 거점이 되면서 자연스럽게 앙리가 신흥 위그노파의 지도자가 되었다. 1572년 어머니가 세상을 떠나자 그는 왕위를 물려받아 나바르의 왕이 되었고, 그해 8월 파리에서 마르그리트와 결혼식을 올렸다. 뒤이은 위그노 대학살에서 그는 친족인 샤를 9세 덕분에 죽음을 면할 수 있었다. 그러나 앙리는 강제로 가톨릭으로 개종하고, 몇 년간 가택 연금 상태로 지냈다. 이러한 연금 상태는 샤를 9세가 죽고 그의 동생이 앙리 3세로 왕위에 오른 뒤에도 지속되었다.

앙리 3세는 인기가 없었다. 그는 카트린이 가장 아끼는 아들이었지만, 어머니의 분별력 있는 조언을 무시하고 계속 결투를 벌이는 경박한 젊은이들(일명 앙리의 미뇽mignons, 즉 '귀염둥이들')로 가득한 퇴폐적인 궁정 생활을 즐겼다. 앙리 3세는 건강이 좋지 않을 때가 많아 이를 이유로 와인을 피했지만, 귀족과 평민들 모두 분개하게 할 정도의 사치스러운 만찬을 주최했다. 그는 지적이고 무능하지 않은 왕이었지만 게으르고 방탕하다는 평이 지배적이었다. 잉글랜드의 엘리자베스 1세에게 구애하라는 어머니의 간청을 ("너무 늙었다"는 이유로) 거절하고 아름다운 루이즈 드 로렌과 결혼했지만 후계자를 낳지 못했다.

앙리 3세가 인기가 없었다는 것은 가톨릭교도, 심지어 친동생인 프랑수아마저도 그의 통치에 반발하는 위그노로 전향하기 시작해 그의 재위 기간이 폭동과 분쟁으로 점철되었다는 데서 알 수 있다. 앙리에게 자식이 없는 상태에서 동생 프랑수아마저 죽자 상황은 더욱 불안해졌다. 이제 차기 프랑스 왕위 계승권자는 가택 연금에서 탈출해 강제 개종이었음을 선언하고 다시 개신교 세력의 지도자로 돌아간 나바르의 앙리였다. 기즈 가문이 이끄는 가톨릭 귀족들은 앙리가 왕위에 오르지 못하도록 정치적, 군사적, 종교적 자원을 아낌없이 쏟아부었다. 이때 앙리 3세, 나바르의 앙리, 기즈 공작 앙리, 이 세 사람의 군대가 맞서 싸우던 '세 앙리의 전쟁'이 벌어졌다. 결국 앙리 3세는 기즈 공작에게 등을 돌리고 친척인 나바르의 앙리와 화해해 그를 후계자로 지명했다. 1589년 7월, 이 두 앙리는 기즈 공작 일파가 점거 중이던 파리를 되찾기 위해 병력을 연합했다. 그러던 어느 날 저녁 한 가톨릭 수사가 중요한 전갈이 있다며 앙리 3세의 막사에 들어갔다. 그러나 그는 전갈을 전하는 대신 왕을 칼로 찔렀고, 앙리는 다음 날 세상을 뜨고 말았다. 암살당한 최초의 프랑스 왕이었다. 이렇게 250여 년이 넘도록 이어져 온 발루아 왕조의 시대가 막을 내렸다.

이제 나바르의 앙리가 앙리 4세로 왕위를 계승해 부르봉 왕조를 열었다. 하지만 왕좌에 앉기까지 몇 년에 걸친 전쟁을 치러야 했다. 1593년 앙리는 다시 가톨릭으로 개종해 그에 대한 저항의 동력을 제거하고, 그다음 해에는 파리를 되찾았다. (개종의 진정성은 알 수 없으나 그는 "파리는 미사 드릴 가치가 있다"라는 유명한 말을 남겼다.) 그 후로도 수년 동안 스페인의 지원을 받은 반대파와의 내전이 계속되었다. 마침내 1598년 앙리는 낭트 칙령에 서명하며 프랑스 종교 전쟁을 종식했다. 가톨릭이 공식 국교로 선포되었지만, 중요한 종교적·정치적 자유가 위그노에게 부여되었다.

앙리 4세는 오랜 내전 끝에 황폐해진 나라를 재건하기 시작했고, 자신의 개인적 인기에 의존해 과거 프랑스를 번영으로 이끌었던 강력한 전제 군주제를 회복하려고 했다. 그는 의식적으로 발루아 왕조의 왕들과 다른 모습을 보이려 노력했다. 유약하고 무력하고 거만한 그들과 달리 앙리는 농민들처럼 마늘을 먹고 와인을 마셔대는 검소한 사람이었다. 이전의 왕들은 백성을 조금도 보살피지 않았지만 앙리 4세는 프랑스 백성에게 "일요일이면 모든 냄비에 닭고기를un poule au pot le dimanche"(모든 백성이 일요일에는 닭고기를 먹을 수 있게 하겠다는 의미—옮긴이)이라는 약속을 했다. '모든 냄비에 닭고기를poule au pot'은 국민의 기본 욕구를 효과적으로 충족시켜줌으로써 농민의 평화와 부유함을 되찾아주겠다는 의도가 담긴 구어적 표현이었다. 그리고 오늘날 '풀 오 포poule au pot'는 프랑스의 전통 일요일 만찬 메뉴이다. 통닭을 채소와 허브(당연히 마늘도 들어간다!)와 함께 끓인 요리인데, 이론상으로는 매력적으로 느껴지지만 사실 오늘날 사람들이 그리 즐겨 먹는 요리는 아니다.

샤를마뉴처럼 앙리 4세도 프랑스 경제의 근간이 농업이라는 사실을 이해하고 있었다. 그의 재상 쉴리 공작 막시밀리앵 드 베튄Maximilien de

Béthune이 말한, 오늘날 프랑스 사람이라면 모두 알고 있는 표현처럼 "농경과 목축은 프랑스를 먹여 살리는 두 젖줄이다"[2]라고 생각했다. 그는 옥수수 같은 새로운 작물을 재배하고 프랑스 실크 산업의 발전을 위해 뽕나무를 길러야 한다는 프랑스 농경학의 아버지 올리비에 드 세르의 조언을 받아들였다. 세르의 대표작 『농업 경영론*Le théâtre d'agriculture*』(1600)에 집약된 광범위한 농업 혁신안으로 생산성이 크게 향상되어 10년 만에 프랑스 농업은 내전 전의 생산 수준을 회복했다. 안타깝게도 현대와 마찬가지로 당시 프랑스 사람들이 일요일마다 닭고기를 먹지는 못했지만 전반적인 삶의 질은 향상되었다.

앙리는 운하와 도로를 건설하는 등 주요 인프라를 확충함으로써 상업과 교역을 활성화했고 새로운 국제 조약들을 체결했다. 그리고 국가 부채를 탕감했는데, 이는 후대의 왕이 따라잡을 수 없던 위업이다. 그는 유리 공예품, 직물, 실크 등 사치품 생산을 장려해 고급 제품 생산에 있어서 오늘날 프랑스가 누리는 명성의 기반을 쌓기 시작했다. 또한 군대를 재편성하고 프랑스의 국경 방어를 강화했으며 신세계에서의 프랑스 식민지 개발을 지원했다. 무엇보다 중요한 그의 업적은 17세기의 첫 10년간 비교적 평화로운 상태를 유지해 농업과 산업에 있어서 프랑스의 자연적 이점을 영리하게 다시 활용했다는 점이다.

앙리는 다시 번영을 이루면 그가 평생 겪어온 파괴적인 가톨릭과 개신교 간의 분열이 해소되지 않을까 기대했지만, 결국 프랑스를 계속 괴롭혀온 종교적 열기를 잠재우지 못했다. 그는 인기를 누렸지만 통치 기간 내내 수많은 암살 시도에 시달려야 했고, 1610년 마침내 그중 하나가 성공했다. 왕이 탄 마차가 파리의 레알 구역 페로느리 거리에 멈추었을 때

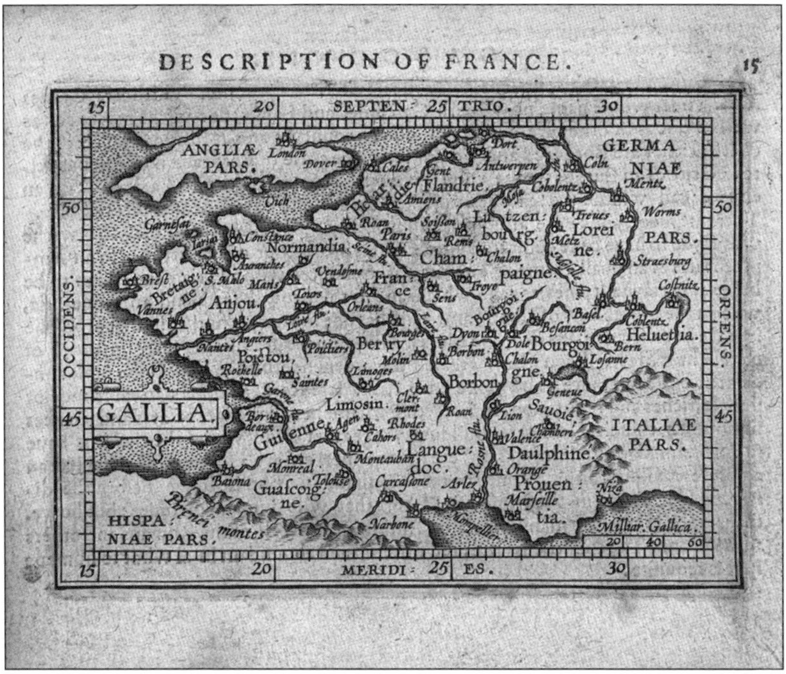


1603년 앙리 4세 통치 시기의 프랑스. 뉴욕공립도서관 라이오넬 핀커스와 프린세스 피르얄 지도 소장실의 디지털 자료 「갈리아Gallia」.

프랑수아 라바이약François Ravaillac이라는 가톨릭 광신도가 마차에 뛰어들어 앙리를 칼로 찔러 죽였다. (그 자리에 오늘날까지 표지판이 세워져 있다.) 라바이약의 단독 범행인지 공범이 있는지는 밝혀지지 않았고, 결국 그는 붙잡혀 능지처참되었다.

모든 이가 닭고기를 먹을 수 있게 하겠다는 앙리의 약속은 실패로 끝났지만 그는 가까이 하기 힘든 파리 출신의 고고한 귀족이 아닌, 국민과 가까이 지내며 농촌 생활을 이해한 사람으로서 오늘날에도 선량왕으로 불린다. 이는 프랑스 정치인이 잊지 말아야 할 교훈으로 전해져 오늘날 정치인들은 자신들이 '심층 프랑스la France profonde'와 얼마나 가까운지 끊임없이 입증하려 하고 있다. 매년 프랑스 대통령이 파리에서 대규모로 열리는 '국제 농업 박람회Salon International de l'Agriculture'에 참석해 둘러보면서도 엇갈린 결과를 내는 이유가 바로 여기에 있다. 자크 시라크는 소의 엉덩이를 툭툭 치며 농촌과 가깝다는 것을 노련하게 표현한 반면, 니콜라 사르코지는 서민적인 모습을 보이려 힘겹게 노력해야 했다.[3] 이미 와인을 즐기지 않는다는 발언으로 인기가 없던 사르코지는 엘리제궁 정찬에서 식후 치즈 코스를 없앰으로써 프랑스 유권자들을 더욱 자극했다. (그는 재선에 실패했다.) 한편 프랑수아 미테랑 대통령은 사망하기 전 마지막 만찬에서 수십 개의 굴, 푸아그라, 케이폰, 통째로 먹는 오르톨랑이라는 작은 멧새 구이 두 마리를 먹으며(보통은 불법이다) 앙리 4세의 미식 취향을 고스란히 구현했다. 반면에 그보다 인기가 높지 않던 프랑수아 올랑드는 부드러운 캐러멜 커스터드푸딩인 플랑비를 즐겨 먹은 것으로 유명하다.

오늘날은 극우 정당인 '국민전선'이 프랑스 농민을 대표하는 진정한 목소리로 자리 잡으려 노력하면서, 음식을 통해 협소한 의미의 '진짜 프랑스인'의 정체성을 강조하고 있다. "자신의 양심을 따르는 자는 나와 같은 종교를 믿으며, 나는 용감하고 선량한 사람들의 종교를 믿는다."[4] 4세기 전 선량왕 앙리 4세가 전파하려 했던 관용의 정신은 지금 어디에서도 찾을 수 없다. 불행히도 프랑스에서 종교 전쟁은 아직 끝나지 않았다.

# 24
# 밤나무 숲의 반군

아버지 앙리 4세가 칼에 찔려 죽었을 때 루이 13세는 겨우 여덟 살이었다. 그리하여 루이가 성인이 될 때까지 앙리 4세의 두 번째 아내인 그의 어머니 마리 드 메디시스가 섭정을 했다. 그러면서 이들 모자 관계가 악화되어 1617년 루이가 어머니를 블루아에 유배시키기에 이르렀지만, 그녀는 그 후로도 몇 번 반란을 시도했다. 루이는 어머니 대신 자신이 가장 신뢰하는 재상, 무자비한 리슐리외 추기경에게 의존했다(알렉상드르 뒤마의 소설 『삼총사』에 나오는 악당으로 유명한 바로 그 사람이다). 이 두 신실한 가톨릭 신자의 주된 목표 중 하나는 낭트 칙령으로 프랑스의 개신교도들이 얻어낸 종교적 자유를 뒤집고 위그노의 안전한 피난처places de sûreté(위그노의 요새—옮긴이)를 없애는 것이었다. 루이는 한 국가 내에서 병존할 수 없는 별도의 다른 국가가 존재하고 있는 것처럼 느꼈다. 이렇게 다시 시작된 반개신교 조치로 인해 1620년대에 위그노 반란이 일어나게 된다. 당시 위그노의 가장 견고한 피난처이자 프랑스의 가장 중요한 대서양 항구 도시인 라로셸이 저항의 중심지였다. '아름답고 반항적인'이라는 이 도시의 모토에 어울리는 지위였다.

1627년 국왕군이 라로셸을 봉쇄해 식량 보급을 끊고 외국 지원을 차단했다. 14개월 후 도시는 어쩔 수 없이 항복했고 이때 살아남은 주민은 몇천 명에 불과했다. 이는 영토와 종교적 권리를 박탈당한 프랑스 위그노뿐만 아니라 프랑스 전 영토에 절대 왕정을 펼치려는 프랑스 왕에게도 결정적인 사건이었다. 루이 13세와 그의 아들 루이 14세의 통치하에서 종교 탄압이 지속되던 17세기 동안 수십만 명의 위그노가 프랑스를 탈출해 유럽의 신교 국가나 아메리카 식민지로 향했다. 많은 사람이 뉴암스테르담(현재의 뉴욕)에 도착해 허드슨강을 거슬러 올라 라누벨로셸, 즉 뉴로셸이라는 마을을 세웠다.

프랑스에서 거의 근절되다시피 했지만 위그노는 흥미로운 미식 유산을 남기는 데 공헌했다. 가톨릭교회에 대해 개신교가 제기하는 비판의 핵심은 위선과 부패였고, 이러한 면을 잘 보여주는 것이 바로 음식이었다. 교회는 매년 수십 일 동안 금식을 했지만, 앞서 보았듯이 수도사와 사제들은 그런 날에도 잘 먹을 수 있는 수천 가지의 방법을 고안해냈다. 또한 교회는 부유층이 원하는 대로 먹을 수 있는 특별 허가권도 판매했다. 당시에도 맛있는 유제품으로 유명했던 노르망디에서는 많은 현지인이 특별 허가권을 구입해 사순절 기간에도 원래는 금지되는 버터를 계속 먹을 수 있었다. 클로드 모네의 연작에서 영생을 얻은 하이 고딕 양식의 걸작, 루앙 대성당의 일명 버터 타워를 세우는 데 들어간 자금의 주요 출처는 노르망디 지방 사람들에게 버터 섭취 허가권을 판매한 돈이었다. 특별 허가권을 살 수 없는 사람들은 비싸거나 맛없는 요리용 오일을 사용해야 했고, 이러한 차별은 엄청난 분노를 불러일으켰다(전통적으로 올리브 오일을 즐겨 사용하는 프랑스 남부는 예외이다).

그러나 개신교도들은 이렇게 많은 사람이 제한을 피한다면 금식의 날을 가질 필요가 없다고 생각했다. 마르틴 루터는 유제품 섭취 허가권에 격분해 1520년 이렇게 주장했다.

> 금식은 자유의 문제여야 한다. 그래서 복음으로 자유를 얻듯이 모든 음식 역시 자유롭게 먹을 수 있어야 한다. 로마에서는 금식을 우습게 생각하기 때문에 우리 외국인들에게 그들이 신발을 닦는 데도 사용하지 않을 기름을 먹게 하고, 버터와 온갖 다른 음식을 먹으려면 자유를 사라니… 더 이상 이런 식으로 자유에 대해 가르쳐서는 안 된다. 버터를 먹는 것이 거짓말을 하고 악담을 퍼붓고 심지어 행실이 나쁜 것보다 더 큰 죄악이라고 생각하는 보통 사람들 입장에서는 큰 신성 모독을 저지르는 셈이기 때문이다.[1]

개신교도들은 인간이 무엇이든, 그리고 언제든 먹을 수 있도록 허용되어야 하며, 음식을 먹는 목적이 즐거움이 아닌 삶을 유지하기 위함이라는 사실을 기억하고 적당히 먹어야 한다고 믿었다.

금식 규칙은 이미 유럽에 공평하게 적용되지 않은 상태였기에 수백만 명의 개신교도들이 이를 완전히 거부하면서 버터 제한과 같은 인기 없는 조항들이 전면 폐지되었고, 16세기부터 버터는 프랑스 요리에서 더욱 중요한 재료가 되었다. 오늘날 프랑스는 세계 최대의 버터 소비국인데, 제

대로 된 프랑스 빵이나 과자를 먹어본 사람이라면 충분히 납득할 수 있을 것이다.[2]

종교 개혁이 계속 확산되면서 교회의 획일적인 식생활 규칙이 점차 유명무실해졌고, 이에 따라 유럽 각국의 요리가 다양하게 발전했다. 그러나 프랑스처럼 독실한 가톨릭 국가에서는 금식일에 육류를 금하는 조항 같은 수많은 교회의 규칙이 여전히 유효했다. 1685년 마침내 루이 14세가 낭트 칙령을 폐지한 뒤 금지된 음식을 먹는지 여부가 종교적 일탈을 보여주는 확실한 지표가 되었다. 개신교도는 더 이상 종교적 자유를 누리지 못하고 개종이나 감옥, 노예, 망명 중 하나를 택해야 했다. 일부 위그노는 비밀리에 신앙을 지키기로 선택했지만, 가톨릭 금식 규칙을 어겨서 정체가 드러나지 않도록 조심해야 했다. 말하자면 금식일에 양고기 육수로 조리한 달걀 요리를 먹는 미친 짓을 해서는 안 되었다.

가장 흥미로운 위그노의 음식 전설은 1700년대 초반 프랑스에서 일어났던 위그노 반란의 마지막 숨결과 관련이 있다. 당시 이단 세력을 뿌리 뽑기 위해 국왕군이 전국 각 지방에 배치되었다. 국왕군 용기병은 위그노 마을과 가정에 난입해 주민들이 개종하거나 도망칠 때까지 끔찍하게 박해했는데, 이는 일명 '용기병 박해dragonnades'로 일컬어진다. 이것은 매우 성공적인 전략이었다. 용기병의 악명이 널리 퍼지면서 이들이 도착하기도 전에 많은 마을이 항복한 것이다.

그러나 일부 위그노는 겉으로는 개종한 것처럼 가장했으나 왕실 행정관들에게 발각되어 처형될 때까지 은밀히 개신교식 예배를 계속했다. 늘 독자 노선을 추구하던 랑그도크 지방의 외딴 산악 지대 세벤에서는 지역 가톨릭 사제이자 검사관인 샤일라 신부의 탄압에 대한 분노가 극에 달해 있었다. 1702년 그가 살해되면서 지역 농민과 장인들의 반란이 발발했다. 이들을 카미자르Camisard라고 부르는데, 카미자르는 현지 지형을 손바닥 들여다보듯 잘 아는 데다가 지역 주민들의 지원에 힘입어 2년 동안 국왕군에 맞서서 개신교도의 반란을 성공적으로 이어갔다.[3] 이들 전사의 수는 몇천 명을 넘지 않았지만, 매복과 습격 같은 전통적인 게릴라 전술로 2만 명이 넘는 국왕군과 민병대를 상대했다. 설교자와 예언자들이 그들에게 영적 동기를 부여해, 그들의 투쟁을 자유로이 예배드릴 권리를 회복하기 위한 신성한 임무로 미화했다.

대부분의 종교 전쟁에서 그랬듯이 양측 모두 끔찍한 잔혹 행위를 저질렀다. 온 마을 사람들이 학살되거나 왕실 감옥으로 보내졌다. 1703년 가을, 국왕군은 세벤 전소 작전에 착수해 반란군을 지원하는 주민들을 제거함으로써 반란을 뿌리 뽑기로 결정했다(오늘날에도 쓰이는 비극적인 대게릴라 진압 작전이다). 450여 개의 마을이 파괴되었고, 주민들은 죽거나 강제로 추방되었다(일부는 캐나다로 쫓겨났다). 그러나 이러한 조치는 많은 지역 주민이 카미자르에 합류하게 하는 역효과를 낳았다.

하지만 결국 왕이 승리했다. 카미자르는 패배하거나 회유되어 항복했고, 이렇게 반란이 종식되었다. 이후 몇 년간 주민들을 자극하는 새로운 시도가 계속 있었지만 세력을 강화하는 데 실패했다. 왕권은 견고하게 구축되어 있었다. 세벤 사람들은 왕이 관용 칙령에 서명하고 그 뒤로 발발한 프랑스 혁명으로 비가톨릭교도에게도 종교의 자유가 부여되는 18세기 후반까지 가톨릭 종교 의식을 따라야 했다(낭트 칙령의 폐지부터 프랑스 혁명까지의 기간은 훗날 '사막 시대'라고 불리게 된다). 오늘날 이 지역 주민의 대부분은 개신교 신자인데, 현대 프랑스에서 보기 드문 경우이다.

세벤 사람들은 이 지역 어디서나 흔히 볼 수 있는 밤나무가 없었더라면 카미자르가 그토록 오랫동안 국왕군에 맞서 싸울 수 없었을 것이라고 믿는다. 밤나무는 이곳의 훌륭한 자원이며, 세벤산맥의 계단식 산비탈에서도 잘 자란다. 나무 한 그루당 연간 최대 7만 칼로리에 달하는 식량을 생산하며, 유지 관리할 필요도 거의 없다.[4] 밤은 영양가가 매우 높고, 비타민과 탄수화물이 풍부하며, 건조해 보관하면 비수기에도 먹을 수 있다. 밤을 잔뜩 넣은 밤죽이나 밤 가루로 짙은 색의 빵을 만들거나 그대로 구워 먹을 수도 있다. 밤나무 잎은 양이나 염소 먹이로도 쓸 수 있다. 중세 수도사들의 도움으로 세벤에 최초의 과수원이 생겼고, 몇 세기 동안 그 나무들 덕분에 주민들은 척박한 환경에서도 자급자족하며 살아갈 수 있었다. 따라서 세벤 사람들은 최악의 식량 부족 시기에도 기근을 겪지 않았다고 한다. 밤나무 과수원, 채소밭, 양과 염소가 있는 한 이들에게는 외부의 도움이 필요 없었다. 그래서 어떤 이들은 세벤 사람들의 유명한 독립성을 뒷받침하는 요인으로 밤나무를 지목하기도 한다.

좀 더 현실적으로 말하자면 밤나무는 카미자르 반란군에게 매우 유용한 식량 공급원이었다. 이상주의적인 목적과 늠름한 투사의 이미지로 반란을 낭만적으로 포장하기 쉽지만, 사실 현실에서는 식량 같은 일상 생필품이 반란의 운명을 결정하는 법이다. 훗날 19세기의 한 장군은 또 다른 밤 생산지로 유명한 코르시카에 대해 이렇게 말했다. "코르시카 사람들을 진압하고 싶은가? 그렇다면 밤나무를 베어라!"[5]

오늘날에도 세벤은 여전히 프랑스의 주요 밤 생산지 중 하나이다. 밤은 가을과 겨울이면 전국의 시장에서 군밤으로 팔리며, 특히 크리스마스 때 많은 사랑을 받는다. 구운 칠면조와 미니 양배추 같은 많은 명절 음식에 전통적으로 곁들여 나오는 재료이기도 하다. 설탕에 절인 밤인 마롱 글라세marrons glacé는 프랑스 남부의 특산품이다(마롱은 알이 큰 밤인데, 제과 분야에서 특히 인기이다). 안타깝게도 밤은 1년 중 다른 때에는 잘 먹지 않고, 세월이 흐르면서 소화가 잘 안 되는 농민의 음식이라는 평판을 얻게 되었다. 세벤 역시 프랑스의 많은 다른 지역처럼 농촌 인구가 감소했다. 따라서 밤 생산량도 19세기 후반 연간 50만 톤에서 오늘날에는 9000톤으로 점차 감소했다.[6]

밤나무에 대한 숭고한 묘사는 1878년 떠나버린 사랑을 잊겠다는 헛된 노력으로 2주간 당나귀를 타고 세벤 지방을 방랑한 『보물섬』의 작가 로버트 루이스 스티븐슨의 글에서 찾을 수 있다(다행히도 그들은 다시 만나 결혼까지 했다). 그는 『당나귀와 함께한 세벤 여행*Travels with a Donkey in the Cévennes*』이라는 모험담을 담은 책에서 밤나무 숲에 대해 다음과 같이 묘사했다.

> 이 고귀한 나무가 어떻게 성장하는지 전달할 수 있으면 좋겠다. 어떻게 떡갈나무 같은 큰 가지를 뻗고 버드나무처럼 나뭇잎을 축 늘어뜨리는지, 어떻게 세로로 홈이 패인 몸통을 꼿꼿하게 세우고 있는지, 또는 올리브처럼 잘게 갈라진 줄기에서 어떻게 부드럽고 어린 새순이 돋아나 옛것의 폐허 위에서 새 삶을 시작하는지 상세하게 말이다.[7]

오늘날에도 세벤은 프랑스에서 비교적 개발이 덜 된 지역이다. 그러나 '스티븐슨 트레일Stevenson Trail'을 통해 저자의 발자취를 따라 카미자르 시대 이래 거의 변하지 않은 험준한 산과 계곡, 작은 마을 등에 난 고대의

로버트 루이스 스티븐슨은 초기작 『당나귀와 함께한 세벤 여행』에서 실연의 상처를 안고 돌아다녔던 세벤 방랑기를 들려준다. 그가 걸었던 길은 오늘날 '스티븐슨 트레일'을 따라 되짚어 걸을 수 있다. 1907년판(London: Chatto & Windus) 권두에 실린 월터 크레인Walter Crane의 에칭화.

오솔길을 걷기는 그리 어렵지 않다. 카타리파의 지역처럼 이곳은 오래전 반란과 비극의 역사가 지역의 자랑스러운 전통으로서 땅에 아로새겨져 있다. '프랑스인'의 정체성에 대한 질문이 몇몇 사람들이 생각하듯 그리 간단하지 않다는 또 다른 의미이기도 하다.

# 25
# 설탕의 씁쓸한 뿌리

20세기 프랑스 작가이자 초현실주의의 주창자인 앙드레 브르통은 소설 『나자*Nadja*』에서 낭트는 "아마도 프랑스에서 파리와 더불어 내게 가치 있는 일이 일어날 것 같은 느낌을 주는 유일한 도시일 것이다… 이 도시에서는 모험심 이상의 모험 정신이 아직도 살아 숨 쉬고 있다." 대서양 연안 루아르 계곡 근처에 자리한 이 고대 도시는 쥘 베른이 어린 시절에 살았던 고향이기도 하다. 그의 흥미진진하고 환상적인 항해 이야기는 이 북적이는 항구에서 영감을 받은 것이다. 오늘날 낭트는 매년 열리는 아방가르드 예술 축제와 멋진 스팀펑크 기계(스팀펑크는 SF의 하위 장르로서, 증기 기관을 바탕으로 기술이 발전한 가상의 세계를 배경으로 한다. 스팀펑크 기계는 이러한 맥락에서 상상력을 발휘해 만든 기계를 말한다—옮긴이)가 가득 찬 격납고로 초현실적인 모험심을 자극한다(타고 다닐 수 있는 거대한 기계 코끼리와 베른에게서 영감을 받은 우뚝 솟은 회전목마 등이 있다).

그러나 17세기 후반 이후부터 낭트를 프랑스에서 매우 번영하고 고상한 도시로 만든 모험 정신에도 어두운 면이 있는데, 무엇보다 알록달록한 사탕 베르랭고 낭테와 특히 럼주에 적신 바닐라 케이크 가토 낭테처럼 도시에서 가장 사랑받는 식품에 부지불식간에 보존되어 있다. 이 도시의 번영과 달콤한 간식거리에 대한 애정은 대서양 횡단 노예 무역에 참여해서 수백 년 동안 그 항구를 통해 엄청난 양의 설탕을 들여온 데 따른 유산이다. 낭트시에서는 1990년대 중반부터 시의 주요 박물관에서 전시회를 열고 2012년에는 강변에 기념관을 세우며 이 과거를 공개적으로 인정하고 있다. 하지만 설탕 무역의 비극성은 여행자와 주민들에게 숨겨진 역사로 남아 있다.

사탕수수라는 거대한 풀은 동남아시아가 원산지이지만 천 년도 넘게 이어진 무역과 정복을 통해 점차 서쪽으로 옮겨져 자라게 되었다. 고대 아시리아인과 페르시아인은 중동 지역에 설탕 산업의 기틀을 탄탄히 다졌는데, 중세 초기 아랍인이 이 지역의 패권을 쟁취하면서 설탕 산업은 더욱 확대되었다. (영어로 사탕을 뜻하는 '캔디candy'는 설탕 결정체를 뜻하는 아랍어 '칸디qandi'에서 유래했다.) 십자군 전쟁 시기에 중동은 엄청난 수의 설탕 농장과 정제소를 유치했고, 곧 베네치아 같은 신흥 강대국은 설탕 무역을 통해 부를 축적하게 되었다. 설탕은 여전히 매우 비싼 상품이었기에 앞서 보았듯이 유럽 부유층만 사용할 수 있었다(엘리트층의 수요가 급증한 원인이기도 하다).

그러나 15세기 오스만 제국의 발흥으로 중동에서 들여오는 유럽의 설탕 공급로가 막히고 말았다. 시칠리아와 스페인 같은 유럽의 가장 더운 남부 지역에서 사탕수수를 재배하려 노력했지만 유럽 시장의 수요를 충족하기에는 규모가 너무 작았다. 그러나 식민지 건설로 사탕수수를 경작할 방대한 땅이 생기자 스페인과 포르투갈은 재빨리 카나리아 제도, 마데이라, 브라질, 서인도 제도에 사탕수수 플랜테이션 농장과 정제소를 세웠다. 설탕이 유럽 시장에 넘쳐나면서 1600년대 초반 무렵 보통 사람들도 설탕을 더욱 쉽게 접할 수 있게 되자 초콜릿, 커피, 차 같은 새로운 식민지의 음료에 설탕을 가미하기 시작했다. 이로 인해 수요가 더욱 증가하자 식민지에서의 설탕 생산에 박차를 가하게 되었다.

프랑스는 17세기가 되어서야 카리브해 일대에 식민지를 건설한 설탕 무역의 후발 주자였다. 1635년에 과들루프와 마르티니크, 1664년에는 생도맹그(현재의 아이티)를 식민지로 삼았는데, 이 섬들은 사탕수수를 재배하는 데 이상적인 조건을 가지고 있었지만 사탕수수 수확과 가공은 극도로 고되고 노동 집약적인 작업이었다. 프랑스인을 데려와 그 작업을 시키기는 어렵고 비용도 많이 들었고, 유럽에서 유입된 새로운 질병으로 인해 죽거나 쇠약해지는 원주민이 급속도로 늘어났다. 프랑스는 다른 유럽의 식민지 지배국들과 같은 해결책에 눈을 돌렸다. 초창기 남부 유럽에서 사탕수수를 재배하려 할 때부터 발전해온 해결책, 바로 아프리카 노예 무역이었다.

이 끔찍한 무역은 무기와 술, 직물 같은 상품을 실은 배가 유럽의 항구에서 출발하는 데서 시작한다. 일단 서아프리카, 또는 더 남쪽의 앙골라의 노예 무역항에 도착하면 현지 노예 무역상에게 이 상품을 넘겨주고 수백 명의 아프리카 노예를 가득 싣고 돌아온다. 사슬에 묶여 비좁은 공간에 갇혀 있는 비인간적인 환경에서는 쉽게 질병에 걸렸기 때문에 10명 중 하나는 몇 달에 걸친 항해 도중에 목숨을 잃었다. 아메리카 대륙에 도착해 플랜테이션 농장주에게 팔린 노예들에게는 등골이 빠질 만큼 고된 노동에 시달리는 잔혹한 운명이 기다리고 있었다. 노예 무역상들은 대개 화폐 대신 설탕이나 커피, 혹은 그 밖의 유용한 물품으로 값을 받았다. 그리고 유럽의 고향으로 돌아가 싣고 온 이 물품을 팔아 돈을 벌었다. 약 4세기에 걸쳐 1250만 명이 넘는 노예가 아메리카 대륙에 끌려갔고, 그중 프랑스 노예상에게 끌려간 노예는 약 140만 명에 달한다.[1]

카리브해 지역에서 설탕과 커피를 수입하면서, 프랑스로 향하는 배들은 서인도 제도에서 럼주도 한가득 실어 나르기 시작했다. '설탕섬'에 자리 잡은 유럽인들은 식민지 생활의 팍팍한 현실을 달래주기 바라는 마음을 담은 일종의 제주祭酒로서 당밀(사탕수수를 정제하는 과정에서 생겨난 시럽 형태의 부산물)을 새로운 방법으로 증류해 럼주를 만들어냈다. 프랑스와 영국 럼주의 맛이 다른 것은 프랑스인은 영국인이 스카치위스키를 증류하는 방법과 다른 코냑 증류법을 사용했기 때문이다. 럼주는 18세기에 점점 더 인기를 끌게 되면서 프랑스 설탕 농장의 고소득 부수입원이 되었다.

노예 무역이 확대되던 시기인 17, 18세기에 낭트의 상인들 역시 열성적으로 참여했고, 그 결과 마침내 낭트는 프랑스에서 가장 중요한 노예 무역항이 되었다. 라로셸, 르아브르, 보르도를 비롯해 20여 개의 프랑스 도시가 노예 무역에 참여했지만, 프랑스 전체 노예 거래의 약 45퍼센트가 낭트의 항구를 통해 이루어졌다. 1400척이 넘는 노예 무역선이 낭트를 떠나 50만 명 이상의 아프리카인을 아메리카 대륙에 끌고 갔다.[2] 이 수치는 당시 해양 강국이자 노예 무역의 선두를 달리고 있던 포르투갈과 영국에 비하면 턱없이 적지만(리버풀의 노예 무역선은 프랑스의 모든 항구에서 조직한 노예 무역선을 합친 것보다 많다), 낭트를 신흥 부촌으로 만들기에는 충분했다. 낭트의 아름다운 거리를 빛내는 흰 화강암으로 지은 우아한 저택들은 이 야만적인 무역을 통해 쌓은 이익으로 건설된 것이다.

18세기 최전성기에 낭트의 항구를 통해 연간 수입되는 설탕의 양은 1만 8000톤에서 2만 7000톤에 달했고, 이는 프랑스 어느 무역항보다 많은 양이었다.[3] 그 대부분은 판매 전에 몇 번 더 정제 작업을 거쳐야 했기 때문에 낭트부터 오를레앙에 이르는 루아르 계곡을 따라 설탕 정제소가 생겨났다. 이 지역은 설탕을 가장 큰 국내 시장인 파리로 운반하거나 해외 시장으로 수출하기에 유리한 입지였다. 프랑스 설탕 산업에서의 이러한 중심 역할은 낭트가 달콤한 과자류로 유명해진 이유, 그리고 결국 이 도시가 산업용 식품 생산의 중심지가 된 이유를 설명한다. 이는 또한 19세기 초반 설탕과 바닐라, 그리고 서인도 제도의 특산물인 럼주에 따라 독특한 풍미가 달라지는 가토 낭테가 만들어질 수 있었던 배경이기도 하다. 가토 낭테는 여전히 인기 있는 지역의 별미인데, 그 기원은 노예 무역보다는 식민지 수입품과 간접적으로 연결되어 있다.

현재 낭트는 뒤늦게 그 쓰라린 과거를 인정하려 애쓰고 있지만, 당시 노예상들은 노예 무역에 참여하는 데 있어서 도덕적 정당성을 찾으려 노력하지 않았다. 그들에게 노예 무역은 다른 무역과 크게 다르지 않았다. 노예는 인간이라기보다 사고팔 수 있는 사유 재산으로 인식했기 때문이다. 실제로 16, 17세기 프랑스인들은 거의 모두 노예 제도에 문제가 있다고 생각하지 않았다. 1700년대 후반까지 설탕 무역은 프랑스 수출 소득의 6분의 1을 차지했는데, 이러한 사실에서 이 산업을 유지할 강력한 경제적 동기가 생겨났다. 생도맹그 식민지에서만 세계 설탕의 40퍼센트와 절반가량의 커피가 생산되었고, 이를 생산하는 농장은 전적으로 노예의 노동력에 의존해 운영되었다.

그러나 18세기 들어 노예 무역을 비난하는 목소리가 들려오기 시작했다. 1759년 볼테르가 쓴 『캉디드*Candide*』에서 손 하나와 다리 하나를 잃은 노예가 이렇게 말한다. "사탕수수 농장에서 일할 때 제분기에 손가락이 끼면 손을 자른다. 그리고 도망치다 걸리면 다리를 자른다. 이 두 경우 모두 내게 일어났다. 이것이 당신들이 유럽에서 설탕을 먹는 대가이다."[4] 몽테스키외를 비롯한 다른 계몽주의 작가와 사상가들도 노예 무역을 비난했다. 볼테르의 경우 영국의 철학자 존 로크처럼 식민지가 아닌 본토에서의 노예 제도를 반대했고, 노예 무역에 개인적으로 투자해 이익을 얻기도 했지만 말이다.

그 후 프랑스 혁명이 일어났다. 노예상과 식민지 농장주의 압력으로 인해 자유, 평등, 형제애라는 위대한 사상은 처음에는 프랑스 식민지의 노예들에게 확대되지 못했다. 그러나 '흑인의 친구 협회Société des Amis des Noirs' 같은 단체가 혁명기의 의회에 탄원하고 여론을 뒤흔들기 위해 노예 제도 반대문을 배포하는 등 노예 제도 폐지 운동이 힘을 얻기 시작했다. 혁명 정부는 급진적이었던 데다가 전복된 군주제를 지지하는 카리브해 지역의 농장주 같은 자산 계급과 밀접한 관계가 아니었다. 그리하여 1793년 영국과의 전쟁이 발발하자 실제로 이들 왕당파 농장주는 파리의 혁명 정부를 추방하고 왕정을 회복해 식민지에서 노예 제도를 유지하려는 의도로 영국과 손을 잡았다. 영국군이 생도맹그를 비롯해 카리브해에서 가장 중요한 네 곳의 프랑스령 섬을 점령하자 전쟁으로 대서양 노예 무역이 중단될 위기에 처했다. 이 모든 것이 프랑스 노예 해방을 위한 새로운 정치적·전략적 동기를 만들어냈고, 1794년 국민의회는 식민지에서 노예 제도를 폐지하기로 표결했다. 프랑스 원정군이 과들루프에 상륙해 노예를 해방했고, 그해 말 영국군은 쫓겨났다. 그 후 프랑스는 영국 식민지에서 잇따른 노예 반란을 선동했다.

생도맹그에서는 몇 년 동안 끓어올랐던 노예 반란을 이끈 지도자 중 한 사람인 투생 루베르튀르Toussaint Louverture가 프랑스 혁명 정부와 손을 잡았다. 6년에 걸친 전쟁과 내전, 외교 협상 끝에 그는 정치적 경쟁자와 영국 주둔군으로부터 히스파니올라 전체의 통치권을 쟁취했다. 그리고 1801년 더욱 자치화된 식민지의 총독으로 임명되었다. 하지만 나폴레옹은 권력을 잡자 프랑스 식민지 중 가장 중요하고 이익이 많이 나는 생도맹그의 통치권을 되찾고 노예 제도를 부활하기로 결심했다. 뒤이어 잔혹한 전쟁이 발발했고, 전쟁 중에 투생 루베르튀르는 붙잡혀 투옥되었다(그리고 1803년 프랑스 동부 쥐라산맥의 웅장한 주 요새Fort de Joux에서 사망했다). 프랑스군은 반란을 진압하는 과정에서 끔찍한 잔혹 행위를 저질렀지만, 그들 역시 엄청난 사상자를 냈고 결국 1803년 11월 결정적인 베르티에르 전투에서 패배했다. 그리고 1804년 1월 1일에 독립국 아이티가 탄생했다. 역사상 가장 성공한 노예 반란이었다.

나폴레옹은 나머지 프랑스 식민지에 노예 제도를 부활했는데, 1848년 프랑스 제2공화국의 수립과 함께 노예 제도는 공식적으로 폐지되었다. 이미 그 무렵에는 프랑스인의 식탁에 오르는 설탕 대부분이 사탕수수가 아닌 사탕무에서 추출한 것이었다. 유럽의 농학자들은 다양한 과일과 식물로부터 저렴하고 본토에서 생산 가능한 설탕 공급원을 얻기 위해 오랫동안 노력해왔다. 1575년 올리비에 드 세르는 당분 함량이 매우 높은 무를 발견했다. 추출 과정은 잘 알려지지 않았지만 대서양 무역을 단절시킨 나폴레옹 전쟁 시기의 해상 봉쇄령이 연구의 자극제가 되었다. 1811년 프랑스 은행가이자 공장 소유주인 뱅자맹 들레세르Benjamin Delessert가 사탕무에서 당분을 추출하는 산업적 방법을 완성했다. 나폴레옹은 그 공을 인정해 그에게 남작 작위를 수여했다.[5] 프랑스는 유럽 최대의 사탕무 설탕 생산지가 되었고, 오늘날 프랑스에서 소비되는 설탕 대부분은 사탕수수가 아닌 사탕무에서 추출한 당분이다.

식문화 작가인 마귈론 투생사마Maguelonne Toussaint-Samat는 다음과 같이 기술했다. "설탕을 얻는 과정에서 흘린 눈물은 그 달콤함이 희석될 정도로 많다."[6] 이 고통스러운 역사를 인정하려는 낭트의 시도는 칭찬받아 마땅하지만, 프랑스의 식민지 역사에 대한 어떠한 유감 표명도 반대하는 국수주의적 프랑스인과 법적 조치가 수반되지 않은 추모는 공허한 행위일 뿐이라는 활동가, 정반대되는 두 집단으로부터 비난받고 있다. 물론 누구도 가토 낭테 같은 설탕 무역의 산물을 먹지 말아야 한다고 말하지는 않는다. 어쨌거나 맛있는 특산품 케이크일 뿐 아닌가. 그러나 프랑스 미식의 씁쓸한 뿌리를 인정하는 방법에 대한 문제는 가시적인 합의를 이루지 못한 채 계속되고 있다.

# 26
# 신의 술

2012년 한 해, 가장 유명하면서도 논란의 여지가 많은 통치자 중 하나인 나폴레옹 보나파르트를 모티브로 한 최초의 테마파크를 만드는 문제로 프랑스가 시끄러웠다. 언론의 표현대로 '나폴레옹랜드'는 프랑스 정치인 이브 제고Yves Jégo가 낸 아이디어였다. 이 드넓은 공원에서 매일 트라팔가르 해전과 워털루 전투를 재연하고, 이집트 피라미드 모형을 지나는 롤러코스터, 나폴레옹의 씁쓸한 러시아 원정 기념으로 얼어 죽은 모형 시체가 흩어져 있는 스키 슬로프를 설치하자는 내용이었다. 다행히 제고가 이를 실행하기에 충분한 자금을 조달하는 데 실패한 덕분에 세계가 서로 단두대를 들이대는 경험을 할 위기를 모면할 수 있었다. 오늘날 프랑스 사람들 사이에서 나폴레옹의 유산에 대한 평가가 갈린다는 점에서, 더 작은 규모로, 그리고 보다 추상적인 방식으로 추모하는 것이 최선인 듯하다.

세계적으로 유명한 코냑 제조사 쿠르부아지에의 팬조차도 이 브랜드의 독특한 보라색 라벨 속 정체불명의 인물이 사실은 코트에 손을 집어넣고 있는 나폴레옹 보나파르트라는 사실은 잘 모른다. 이는 코냑을 높이 평가한 나폴레옹에게 바치는 헌사이다. 나폴레옹은 개인적으로는 샴페인을 좋아했지만 군인들의 사기를 높이기 위해 코냑을 지급했고 최후의 유배지인 세인트헬레나에도 코냑을 몇 통 가져갔다. 오늘날 프랑스 서부의 우아한 작은 마을 자르나크를 지나는 샤랑트강 둑에 우뚝 솟아 있는 쿠르부아지에성에서는 잘 손질된 나폴레옹의 유명한 모자를 비롯해 그의 개인 물품을 전시하며 이 단신 황제에게 경의를 표하고 있다.

코냑은 라로셸과 보르도 사이, 대서양에서 내륙으로 약 50킬로미터 떨어진 곳에 위치한 코냑 마을 주변의 특정 와인 생산 지역에서 생산된 브랜디에 붙여진 이름이다. 그 독특한 맛이 형성되는 데 영향을 미치는 것은 포도가 자라는 테루아르와 더불어 그 지역 화이트 와인을 브랜디로 바꾸는 두 번의 증류 과정, 그리고 오크 통이다. 이 중 숙성이 이루어지는 오크 통이 가장 중요한데, 그 과정에서 꽃과 나무의 풍미가 느껴지는 짙은 호박빛 술이 만들어진다. 지금쯤이면 브랜디가 코냑으로 불리기 위해서는 (인근의 리무쟁 숲이나 트롱세 숲에서 나온) 오직 한 종류의 오크 나무로 만든 통만을 사용해야 한다는 사실을 눈치챘을 것이다. 빅토르 위고가 했다는 말처럼 '신의 술'인 코냑의 정교한 품질은 수 세기에 걸쳐 다듬어져 고정된 방식에서 나온다.[1]

코냑이 발명되기까지 이 지역에서 여러 역사적 우연이 일어났다는 점을 생각해보면 정말 신이 개입한 것은 아닐까 의구심이 생길 수도 있다. 먼저, 포도 생장에 유리한 특별한 석회암과 점질토는 오래전 코냑 지방이 대서양에 잠겨 있었던 덕분이다. 골족은 술을 담는 오크 통을 발명했으며, 프랑스의 이 지역이 포도 농사를 시작한 것은 로마인 덕분이다. 고대의 증류법을 정리해 중세 유럽에 소개한 아랍 과학자들과, 자신이 사랑한 지역 와인을 널리 알리는 데 기여한 아키텐의 엘레오노르에게도 공이 있다. 마지막으로, 프랑스 종교 전쟁의 기여도 인정해야 한다. 그 덕분에 코냑 마을에 가장 가까운 항구 도시 라로셸이 개신교 국가인 네덜란드와 밀접한 관계를 맺고 있던 위그노의 거점이 될 수 있었다. 이상하게도 네덜란드인이 이 전형적인 프랑스 술의 초기 기원에 중요한 역할을 했기 때문이다.

16세기 대부분의 기간 동안 네덜란드는 강력한 스페인 제국의 북쪽 작은 전초 기지였다. 그러나 1568년 네덜란드의 각 지방이 반란을 일으키면서 스페인으로부터 독립을 쟁취하기 위한 80년 전쟁이 시작되었다. 그들은 1581년 네덜란드 공화국을 세우고 스페인과 식민지 쟁탈 전쟁을 벌였다. 17세기 초반 네덜란드는 그 이름('네덜란드Netherlands'는 '저지대'라는 뜻의 일반 명사로, 주변 국가들로부터 그렇게 불리다가 독립하면서 정식 국호가 되었다—옮긴이)을 제외한 모든 면에서 독립적인 강력한 무역 국가이자 상업 해상 강국이었다. 네덜란드령 동인도 회사는 향신료 무역을 장악하며 막대한 이익을 챙겼고, 동남아시아와 카리브해 지역, 미국 동부 연안에 네덜란드 식민지가 건설되었다. 암스테르담은 거의 한 세기 동안 유럽에서 가장 중요한 은행업과 상업의 중심지로 번영을 누렸다.

15세기부터 네덜란드 무역상은 프랑스 서부, 특히 보르도와 라로셸의 와인 수출에 점점 더 관여하게 되었다. 잉글랜드가 가스코뉴 지방을 잃은 뒤로는 네덜란드인이 이 지역에서 유럽 다른 지역으로의 와인 운송을 장악했다. 1600년대 초반 앙리 4세가 네덜란드 기술자들을 초빙해 라로셸 동쪽의 드넓은 푸아트뱅 습지Marais Poitevin의 개간을 맡기면서(네덜란드인은 바다를 메워 간척지로 개간하는 기술의 전문가였다) 네덜란드인은 코냑 마을의 화이트 와인을 비롯해 프랑스 서부의 와인에 상당히 친숙해졌다. 당시 네덜란드인은 술을 좋아하고 음식과 예술, 꽃 등 인생의 쾌락을 즐기는 사람들로 평판이 나 있었다.

그러나 1600년대 와인 산업은 전반적으로 심각한 위기를 겪고 있었다. 당시 유럽은 중부 유럽 인구의 3분의 1에서 2분의 1이 죽임을 당한 30년 전쟁 같은 전쟁으로 고통받고 있었다. 이로 인해 정상적인 무역 관행이 심각하게 붕괴되어, 프랑스 와인 생산업자들은 자신들이 살고 있는 땅에는 영향이 없었으나 중요한 시장을 상당수 잃었다. 술을 혐오하는 청교도 등 새로운 종교 운동이 확산되고, 안전한 물의 공급이 증가하면서 와인을 즐겨 마셨던 주요한 이유가 없어져 와인에 대한 수요도 시들해졌다. 이제 와인 업계는 차와 커피 같은 식민지에서 들여온 새로운 음료와 그 수요를 충족하기 위해 새로이 생겨난 음료 시설과 경쟁하게 되었다. 그리고 네덜란드인과 잉글랜드인처럼 세계를 누비는 사람들은 특정한 딜레마에 직면했다. 그들이 사랑하는 프랑스 와인은 비교적 알코올 도수가 낮아서 장기간의 항해에서 쉽게 상했다. 와인을 수십 년간 숙성 가능하게 하는 오늘날의 보존 기술은 아직 도입되기 전이라 와인의 수명은 1년을 넘지 못했고, 극한의 온도에 노출되거나 거칠게 다루어지면 그나마도 더 줄었다.

이러한 이유로 알코올 도수는 더 높고 보존과 저장, 운송이 용이하면서도 소비자들을 매료할 새로운 맛의 새로운 술에 대한 필요성이 대두되었다. 특히 네덜란드는 특별한 구리 냄비에 와인을 넣고 가열해 증류하는 새로운 방법을 시도해서, 영어로 '브랜디'로 불리는 '불에 가열한 와인'이라는 뜻의 브란데베인brandewijn이 생겨났다. 증류법 자체가 아주 새로운 것은 아니었다. 그러나 전통적으로 증류주 시장이 상당히 작았다. 프랑스에서는 알코올 함량이 높은 무색의 술을 '오드비eau-de-vie'(생명의 물이라는 뜻—옮긴이)라고 부르며 대부분 약용으로 사용했다. 취하려는 용도로 마신 것은 독일인뿐이었다. 하지만 증류주는 점점 더 인기를 얻기 시작했고, 특히 코냑 마을에서 만든 와인을 증류한 오드비가 맛이 좋은 것으로 이름을 떨치게 되었다(다른 브랜디처럼 여러 번 증류할 필요가 없어서 원래의 포도 맛이 잘 유지되었기 때문이다). 그리하여 이 술은 북부 유럽 선술집의 최고 인기 상품이 되었다. 처음에 네덜란드인은 주로 네덜란드에 코냑 와인을 들여와 증류했지만, 결국 코냑 현지에서 증류하는 식으로 단계를 단순화하기로 결정해 샤랑트 지방에 최초의 코냑 증류소가 세워졌다.

물론 코냑이 네덜란드인만의 공로라고 인정하기는 어렵다. 그들이 만든 초기의 코냑은 꽤나 원시적이라 물이나 피네 허브와 섞어 마시는 경우가 많았다. 프랑스 증류업자들이 뒤를 이어 정제 작업에 상당한 힘을 쏟았다. 특히 오크 통에 술을 넣고 오랫동안 숙성하는 것이 코냑과 보통의 오드비의 차이점을 만드는 결정적인 한 수였다. 이러한 혁신이 18세기 동안 이루어졌고, 우연의 일치일지도 모르겠지만 선적과 운송 과정에서 오랜 시간이 걸리면 향이 더욱 풍부해졌기 때문에 스트레이트로 마실 수 있었다. 오늘날 코냑은 2년 반에서 50년 정도까지 숙성된 상태로 판매된다.

코냑의 풍미는 오래 숙성될수록 깊어지지만, 이로 인한 반대급부도 있다. 매년 약 2퍼센트의 술이 증발하는 것이다. 코냑에 대한 반半종교적 분위기를 담은 표현을 빌리자면, 이렇게 자연 증발로 인한 손실분을 '천사의 몫la part des anges'이라고 부른다. 1년 동안 프랑스는 약 2000만 병에 상당하는 코냑을 천사들의 몫으로 넘겨준다(천사들도 우리 인간들만큼 코냑을 사랑하는 게 분명하다). 이러한 증발 과정에서 방 주변의 벽이 검게 변하는데, 이는 한때 코냑을 불법 생산, 판매하는 사람들을 적발하려는 세금 징수관들에게 큰 도움이 되었다. 오늘날 코냑 마을의 대다수 오래된 건물은 술 취한 천사가 벽에 그려놓은 검은 흔적이 남아 있다.

코냑이 오랜 시간을 두고 생산되기 시작하고 맛도 좋아지면서 선원과 서민들이 마시는 값싼 술이 아닌 부유층의 특별한 술이 되었다. 18세기에 이르면 암스테르담에서는 이미 다른 술과 비교해 고급 제품으로 팔렸다. 코냑 지역에서 증류용 포도를 재배하는 땅이 점점 늘어나 19세기 말에는 코냑용 포도만을 재배하는 땅의 면적이 룩셈부르크보다 넓을 정도였다. 주기적으로 과잉 생산이 일어나자 생산자들은 재고를 끌어안고서 공급이 줄어들기를 기다렸다. 그런데 다행히도 그 덕분에 코냑이 더욱 숙성될 수 있었다.

17세기에 훌륭한 코냑을 생산한 가문의 상당수가 위그노 가문이었다. 루이 14세의 박해를 피해 그들은 네덜란드, 잉글랜드, 아일랜드로 도피했지만, 샤랑트와의 관계는 유지되어 코냑의 명성이 해외로 전파되는데 일조했다. 특히 잉글랜드와 아일랜드 코냑이 주류를 차지하게 되었는데, 18세기 각각 아일랜드인과 잉글랜드인이 세운 헤네시와 마르텔이 양대 코냑 하우스이다. (리처드 헤네시는 아일랜드 용병이었는데 부상을 입고 라로셸에서 요양하던 중에 코냑의 즐거움을 발견했다. 장 마르텔은 불법 코냑이 넘쳐나는 밀수업자들의 천국, 채널 제도 출신이었다.) 미국인들 역시 코냑의 매력에 굴복했다.

19세기와 20세기 초반의 위대한 칵테일 시대에 코냑은 사이드카와 스팅어 같은 칵테일처럼 고전적인 술의 베이스로 사용되었다. 이렇듯 유명 코냑 하우스들은 수 세기 동안 전쟁과 혁명, 경제 공황, 외국의 점령기를 견뎌내며, 고급스럽고 세련된 술이라는 코냑의 명성을 지켜낼 수 있었다. 일례로 제2차 세계 대전 동안 독일 정부가 징발한 코냑은 2700만 병에 달한다.

그러나 오늘날 프랑스에서 코냑은 주로 나이 든 사람이 마시는 술이라는 이미지가 있다. 프랑스인은 위스키를 더 좋아하며 그들의 연간 소비량은 다른 어느 나라보다도 많다. 위스키는 프랑스 주류 시장의 약 40퍼센트를 차지하며 스코틀랜드 브랜드를 가장 선호하고 코냑은 1퍼센트도 되지 않는다.[2]

하지만 프랑스 밖에서는 사정이 다르다. 최근 미국에서는 힙합 커뮤니티에서 코냑의 인기가 높아지고 있다. 버스타 라임즈의 「쿠르부아지에를 건네줘Pass the Courvoisier」가 히트한 덕분에 쿠르부아지에의 판매가 20퍼센트 가까이 뛰자, 다른 코냑 브랜드들도 달려들어 제이 지와 스눕 독 같은 힙합 스타들과 새로운 스폰서십 계약을 맺었다.[3] 기민한 리버스 마케팅(잠재적 소비자가 브랜드를 찾게 하는 전략—옮긴이)의 일환으로, 마르텔은 매년 여름 코냑에서 열리는 인기 있는 아메리칸 블루스 페스티벌을 후원하기 시작했다. 중국 같은 신흥 경제 강국에서는 코냑이 새로운 부의 상징으로 점점 더 인기를 얻고 있다. 이제 레미 마르탱은 중국인의 기호에 맞추기 위해 팔각 병에 술을 담아 판매한다(8은 중국에서 행운의 숫자이다). 이렇게 요령 있고 개방적인 마케팅 기법은 코냑 산업의 전매특허인데, 그들은 다른 프랑스 제품의 생산자들보다 자신들의 제품이 어떻게 수용되고 소비되는지에 훨씬 덜 까다로운 것처럼 보인다. 프랑스에서 생산되는 코냑의 95퍼센트 이상이 다른 나라로 수출되고 있다는 점을 생각해보면 당연한 마인드이기도 하다.

물론 코냑 생산자들에게도 제한이 있다. 대부분의 다른 프랑스 산업처럼 그들도 코냑 AOC를 열렬히 옹호해 코냑 지방 밖의 생산자들이 그들의 브랜디에 코냑이라는 이름을 사용하지 못하게 한다. 신기하게도 코냑 생산자들이 가장 오랫동안 싸워온 상대는 아르메니아의 브랜디 기업이었다. 1900년 아르메니아의 브랜디 제조자인 니콜라이 슈스토프Nikolay Shustov가 파리 만국 박람회에서 열린 블라인드 시음 테스트에 참가해 그랑프리를 차지했다. 그는 자신의 브랜디를 코냑이라고 부르기 시작했고, 이후 아르메니아 '코냑'은 소련 엘리트들이 사랑하는 술이 되었다. (일설에 따르면 윈스턴 처칠은 얄타 회담 기간 중 이오시프 스탈린에게 코냑을 접대받은 뒤 코냑의 팬이 되었다고 한다.) 오늘날 대부분의 나라가 프랑스 AOC 법을 따라 아르메니아 코냑을 브랜디로 시장에 내놓고 있지만, 과거 공산주의 국가에서는 여전히 아르메니아 코냑으로 판매되고 있다. 이는 코냑이 오늘날 프랑스 애주가들에게는 인정받지 못하지만 전 세계적으로는 여전히 천상의 술로 남아 있다는 방증이다.

# 27
# 초승달 논쟁

최근 발명된 도넛과 크루아상의 혼종 크로넛Cronut의 인기를 보면 자연스레 보통의 프랑스 사람들에게 뒷목 잡고 쓰러질 법한 분노를 일으키리라고 추측하게 된다. "빌어먹을! 어떻게 감히 우리의 아침용 페이스트리를 저따위로 망가뜨릴 수 있지!"라고 일갈하는 자크의 모습이 그려지지 않는가. 그러나 프랑스인들은 대체로 크로넛에 강한 거부감을 느낀다기보다 곤혹스러워하는 것 같다. 전 세계에 온갖 크루아상의 변종이 퍼지자 프랑스인들은 그저 어깨를 으쓱이곤 크루아상 오디네르(마가린으로 만든 전통 크루아상)나 훨씬 더 숭고한 크루아상 오 뵈르(버터로 만든 좀 더 반듯한 형태의 크루아상)를 찾아 동네 빵집에 간다. 갓 구운 크루아상에는 설탕, 햄, 치즈나 그 밖의 재료는 물론이고 잼이나 버터를 더하는 것조차 불필요하다. 하지만 부끄러워하지 않고 크루아상을 커피에 담가도 좋다.

크루아상은 가장 유명한 프랑스 음식의 상징이지만, 다들 잘 알고 있다시피 그 기원은 프랑스가 아니다. 크루아상의 가장 유력한 조상은 킵펠kipfel이라는 오스트리아의 초승달 모양 페이스트리이다. 널리 알려진 전설에 따르면 킵펠이 명성을 얻기까지 여정의 첫 장은 1683년 오스만 제국의 군대가 빈을 포위하면서 시작된다. 일찍이 평판이 높았던 빈의 제빵사들은 도시 성벽 아래 터널을 뚫으려는 오스만군의 시도를 저지해, 폴란드 왕 얀 3세(얀 소비에스키)의 지원군이 올 때까지 수비군이 버틸 수 있도록 했다. 도시를 구한 자신들의 업적을 기리기 위해 제빵사들은 초승달 모양의 페이스트리를 만들었다. 이는 오스만군이 사랑하는 상징을 이용해 그들의 패배를 조롱한 것이다.

당연히 진실은 전설보다 명확하지 않다. 사실 킵펠의 기원은 13세기까지 거슬러 올라가며, 폭신한 페이스트리보다 밀도가 높은 롤의 형태였다. 이 이야기의 다른 버전에 따르면 16세기의 빈 포위에서 크루아상의 기원을 찾거나 전혀 다른 부다페스트 포위에서 찾기도 한다. 그리고 모든 전설마다 무시무시한 오스만군을 물리친 승리를 기념하는 페이스트리에 담긴 오스트리아 합스부르크가의 열정을 프랑스인이 함께 나누었다는 암묵적인 가정이 일관되게 반복된다. 하지만 사실 프랑스는 250년 동안 오스만 제국과 동맹 관계를 유지했고, 오스만군이 프랑스의 유럽 내 최대 라이벌의 수도 빈을 점령하는 데 실패했을 때 그리 기뻐하지 않았다. 루이 14세는 사면초가에 몰린 이 도시에 원군 지원을 거절했을 뿐만 아니라 애초에 오스만 제국의 재상 카라 무스타파 파샤Kara Mustafa Pasha에게 빈을 공격하라고 부추겼다고도 한다.

프랑스·오스만 동맹은 처음부터 논란이 많았다. 오스만 제국은 14세기 후반부터 유럽 대륙을 잠식해 그리스와 발칸반도에서 영토를 점차 늘

려가며 중동 지역으로도 지배권을 확대하고 있었다. 오스만 제국은 종교적 관용으로 유명한 다민족 제국으로서, 종교 전쟁으로 유럽이 갈가리 찢겼을 때 많은 개신교도가 피난처를 찾아 오스만 제국으로 탈출하기도 했다. 사라예보처럼 유럽의 새로운 오스만 제국의 도시들은 무슬림, 가톨릭, 정교회, 유대인 공동체를 모두 수용했다. 하지만 그 술탄은 독실한 무슬림이었기 때문에, 그들이 종교적 통치를 아무리 관대하게 하더라도 유럽 기독교 세계에 이슬람 제국이 진입했다는 사실은 여전히 강한 종교적 정체성과 세계관을 가지고 있는 유럽인들에게 큰 충격을 주었다.

그래서 1536년 프랑수아 1세가 술레이만 대제와 동맹 조약을 맺은 것은 마케아벨리적 관점에서 완벽한 결정이었을 수도 있다. 오스만 제국은 경쟁 상대인 합스부르크 왕가의 영토를 점점 더 많이 점령하며 헝가리로 진격하고 있었으니 말이다. 그러나 이러한 조치는 기독교 유럽이라는 대의에 있어서는 충격적인 배신행위로 비쳤다. 그럼에도 불구하고 이 동맹은 2세기가 넘도록 지속되었고, 이 두 강대국은 공통의 유럽 내 경쟁국들에 대한 군사 행동에 협력하며 호혜적인 무역 협정으로 이익을 얻었다. 이러한 관계 덕분에 프랑스 과학자와 언어학자들이 오스만 제국을 방문해 천문학, 수학, 식물학, 동양 언어에 대한 지식을 넓힐 수 있었다. 그리고 튀르크풍 미술, 건축, 음악, 문학이 프랑스 사회에서 유행하면서 놀라운 문화 교류가 일어났다. '튀르크풍'이라는 풍조가 점차 유럽으로 퍼져나가던 중 오스만군은 빈에서의 패배로 유럽에서 운명의 전환점을 맞이한다(이후 2세기에 걸쳐 그들은 1683년 이전에 정복했던 유럽 내 영토를 모두 잃게 된다). 오스만 제국을 군사적 위협으로 여기는 인식이 줄어들면서, 튀르크풍은 자신의 넓은 견문과 자아 우월성을 과시하려는 유럽 엘리트에 의해 선별적으로 수용된 이국적 물건과 특이한 관습의 출처로 받아들여졌다. 유럽인들의 이러한 동양 문화 수용 방식은 비평가들이 분류한 오리엔탈리즘이라는 개념의 틀 안에서 다음 세기에 걸쳐 더욱 발전하고 확장되었다.

당연하게도 프랑스인과 튀르크인 간 동맹의 유산은 미식의 영역에서도 발견된다. 1669년 새로운 오스만 제국의 대사 술레이만 아가는 베르사유에서 루이 14세를 알현할 때 무심코 평복을 입고 그에게 허리 숙여 인사하지 않음으로써 태양왕의 심기를 건드렸다. 그래서 파리로 보내졌지만 그곳에서도 호화로운 접대를 하고 부를 과시하며 귀족층, 그중에서도 여성들을 자기편으로 끌어들이기 시작했다. 가장 주목할 만한 것은 그가 귀족 손님들에게 커피라는 이국적인 음료를 대접해서, 카페인을 섭취해 흥분한 손님들로부터 프랑스 정치 문제에 대한 상당한 정보를 얻었다는 사실이다. 커피는 점차 파리에서 유행하게 되었고 그 세기말에는 최초의 카페가 생기기에 이르렀지만, 커피가 완전히 베르사유를 정복한 것은 루이 15세의 애첩 뒤바리 부인이 자신의 커피 애호 취향을 궁정에 퍼뜨리면서부터였다.

이처럼 상호 유익한 동맹은 1798년 나폴레옹이 오스만 제국의 일부였던 이집트를 침공하면서 끝을 맞이했다. 이 시점에서 킵펠의 일부 버전이 프랑스에서 대중화되었는지는 확실하지 않다. 다른 이야기에 따르면 1774년 프랑스의 왕비가 된 이후 향수병에 시달리던 마리 앙투아네트가 프랑스 궁정에 초승달 모양의 페이스트리를 소개했다고도 한다. 그러나 이 이야기를 뒷받침할 역사적 증거는 없다.

사실 오늘날 많은 역사학자는 크루아상의 진짜 기원이 아우구스트 장August Zang이라는 전 오스트리아군 장교가 파리에 차린 빵집이라고 믿는다. 당시 프랑스 빵집은 실제로는 대단한 명성을 누리지 못했고, 장은 그들의 밍밍한 빵과 페이스트리에 실망했다. 그는 리슐리외 거리에 빈 빵집 Boulangerie Viennoise을 열고 프랑스에서 비에누아즈리viennoiserie로 알려지게 된 버터 풍미가 좋은 달콤한 오스트리아식 페이스트리로 파리 사람들을 매혹했다. 킵펠이 특히 인기였는데, 세기의 전환기에 폭신한 페이스트리로 만들어지기 시작하면서 현대식 크루아상이 탄생했다. 어떤 무명의 제빵사가 똑같은 페이스트리 도우로 다크 초콜릿을 감싸는 생각을 했고, 그리하여 팽 오 쇼콜라가 프랑스인의 아침 식사 메뉴의 전당에 입성하게 되었다.

오늘날 일요일 아침이면 갓 구워진 크루아상을 찾아 빵집을 순회하는 것은 보통 프랑스인의 평범한 일상이다. 크루아상은 반드시 갓 구워진 것을 먹어야 한다. 전날 밤에 사다 놓으면 더 푹 잘 수 있지 않겠냐고 하면 프랑스 사람들은 이해할 수 없다거나 흡사 큰일이라도 저지른 듯한 시선으로 당신을 쳐다볼 것이다. 그러나 오늘날 프랑스 빵집에서 팔리는 크루아상의 절반 이상이 공장에서 만들어지고 빵집에서 굽는 것이 아니라 냉동된 제품을 데우는 것이라는 사실이 밝혀지면서 크루아상에 대한 논쟁이 계속되고 있다.[1] (법적으로 빵집은 빵을 자체적으로 구워야 하지만 페이스트리는 해당되지 않기 때문에 이러한 분노를 피할 수 있다.) 그리고 크루아상이 버터 대신 마가린으로 만들어지는 경우가 점점 많아지고 있으며, 다른 유럽 국가들에서는 크루아상을 샌드위치용으로 사용하는 미국 스타일이 더욱 유행하고 있다.

지금까지 보았듯이 프랑스의 상징이라는 크루아상에 대한 간단해 보이는 이야기에 처음에 생각했던 것보다 복잡한 역사가 담겨 있다. 하지만 사실상 기원에 대한 전설이라곤 없는 데다가 프랑스 남서부에서는 쇼콜라틴chocolatine이라고 부르겠다고 고집하는 팽 오 쇼콜라보다는 간단한 이야기를 담고 있다. 최근 우파 정치인 장프랑수아 코페가 프랑스 학생이 라마단 금식 중인 길거리 갱단에게 손에 들고 있던 팽 오 쇼콜라를 빼앗겼다고 주장하면서 팽 오 쇼콜라는 정치적 논란에 휘말리게 되었다. 출처 불명으로 추정되는 이 일화는 이슬람과 이민자들이 위협을 초래한다는 우파 서사가 노골적인 상징으로 표현된 것이다.[2] 프랑스 빵집은 사회적·정치적 소요로부터 따뜻하고 안락한 도피처가 되어주는 것처럼 보이지만, 밝혀진 바와 같이 온갖 불안과 동요가 이런 평범한 빵에서 구현될 수도 있다.

# 28
# 전쟁과 완두콩

역대 유럽의 군주 중 1715년 사망할 때까지 무려 72년 동안 통치한 루이 14세보다 오래 왕위에 있었던 통치자는 없다. 매년 전 세계에서 수백만 명의 관광객이 루이 14세의 가장 기념비적인 작품을 보기 위해 베르사유 궁을 찾는다.

베르사유는 성과 아름다운 정원만이 아닌, 멋진 성을 따라 형성된 행정 구역상의 마을이기도 하다. 오늘날 이곳은 백인 이민자들에게 인기가 높은 부유한 파리 근교의 마을이다. 그리고 베르사유에서 그 주민들에게 사랑받는 루이 14세의 또 다른 창작물은 바로 이 지역에서 가장 크고 좋은 식료품 장이 열리는 노트르담 시장 광장Place du Marché Notre-Dame이다. 일주일에 세 번, 광장에는 희귀한 과일과 채소, 장인이 만든 치즈, 지역 생산 와인, 올리브, 사탕, 향신료 등 상상할 수 있는 모든 식품류를 제공하는 노점으로 가득 찬다. 작은 푸드 트럭에서는 크레프와 마늘 버터에서

헤엄치는 뜨거운 에스카르고를 판다. 광장 주위를 둘러싸고 있는 상점들은 매일 문을 열고(물론 월요일은 쉰다) 고기와 신선한 생선, 굴 등을 풍성하게 늘어놓는다.

그러나 17세기 프랑스 미식과 왕족의 교차점을 제대로 보려면 성문 바로 밖에 위치한 '왕의 텃밭Potager du Roi'을 찾아가 보라고 권하겠다. 그것은 근대 초기 과학과 독창성의 승리로서, 태양왕이 자연법칙을 초월하도록 고압적으로 요구하며 가장 충성스러운 신하들에게 박차를 가해 이루어낸 혁신을 보여주는 영속적인 증거이다.

루이 14세는 1643년 아버지(경건한 위그노 박해자인 루이 13세)가 폐결핵으로 사망하자 네 살의 나이로 왕위에 올랐다. 어머니 안 도트리슈가 전설적인 재상 마자랭 추기경의 도움을 받아 섭정했다. 1661년 마자랭이 죽은 뒤 루이 14세는 친정을 시행하며 귀족과 국가에 대한 절대적인 통제권을 공고히 다졌다. 그는 광범위한 경제·군사 개혁을 실시해 프랑스를 더욱 중앙 집권적이고 부유한 근대 국가로 변화시켰다. "짐이 곧 국가다L'état c'est moi!" 널리 알려져 있듯이 루이 14세는 이렇게 선언했다. 그는 태양을 왕실의 상징으로 채택하고, 태양의 신성함과 전능함을 들어 스스로를 전례 없는 권력을 가진 절대 군주로 변모시켰다.

루이 궁정의 퇴폐적인 연애 행각이 수년에 걸쳐 저속한 대중문화의 주제가 되어왔지만, 태양왕이 진정으로 열정을 쏟은 것은 바로 외교와 군사 문제였다. 루이 14세가 왕의 자질métier de roi이라고 칭한 것은 무엇보다 외교 문제, 특히 자신의 지배 영토를 지키고 확장하는 데 소비되었다. 왕이 국내 문제를 소홀히 하면서까지 집중한 외교 문제는 유럽 무대에서 더욱 강력한 나라가 되기 위해 국가를 부강하게 만드는 업무였다. 루이

14세는 수많은 정복 전쟁을 수행하면서 프랑스 외교 정책에 보다 적극적인 자세를 취했다. 그는 프랑스의 영토를 더욱 위력적이고 방어에 유리한 지역으로 확장하는 데 필수 조건인 대규모의 효과적인 군대를 얻어, 알자스를 점령해 프랑스 국경을 라인강까지 이동시켰다. 루이 14세는 특히 당시 막강한 강국이었던 네덜란드와 싸우기를 좋아했고, 일련의 군사 행동을 통해 프랑스 영토를 북부와 동부로 확장했다.

프랑스의 군사력과 공격적인 외교 정책은 잉글랜드와 네덜란드가 프랑스의 오랜 경쟁국인 오스트리아의 합스부르크 왕가와 동맹을 맺도록 자극했다. 이는 대동맹 전쟁, 즉 9년 전쟁으로 이어졌는데 이 전쟁은 프랑스 땅의 국경뿐만 아니라 아메리카 식민지와 아일랜드, 서아프리카, 인도에서도 벌어졌다(초기 '세계 대전'인 셈이다). 루이 14세는 통치 말기에 스페인 왕위 계승 전쟁을 일으켰다. 유럽의 주요 강대국들이 스페인 왕위와 스페인의 마지막 합스부르크 왕가 출신의 왕 사후 남겨진 세계 제국을 놓고 벌인 쟁탈전이었다. 길고도 잔혹한 전쟁 끝에 루이 14세의 손자가 스페인의 왕으로 즉위하면서 스페인 왕위는 합스부르크 가문에서 부르봉 가문으로 넘어갔다. 그러나 이 전쟁으로 많은 식민지와 영토를 포기해야 했다는 점을 고려할 때 프랑스 입장에서 대승리라고 하기에는 무리가 있다. 반면에 잉글랜드는 많은 신규 식민지와 상업적 이권을 따냈고, 스페인 왕위 계승 전쟁을 계기로 국제 무대에서 잉글랜드가 프랑스와 스페인을 제치고 부상하게 되었다.

이 모든 전쟁을 수행하는 데 엄청난 비용이 들어 루이 14세 통치 말기 수십 년 동안 프랑스의 부채가 급증했다. 프랑스 국민은 태양왕이 일으키는 끝없는 전쟁과 무거운 세금에 지쳐갔다. 군주에 대한 국민의 불만은 루이 14세의 후계자가 왕위에 오른 뒤에도 진정되지 않았고, 그 세기말 프랑스 혁명으로 터져 나오게 된다.

그러나 루이 14세는 빚이나 국민의 불만 같은 현실의 문제에 대해서는 신경을 쓰지 않았고, 오랫동안 베르사유에 있는 아버지의 사냥용 별장을 개조하는 공사를 벌이며 수백만 리브르를 쏟아부었다. 그의 동기는 아주 퇴폐적인 것은 아니었다. 그는 이 화려한 성을 이용해 역사 속 수많은 반란의 주동자였던 귀족층을 유혹하고 달랬다. 그리하여 베르사유 궁정은 패션과 사치, 가십과 유행, 그리고 왕의 총애를 다투는 데만 집중하게 되었다.

태양왕은 베르사유에서 효율과 즐거움을 극대화하는 방법의 일환으로 분 단위로 짜인 엄격한 일과를 유지했다. 음식에 관련한 규칙과 의식도 매우 중요했다. 베르사유궁의 주방에는 요리에 대한 왕의 눈높이를 충족하기 위해 500명의 요리사 및 시종이 있었다. 왕은 궁 전체가 내려다보이는 큰 홀의 공식 만찬실이나 높은 지위의 조신朝臣이 배석한 개인 식당의 큰 식탁에 홀로 앉아 식사할 때가 많았다. 전통적인 연회와는 달리 특권과 권력의 차이를 반영해 정교하게 자리를 배치하는 쿠베르couvert를 통해 가장 가까운 가족들도 감히 그에게 다가갈 수 없을 정도로 루이 14세의 절대 권력이 강조되었다.[1]

루이 14세의 엄청난 식탐은 유명한데, 그의 동생의 아내인 팔츠의 엘리자베트 샤를로트는 그에 대해 이렇게 썼다. "국왕 폐하께서 네 종류의 스프와 꿩 한 마리, 자고새 한 마리, 큰 샐러드 한 접시, 크게 썬 햄 두 조각, 그레이비와 마늘 소스를 끼얹은 양고기 한 접시, 페이스트리 한 접시에 과일과 삶은 달걀을 드시는 모습을 자주 보았다."[2] 루이 14세가 사망한 뒤 부검한 결과 위가 보통 사람보다 세 배 가까이 컸다니 충분히 납득되지 않는가. 왕은 만성 소화 불량과 치아 문제로 심각하게 고통받을 때조차 대중 앞에서는 괜찮은 척 견디며 연회를 계속했다. 19세기 프랑스 문학 평론가 샤를오귀스탱 생트뵈브Charles-Augustin Sainte-Beuve의 말을 빌리면, "사실 그 남자는 그렇게 자주 아팠지만, 왕은 언제나 건강해 보였다."[3]

왕의 주치의 기크레상 파공Guy-Crescent Fagon은 왕의 폭식 습관 때문에 꽤나 애를 먹었는데, 특히 채소를 좋아하는 그의 취향이 소화 문제를 악화시킨다고 생각했다. 특히 우려한 부분은 왕의 완두콩 사랑인데, 완두콩 철이면 엄청나게 먹어댄 것이다. 완두콩이 베르사유에서 처음으로 유행하게 된 것은 1660년으로, 이탈리아에서 돌아온 사신이 제철보다 앞선 1월에 왕에게 완두콩 한 바구니를 바치면서였다. 처음에는 귀족층 사이에서 완두콩 열풍이 불었다. 온 궁정이 완두콩에 매료되어 매일 저녁 메뉴의 다양한 요리에 오를 정도였다. 이에 대해 왕의 애첩이자 훗날 두 번째 아내가 되는 맹트농 부인은 이렇게 썼다.

> 완두콩 열풍은 여전히 계속되고 있습니다. 먹고 싶은 갈망, 먹은 뒤의 만족감, 다시 먹게 될 때의 기쁨, 이상이 지난 4일간 우리 왕자들이 이야기한 세 가지 포인트입니다. 어떤 부인들은 폐하와 함께 저녁을 잘 먹고도 소화 불량의 위험을 무릅쓰고 집에서 잠자리에 들기 전에 먹을 콩을 챙깁니다. 이는 열광적인 유행입니다.[4]

태양왕은 제철보다 앞서거나 제철 초반에 자라는 '조기 재배 채소les primeurs'에 엄청난 애정을 보였다. (조기 재배 채소는 더 신선한 편인데, 예를 들어

5, 6월에 자라는 당근은 더 달고 아삭아삭하다.) 그래서 왕은 결국 정원사 장바티스트 라 퀸티니Jean-Baptiste La Quintinie에게 자연의 법칙을 거슬러 제철보다 이른 과일과 채소를 생산하도록 명했다. 라 퀸티니는 유명한 정원사였지만 그런 그조차도 자신에게 주어진 임무 앞에서 겁을 먹지 않을 수 없었을 것이다. 특히 이러한 채소를 재배할 밭으로 마련해둔 성 주변 늪지대의 땅을 보고서는 더욱 그랬을 것이다. 하지만 그는 무한한 자금과 인력의 혜택에 힘입어, 1678년부터 1683년에 걸쳐 습지의 물을 빼고 땅을 평평하게 다지고 담을 세워 농작물이 자랄 수 있는 여러 층의 계단식 밭을 일구어냈다. 이러한 계단식 밭으로 태양의 노출 정도를 조정해 라 퀸티니는 10만 평방미터의 정원 안에 다양한 미세 기후대를 만들어낼 수 있었다. 또한 그는 온실을 짓고 새로운 가지치기 방법을 실험했다. 그의 헌신과 독창성은 결국 결실을 맺어 1월에 킹 아스파라거스, 3월에 딸기, 4월에 완두콩 등 계절을 앞선 작물을 생산할 수 있었다. 그는 배 50종, 양상추 16종 등 수십여 종의 작물을 심어 연중 내내 왕에게 신선한 농산물이 제공될 수 있게 했다. 온실에서 700여 그루의 무화과나무를 길러 왕이 좋아하는 무화과를 공급했고, 아스파라거스는 수요가 너무 커서 결국 정원 밖에 별도의 땅을 마련해 재배했다(일명 '아스파라거스 울타리clos des asperges'라고 부른다). 라 퀸티니 자신은 봉 크레티엥Bon Chrétien('선량한 기독교도'라는 뜻)이라는 겨울철 배에 푹 빠졌는데, 이 배는 봄철 과일이 열매를 맺을 때까지 궁정 사람들의 과일에 대한 갈망을 충족시켜주었다. 왕은 이 배를 유럽 귀족들에게 선물로 보냈다.

루이 14세는 조기 재배한 채소와 새로운 정원에 매우 만족했다. 그는 '왕의 텃밭'을 거닐며 기적적인 자신의 채소와 과일에 감탄하고, 외국 고관들에게 자랑하곤 했다. 왕은 라 퀸티니의 노고를 인정해 작위를 하사했고 1688년 그가 세상을 떠나자 '엄청난 손실'이라며 애통해했다. 귀족들을 자신의 의지대로 굴복시키고 자신의 군대로 세계 지도를 바꾸었던 루이 14세는 자연마저도 자신의 힘으로 굴복시켜 제철보다 일찍 열매를 맺게 할 수 있었다는 데 대해 매우 기뻐했을 것이다.

어찌 된 일인지 '왕의 텃밭'은 프랑스 혁명과 두 차례의 세계 대전 중에도 살아남아 국립조경학교École Nationale Supérieure du Paysage에서 미래 조경사들의 교육용으로 사용되고 있다. 이곳에서는 여전히 과일과 채소가 생산되어 그 정원 상점에서 판매된다. 라 퀸티니의 업적은 세계화로 인해 사실상 연중 어떤 음식이든지 먹을 수 있게 된 오늘날 우리의 현대적 감성에는 그리 기적적으로 보이지 않지만, 그의 정원은 인간이라는 존재이기에 가장 강력하고 신성한 왕들조차 그 식단은 자연의 법칙에 지배받았음을 일깨워준다. 태양왕이 아무리 엄청난 권력을 축적했다 해도, 그 뛰어난 능력으로도 좋아하는 채소를 언제든 내킬 때 먹을 수는 없었다. 이를 구원한 것은 과학이었고, 이번이 마지막도 아니었다.

# 29
# 악마의 와인

르네상스, 종교 개혁, 봉건 제도의 쇠퇴, 신대륙의 발견 등 인류가 이루어낸 위대한 혁명은 새 천 년의 가장 획기적인 변혁인 과학 혁명으로 집약되었다. 고대 문헌이나 신의 불가사의한 방법보다 실험과 이성으로 세상의 이치를 설명할 수 있다는 믿음이 마침내 근대로 이끌었다.

프랑스 과학자, 혹은 당시 알려진 대로 '자연 철학자'들은 이러한 시대의 중추적 인물 중 하나이다. "나는 생각한다, 고로 나는 존재한다"라는 유명한 말에 내포된 르네 데카르트의 철학적 주장은, 인간은 신의 계시에 의존하기보다 자신의 이성을 사용해 진리를 추구할 수 있는 존재라는 근대적 사고의 확립에 도움이 되었다. 데카르트는 17세기 초반의 선도적인 수학자 중 한 사람으로서 해석 기하학의 초기 원리를 개발했다. 또 다른 전설적인 수학자 피에르 드 페르마는 미분학을 창시했고, 같은 프랑스 출신의 수학자 블레즈 파스칼과 함께 확률 이론을 정립했다.

이 급속한 혁신과 실험의 시대 동안 자연히 미식 세계에서도 진보가 이루어졌다. 화학과 해부학에 대한 이해가 높아지면서 식단 내에서 '성질'의 균형을 강조하는 견해는 설 자리를 잃고, 의학적 조언보다 선호하는 취향이 우선시되기 시작했다.[1] 하지만 프랑스 미식에서 뜻밖의 행운으로부터 과학적 변화를 포착한 것이 있다면, 바로 샴페인이다. 샴페인이 프랑스, 아니 세계에서 사랑받는 와인이 된 것은 수십 년에 걸친 실험을 통해 조금씩 개선되어온 덕분이다.

많은 프랑스 와인과 마찬가지로, 프랑스 북동부의 같은 이름의 지역, 샹파뉴에서 생산된 와인을 샴페인의 초기 버전으로 인정하기는 어렵다. 와인 생산이 가능한 토양의 끝자락에 위치한 이 지역의 포도밭에서는 역사적으로 가벼운 옅은 핑크색 와인을 생산해왔다. 지역 와인 생산업자들은 인근 부르고뉴 지방에서 생산된 와인과의 경쟁에 매진했고, 샹파뉴 지방의 중심 도시 랭스에서 열리는 왕실 대관식 전통과 이에 수반되는 과도한 음주로부터 혜택을 누렸다. 수백 년 동안 샹파뉴 지방의 와인은 프랑스와 잉글랜드에서 높은 평가를 받아왔지만, 보통의 와인으로 오늘날 우리가 알고 있는 스파클링 와인과는 거리가 있었다.

사실 중세와 근대 초기에 이르는 시기 동안 거품은 샹파뉴 와인의 중대한 결함으로 여겨졌다. 그것은 북부 지방의 기후적 특징 때문에 생긴 것이었다. 가을 추수가 끝난 후에는 매서운 추위가 찾아와 겨울 동안 와인의 발효가 중단된다. 그런 뒤 봄이 되어 기온이 오르면 발효가 다시 시작되면서 과도한 이산화탄소가 생성된다. 그래서 몇 주 동안 통 안에서 부글거리며 기포가 생긴 와인이 가스가 완전히 새어 나와 안정되면 유통되었다.

그러다가 16세기 초반부터 유럽 전역의 와인 생산업자와 상인들은 와인을 통이 아닌 병에 담아 저장하고 판매하기 시작했다. 이는 샹파뉴 와인에 있어서는 문제가 되었다. 두 번째 발효가 시작되기 전에 병에 담으면 이산화탄소가 빠져나가지 못하고 무작위로 병이 터질 것이기 때문이다.[2] 샹파뉴의 와인은 불운을 현실에 존재하지 않는 다른 대상의 탓으로 돌리는 전통적인 경향에 따라 '악마의 와인vin du diable'이라는 별명을 얻었다. 당시 와인 생산업자들은 화학 작용 과정을 실제로 이해하지 못한 채 발효의 원리를 이용했기 때문에 이러한 재앙을 예방할 방법을 알지 못했다.

겨울을 무사히 넘기면 샹파뉴 와인 생산업자들을 절망에 몰아넣는 거품으로 반짝이는 와인이 만들어졌다. 그런데 잉글랜드 상류층은 거품이 있는 샹파뉴 와인을 좋아해서 제일 먼저 멋진 사치품으로 받아들였다. 1662년 크리스토퍼 메렛Christopher Merret이라는 잉글랜드의 과학자가 런던의 유명한 왕립학회에서 발효 중인 와인에 설탕을 더해 스파클링 와인을 생산하는 방법에 대한 논문을 최초로 발표했다. 프랑스에서 장기간 망명 생활을 한 찰스 2세와 귀족들이 왕정복고로 런던에 돌아오면서 1660년대 런던에서는 프랑스 제품이 매우 유행이었다. 샴페인과 보르도 와인도 찰스 2세의 복위로 많은 이익을 얻었다.

그러나 익히 짐작할 수 있듯이 샴페인을 둘러싼 프랑스의 전설은 잉글랜드인의 이러한 기여는 배제되고 돔 피에르 페리뇽Dom Pierre Pérignon의 다채로운 활약에 더 초점을 맞추는 편이다. 그는 샹파뉴 지방에 있는 오빌레 수도원의 베네딕토회 수도사인데, 우연찮게도 루이 14세와 같은 해(1638)에 태어나고 같은 해(1715)에 세상을 떠났다. 그는 수도원 포도밭의 책임자였는데, 전해오는 이야기에 따르면 포도를 맛보면 어느 포도원에서 생산되었는지 정확히 맞출 수 있는 엄청난 능력이 있었다고 한다. 혹자는 이러한 능력이 극단적으로 제한된 식단 덕분이거나 그가 눈이 보이지 않았기 때문이라고도 한다.

돔 페리뇽은 원래 샹파뉴 와인의 질을 떨어뜨리는 원인으로 생각되는 2차 발효를 막는 방법을 찾아내려 했지만, 1670년대 잉글랜드와 프랑스에서 스파클링 와인이 인기를 끌게 되자 와인 제조 과정의 변수를 예측해 이에 대처하는 일련의 혁신적인 조치에 착수했다. 그는 '전통 샴페인 제조법'을 개발한 원조로 인정받으며, 오늘날 와인 생산업자들도 그의 방법을 따르고 있다. 돔 페리뇽은 1차 발효를 위해 새로운 화이트 와인 혼합물을 개발했는데, 이는 새로운 압착법으로 적포도에서 얻어낸 것이다. 프랑스인은 돔 페리뇽이야말로 달콤한 밀랍으로 병을 밀봉한 효과를 관찰해온 결과를 바탕으로, 설탕을 이용해 의도적으로 2차 발효를 유도하는 방법을 처음 개발한 사람이라고 주장한다. 일설에 따르면 그는 순례 중인 스페인 수도사 두 사람을 통해 코르크로 병을 막으면 병 안에서 생성되는 과도한 압력을 막는 데 도움이 된다는 사실을 발견했다고 한다(하지만 그에 관련된 많은 전설처럼 이 역시 출처가 불분명하다). 그는 온도 변화를 제한하기 위해 수도원의 석회질 토양 아래 깊숙한 곳에 와인 저장고를 만들었다. 돔 페리뇽이 세상을 떠날 때까지 샴페인 제조 과정은 여전히 변화무쌍하고 그 원리가 명확히 밝혀지지 않은 상태였지만, 근대화로 가는 길은 상당히 발전되어 있었다. 19세기 들어 오빌레 수도원에 있는 돔 페리뇽의 포도밭을 인수한 모엣 & 샹동은 세계 최고의 샴페인에 그의 이름을 붙여주었다.

베르사유에 샴페인이 소개된 것은 17세기 후반이었지만 1715년 루이 14세 사후 섭정 기간에 더욱 인기를 얻게 되었다. 루이 14세가 너무 오랫동안 왕위에 있어 아들과 손자들이 모두 그보다 먼저 세상을 뜬 탓에, 왕위를 계승한 것은 다섯 살짜리 증손자 루이 15세였다. 선왕 루이 14세의 조카인 오를레앙 공작이 1723년까지 어린 왕을 대신해 통치했다. 섭정 기간은 훨씬 긴장감이 이완된 시기였다. 프랑스 국민, 특히 귀족들은 태양왕 시절의 숨 막히는 전제 정치로부터 벗어났다는 해방감을 느꼈다. 섭정 오를레앙 공작이 팔레루아얄에 자리를 잡으며 자연히 다시 파리가 궁정 사회의 중심지가 되었고, 유명한 파리의 살롱들은 정치적·문화적 논의를 즐기는 이들의 인기 있는 모임 장소가 되었다. 상류층은 사치스러운 모임을 즐겼고, 샴페인의 반짝이는 거품은 시대정신에 딱 들어맞는 것 같았다. 샴페인의 인기는 루이 15세 통치기에도 계속되었는데, "샴페인은 마시고 난 뒤 여성을 아름답게 하는 유일한 와인이다"라는 그의 애첩 퐁파두르 부인의 유명한 찬미는 현재까지도 전해진다.

섭정기는 철학자, 과학자의 혁명적인 사고가 자유, 종교적 관용, 이성을 통한 인간의 진보를 표방하는 광범위한 운동으로 나타나며 '빛의 세기 le siècle des Lumières'라는 계몽주의 시대가 시작된 때이기도 하다. 근대 자유주의가 18세기 이곳 파리에 뿌리내려, 파리는 당대 정치와 종교의 독단에 대한 지적 반란의 중심지가 되었다. 몽테스키외는 교회와 국가의 분리라는 사상을 발전시켰고, 장자크 루소는 '사회 계약'을 토대로 통치자의 합법성은 신이 아닌 통치받는 자국민의 동의에서 도출된다는 견해를 피력했다. 당대는 물론 프랑스 역사상 위대한 작가로 꼽히는 볼테르는 종교적 관용과 인간의 진보에 대한 철저히 근대적인 사상을 담은 철학서와 문

그림의 왼쪽에서 샴페인 병이 열리며 코르크 마개가 튀어 오르는 모습을 몇몇 사람이 감탄하듯 쳐다보고 있다. 이는 '악마의 와인'의 가장 초기 특징을 묘사한 그림일 것이다. 장프랑수아 드 트루아Jean-François de Troy, 「굴이 있는 점심 식사Le Déjeuner d'huîtres」(1735). 샹티이의 콩데미술관.

학 작품을 펴냈고, 고문을 비롯해 당대의 야만적 형벌 폐지를 주장했다.

샴페인의 열성적인 애호가이기도 했던 볼테르는 1736년에 다음과 같은 글을 남겼다.

> 거품에 눌린 와인,
> 매끈한 병으로부터
> 마치 천둥이 코르크 마개를 날리듯
> 위로 치솟아 천장까지 닿으면 우리는 웃지.
> 이 신선한 와인의 반짝이는 거품,
> 우리 프랑스인의 멋진 이미지인가.[3]

샴페인 제조자들에게는 안타깝게도 프랑스 북동부에 있는 그들의 고향은 외적이 프랑스로 쳐들어오는 단골 침략로였다. 그러나 가장 유명한 샴페인 혁신가 중 한 사람이 이러한 약점을 이점으로 바꾸는 방법을 찾아냈다. 바브니콜 퐁사르당은 1798년 한 작은 샴페인 하우스의 대표인 프랑수아 클리코와 결혼했는데, 1805년 남편이 일찍 세상을 떠난 뒤 가업을 물려받아 뵈브 클리코 퐁사르당Veuve Clicquot Ponsardin('뵈브'는 '과부'라는 뜻이다)으로 회사의 이름을 바꾸었다. 그녀는 뛰어난 와인을 만드는 데 사용되던 여러 기술을 도입해 샴페인을 생산했는데, 이것이 최초의 진정한 근대 샴페인으로 간주된다.

그러나 재앙이 닥쳤다. 나폴레옹이 러시아 원정에 실패해 퇴각하고, 1814년 러시아, 프로이센, 오스트리아 연합군이 샹파뉴에 침공한 것이다. 동료 제조업자들은 모두 물품과 집기들을 땅에 묻고 도망쳤지만 미망인 클리코 부인은 달리 접근하기로 했다. 전리품 약탈이 시작되기 전에 점령군이 샴페인을 마음껏 마시도록 제공하기로 한 것이다. 그녀는 특히 러시아인들이 자신의 제품을 좋아하게 될 것이라고 장담했다. "오늘은 거저 마시지만, 내일은 돈을 내고서도 마시게 될 거야!" 그리고 아니나 다를까, 그 이듬해 대대적인 도박에 나서 샴페인 수천 병을 싣고 러시아로 향해 이미 그녀의 샴페인에 푹 빠진 러시아 귀족들을 찾았다. 그녀가 가져간 최고의 제품을 마신 차르는 다른 것은 마시지 않겠다고 선언했고, 뵈브 클리코에 대한 러시아인의 집착은 차르가 존재하는 동안 내내 지속되었다.

마침내 19세기 들어 프랑스의 젊은 화학자 장바티스트 프랑수아Jean-Baptiste François가 샴페인에 더하는 설탕의 적당량을 계산하는 방법을 알아내 발효를 제어하고 병 폭발로 인한 피해를 줄일 수 있게 되었다. 위대한 루이 파스퇴르는 맥주와 와인에 대한 연구를 통해 발효가 정확히 어떤 과정으로 일어나는지 발견했다. 이렇게 마침내 과학의 사도들이 '악마의 와인'을 가까스로 제압한 덕분에 더욱 안전하고 예측 가능한 방법으로 샴페인을 생산하게 되었다.

그러나 불행하게도 그들 역시 자연과 인간으로 인한 파괴는 막을 수 없었다. 19세기 후반 이 지역의 포도밭은 북아메리카에서 우연히 유입된 미세 해충인 포도나무뿌리진디phylloxera에 의해 사실상 완전히 황폐해지고 말았다. 포도원을 재건하기 위해 오랫동안 노력을 기울였지만 제1차 세계 대전이 발발하면서 샹파뉴 지방이 최전선이 되었다. 여자와 아이들이 포격과 백병전이 벌어지는 와중에 포도를 수확하기 위해 노력을 아낌없이 쏟아부었으나 이 지역 포도밭의 40퍼센트가 파괴되고 말았다. 게다가 전쟁이 끝난 후에는 볼셰비키 혁명과 미국의 금주법 시행으로 샴페인의 최대 시장 두 곳을 잃는 이중고까지 겪어야 했다. 그러나 샴페인 제조자들은 포도원을 재건하고 다른 시장을 개척하는 데 집중했다. 그중에서도 특히 영국은 더 드라이한 와인을 선호했는데, 그로 인해서 생산되는 샴페인의 주류 스타일이 바뀌게 되었다. 1936년에 샹파뉴의 샴페인은 AOC 인증을 받았다. 이는 곧 샹파뉴 밖에서 생산되는 와인은 샴페인으로 불릴 수 없다는 의미이다(그 후로 프랑스인들은 외국 생산자들이 이 규칙을 존중하도록 노력해왔다).

오랫동안 많은 유명 인사가 샴페인에 대한 사랑을 공공연히 밝혀왔다. "승리하면 샴페인을 마실 자격이 되고, 패했을 때는 샴페인이 필요하다"라는 말이 나폴레옹과 처칠 중 누구의 발언인지는 논란이 있지만, 두 사람 모두 전 세계 수백만 명의 사람들과 마찬가지로 샴페인 애호가인 것은 확실하다. 오늘날 화려함에 대한 갈증을 충족하기 위해 연간 3억 병 이상의 샴페인이 생산되고 있다.[4] 샴페인은 그야말로 프랑스다운 상품이다. 열정적으로 자란 포도로 섬세하게 만들어, 힘든 일상에서 짜릿한 삶의 기쁨과 해방감을 준다. 와인 생산업자와 과학자들의 끈질긴 노력 덕분에 샴페인은 정말로 악마의 손아귀에서 벗어나 프랑스 미식의 전당에 굳건히 자리 잡을 수 있었다.

# 30
# 음식에 대한 계몽주의식 접근법

조기 재배한 과일과 야채보다 맛없는 것도 없다.

— 장자크 루소[1]

1723년, 8년의 섭정이 끝나고 루이 15세는 열세 살이라는 어린 나이에 권력을 잡았다. 그가 50년 넘게 왕위에 있는 동안 프랑스의 국력과 번영은 점차 쇠퇴하기 시작했다. 그는 증조부의 전제주의적 통치를 모방하려 했지만, 이번 루이는 태양왕이 아니었다. 루이 15세는 특별히 총명하지도, 단호하지도, 야심이 있지도 않았다. 궁정이 다시 퇴폐적인 베르사유에 자리 잡고 왕이 방종한 유흥 생활에 탐닉하는 동안 프랑스는 혼란의 소용돌이에 빠져들었다. 왕은 돈을 물 쓰듯 썼고, 많은 정부를 두는 등 여성 편력으로 악명 높은 사람이었다. 젊은 미녀들로 가득 찬 왕실 '할렘'의 은밀한 유혹은 몇 년 동안 궁정 여기저기에서 추문을 불러일으켰다.

1744년 봄, 루이 15세는 한 젊은 정부로부터 몇 년째 계속되고 있는 오스트리아 왕위 계승 전쟁에 더 적극적으로 나서라는 부추김을 받고, 숙적인 합스부르크 왕가를 무력화하기 위한 프랑스의 또 다른 시도에 나섰다(이번에는 프로이센과 동맹을 맺었다). 그는 오스트리아령 네덜란드 침공을 준비하던 중 메스에서 몇 달 동안 원인 불명의 열병을 앓았다. 프랑스 국민은 그의 회복을 기원하며 간절히 기도했다. 루이 15세가 자신의 백성들에게 진정으로 인기가 있었던 것은 이때뿐이었을 것이다. 노트르담 성당에 '사랑하는le Bien Aimé' 루이를 위한 수천 개의 촛불이 켜졌다. 루이는 자신이 살아남는다면 파리의 수호성인 제노베파에게 바치는 새 교회를 세우겠다고 맹세했다. 그리고 마침내 병에서 회복되자 파리의 라틴 지구의 센강이 내려다보이는 언덕에 교회를 세우도록 명했다. 1790년 화려하게 장식된 교회가 완공될 무렵, 프랑스 혁명으로 종교적 과업에 대한 열정이 누그러진 상황이었다. 그리하여 이 건물은 공화국에서 위대한 공을 세운 시민들에게 헌정된 세속의 묘지, 즉 위풍당당한 팡테옹으로 바뀌었다.

팡테옹에 묻힌 사람 중에는 18세기 후반 급진적인 정치 철학으로 미국과 프랑스 혁명가들에게 엄청난 영향을 미친 계몽주의의 거인, 장자크 루소가 있다. 그간 음식과 식단에 대한 그의 특이한 생각은 별로 관심을 받지 않았는데, 이러한 그의 사고를 통해서도 18세기 프랑스의 특징인 고정 관념과 권위에 대해 광범위한 도전이 이루어졌음을 명확히 이해할 수 있다.

루소는 원래 인간은 '자연 상태'에서 자유롭게 태어났지만 시간이 지나면서 문명의 진보, 특히 사유 재산의 출현과 함께 생겨난 사회적 관습에 의해 타락하고 노예화되었다고 믿었다. 이처럼 순수한 존재가 타락했다는 징후는 인간이 잔혹하고 경쟁적인 세상을 추구하며 자연과 조화를 이루려는 노력을 포기했음을 상징하는 부자연스러운 관습인 육식에서 나타난다. 루소는 이렇게 기술했다. "야만인들은 모두 잔인하며, 그들이 그렇게 된 것은 그들의 도덕 때문이 아니다. 이 잔인함은 그들이 먹는 음식 탓이다. 그들은 사냥하러 가듯 전쟁에 나가 마치 인간을 곰처럼 취급한다… 극악무도한 흉악범들은 피를 마심으로써 자신들을 살인에 둔감해지게 만든다."[2]

나날이 커지는 음식의 다양성과 호화로움을 문명의 진보로 보았던 당시 대다수의 사람과 달리 루소는 복잡하고 사치스러운 음식을 탐탁지 않게 여겼다. 이제 먹는 행위가 생존이 아닌 위신을 위한 행위로 바뀌었고, 이는 곧 인간이 자연으로부터 점점 더 멀어진다는 명확한 증거였다. 루소는 특히 베르사유에서 힘들게 생산되는 '조기 재배한 채소'를 끔찍하게 생각했다. "자연 질서를 어지럽히고, 자연이 마지못해 저주를 담아서 내주는 비자발적인 생산물을 얻어내는 것은 힘만 들 뿐 그 채소들은 맛이 없다."[3]

고기, 호화스러운 음식, 자연의 섭리를 따르지 않은 때 이른 채소를 먹음으로써 인류가 자애로운 자연으로부터 멀어진 것이 분명하다면, 이러한 음식을 피하고 빵, 달걀, 유제품, 과일, 재래식으로 기른 채소로 이루어진 단순한 식단을 고수하면 조화를 이룰 수 있다는 것이 루소의 주장의 핵심이었다. 그는 특히 오믈렛을 좋아해 자신이 오믈렛 제조 전문가라고 생각했다.

루소는 와인을 즐겼지만 과하게 마시지는 않았다. 흥미롭게도 그는 술에 취한 사람을 실패자로 보면서도 다른 여러 악인보다 나쁘지는 않다고 여겼다. 정직한 주정뱅이가 맨정신의 사기꾼보다 낫다는 것이다. 그는 이렇게 썼다. "사악한 인물들, 음모, 반역, 간통이 판을 치는 나라에서는 생각하지 않고 자신의 마음을 드러내게 되는 무분별한 상태를 두려워한다. 따라서 취하는 것을 가장 혐오하는 사람들은 취하지 않는 데 가장 큰 관심을 가지는 법이다."[4] 루소는 세 종류의 와인에 대해 설명했다. 뱅 뒤 크뤼vin du cru는 가식 없이 좋은 음식을 그 자체로 받아들이는 보통 사람들이 즐기는 일반 와인이다. 물론 이것이 가장 자연스러운 정통 와인이다. 뱅 핀vins fins은 엘리트가 즐기는 최고급 명품 와인이며, 뱅 프르라테 vin frelaté는 부도덕한 여관 주인들이 파는 불순한 와인이다.[5]

루소의 주장이 극단적이기는 하지만 인위적인 것을 배제한 자연스러움에 대한 그의 헌신은 당대 다른 사상가들에게 공유되었다.[6] 드니 디드로와 장 르 롱 달랑베르가 편찬한 유명한 『백과전서*Encyclopédie*』의 '요리' 항목에서는 "자연이 우리에게 준 음식을 훼손하는 100여 가지 다양한 방법이 존재하는데, 이로 인해 음식은 좋은 품질을 잃고서 성질을 나쁘게 하고 수명을 단축하는 맛 좋은 독이 될 수 있다"[7]라고 설명하면서 정통 요리법에 대한 편견을 드러낸다. 그리고 점차 많은 사람이 단순함과 전통의 미덕을 보게 되었다. 유행을 선도하는 사람들의 경멸을 받았던 소박한 요리가 검소하고 고결하다고 인식되며, 보다 도덕적인 생활 방식에 기여하게 되었다. 인체에 대해 과학적으로 이해하게 되면서 절제된 식단이 신체 건강에도 중요하다고 받아들여졌다. 오랜 세월 동안 인정받던 정교하고 묵직한 요리의 인기가 사그라지고 단순하게 조리된 신선한 음식의 매력이 대두되었다. 귀족들의 요리법을 부르주아 계층의 형편에 맞게 적용할 수 있는 방법을 제시한 새로운 요리책도 등장했다.

진보적인 사상가라고 하기 힘든 루이 15세조차도 선조들보다 더 자연스럽고 친밀한 식사 스타일을 선호했다. 그는 작은 식당salle à manger의 둥근 식탁에서 식사하기를 즐겼고, 이러한 개념은 귀족들 사이에서도 인기를 끌게 되었다. 루이 15세는 가끔 요리도 직접 했으며, 그의 많은 신하가 열렬한 미식가였다. 루이의 애첩 중 가장 유명한 퐁파두르 부인과 뒤바리 부인은 왕이 좋아하는 음식으로 그를 손아귀에 넣고 주물렀는데, 그들은 여러 요리를 만들어내거나 다른 요리에 영감을 주었다(예컨대 퐁파두르식 가자미 필레는 퐁파두르 부인이 좋아했던 송로버섯이 들어간 것이 특징이며, 뒤바리식 콜리플라워 크림은 뒤바리 부인의 피부처럼 뽀얀 크림색 콜리플라워 수프이다).

루이 15세는 파리의 연회를 더 좋아하게 되면서 베르사유에서 지내는 시간이 점차 줄어들었다. 하지만 유흥과 소비를 절제하지 않았기 때문에 왕실의 부채는 점점 더 쌓여만 갔다. 왕관 하나에 수백만 리브르를 쓴 뒤바리 부인의 사치스러운 취향도 한몫했다(결국 그녀는 1793년 공포 정치 시기에 단두대에서 생을 마감했다). 루이 15세는 오스트리아와 끔찍한 동맹을 맺고 7년 전쟁으로 캐나다와 인도의 식민지를 잉글랜드에 빼앗기면서 외교 및 군사 면에 있어서 프랑스의 역전을 초래했다. 그리하여 그의 재위 말기에 이르면 프랑스의 영향력은 굉장히 약해지고, 군주제에 대한 민중의 불만이 지방의 집회와 철학자와 작가, 예술가가 모인 파리 카페 등 여기저기서 터져 나오게 되었다. 말년의 왕은 감히 대중 앞에 모습을 드러낼 수 없었다.

1774년 루이 15세는 천연두로 세상을 떠났다. 그때 노트르담 대성당에는 불과 세 개의 촛불만 켜졌고, 이는 한때 '사랑하는' 왕이 얼마나 국민의 지지를 잃었는지 보여주는 방증이었다.[8] 당시 군주제에 대한 민중의 적개심은 극도로 높은 상태였기에 진정으로 위대한 왕만이 곧 닥칠 운명으로부터 군주제를 지켜낼 수 있었다. 하지만 루이 15세의 손자가 루이 16세로 왕위에 올라 앙시앵 레짐의 마지막 왕이 되었다.

# 31
# 카페에서의 혁명

7월 14일은 프랑스의 국경일이다. 영어권 국가에서는 1789년 7월 14일에 일어난 파리 바스티유 감옥 습격이 프랑스 혁명의 도화선이 된 사건이었다는 점을 기념해 '바스티유 데이'라고도 부른다. 그러나 대부분의 프랑스인은 그렇게 부르지 않으며 일부 사람들은 이에 대해 다소 불쾌하게 생각하기도 한다. 엄밀히 말하면 이 국경일은 프랑스의 입헌 군주제 수립을 축하하기 위해 1790년 7월 14일에 열렸던 전국적인 행사, 대혁명 1주년 기념 축제Fête de la Fédération를 기리기 위한 것이다. 감옥 습격보다 훨씬 고결한 성취 아닌가. 프랑스인 스스로는 7월 14일을 '국가 축제', 혹은 그냥 '7월 14일'이라고 부른다.

전국 많은 지역의 상점들이 이날은 문을 닫지만, 카페는 대부분 문을 연다. 프랑스 혁명의 사상과 이념을 함양하는 데 파리의 카페가 중요한 역할을 했다는 점을 감안하면 충분히 적절한 조치인 셈이다. 카페는 혁명사에 극적으로 등장하곤 한다. 혁명기 최고의 선동가인 카미유 데물랭Camille Desmoulins이 바스티유가 무너지기 이틀 전 파리 시민들 사이에서 반란을 선동하기 위해 탁자 위로 뛰어올라 연설한 곳도 카페 뒤 푸아Café du Foy였다. 18세기 동안 카페는 단순히 커피, 와인, 간식거리를 제공하는 데 그치지 않고 그 이상의 사회적 기능을 담당했기 때문에 카페의 전반적인 영향력은 훨씬 폭이 넓다고 할 수 있다.

이전 장에서 오스만 제국의 대사가 파리 엘리트층에 커피를 소개했다는 사실을 다루었다. 그러나 레모네이드 판매대에서 커피를 팔고 생제르맹의 연례 박람회에서 간이 튀르크풍 커피하우스를 차려 파리의 일반인들에게 새로운 음료를 제공한 사람은 아르메니아의 사업가 파스칼이었다. 1672년 그는 퐁뇌프 근처에 상설 커피 판매대 개념의 커피하우스를 차리기로 결정하고, 이를 (프랑스어로 커피라는 뜻의) '카페'라고 이름 지었다. 처음 카페를 찾은 이들은 극소수로, 대부분 동양에서 살았거나 여행한 경험이 있어서 이미 커피를 좋아하는 사람들뿐이었다. 결국 파산한 그는 커피하우스의 문을 닫고, 커피가 좀 더 인기를 누리고 있던 런던으로 넘어갔다.

하지만 그의 노력이 아주 무위로 돌아간 것은 아니었다. 몇 년 뒤 시칠리아 출신의 이민자 사업가 프랑수아 프로코프François Procope가 다른 방법을 시도했다. 파스칼의 레모네이드 판매대에서 일했던 그는 1686년 생제르맹데프레의 목이 좋은 곳에 자신의 이름을 딴 커피하우스를 열었다. 그로부터 얼마 지나지 않아 유명 극단인 코메디 프랑세즈가 길 건너편으로 옮겨오면서 카페 프로코프에 단골 연극인과 작가들이 생겼고 프로코프는 명성과 수익성을 모두 확보하게 되었다. 오랜 세월이 지난 후 이 카페는 레스토랑으로 바뀌어, 오늘날에도 여행자들 사이에서 인기 있는 (아마도 약간은 과대평가된) 관광지로 남아 있다.

카페는 계몽주의 시대에 작가, 예술가를 비롯해 여러 방면의 지식인들이 편하게 일하고 아이디어를 교환하며 활기찬 파리의 시대정신을 즐길 친밀한 공간을 제공하면서 번성했다. 초콜릿을 섞은 커피를 하루에 수십 잔 마시기로 유명했던 볼테르는 카페 프로코프에서 카페인 중독을 충족시켰다. 벤저민 프랭클린도 프랑스로부터 미국 독립 혁명에 대한 지원을 얻어내기 위해 파리에 머무르는 동안 카페의 단골이 되었다. 장자크 루소와 드니 디드로는 카페 모지Café Maugis에서 체스판을 놓고 옥신각신하곤 했다. 디드로는 보통 카페 드 라 레장스Café de la Régence에서 『백과전서』 편찬 작업을 했다(그리고 『백과전서』에서 카페를 "좋든 나쁘든 간에, 정신의 제조소"라고 표현하며 그 떠들썩한 분위기를 담아내려 했다). 1780년대 무렵 파리에는 수백 개의 카페가 있었다. 카페 뒤 푸아와 카페 드 라 레장스처럼 인기 있는 몇몇은 도박과 매춘의 소굴이자 열띤 정치 토론의 장이었던 팔레루아얄의 아케이드 안에 자리 잡고 있었다. 원래 커피만 내놓던 카페는 이제 오늘날과 같이 와인과 약간의 음식도 제공하기 시작했다.

프랑스를 혁명으로 이끈 주역들도 카페의 단골손님이었다. 막시밀리앙 로베스피에르는 카페 드 라 레장스를 더 좋아해서 카페 프로코프에서는 오렌지도 먹지 않았다. 조르주 당통은 카페 파르나스Café Parnasse를 너무도 좋아한 나머지 결국 카페 주인의 딸 앙투아네트 가브리엘 샤르팡티에와 사랑에 빠져 결혼했다. 카페는 정치적 논쟁과 선동이 이루어지고, 최신 뉴스와 소문을 공유하며, 음모를 획책하고 동맹을 맺을 수 있는 공간을 제공했다. 정치적 혼란이 격심해질수록 카페의 중요성도 커졌다.

1789년 무렵 재정 위기와 식량 부족 문제는 프랑스 국민, 특히 전통적으로 드센 파리 시민들에게 전례 없는 분노를 야기했다. 국왕 루이 16세는 1614년 이래 처음으로 전통적인 세 신분(성직자, 귀족, 평민)의 대표자들의 회의체인 삼부회를 소집했다. 그는 이를 통해 국가의 재정을 안정시킬 여러 정책을 수립할 수 있기를 기대했고, 반면에 제3신분 대표자들은 그들의 관심사가 논의되기를 바라며 잠재적 개혁에 대해 과도하게 낙관적인 기대를 품었다. 이전 시대와 마찬가지로 프랑스 국민 대다수는 제3신분이었는데, 그중에서 이제 프랑스 재정의 중추가 된 부르주아 계급은 자신들에게 정치적·사회적 권력이 충분히 부여되지 않은 데 대한 분노가 커지고 있었다.[1] 프랑스 국민은 유럽에서 가장 무겁고 불평등한 세금 체계에 시달리고 있었다. 성직자와 귀족은 대부분 세금이 면제된 반면, 제3신분은 각 가정에 부과되는 인세人稅 외에도 소금세, 교회에 내는 십일조, 관세, 막대한 국가 부채를 갚기 위한 일회성 세금 등 끝도 없이 생겨나는 각종 세금을 부담해야 했다. 세금 징수관은 대부분 부패했고, 전체 시스템은 터무니없이 비효율적이었다. 민중의 불만은 터지기 일보 직전이었다.

계몽사상가들의 사상에 영향을 받은 제3신분 대표자들은 1789년 5월 삼부회에 참석해 근본적인 변화를 이루어내기로 결의했다. 사제이자 영향력 있는 정치 운동가인 에마뉘엘조제프 시에예스Emmanuel-Joseph Sieyès가 이 상황을 다음과 같이 잘 요약했다. "제3신분이란 무엇인가? 국가의 전부이다. 그런데 정치권에서는 지금까지 어떤 존재였나? 아무것도 아니었다. 그들이 무엇을 원하나? 무언가 되는 것이다."[2] 1789년 6월 제3신분 대표자들은 국가의 진정한 목소리인 국민의회의 창설을 선포하고 프랑스 국정 운영의 기반이 되는 새로운 헌법을 만들겠다고 언명했다.

1789년 카미유 데물랭은 카페 뒤 푸아에서 "무기를 들어라, 시민들이여!"라는 전설적인 연설로 혁명을 일으키도록 군중을 선동했다. 카페 의자 위로 뛰어오르는 모습의 데물랭의 동상은 혁명 100주년 기념일에 그 자리에 세워졌다가 1942년 비시 정권에 의해 철거되었다. 「1789년 7월 12일, 팔레루아얄에서 폭동을 선동하고 있는 카미유 데물랭Camillus Desmoulins predigt Aufruhr in dem Palais Royal: den 12 Jul. 1789」, 1794~1820년 사이에 독일에서 그려진 것으로 추정. 스탠퍼드대학교 도서관과 프랑스국립도서관의 협업으로 설립된 프랑스 혁명 디지털 아카이브 자료. 출처 불명.

국왕 루이 16세는 결국 국민의회의 창설을 묵인했지만 파리 주변에 수천 명의 병력을 배치함으로써 수도에서의 긴장감을 고조시켰다. 반란의 기폭제는 7월 11일 대중에게 인기 있는 재무 장관(자크 네케르—옮긴이)의 파면이었다. 이를 국민의회에 대한 탄압 예고로 받아들인 파리 시민들은 분노해 거리로 뛰쳐나왔다. 7월 12일 데물랭이 카페 뒤 푸아에서 한 선동적인 연설은 끓어오르는 불만을 실제 폭동으로 변화시키는 데 큰 역할을 했다. 폭도들은 파리를 장악하고, 민중의 가장 큰 분노의 대상이었던 바리에르barrière, 즉 도시를 둘러싸고 파리에 들어오는 모든 음식과 와인에 통행료를 부과하던 통행 요금소를 불태웠다.[3] 반란에 참여한 민병대도 앵발리드 무기고에서 수천 자루의 총을 약탈했는데, 이 사건이 전제정치의 상징이자 화약 보관소인 바스티유를 습격하는 실질적인 동기가 되었을 것이다. 파리 시민들은 바스티유를 함락한 뒤 사령관을 처형해 그의 머리를 창에 꽂고 거리를 행진했다. 그들은 왕실에 대한 맹공격을 준비했으나 이러한 혼란에 직면한 왕은 군대를 철수시켰다. 미국 독립 전쟁의 영웅으로 당시 프랑스 혁명을 지지했던 라파예트 후작이 곧 국민위병으로 개칭된 '부르주아 민병대'를 지휘해 왕실 근위병으로부터 파리 치안의 책임권을 가져왔다. (이후 라파예트는 바스티유 감옥의 원래 열쇠를 조지 워싱턴에게 주었고, 이는 현재 마운트 버넌에 전시되어 있다.)

보통 프랑스 혁명을 단일 사건으로 생각하는 경향이 있지만 실은 몇 년에 걸쳐 확산된 일련의 정치적 혼란이었다. 초기에는 프랑스를 입헌 군주제로 변혁하자는 목소리가 우세했고, 공화제를 요구하는 급진적 주장이 힘을 얻기까지 몇 년 더 기다려야 했다. 1789년 8월 국민의회는 사회적 불평등의 근원으로 지목된 봉건적 권리와 구조를 공식적으로 폐지하고 급진적인 자유 계몽주의 이상이 담긴 인권 선언을 발표했다.

카페는 열렬한 후원자들 일부가 단두대에 오른 뒤에도 정치 활동의 중심지로서 명맥을 계속 이어갔다. 데물랭과 당통은 1794년 로베스피에르에 의해 처형되었고, 로베스피에르 그 자신도 몇 달 뒤 같은 운명을 맞이했다. 프랑스 정치가 나르시스아쉴 드 살방디Narcisse-Achille de Salvandy는 "카페에 반대해 통치하지 않는다. 혁명은 카페가 혁명에 찬성했기에 일어났다. 나폴레옹이 왕좌에 오를 수 있었던 것은 카페가 그의 영광을 찬성했기 때문이다"라고 하면서 혁명 이후에 카페가 더욱 온건해졌다고 언급했다. 그가 카페를 "자유 국가의 입법 권력의 한 가지"[4]라고 할 만도 하지 않은가.

혁명은 파리의 레스토랑에도 큰 변화를 일으켰다. 바스티유 함락과 이를 둘러싼 흉흉한 민심을 보면서 부유한 귀족들은 국외 이민이 안전한 조치라고 (아마도 정확히) 판단했다. 그들은 도망치면서 요리사를 비롯한 하인들을 남겨두고 떠났는데, 그중 다수는 재능 있고 창의적인 요리사였다. 실업자가 된 많은 요리사는 돈이 충분한 사람이라면 누구든 격식 있게 식사할 수 있는 자신만의 레스토랑을 개업하기로 결정했다.

레스토랑은 혁명 전에도 존재했지만 역사가 짧았고 중세부터 이어진 다양한 음식 길드와의 경쟁에 시달려야 했다. 모든 식품 사업에는 길드가 형성되어 있었고 길드마다 특권이 있었다. 예를 들면 단일 업자에게서 다양한 종류의 고기를 얻을 수 없었는데, 트레퇴르는 고기 요리와 스튜를 만들어 팔았으며 로티쇠르는 구운 고기, 샤퀴티에는 햄이나 리예트rillette, 소시지 등 소금 절임을 한 돼지고기를 팔았다(생고기를 사려면 정육업자나 가금류 판매상을 찾아가야 했다). 술집 주인과 와인 판매상은 음료는 팔 수 있었지만 음식은 팔 수 없었다. 혁명 전까지, 프랑스어로 '복원하다'는 뜻을 가진 레스토랑은 트레퇴르만 제공할 수 있는 고기 스튜를 복원했지만 트레퇴르가 제공하는 것과는 전혀 다른 부용bouillon(육류, 생선, 채소, 향신료를 넣고 끓인 육수—옮긴이)만을 판매하는 데 국한되었다. 그러나 프랑스 요리가 발달하면서 음식 종류를 명확히 분류해 적용하던 중세의 규칙을 시행하기가 점점 어려워졌다. 혁명이 일어나기 10여 년 전부터 레스토랑은 길드 규칙의 틀을 허물며 정교한 요리로 이루어진 정찬을 제공하고 있었다. 트레퇴르와 선술집에서 흔히 보는 단체용 테이블 대신, 레스토랑은 작은 개인용 테이블을 놓고 우아한 웨이터가 개인 및 소모임의 고객을 접대했다.

1791년 국민의회가 길드와 그들의 판매 특권을 폐지하기로 의결할 때까지 레스토랑의 수는 여전히 한정적이었다. 이제 레스토랑에서 합법적으로 무엇이든 팔 수 있게 되자 그 수와 규모가 급격히 커지기에 이르렀다. 모두가 즉시 레스토랑의 콘셉트를 높이 평가한 것은 아니었지만 파리의 요식업에 있어서는 큰 진전을 이룬 셈이었다. 동시대의 작가 루이세바스티앵 메르시에Louis-Sébastien Mercier는 레스토랑에 입장한 뒤 고정된 가격이 표시된 메뉴를 받는다는 발상에 불만을 토로했다. 음식과 가격을 동시에 보여주는 보다 정직한 트레퇴르와 달리, 레스토랑에서는 제공되는 음식을 보여주지도 않고 높은 가격을 요구하고선 막상 나온 요리는 "다가올 미래의 식사 표본"[5]처럼 항상 양이 매우 적다는 것이다.

긍정적인 면은 레스토랑의 성장으로 파리 시민들이 다양한 지방의 특산물에 눈뜨게 되었다는 점이다. 마르세유 출신의 요리사들이 차린 레 프레르 프로방소Les Frères Provençaux에서 프로방스의 특징이 강한 요리를 내놓으며 파리에서 토마토가 인기를 얻게 되었다(다른 이야기에 따르면 1792년 혁명군이 마르세유에서 파리로 진군할 때 토마토도 국가 「라 마르세예즈」와 함께 파리에 왔다고 한다).

레스토랑은 빠르게 파리의 명물이 되어 파리의 정체성을 규정하는 데 일조했다. 카페보다 정치성이 떨어졌기에 부유층과 빈곤층, 육체노동자와 학생, 법률가와 예술가 할 것 없이 사회 각계각층의 누구나 자신의 필요에 맞는 레스토랑을 찾을 수 있었다. 레스토랑이 파리를 점령한 직후인

1801년 조제프 베르슈Joseph Berchoux는 '미식gastronomie'이라는 용어를 만들어냈다. 어떻게 요리해야 하는지가 아닌 어떤 음식을 즐겨야 하는지 조언해주는 그리모 드 라 레니에르Grimod de la Reynière와 브리야사바랭 같은 미식 평론가들이 유명해졌다. 왕정 시대의 많은 요소와 마찬가지로 앙시앵 레짐 시대의 요리도 혁명으로 밀려나면서, 이 나라 최고의 요리사와 레스토랑이 전통 프랑스 요리를 새로운 방향으로 이끌 여지가 생겨났다.

혁명기의 레스토랑과 카페는 대부분 파리에서 사라졌다. 그러나 7월 14일에 프랑스 어느 지역이든 상관없이 카페를 방문한다면 오래전 카페가 왜 그토록 사랑받았는지, 어떻게 그렇게 영향력을 발휘할 수 있었는지 느끼게 될 것이다. 초창기부터 카페에 스며든 동지애, 재치, 삶의 즐거움이 지금까지 보전되어 전해진다는 점에서 근대 프랑스의 탄생을 축하하기에 최적의 장소이다.

# 32

# 평등한 빵

파리는 빵과 헌법을 위해 다시 일어나,
바다의 파도처럼 튀일리궁을 향해 흘러가고 있다.
— 토머스 칼라일[1]

루이 16세의 악명 높은 아내 마리 앙투아네트는 자신이 전혀 하지도 않은 발언으로 기억되고 있다. 마리 앙투아네트가 프랑스 국민이 먹을 빵이 없다는 말을 듣자 "그러면 케이크를 먹게 하라!"고 말했다는 것인데, 이 이야기의 프랑스 버전에서는 버터가 들어간 달콤한 빵 브리오슈를 먹게 하라고 했다고 전해진다. 사실 그녀가 이처럼 현실과 동떨어진 이야기를 했다는 증거는 없지만, 프랑스 군주들의 냉담함과 무지를 단편적으로 보여주는 사례로 사용된다.

오래전부터 왕과 황제들은 대중이 매일 먹는 빵의 필요성을 무시했을 때 발생하는 위험을 명확히 이해하고 있었다. 로마 황제 아우구스투스는 훗날 냉소적으로 '빵과 서커스'로 불리는 공짜 곡식과 유혈이 낭자한 구경거리로 대중을 매수해 침묵하게 했고, 프랑스 군주들도 이전에 곡식의 비축과 판매 제한을 통해 공급을 조절하려 했었다. 따라서 여왕이 빵의 중요성을 이해하지 못했다거나 신경 쓰지 않았다는 생각은 굉장히 효과적인 인신공격인 셈이었다.

마리 앙투아네트는 처음부터 인기가 없었다. 그녀는 1770년 열네 살의 나이에 미래의 루이 16세와 결혼했는데, 매력적이지만 경박한 젊은 여성으로 묘사되었다. 그녀와 루이의 결합은 불행하게 시작되었고, 그들 사이에서 첫아이가 태어나기까지 8년이 걸렸다. 오스트리아인인 그녀가 결혼했을 때는 프랑스가 오랜 숙적 오스트리아와 동맹을 맺은 지 얼마 되지 않았을 때였다. 프랑스가 이미 형편없는 통치와 소모적인 전쟁으로 생긴 국가 부채로 인해 몰락하고 있던 시기에 호화로운 옷, 고급 보석, 값비싼 음식과 가구를 좋아하는 그녀의 취향은 공공연한 분노의 표적이 되기에 충분했다.

마리 앙투아네트는 직접 케이크와 페이스트리를 구울 정도로 단것을 좋아한다고 알려졌다. 특히 매우 가볍고 맛있는 머랭을 잘 만들었다고 한다. 신선한 채소도 좋아해 베르사유에 이상적인 작은 농촌 마을을 만들기도 했다. 이곳은 그녀가 목동인 양 지내며 '시골의 소박한 삶'을 경험할 수 있는 곳이자 베르사유의 주방에 재료를 공급하는 농장이기도 했다.

이 시골 마을로 인해 그녀는 민중으로부터 더 미움을 받게 되었다. 민중은 문제를 제대로 인식하지 못하는 군주의 돈 낭비 놀음으로 본 것이다. 이렇듯 마음에 쌓인 분노가 1788~1789년 기상 악화와 흉년으로 빵값이 폭등하면서 더욱 심해졌다. 빵은 보통 사람들이 배를 채울 수 있는 가장 저렴한 방법이었다. 극빈층의 경우 빵이나 귀리죽은 일일 섭취 권장 칼로리의 95퍼센트까지 섭취하게 되는 주식으로, 사람들은 하루에 통곡물빵 450그램에서 1.3킬로그램을 먹었다.[2] 보통 가계 예산의 절반 이상이 빵에 지출되었다. 그래서 빵값이 두 배로 뛰자 국민의 상황이 대부분 절박해졌고, 결국 혁명의 원동력에 기름을 붓는 작용을 하게 된 것이다.

마리 앙투아네트는 식량 부족의 원인으로 많은 비난을 받았다. 왕은 오만하고 퇴폐적인 아내에게 꽉 잡혀 사는, 점잖지만 아둔한 꼭두각시로 여겨졌다. 그래서 바스티유 함락 석 달 뒤인 1789년 10월에 파리에서 빵이 동나자, 수천 명의 여성이 가족에게 먹일 빵을 구하고 왕을 수도로 돌아오게 할 작정으로 베르사유까지 걸었다. 베르사유의 거품에서 벗어나 파리의 가난과 굶주림에 직면하면 왕이 백성들을 동정해 빵을 줄 것이라고 기대했다. 행진해온 인파는 평화롭게 베르사유에 도착해 왕으로부터 곡식을 제공하겠다는 약속도 받았다. 그러나 하룻밤 사이에 군중은 폭도로 변해 궁으로 쳐들어갔다. 왕비는 하마터면 목숨을 잃을 뻔했지만 그녀의 거처까지 침입한 성난 군중으로부터 가까스로 도망칠 수 있었다. 왕실이 짐마차 50대 분량의 밀과 밀가루를 싣고 파리로 돌아가는 데 동의하자 사태가 겨우 진정되었다. 여성들은 돌아가는 길 내내 국왕 일가와 동행하며 외쳤다. "더 이상 빵이 부족하지 않을 것이다. 우리는 제빵사, 제빵사의 아내, 그리고 제빵사의 아들까지 다시 데려왔다." 왕실은 튀일리궁에 거처를 마련했는데, 근본적으로는 혁명 의회와 파리 폭도들이 호의를 베푼 인질로 잡혀 있는 셈이었다.

의회가 더욱 급진적인 법령을 발표하면서 상황은 더욱 긴장 국면에 접어들었다. 모든 귀족의 작위와 지위가 폐지되고 지방 고등 법원도 해체되었다. 프랑스의 가톨릭교회는 국가에 종속되어 더 이상 십일조를 징수할 수 없게 되었고, 수도원은 폐쇄되었으며, 모든 교회 재산은 몰수되어 국가 부채를 갚기 위해 매각되었다. 프랑스의 독자적인 지방 행정 조직은

수천 명의 여성이 매일 빵을 공급받게 되리라는 기대를 품고 여기 "제빵사, 제빵사의 아내, 그리고 제빵사의 아들"이 있다고 외치며 국왕 일가를 호위해 파리로 돌아가고 있다. 「1789년 10월 6일, 저녁 식사 후 프랑스 혁명의 여성 영웅들이 베르사유에 머무르던 국왕 일가를 파리로 데려오는 모습Epoque du 6 octobre 1789, l'après diné, à Versailles les héroines françaises ramènent le roi dans Paris, pour y faire sa principale résidence」(1789). 스탠퍼드대학교 도서관과 프랑스국립도서관의 협업으로 설립된 프랑스 혁명 디지털 아카이브 자료. 출처 불명.

83개의 데파르트망département으로 대체되어 획일적인 행정 구조를 갖춘 강력한 중앙 집권화의 실현이 가능해졌고, 상업의 자유화와 경제적 기회의 확대를 위해 길드, 무역 독점, 국내 관세가 폐지되었다.

다음에 무슨 일이 일어날지 두려워진 왕가는 1791년 6월 파리로부터 도망치려 했다. 하지만 탈출 계획에 차질이 빚어지면서 국왕군이 대기 중인 원래 목적지인 몽메디에 훨씬 못 미친 바렌에서 잡히고 말았다. 이 탈출을 둘러싼 수많은 이야기가 전해지는데, 그중 하나는 식탐이 많은 왕이 생트므누의 유명한 돼지 족발을 먹으러 들르는 바람에 운명적으로 일정이 지체되었다는 설이며, 다른 하나는 브리 드 모Brie de Meaux 치즈 때문이라고도 한다. 이러한 이야기는 윤색된 것이겠지만, 국왕 일가가 느릿느릿한 속도로 시골을 누비고 다녔으니 당연히 다시 잡힐 수밖에 없었다는 것은 사실이다.

왕이 파리로 돌아오고 얼마 지나지 않아 의회는 프랑스 최초의 헌법을 승인했다. 왕은 거부권을 행사했지만 헌법에 따라 전면적인 정치권력은 새로 성립된 입법의회에 있었다. 그러나 이 대대적인 성취도 심각한 경제 위기와 커지는 사회 불안을 잠재울 수는 없었다. 농민, 성직이 박탈된 사제, 망명 귀족이 반란을 일으켰고, 다른 유럽 군주들은 점차 적대적으로 변해갔다. 마침내 왕과 혁명 세력이 한 가지에 동의했다. 프랑스가 의지할 최선책은 전쟁이라는 것이다(왕은 절대 왕정을 회복할 절호의 기회라고 생각한 반면, 혁명 세력은 승리를 통해 혁명이 뿌리내리고 확산될 수 있다고 믿었다). 1792년 4월 프랑스는 오스트리아에 선전 포고를 했다.

전쟁은 프랑스에 불리하게 전개되어 오스트리아군과 프로이센군이 파리를 위협하기에 이르렀다. 이는 상황을 더 악화시킬 뿐이었다. 8월에 한 무리의 폭도들이 튀일리궁을 공격하자 국왕 일가는 입법의회로 피신해 보호를 요청했지만, 의회는 대중의 압력에 굴복해 왕의 체포를 두고 투표를 실시했다. 또한 국민공회 소집을 위한 새로운 선거를 보통 선거로 치르기로 결의했다. 9월에 국민공회가 입헌 군주제를 종식하고 프랑스는 공화국임을 선포했고, 프랑스군은 전쟁터에서 승리를 거두기 시작했다. 혁명은 구원받았다.

그러나 루이와 마리 앙투아네트의 운명은 암울했다. 두 자녀와 함께 우뚝 솟은 탕플 요새에 갇힌 채 병들어 약해진 상태였고 충실한 친구나 외국 군대로부터 구원받을 희망은 거의 없었다. 왕은 재판에 회부되었다가 1793년 1월 단두대로 보내졌고, 마리 앙투아네트는 그해 10월 왕의 뒤를 따랐다. 그들의 어린 아들은 2년 후 탕플 감옥에서 죽었고 딸만 살아남았다.

왕의 죽음은 혁명에서 결정적인 순간이었다. 왕까지 처형했으니 이제 돌이킬 수 없는 국면에 이른 것이다. 외국 군대, 반혁명 봉기, 사회적·경제적 불안 등의 위협이 있는 상황에서 공화국을 건설하고 유지하는 데 모든 노력이 집중되었다. 공포 정치(1793~1794)로 불리는 잔혹한 탄압으로 2만 명이 넘는 사람들이 죽었지만, 혁명 정부는 반대파를 숙청하고 공화국의 이상에 따라 사회를 개혁하기 위한 필요에 따른 것이라고 시민들을 이해시켰다. 1793년 로베스피에르는 이렇게 썼다. "그러면 국민은 언제 교육받을 것인가? 바로 먹을 빵이 충분한 때이다."[3] 그리하여 빵을 포함한 생필품에 가격 상한제가 도입되었다.

또 다른 법령에서는 이렇게 규정한다. "새로운 평등주의 체제에서는 부와 가난이 사라지기 때문에, 더 이상 부자들을 위해 고운 밀가루로 빵을 만들고 가난한 이들을 위해 겨로 빵을 만들지 않을 것이다. 모든 제빵업자는 오직 좋은 빵, 평등한 빵만을 만들며, 그렇지 않으면 징역형에 처해질 것이다."[4] 이 '평등한 빵pain d'égalité'은 밀 4분의 3, 호밀 4분의 1로 만들어 매우 퍽퍽하고 맛이 없어서, 사회적 평등이란 귀족들이 먹던 하얀 빵을 먹는 것으로 생각했던 민중에게 커다란 실망을 안겼다. 이 법령을 제정한 실제 이유는 심각한 식량 부족 때문이었다. 가격 통제로 프랑스 농부들이 곡물 재배를 덜 하게 된 데다가 영국과의 전쟁으로 곡물 수입에 문제가 생겼지만 혁명적인 수사로 포장한 것이다. 이러한 정책으로 로베스피에르는 역사적 논란에 휩싸인다. 그는 보수주의자들에게는 악의 화신으로, 일부 자유주의자들에게는 필요악으로, 마르크스주의자들에게는 존경할 만한 인물로 인식된다.

빵은 여전히 프랑스인에게 필수적이고 상징적인 음식이지만 오늘날은 혁명기보다 적게 소비된다. 오늘날 프랑스인은 일일 평균 120그램의 빵을 소비하는데, 이는 18세기보다 네 배에서 열 배 정도 감소한 양이다.[5] 사실 모든 프랑스인이 빵을 먹으니 이러한 수치는 빵이 인기가 없다는 의미라기보다 식습관이 진화하고 다양해지고 있다는 신호이다. 프랑스의 수많은 작은 시골 마을에 가면 빵의 중요성을 체감할 수 있는데, 그곳에서 살아남을 수 있는 마지막 자영업은 대개 빵집이다. 우체국이나 슈퍼마켓이 없는 마을에서조차도 빵집은 유지되니 말이다.

즉, 프랑스인이 '식탁 위의 성 삼위일체'에 와인과 치즈뿐만 아니라 빵도 포함되어 있다고 믿는 데는 이유가 있는 것이다.[6] 프랑스의 왕실 수장들이 이러한 간단한 진리를 인식하기만 했다면 프랑스의 역사, 그리고 자유 민주주의의 역사는 크게 달라졌을지도 모르겠다.

# 33
# 감자 전도자

프랑스 혁명은 증오하던 체제를 전복시키는 데만 그치지 않았다. 천여 년에 걸쳐 형성된 전체 사회 질서를 파괴했고, 그 파괴 행위로 엄청난 공백을 남겼다. 평등주의, 민족주의, 과학 혁신의 유토피아적 혼합에 자극받은 새로운 지배 계급은 급진적으로 사회를 개조했다. 이미 우리는 모든 인간의 법적 평등 선언, 교회의 종속, 공화국 설립 등 그들이 취한 몇 가지 극적인 조치를 보았다. 이러한 광범위한 개혁의 세부 조치로 일상 속 많은 부분이 사회적으로 개선되었는데, 이 모든 것이 당시 진행 중이었던 극적인 혁명 과업을 강화하기 위한 목적이었다.

예를 들어 급진파의 십진법에 대한 호감은 세계 최초로 미터법을 도입하는 데 그치지 않고 새로운 달력의 도입으로도 이어져 이후 12년 동안 사용되었다. 이제 추분에 새해가 시작되고, 열두 달은 방데미에르 Vendémiaire(포도 수확을 뜻하는 vendange에서 유래), 프뤽티도르Fructidor(라틴어로 과일을 뜻하는 fructus에서 유래) 같은 새로운 이름을 가지게 되었다. 한 달은 10일씩 3주, 하루는 10시간으로 구성되었다. 이전에는 매일 다른 가톨릭 성인을 기념했지만, 이제는 보다 일상에 밀접한 숭배 형태로 바뀌어 매일 다른 과일과 채소, 농작물과 가축, 심지어 토양과 농기구 등 프랑스 농업에 관련된 요소를 기념하게 되었다.

새로운 달력으로 방데미에르 11일(이전의 10월 2일)은 보잘것없는 '감자pomme de terre'를 기념하는 날이었다. 확실히 오늘날 프랑스인들에게 감자는 숭배할 만한 가치가 있는 작물이다. 비타민과 항산화제가 풍부하고, 재배하기 쉬우며, 튀기든 삶든 볶든 굽든 거의 무한한 방식으로 요리가 가능하다(심지어 예쁜 꽃도 핀다). 감자는 프랑스에서 가장 광범위하게 먹는 채소이며 그라탱, 수프, 퓌레, 캐서롤, 팬케이크 등 끝없이 다양한 형태로 만들어진다. 하지만 놀랍게도 이러한 감자 사랑은 비교적 최근, 혁명의 대격변 시대 중 생겨났으며 이는 그 선전에 기울인 한 사람의 지칠 줄 모르는 노력 덕분이다. 그가 바로 앙투안오귀스탱 파르망티에Antoine-Augustin Parmentier이다.

감자의 고향은 안데스산맥 지역, 현재 페루와 볼리비아가 자리한 지역이다. 이곳에서는 7000여 년 전부터 야생 품종을 농작물로 재배해왔는데, 16세기 스페인 정복자들이 잉카 문명을 파괴하는 과정에서 유럽인에게 알려졌다. 스페인인들이 유럽에 감자를 들여왔지만, 우리가 이미 살펴본 성공적인 수입 사례들과는 달리 감자는 상당한 저항에 부딪혔다. 먼저, 먹기에 위험해 보였다. 치명적인 독성 식물군인 가지속에 속한 만큼 초록색 감자에는 독성이 있었는데, 그래서 감자가 나병을 일으킨다는 믿음이 팽배했다. 게다가 감자는 성경에서도 언급되지 않았으니 의심스러울 수밖에 없었다. 맛도 담백했다. 그래서 감자는 대부분 동물 사료로 사용되면서 사람이 먹기에는 부적절하다는 인식이 굳어졌다.

그러나 18세기에 이르러 이탈리아, 영국, 네덜란드를 비롯한 유럽의 다른 나라에서 감자 소비량이 증가했다. 프로이센의 프리드리히 대왕은 기근을 퇴치할 방책으로 감자 재배를 촉진하는 15개조 칙령을 발표해 독일인들 사이에서 감자의 인기가 높아지는 데 기여했다. 이러한 공로로 그는 감자 대왕으로 불리며, 오늘날에도 사람들은 포츠담에 있는 그의 무덤에 감자를 바친다.

우리의 영웅, 무슈 파르망티에가 이 하찮은 감자에 매료된 것은 프로이센인 덕분이다. 파르망티에는 7년 전쟁(1756~1763) 동안 약사로 프랑스군에 복무하다가 프로이센군에 붙잡혔다. 오랜 포로 생활을 하는 동안 그는 처음으로 감자를 먹었다. 그런데 놀랍게도 그의 새로운 식단은 나병을 일으키기는커녕 건강을 유지하게 해주었다. 파르망티에는 사명을 띠고 고국으로 돌아왔다. 프랑스인에게 감자를 먹도록 설득하리라. 이는 길고도 고된 여정이었다.

초반에는 파르망티에의 노력이 성공을 거두었다. 1772년 브장송 아카데미가 주최한 '기근의 참화를 완화할 수 있는 식품 연구'에 관한 대회에서 최고상을 수상한 것이다. 이러한 대회가 열렸다는 사실에서 이 시대 식량 부족이 얼마나 심각했는지 알 수 있다. 파르망티에에게 감자 연구는 단순한 과학적 탐구 노력이 아닌 기아와 기근이라는 고질적인 문제를 해결하기 위한 도덕적 탐구 여정이었다. 브장송 아카데미에 제출한 논문에서 그는 다음과 같이 썼다.

아리스토텔레스, 데카르트, 뉴턴 같은 세상에 빛을 밝혀준 천재들이 우리로부터 마땅히 받아야 할 감사함을 잃지 않으려면, 그들 중 하나는 고차원적 세상을 고민하는 대신 동포들에게 일차적으로 필요한 것을 생각하는 데 매진하는 것이 바람직하지 않았을까? 보통 사람들에게 별이 궤도를 따라 일주한다는 사실이 뭐 그리 중요하겠는가. 바로 이 시간, 사람들이 굶주려 죽는다면 말이다.[1]

그러나 감자의 유행 속도는 아직 더뎠다. 많은 사람이 감자로 빵을 만드는 데 집중했는데, 당시 빵의 의존도가 매우 높았던 점을 생각하면 충분히 합리적인 목표였다. 하지만 감자 전분에는 글루텐이 부족해 빵을 만들기가 어려웠고, 막상 만들어도 정말 맛이 없었다. 사람들은 점차 감자 전분과 전통 곡물을 섞는 방법이 최선책이라는 사실을 깨달아갔다. 볼테르는 감자 반, 밀 반으로 만든 빵의 미덕을 칭송하며 열렬한 감자 지지자가 되었다.

파르망티에는 단념하지 않고 일반인들이 감자를 수용하도록 하기 위해서는 귀족과 부유층을 먼저 공략해야 한다고 생각했다. 역사적으로 볼 때 희귀하고 비싸며 엘리트층에게 인기가 있는 음식이 결국 대중의 인기를 얻게 되었다는 점에서, 우리의 감자 전도자가 생각해낸 이러한 접근법은 상당히 기민한 전술이었다고 할 수 있다. 초기 감자 애호가가 된 벤저민 프랭클린의 조언에 따라 파르망티에는 파리의 유명 인사들을 위한 우아한 감자 만찬을 준비해 모든 코스마다 다른 감자 요리를 선보였다.

파르망티에가 거둔 가장 위대한 마케팅 성과는 왕실의 지지를 얻은 것이다. 1785년 그는 왕실 연회에서 루이 16세와 마리 앙투아네트에게 접근했다. 파르망티에는 감자꽃 한 다발을 들고 그들에게 다가가 왕은 단춧구멍에, 왕비는 가발에 감자꽃을 꽂도록 설득했다. 그리하여 감자꽃은 새로운 패션 액세서리가 되었고, 왕은 감자의 잠재된 영양분을 잘 알게 되었다. 왕은 파르망티에에게 감자 농사를 지을 파리 근교의 땅을 주면서 이렇게 말했다고 한다. "언젠가 프랑스는 가난한 자들을 위한 빵을 찾아준 데 대해 자네에게 감사할 걸세." (그날이 일찍 왔더라면 왕이 머리를 보전할 수 있었으련만, 불행히도 그렇지 못했다.) 파르망티에는 감자밭 주변에 보초를 배치해 왕이 하사한 밭이라는 사실을 공공연하게 드러냈다. 이 모습을 본 지역 주민들은 이 밭에서 굉장히 값진 작물이 자라고 있는 것이 분명하다고 생각하게 되었고, 그 덕분에 감자의 명성이 더욱 높아지게 되었다.

그러나 혁명이 일어날 무렵까지도 감자는 대중에게 널리 인기를 얻지 못했다. 파르망티에는 새로운 체제를 지지하지 않았으므로 한동안 파리를 떠나 있었다. 하지만 감자의 시간이 드디어 도래했다. 혁명 지도부는 그들이 권력을 쥘 수 있는 배경이 된 식량 부족 문제가 언제든 그들을 쉽게 몰아낼 수도 있다는 것을 잘 알고 있었다. 영양실조에 시달리는 국민은 그들의 급진적 개혁을 비판하고 이에 저항하며, 기반이 취약한 공화국을 위협하는 왕당파와 반혁명 세력을 지지할 가능성이 있었다.

1793년 12월에 혁명 정부는 감자 경작과 소비 방법에 대한 파르망티에의 회고록 1만 부를 배포했다. 나중에 밝혀졌듯이 감자는 그야말로 혁명의 이상에 어울리는 식재료였다. 전례 없는 혁신과 변혁의 시기에 어울리는 참신한 주요 작물이었고, 생산 비용이 적은 데다가 부자와 빈자에게 똑같이 적합한 민주적인 식품이었다. 곡물보다 부피가 크고 무거웠기 때문에 반역적인 투기꾼들이 사재기해서 값을 올리기도 어려웠다.[2] 보잘것 없다는 감자의 단점이 앙시앵 레짐 시대의 부도덕적인 호화로운 요리에 대한 환영할 만한 해독제로 작용했다.

감자의 인기가 확산된 데에는 1794년에 출간된 요리서 『공화국 요리사*La Cuisinière républicaine*』도 일조했다. 메리고Mérigot 부인이 집필한 이 책은 여성이 쓴 최초의 프랑스 요리서로(이전까지 요리서는 전부 남성 요리사가 쓴 것이었다—옮긴이), 감자 요리법으로만 구성되어 있다. 여기서 언급되는 요리법은 꽤 간단하다. 예를 들면 버섯을 곁들인 감자 요리는 새콤한 부용에 감자, 버섯, 샬롯, 차이브를 섞은 것이다. 그녀는 아주 간단한 감자 샐러드 요리법도 전한다. "감자가 익으면 썰어서 기름, 식초, 허브, 소금, 후추로 간을 한다. 기름 대신 버터나 크림을 사용해도 되고, 따뜻하게 먹거나 차게 먹을 수 있다."[3] 간단하게 요리할 수 있고 싸고 영양가도 풍부한 감자는 혁명 시대의 새로운 남녀에게 적합한 식품이었다.

사람들이 감자를 더 맛있게 소비하는 방법을 알게 되고 식량 부족으로 계속해서 대체 식량원을 찾으면서 감자는 특히 파리에서 인기를 얻게 되었다. 웅장한 튀일리궁과 뤽상부르궁 정원에서 감자가 재배되고 수도의 발코니마다 감자가 달렸다. 몇 년 후 혁명의 열정이 식어가면서 감자 소비를 장려하는 정부의 열정도 시들해졌다. 하지만 감자의 실질적 혜택이 명백해진 이상, 전국적으로 감자 재배가 증가했다. 그리하여 1803년 무렵이면 프랑스 전역의 감자 생산량이 약 150만 톤에 달하고, 그 세기 중반 무렵에는 1000만 톤으로 치솟기에 이른다. 파르망티에는 사명을 완수했다. 감자는 마침내 프랑스 요리에서 확고부동한 자리를 차지하게 된 것이다.

파르망티에는 나폴레옹이 제정한 레지옹 도뇌르 훈장을 첫 번째로 받

파리의 지하철 파르망티에역에는 고귀한 파르망티에가 굶주린 농민에게 감자를 주는 동상이 있다. © Lillian Hueber, 2016.

고, 국가 의료 제도의 책임자로 임명되었다. 1813년에 사망한 뒤 파리의 유명한 페르 라셰즈 묘지에 묻혔고 그의 무덤은 감자꽃에 둘러싸였다. 1904년 파리 지하철 3호선에 파르망티에역이 개통되었다. 플랫폼 벽을 따라 감자의 역사가 상세히 설명되어 있으며, 농민에게 감자를 건네는 고귀한 파르망티에의 모습을 표현한 동상으로 널리 알려진, 그의 유산을 담아낸 이 역은 위대한 인물의 행적을 보여주는 훌륭한 사원이기도 하다. 그의 이름을 딴 감자 요리법이 매우 많은데, 그중 가장 유명한 것이 으깬 감자와 다진 쇠고기로 만든 캐서롤인 아시 파르망티에이다.

오늘날 프랑스는 여전히 연간 500만 톤 이상의 감자를 생산하고 있으며, 신선 감자와 가공식품을 막론하고 프랑스인은 1인당 연평균 약 50킬로그램의 감자를 소비한다.[4] 한때 감자는 돼지 사료로나 적합하다고 여겼던 이 나라는 19세기 후반 이래 유행한 풍미가 좋은 신품종 감자 벨 드 퐁트네, 밤 맛이 가볍게 나는 라트 손가락 감자, 동명의 치즈와 잘 어울리는 짙은 보라색의 블뢰 도베르뉴 감자 등 맛있는 새 품종을 소개하고 있다.

오늘날 세계에서 가장 인기 있는 감자 요리는 프렌치프라이지만, 프랑스인이 이 요리의 발명에 공을 주장할 수 있는지는 미지수이다. 벨기에 사람들은 특히 자신들의 프리트frites(감자튀김—옮긴이)에 자부심을 가지고 있으며, 17세기 강물이 얼면 생선 대신 감자를 튀겨 먹은 데서 유래했다고 주장한다. 이 이야기에 따르면 벨기에의 감자튀김이 프랑스의 감자튀김으로 알려지게 된 것은 미군 병사들의 책임이다. 제1차 세계 대전 중 미군 병사들이 프랑스어를 사용하는 남부 벨기에에서 처음 프리트를 맛보고 미국으로 돌아가 '프렌치프라이french fries'로 전했다는 것이다.

또 다른 설에 따르면 프랑스인은 1780년대부터 프렌치프라이의 초기 형태인 생감자를 작게 잘라 튀기는 요리를 먹기 시작했는데, 이를 미국에 전한 사람은 다름 아닌 프랑스 주재 미국 대사를 지낸 토머스 제퍼슨이라고 한다. 처음에는 '프랑스식으로 튀긴 감자French-fried potatoes'로 알려졌으나, 미국에서 실제로 인기를 얻게 된 것은 '프렌치프라이'로 짧아진 20세기에 들어서였다. 어떤 이야기가 더 정확한지는 상관없이, 맥도날드를 비롯한 패스트푸드 제국은 20세기 후반 프렌치프라이가 전 세계인의 사랑을 받는 음식이 되는 데 크게 기여했다.

오늘날 프랑스인은 많은 요리에 감자튀김을 곁들여 먹지만(대표적으로 스테이크에 곁들인 감자튀김), 자신들의 프리트를 유네스코 문화유산으로 인정받으려고 노력해온 벨기에 사람들처럼 집착하지는 않는다. 미국 하원 의원들은 2003년 프랑스가 이라크 침공을 거부하자 프렌치프라이를 '자유 프라이freedom fries'로 개명하자는 운동의 선봉에 나섰다. 그러나 프랑스인은 기본적으로 어깨를 으쓱하며 어쨌거나 프렌치프라이는 벨기에의 것이라는 사실을 지적했다. (그들의 평정심은 아마도 돔 페리뇽을 하수구에 쏟아버렸다는 뉴스로 시험에 들었을 것이다. 이는 그들의 입장에서 신성 모독에 가까운 행위이니 말이다.)

하지만 프랑스인은 일반적으로 감자에 엄청나게 매료되어 있다. 그들은 기분이 좋으면 이렇게 말한다. "나 감자 있어J'ai la patate!" 이 표현이 어디서 유래되었는지는 분명하지 않지만, 프랑스 사람들이 한때 악마의 열매로 여긴 이 식재료에 대해 지금 얼마나 긍정적으로 느끼고 있는지 보여주는 방증이다.

# 34
# 피라미드의 자극

루아르 계곡 끝자락에 위치한 발랑세Valençay는 작은 마을이지만(역사적으로 약 3000명의 거주민이 살았다) 프랑스에서 꽤 유명한 곳이다. 부분적으로는 같은 이름의 와인과 치즈 덕분이기도 하다. 사실 발랑세는 와인과 치즈 분야에서 모두 AOC를 받은 유일한 지역이다. 프랑스에서는 여름날 산뜻한 발랑세 소비뇽 블랑에 짭짤한 잿빛 가루로 덮인, 꼭대기를 잘라낸 피라미드 모양의 발랑세 염소 치즈를 곁들여 먹는 것처럼 숭고한 즐거움도 없다.

발랑세 치즈가 어쩌다 꼭대기가 평평한 피라미드 모양을 가지게 되었는지에 대해 전해지는 이야기가 있는데 이는 발랑세의 또 다른 대표 상품, 연간 수천 명의 방문객을 끌어모으는 거대하고 우아한 르네상스 시대의 성과 관련이 있다. 이 성에서 가장 인기 있는 장소는 한때 프랑스 최고 요리사들이 섬세한 미식을 구현한 넓은 주방이다. 오늘날 성에서는 루아

발랑세 치즈의 특이한 모양은 나폴레옹과 탈레랑이라는 걸출한 두 인물에 얽힌 전설을 낳았다. © Pipa100 (Dreamstime Photos).

르 계곡에서 만들어진 맛있는 식재료를 이용해 매월 미식 만찬을 선보임으로써 그들의 재능에 경의를 표한다.

발랑세성은 16세기에 지어졌지만 이 성의 가장 유명한 거주자가 소유권을 차지한 것은 1803년이었다. 역사에서는 탈레랑으로 더 익숙한 샤를 모리스 드 탈레랑페리고르는 외무 장관으로 재직하던 중에 나폴레옹 보나파르트로부터 약간의 재정 지원을 받아 이 성과 부속 토지를 매입했다. 전해오는 이야기에 따르면 이 지역의 염소 치즈가 그런 유명한 모양이 된 것은 탈레랑이 성을 산 덕분으로, 이는 나폴레옹의 불같은 성미와 더불어 근대 격동의 시대에 프랑스와 유럽의 외교를 노련하게 조율한 뛰어난 외교관에 대해 잘 보여주는 일화이다.

탈레랑의 외교 능력은 왕정, 혁명, 1795년 혁명 정부의 몰락 후 수립된 총재總裁 정부에 이어 마침내 나폴레옹이 권력을 잡게 되는 쿠데타까지 연이어 지지한 그의 이력을 통해 분명히 알 수 있다. 탈레랑은 옹호하기 힘든 순간까지 기존의 정치 질서를 지지하다가 새로운 체제에서 적절한 자리를 찾는 데 탁월한 재주가 있었다. (한때 그는 자신의 기회주의적 처신을 두고 '반역은 시기의 문제'라며 냉소적으로 농담했다.) 가난한 귀족 집안에서 태어난 그는 기민한 사업 거래를 통해 재산을 일구었고, 이를 전략적으로 탕진하며 호화로운 생활을 즐겼다. 탈레랑은 프랑스 대사와 외무 장관을 지내면서 프랑스 문화와 미식을 최대한 활용해 경쟁자를 이기고, 잠재적 동맹국들과 원만한 관계를 맺으며, 당사자 모두에게 이익이 되는 것처럼 보이도록 교묘하게 타협을 끌어냈다. 그는 오늘날 우리가 '소프트 파워'라고 부르는 것의 완벽한 실천자였으며, 적어도 17세기 중반 이래 유럽에서 가장 세련되었다는 프랑스 요리의 명성을 활용해 중요한 국익을 추구했다.[1] 그는 유럽 정치를 재편할 협상을 위해 빈 회의에 참석하고자 출발하면서 "폐하, 지시 말씀보다 소스팬이 더 필요합니다"라고 말한 것으로 유명하다.

탈레랑은 나폴레옹과 길고도 복잡한 인연을 맺었다. 나폴레옹은 혁명 이후 정국이 불안해지던 1790년대 권력을 잡았다. 그 역시 1769년 코르시카의 가난한 귀족 가문에서 태어나, 많은 프랑스의 가난한 귀족처럼 군 생활을 시작해 혁명 초기부터 이름을 알렸다. 1793년 그는 영국 해군의 지원을 받은 왕당파 반혁명군으로부터 주요 항구 도시 툴롱을 되찾았고, 2년 뒤 파리에서 왕당파의 봉기를 사전에 진압했다. 그리고 이탈리아 방면군方面軍의 지휘권을 받아, 훗날 유럽을 지배하는 데 큰 영향을 미치는 혁신적이고 불굴의 전쟁 수행 능력을 보여주며 연전연승이라는 불가능해 보이는 성과를 거두었다. 이탈리아에서의 승리로 나폴레옹은 대중의 영웅이자 혁명 정부에도 꼭 필요한 존재가 되었다. 그가 이탈리아에서 가져온 약탈품은 국가 부도를 늦추는 데 절대적으로 필요했기 때문이다.

혁명 정권은 재난에 가까운 재정 상태, 유럽 경쟁국과의 전쟁, 내부 반란으로 총체적으로 절망적인 상황에 처해 있었다. 1795년 국민공회가 해산하고 이원제 의회에서 선출된 5명의 총재가 이끄는 총재 정부가 수립되었다. 그러나 총재 정부는 이전 정부와 다를 것 없이 무능력했고 왕당파와 급진파, 양쪽으로부터 지속적으로 공격받았다. 나폴레옹의 인기가 높아지는 것을 우려한 총재들은 그를 설득해 새로운 도전에 나서게 했다. 바로 오스만 제국의 속주로 있던 이집트 원정이었다. 당시 프랑스는 영국과 전쟁 중이었지만 해군력이 압도적 열세였던 터라 영국과 직접 대결할 수 없었다. 프랑스의 이집트 침공은 영국 지배하의 인도로 가는 가장 빠른 교역로를 교란함으로써 간접적으로 영국에 피해를 입히려는 의도였다. 그리고 잘만 하면 프랑스가 남아시아에서의 영국 제국주의 지배에 도전할 발판을 마련하는 계기가 될 수도 있다는 계산이었다.

이미 자신이 알렉산드로스 대왕의 현신이라고 여기고 있던 나폴레옹은 1798년 3만 병력의 군대를 이끌고 바다 건너 동쪽으로 향했다. 처음에는 연이어 성공을 거두었다. 나폴레옹은 지중해에서 영국 해군을 피해 몰타와 이집트의 항구 도시 알렉산드리아를 함락했다. 2주 동안 사막을 행군한 나폴레옹의 군대는 카이로의 피라미드 그늘에서 무시무시한 맘루크 군대를 물리쳤다. 신식 무기와 전술로 무장한 프랑스군은 오스만 제국에서 가장 용맹한 군인들을 압도했다. 나폴레옹은 광대한 동방 제국을 정복하는 꿈을 꾸었다. 훗날 그는 "머리에 터번을 쓰고 손에는 내 필요에 맞게 새로 쓴 『쿠란』을 들고서 코끼리를 타고 아시아를 향해 진군하는"[2]

나일강 전투에서 넬슨 제독의 승리를 표현한 당시의 만화. 각 악어는 포획되거나 폭파되거나 가까스로 탈출한 프랑스 함선을 상징한다. 제임스 길레이James Gillray, 「이집트의 전염병 퇴치, 혁명 악어의 파멸, 나일강 입구를 청소하는 영국 영웅Extirpation of the Plagues of Egypt; Destruction of Revolutionary Crocodiles; or, The British Hero Cleansing Ye Mouth of Ye Nile」(1798). 스탠퍼드대학교 도서관과 프랑스국립도서관의 협업으로 설립된 프랑스 혁명 디지털 아카이브 자료.

자신의 모습을 그렸노라고 썼다. 그러나 이러한 장엄한 환상은 이집트 연안에서 영국의 호레이쇼 넬슨 제독에게 프랑스 함대가 전멸당하며 처참히 깨지고 말았다. 나폴레옹은 고국으로 돌아갈 방법도, 보급품을 확보할 방법도 없는 진퇴양난의 처지였다. 그러나 여전히 정복자가 되겠다는 희망을 버리지 못하고 암울한 시리아 원정을 감행했지만, 프랑스군은 전염병과 사기 저하로 총체적 난국에 처했다.

결국 나폴레옹은 이집트에 그의 병사들을 버려두고 당시 영국, 러시아, 프로이센과의 전쟁으로 위태롭던 프랑스로 돌아왔다(이집트에 남아 있던 나폴레옹의 군대는 결국 1801년 영국에 항복했다). 나폴레옹과 그의 정치적 동맹들은 쿠데타를 일으켜 불운한 총재 정부를 3명의 통령이 이끄는 통령 정부로 교체했다. 나폴레옹은 제1통령이 되었고, 의도와 목적이 어쨌든 이제 프랑스의 독재자였다. 탈레랑은 그의 쿠데타를 지지하고 외무 장관이 되었다.

나폴레옹은 이후 몇 년 동안 가공할 만한 능력을 발휘해 피로 물든 정복 사업을 이끌며 '코르시카 출신의 괴물'이라는 별칭을 얻었다. 그는 매우 제한적으로 수행되어 막연한 결과만을 낳은 이전 세기의 전쟁 방식에 혁명을 일으켰다. 1700년대의 전술을 수행하고 무기를 다루려면 잘 훈련된 병사가 필요했기 때문에 유럽 군대는 규모가 작고 유지 비용이 많이 들었다. 따라서 절대적으로 필요한 전투에만 투입되었다. 그들은 큰 보급로에 대한 의존도가 높았기 때문에 이동이 제한적이었다. 그래서 장군들은 전장에서 적을 섬멸하기보다 물리치는 방식을 택했고, 정치인들은 외교 무대에서 승리를 거두는 데 집중했다. 이러한 한계를 문명 발전의 표시라고 받아들이는 이들도 있었다.

프랑스 혁명은 프랑스 군대의 모든 것을 바꾸었다. 나라가 내외로 공격받고 있는 상황에서 소수의 전문 군인으로 대응하기에는 역부족이었다. 국가가 프랑스 국민에게 새로운 정치적 권리를 부여했으니, 이제 그들에게 새로운 의무를 요구했다. 전쟁에 나가 싸우거나 경제적으로 전쟁에 기여해 프랑스 국민 스스로 국가와 혁명을 수호해야 한다는 것이다. 1793년 혁명 정권은 총동원령levée en masse을 발표해 수십만 명의 젊은이를 강제 징병했다. 훈련이 부족한 군사를 징집했다는 것은 재래식 전술을 버려야 한다는 뜻이었고, 충분한 식량 보급이 이루어지지 않았으므로 군인들 스스로 식량을 구해야 했다. 그러나 그 덕분에 실제로 군대의 기동성이 좋아져서 혁신적인 프랑스 장교들은 새로운 전술과 발전된 포술을 실험할 수 있었다. 나폴레옹은 정권을 잡자 이 기동력 뛰어난 대군을 동원해 여전히 옛 방식을 고수하는 유럽 군대와 맞설 수 있었고, 이러한 격차가 그의 집권 초반기에 거둔 놀라운 승리의 배경이었다. '총력전'이라는 새로운 공격전의 시대가 유럽에서 열리게 되었다.[3]

'괴물'은 나폴레옹의 식습관에도 잘 어울리는 별명이었다. 그는 먹는 것에 별로 신경 쓰지 않고 몇 분 만에 식사를 급히 해치우는 편이었다. 전쟁터에서는 식탁에 앉아 먹는 시간도 아끼려고 말을 탄 채 식사하곤 했다. 그의 재위 기간 동안 가장 큰 희생물은 닭이었다. 나폴레옹은 특히 닭요리를 좋아했는데, 요리사들은 언제든 그가 원할 때 갓 만든 요리를 먹을 수 있도록 밤낮없이 30분마다 닭을 구웠다. 나폴레옹이 좋아했던 요리 중 가장 유명한 것은 풀레 마렝고poulet Marengo로, 1800년 이탈리아 마렝고에서 오스트리아군을 상대로 승리를 거둔 후 그의 요리사가 구할 수 있는 재료만으로 만든 요리이다. 원래 요리에는 닭 외에 가재, 달걀, 브랜디가 들어가지만 오늘날의 풀레 마렝고에는 구운 닭고기와 토마토, 마늘, 파슬리, 화이트 와인이 들어간다. (맛있는 나폴레옹 페이스트리는 이 작은 코르시카인과는 아무 관련이 없다. 그 이름은 이 페이스트리의 고향인 나폴리를 뜻하는 나폴리탱napolitain이 멋대로 훼손된 결과이다.)

물론 탈레랑은 미식의 영역에서 그의 후원자의 실패를 만회하고도 남는 성과를 거두었다. 그는 앙토냉 카렘 같은 훌륭한 요리사들을 고용했고, 그리하여 그의 식탁에는 유럽 최고의 요리가 오르는 것으로 유명해졌다. 탈레랑 자신은 그리 많이 먹는 편이 아니었지만, 마치 세상에서 가장 중요한 주제라도 되는 듯 몇 시간이나 음식과 와인에 대해 이야기할 수 있었다. 탈레랑은 다정한 태도와 호화로운 식사로 손님들을 매료시킨 뒤 화기애애한 분위기에서 국정을 논할 수 있었다.

발랑세의 성을 구입한 탈레랑은 자연스럽게 저녁 만찬과 연회에서 맛있는 염소 치즈를 대접하기 시작했다. 일설에 따르면 당시의 발랑세 치즈는 진짜 피라미드처럼 꼭대기가 뾰족한 모양이었다고 한다. 그런데 어느 날 누군가가 아무 생각 없이 이 치즈를 나폴레옹에게 대접했는데, 이를 보고 실패한 이집트 원정을 떠올린 나폴레옹이 분노해 자리에서 벌떡 일어나 칼을 뽑아 들고는 죄 없는 치즈의 꼭대기를 베어버렸다. 그래서 프랑스 최고의 막강한 권력자의 심기를 거스르지 않기 위해 그때부터 꼭대기가 납작한 모양으로 만들어지게 되었다고 한다.

탈레랑 자신이 다혈질인 통치자가 이 모양을 보면 얼마나 자극받을지 예상하고서, 나폴레옹이 보기 전에 치즈를 납작하게 만들라고 명했다는 이야기도 있다. 정치에 관련된 사람들이 죽어 나가던 위태로운 당시 프랑스에서 그가 얼마나 요령 좋게 살아남았는지 생각해보면 이 이야기가 훨씬 타당하게 느껴진다.

탈레랑은 대체로 실패로 돌아갔지만, 나폴레옹의 지나친 성미를 누그러뜨리려고 노력했던 것으로 보인다. 그러나 이는 나폴레옹이 제1공화국을 폐지하고 스스로 프랑스의 황제에 즉위해 혁명 시대를 마감한 1804년 이후로 더욱 어려워졌다. 나폴레옹은 프랑스 사회를 계속해서 재편해나갔다. 그는 재위 중 약 8만 개의 법령을 발표하며 국가 행정과 일상생활의 거의 모든 면을 개혁했다. 1804년 제정한 민법전인 '나폴레옹 법전'은 다른 국가에도 널리 영향을 미쳤으며, 오늘날 프랑스에서 여전히 핵심 법전의 역할을 하고 있다. 나폴레옹은 프랑스를 강한 중앙 집권 국가로 재건했고, 자신의 대군을 통해 유럽 전역에 혁명 정신을 전파하려 했다. 그는 1815년 최후의 패배로 유배될 때까지 끊임없이 전쟁을 치렀다. 앞으로 살펴보겠지만 이 유례없는 파괴의 시대는 인류의 식단에 혁명적인 변화를 가져왔고 탈레랑은 연회 석상에서 프랑스를 구할 기회를 가진 마지막 사람이었다.

# 35
# 계절을 없앤 사나이

나폴레옹은 전설적인 군사적·정치적 위업뿐만 아니라 심오하면서도 자극적인 격언으로도 유명하다. 나폴레옹이 남겼다는 유명한 발언 중 "군대는 뱃심으로 행진한다Une armée marche à son estomac"가 있다. 실제로 이 말을 한 사람은 그가 아니고 프리드리히 대왕이라고도 한다. 하지만 나폴레옹은 식량 및 보급 물자가 충분한 군대가 승리의 필수 조건임을 잘 알고 있었고, 자신의 대육군을 먹일 새로운 방법을 모색하는 것을 우선시했다. 전성기에 나폴레옹은 휘하에 50만 명이 넘는 군인을 거느리고 있었다. 그의 군대는 전투 중 스스로 식량을 확보해야 했기 때문에 부대가 지나는 시골은 초토화되고 병사들은 배를 곯았다. 1795년 총재 정부는 1만 2000프랑의 상금을 걸고 더 나은 식량 보존 방법의 개발을 독려했지만, 나폴레옹의 군대가 유럽을 휩쓸면서 그 상은 주인을 찾지 못한 채 방치되었다.

그러나 이 상금은 식량 생산과 공급을 영원히 혁신할 새로운 과정을 고민하고 있던 한 프랑스인의 관심을 끌었다. 그의 이름은 니콜라 아페르Nicolas Appert로, 그가 발견한 새로운 음식 보존 방법이 시대를 관통해 이어져 온 요리의 핵심 전제를 뒤바꾸었다. 그동안 대부분의 요리는 지역에서 생산되는 제철 음식을 기반으로 했다. 불과 한 세기 전에 베르사유의 텃밭에서 때 이른 채소를 재배한 것에 경탄했던 나라는 이제 언제든, 재배 후 몇 년이 지나고 원산지에서 멀리 떨어진 곳에서도 신선한 채소를 먹을 수 있다는 생각을 하게 된 것이다. 이는 인류의 식생활에서 급진적인 변화이자 식량 생산의 점진적 산업화의 핵심 단계였다.

아페르는 1749년 샬롱쉬르마른에서 태어났다. 아버지가 여관을 운영하고 있어서 아페르는 어린 시절 그곳에서 요리하는 법과 샴페인을 병에 담는 법을 배웠다. 성인이 되어 독일의 귀족 가문에서 요리사로 일하다가 1784년 파리로 돌아와 롬바르 거리에 제과점을 차렸다. 롬바르 거리는 당대 유명한 미식 평론가 그리모 드 라 레니에르가 '전 세계 디저트의 수도'라고 한 곳이다. 제과업자들은 달콤한 과자류를 파는 데 그치지 않고, 비교적 제한적이지만 당시 현실에서 가능한 식품 보존 방법을 활용해 제품을 만들기도 했다. 따라서 아페르는 시럽과 잼으로 만드는 방법 외에도 체리를 비롯한 여러 과일을 알코올에서 보존하는 방법에도 정통했을 것이다.

아페르는 식품 보존 방법을 확장하는 데 매달렸다. 훈연, 염장, 당절임, 술에 담그기 등 모든 전통적인 방법을 이용한 식품은 값이 비싼 데다가 재료의 맛이 바뀌곤 했고, 늘 완벽히 효과적이지도 않았다. 그는 실험 초기에는 샴페인 병을 이용했다('악마의 와인'의 폭발력을 감당할 수 있도록 보통

병보다 훨씬 단단하게 만들어졌기 때문이다). 그가 개발한 방법은 꽤 간단했다. 병 안에 음식을 넣고 밀봉한 뒤 중탕기에 넣고 몇 시간 동안 끓인다. 자, 그러면 음식이 병 안에서 몇 년 동안 보존될 것이다. 당시 아페르는 그 작용 원리를 정확히 이해하지는 못했다. '아페르식 밀봉 살균법appertization'은 근본적으로 음식을 상하게 하는 미생물을 죽이는 살균 작용의 원리에 의한 것인데, 이러한 사실이 밝혀진 것은 이후 미생물의 발견과 관련된 루이 파스퇴르의 연구 덕분이다. 그럼에도 불구하고 아페르는 혁명적인 발명의 공을 인정받아 오늘날 통조림의 시조로 알려져 있다.

아페르는 완두콩에 자신의 열 살균 방법을 적용했다. 태양왕의 궁정 사람들이 때 이른 완두콩을 먹으며 느꼈을 기쁨은 아페르의 손님들의 놀라움에 비할 수 없었다. 잡지 『유럽 우편*Courrier de l'Europe*』은 이렇게 썼다. "아페르 씨는 계절을 붙들어놓는 방법을 발견했다. 정원사가 혹독한 계절을 피해 둥근 유리 천장 아래에서 보호하는 섬세한 식물처럼 봄, 여름, 가을은 그의 집, 병 안에서 살고 있다."[1]

아페르는 1802년 파리 근교의 마시에 작은 공장을 열고 대규모로 음식을 보존하기 시작했다. 공장 옆 텃밭에서 과일과 채소를 재배해 수확하자마자 병에 밀봉해서 신선하고 건강에 좋은 제품을 제공할 수 있었다. 곧 그의 병에 담긴 음식은 프랑스 엘리트층과 새로 명성을 얻은 미식가들에게 인정받게 되었다.

아페르가 만든 병조림의 문제점 중 하나는 가격이 비쌌다는 것이다. 이는 그의 제품이 독점적 지위를 유지할 수 있는 긍정적인 면이기도 했지만, 당대의 다른 식품 혁신가들처럼 아페르도 자신의 발명으로 인류가 보다 폭넓은 혜택을 누리기를 바랐다. 그는 자신이 만든 병조림이 특히 선원들에게 큰 도움이 될 것이라고 생각했다. 당시 선원들은 긴 항해를 하는 동안 괴혈병을 비롯해 치명적인 영양 부족으로 고통받았다. 혁명 이전 시대에는 매년 선원 12명 중 하나가 질병으로 사망했다.

1803년 프랑스 해군은 테스트용으로 아페르의 병조림을 몇 병 주문했다. 결과는 매우 긍정적이었다. 해병 중 한 명이 3개월에 걸친 항해에도 "고기에 곁들인 것이든 아니든, 콩과 완두콩 모두 신선하고 갓 딴 채소의 풍미가 살아 있었다"라고 말했다. 그러나 안타깝게도 아페르의 야심은 펼쳐지지 못했다. 1805년 10월 영국의 호레이쇼 넬슨 제독이 전설적인 트라팔가르 해전에서 프랑스 해군을 무력화하며 나폴레옹의 원대한 계획을 좌절시킨 것이다. 이제 프랑스의 영국 침공도, 파도를 다스리는 프랑스 대함대도 없을 것이다. 비타민이 풍부한 해군 납품용 채소 병조림을 대량으로 만들어내려 했던 아페르의 희망도 이젠 수포로 돌아갔다. 그는 사업을 유지하기 위해 갖은 애를 써야 했다.

1810년 정부는 마침내 아페르에게 12년간의 연봉에 상당하는 1만 2000프랑을 지급하기로 결정했다. 그의 발명품을 특허 내는 대신, 보존법을 설명하는 책을 내는 조건이었다. 아페르는 그 제안을 받아들이고 『가정 살림 지침서, 또는 모든 동물성·식물성 재료를 수년 동안 보존하는 방법』을 출판했다. 이 책은 보통 사람들을 돕겠다는 아페르의 목표에 따라 모든 가정에서 이용할 수 있는 방법을 실었다. 사업가로서는 완전한 실패자였지만, 아페르는 자신의 발명으로 세상 사람들이 혜택을 누리기 바랐다. 이 책은 프랑스에서 빠르게 성공을 거두었고, 마침내 다른 유럽 언어로도 번역되었다.

아페르의 보존법은 1년 내내 신선한 식재료를 제공하는 방법, 그 이상의 의의가 있었다. 이상적으로, 식량 부족이 근절될 가능성이 보인 것이다. 식량 부족을 대비해 음식을 미리 마련해서 비축할 수 있게 되었기 때문이다. 해군과 육군뿐만 아니라 병원과 같은 인도주의 단체 등 대형 기관은 식량에 대한 수요를 더 잘 충족시킬 수 있게 되었다. 아페르는 모든 지역 특산물을 수출입할 수 있는 나라가 등장하고 새로운 식품 무역과 산업이 성장할 것임을 예견했다. 그의 비전은 대체로 결실을 맺은 셈이다. 식량 부족 문제가 여전히 지속되고 있지만, 오늘날 이 문제는 실용성이나 기술의 문제가 아닌 정치와 물류의 문제이기 때문이다.

아페르는 병조림의 문제점을 해결하지 못했고 그 해결책을 모색하는 과제는 프랑스의 숙적 영국에게 넘어갔다. 1810년 영국에서 아페르의 밀봉법과 증기 살균법을 토대로 유리병이 아닌 주석 깡통을 사용한 방법에 새로운 특허가 출원되었다. 1813년부터 영국 해군은 선박에 통조림을 공급했다. 아페르는 이러한 개선책을 재빠르게 도입할 수 없었다. 1814년 러시아 점령군에 의해 그의 공장이 파괴되었기 때문이다. 결국 프랑스 대육군은 아페르의 위대한 발명품으로 어떤 이익도 얻지 못했다. 아페르가 회복해 통조림 사업을 시작할 무렵 나폴레옹 전쟁이 끝났다. 영국이 주석 통조림 제조에 있어서 주도권을 잡고 있었기 때문에, 프랑스 육군과 해군이 크림 전쟁(1853~1856)에서 통조림 식품을 대량 사용하기로 결정했을 때 대부분을 영국 제조업자들로부터 구입해야 했다.

아페르는 사업으로 성공을 거두지 못하고 1836년에 은퇴했다. 그는 궁핍한 삶을 살다가 1841년 세상을 떠나 공동묘지에 묻혔다. 자신의 발명품으로 인류에게 큰 혜택을 준 사람에게 적합하지 않은 운명이었다. 오늘날 아페르는 프랑스 밖에서는 거의 알려지지 않았으며, 심지어 그의 모국에서조차 그 이름을 제대로 아는 이가 많지 않다. 인류의 식단의 한계를 급진적으로 넓혀준 사람이 이토록 무명으로 남을 수 있다는 사실이 놀랍기만 하다.

# 36
# 다섯 번째 크레프

많은 기독교 축일처럼 촛불의 날이라는 뜻의 성촉절, 라 샹들뢰르la Chandeleur는 이교도 전통에 뿌리를 두고 있다. 이 경우는 겨울의 추위가 물러가고 농부들이 밭에 씨를 뿌릴 준비를 시작하는 시기에 치러지던 로마의 풍년 기원 의식에서 비롯한다. 이 이교도의 의식은 5세기에 폐지되었다가 기독교 교회에서 촛불 의식으로 대체되었는데, 오늘날 대부분의 프랑스 사람은 설명하지 못할 어떤 중요한 종교 사건들을 기념하기 위해서였다. 프랑스는 가톨릭 정체성이 뿌리 깊게 이어져 왔지만, 규칙적으로 교회에 가는 사람들은 전체 인구의 10퍼센트에 불과하다.

그러나 2월 2일의 성촉절은 여전히 인기 있는 축일이다. 프랑스 사람들이 매우 좋아하는 음식인 크레프crêpe를 기념하는 연례행사일이기도 하기 때문이다. 수백 년 동안 사람들은 이 얇고 맛있는 팬케이크로 성촉절을 축하하며, 요리할 때 크레프를 공중에서 뒤집는 관습에 다양한 미신을 붙여왔다. 예를 들어 농부들은 성촉절에 크레프가 찢어지거나 바닥에 떨어지지 않고 잘 뒤집히면 그해 농사가 풍년일 것이라는 징조로 받아들였다. 오늘날에는 한 손에 동전을 쥐고 다른 손으로 크레프를 제대로 뒤집으면 다음 해 운이 좋을 것이라고 생각한다. 그렇지 않으면, 다음 성촉절까지 삶이 잘 풀리리라는 기대는 접어야 한다.

나폴레옹도 코르시카인답게 미신을 잘 믿는 편이었다. 그는 첫 번째 아내 조세핀이 그에게 행운을 가져다준다고 믿었고, 매주 금요일과 매월 13일에는 어떤 모험이나 전투도 피하려고 노력했다. 반면에 6월 14일과 12월 2일은 행운의 날짜였는데, 각각 마렝고 전투와 아우스터리츠 전투에서 승리를 거둔 날이었다. 그는 자신의 인생에서 중요한 순간이면 보이는 행운의 별의 인도와 보호를 받는다고 믿었다.

1812년 무렵 나폴레옹의 기세는 하늘 높은 줄 모르고 치솟았다. 가족들을 유럽 왕가에 요령 좋게 배치한 것과 더불어, 경이로운 군사적 성공으로 서부와 중부 유럽의 대부분을 프랑스 제1제국의 통제하에 두었다. 그는 오스트리아군과 프로이센군을 상대로 놀라운 승리를 거둔 후 위풍당당하게 빈과 베를린 거리를 승전 행진했다. 합스부르크 왕가는 그가 신성 로마 제국의 왕관을 차지하게 두느니 해체를 선택해 천 년 넘게 이어온 역사를 종식했다. 유럽 반대편에서 위대한 제국의 권력을 행사하던 러시아는 1807년 프리틀란트 전투에서 나폴레옹에게 패한 뒤 프랑스와 은밀하게 동맹을 맺고 있었다.

그러나 확실한 경쟁자가 있었다. 막강한 해군력과 식민지를 보유하고 영국 해협에 의해 보호받는 영국은 끊임없이 신경을 건드리는 적이었다. 전후 협정으로 치욕을 당한 오스트리아와 프로이센은 잃어버린 영토와 명예를 되찾는 데 혈안이 되어 있었다. 이제 유럽 군대는 나폴레옹의 독특한 전쟁 방식에 적응하고 있었다. 제국 여러 곳에서 반란이 일어났는데, 특히 스페인에서는 오늘날에도 게릴라전이라는 용어로 통용되는 비정규 무장 집단의 도전이 상당한 골칫거리로 대두되었다(스페인어로 '게릴라 guerrilla'는 '소규모 전투'라는 뜻이다). 1812년 영국군이 스페인에서 프랑스군을 완전히 몰아냈다. 나폴레옹의 친척과 고문들은 점차 그의 뜻에 복종하지 않거나 반역의 뜻을 품기도 했다. 탈레랑조차 해임되었다. 파리에서 젊은 오스트리아 대사 클레멘스 폰 메테르니히Klemens von Metternich와 협력했다는 혐의에서였다. 나폴레옹은 프랑스를 검열, 독단적 구금, 자의적인 법령 반포 등으로 통치하면서 프랑스가 싸워 쟁취한 혁명의 이상을 타락시키며 점점 더 독재적으로 변해갔다.

나폴레옹이 생애 가장 어리석은 실수를 저지른 때가 바로 이 시점이었다. 러시아와의 전쟁을 결정한 것이다. 프랑스·러시아 동맹은 1811년 러시아 황제 알렉산드르 1세가 대對영국 대륙 봉쇄령에 참여하겠다는 합의를 어기면서 약화했다. 대륙 봉쇄령으로 러시아 경제가 심각한 피해를 입었던 것이다. 나폴레옹은 폴란드에 대육군을 보냈는데, 프랑스 제국 전역에서 60만 명 이상의 병력을 차출해 역대 최대 규모의 군대를 결성했다. 그의 초기 계획은 완전히 무모한 것은 아니었다. 그는 단 한 번의 결정적인 전투에 러시아군을 끌어들여 군대의 규모로 밀어붙이면 승리는 자신의 차지가 될 것이라고 믿었다. 그러면 프랑스·러시아 동맹이 회복되고, 지속되고 있는 영국과의 대결에 힘을 집중할 수 있을 것이다.

그러나 미신을 믿는 나폴레옹의 성향으로 미루어 보건대 전쟁을 준비하면서 성촉절에 일어난 일로 약간 불안해했을지도 모른다. 일설에 따르면 나폴레옹은 자신의 크레프를 뒤집으며 성촉절을 기념했다. 그는 크레프를 뒤집으면서 말했다. "이번에 잘 뒤집으면, 첫 번째 전투에서 승리할 것이다!" 크레프는 성공적으로 뒤집어졌다.

그리고 두 번째 크레프를 뒤집으며 말했다. "이번에 잘 뒤집으면, 두 번째 전투에서 승리할 것이다!" 이번에도 크레프가 멀쩡히 잘 뒤집어졌다. 그리고 세 번째… 네 번째… 전부 괜찮았다. 그런데 다섯 번째는… 잿더미로 떨어지고 말았다.

이런 불길한 징조에도 불구하고 나폴레옹은 1812년 6월, 기운 빠지는 여름 더위 속에서 동유럽 평야를 가로질러 행군해 러시아 원정에 나섰다. 그러나 러시아는 그들과 맞붙지 않았다. 엄청난 대군을 보고 러시아군은 직접 전투에 나설 엄두를 내지 못하고 동쪽으로 후퇴하며 프랑스군을 시골로 유인했다. 프랑스군에는 최악의 시나리오였다. 내륙으로 러시아군을 추격할수록 보급품이 부족해져서 이 대규모 군대는 황량한 땅에서 버틸 수 없게 되었다. 몇 주째 계속되는 무더위로 병에 걸리거나 탈영하는 병사가 점점 더 늘어갔다. 단 한 번의 전투를 벌이기도 전에 나폴레옹은 15만 명이 넘는 병사를 잃었다.

9월 초에 프랑스군이 모스크바 가까이 접근하자 드디어 러시아군은 물러서지 않고 버텼다. 그리고 9월 7일 유명한 보로디노 전투가 벌어졌다. 15시간 동안 2만 5000명이 넘는 희생자가 나온 그야말로 완전한 대학살의 현장이었다. 훗날 나폴레옹은 이 전투에 대해 이렇게 기록했다. "지금껏 치른 50번의 전투 중 모스크바 인근에서의 그 전투가 가장 처참했다." 어느 쪽도 결정적인 승리를 거두지 못했지만, 전투가 끝날 무렵 러시아군은 철수했다. 모스크바는 나폴레옹의 수중에 넘어갔다.

그러나 나폴레옹의 희망은 다시 허사로 돌아갔다. 승전보를 울리며 모스크바에 입성하고 보니 식료품 상점은 물론이고 도시가 텅 비어 있었다. 평화 협상을 할 러시아인도 남아 있지 않았고, 군대가 먹을 것도 없었다. 설상가상으로 자정이 지나자 시내에서 불길이 치솟기 시작하더니 곧 더욱 거세게 타올라 사흘간 도시 3분의 2를 태웠다. (화재의 원인은 명확히 밝혀지지 않았지만, 많은 역사가가 절박한 초토화 전술의 일환으로 러시아인 스스로 모스크바에 불을 질렀다고 파악한다.)[1] 나폴레옹은 도시가 불타는 것을 보며 자신의 군대가 겨울철 러시아의 심장부에 적절한 보급품이나 피난처도 없이 고립되어 있다는 사실을 깨닫자 측근들에게 "다섯 번째 크레프가 알려준 대로야!"라고 외쳤다고 한다.

알렉산드르 1세가 항복을 거부하자 나폴레옹의 군대는 10월 18일 모스크바를 버리고 서쪽으로 후퇴할 수밖에 없었다. 몇 주 뒤 러시아에 눈이 내리기 시작했다. 프랑스군이 후퇴하면서 겪었던 끔찍한 고통은 이루 상상할 수 없을 정도였다. 병사들은 굶주리고 살을 에는 추위에 떨었으며, 코사크족으로부터 무자비한 습격을 받는 등의 위험 속에서 몇백 킬로미터를 걷고 또 걸었다. 프랑스인은 지금도 처참한 실패를 '베레지나'라고 부르는데, 러시아 원정에서 퇴각할 때 강을 건너던 중 벌어진 베레지나강 전투에서 비롯한 것이다. 러시아로 떠난 막강한 대군 중 프랑스로 돌아온 병사는 4만 명에 불과했다.

크레프가 불운을 예지했든 안 했든 간에 러시아 원정으로 나폴레옹의 몰락이 시작되었다. 모든 유럽 강국이 하나로 뭉쳐 그에게 대항했고, 그는 더 이상 무적의 상대가 아니었다. 나폴레옹은 훗날 이렇게 회상했다. "내 수호성의 빛이 희미해지고 있었다. 내 손아귀에서 고삐가 스르르 미끄러져 나가는 것을 느꼈지만 아무것도 할 수 없었다." 1813년 내내 그는 유럽 연합군과 격렬하게 싸웠고 몇몇 중요한 전투에서 승리를 거두었지만, 훨씬 더 많은 영토를 잃었다. 1814년 초반 프랑스 본토가 침략을 받았다. 나폴레옹은 필사적으로 싸웠으나 그의 군대는 수적으로 열세였다. 3월에 이제 입장이 바뀌어 적들이 파리의 거리를 의기양양하게 행진했다. 나폴레옹은 퇴위를 선언하고 투스카니 해변에서 떨어진 푸른 티레니아해에 위치한 목가적인 엘바섬으로의 유배를 받아들였다.

그러나 나폴레옹의 모험은 아직 끝나지 않았다. 앞으로 살펴보겠지만 그는 성촉절의 저주에 맞서기로 결심했고, 프랑스의 운명을 구할 임무는 또다시 탈레랑의 손에 맡겨졌다.

# 37
# 치즈의 왕

많은 미국인이 잘 알고 사랑하는 프랑스 전통 치즈인 브리brie는 사람들이 좀 더 모호하고 흥미로운 치즈를 찾으면서 유행이 지난 듯하다. 그러나 대부분의 미국인은 미국에서 팔리는 브리 치즈가 진짜배기와는 살짝 다른 모조품이라는 사실을 알지 못할 것이다. 저온 살균을 요구하는 미국의 엄격한 수입법 때문에 진짜배기가 수입되지 못하면서 불행히도 공장에서 생산된 브리 치즈가 시장을 지배하게 되었기 때문이다. 많은 프랑스산 치즈와 달리 단순한 옛 '브리' 치즈는 AOC의 보호를 받지 않으므로 오늘날 대부분의 브리 치즈는 원산지 밖의 공장에서 생산된다. 미국에서 판매되는 브리는 미국 브랜드든 프랑스 브랜드든 간에 크리미하고 버터 같은 맛이다. 만족스럽지만, 그리 인상적이지는 않다. 그래서 AOC의 보호를 받는 두 종류의 브리 치즈, 브리 드 모Brie de Meaux나 브리 드 멀륀Brie de Melun을 먹어보면 충격을 받게 된다. 이 치즈들은 흰 외피를 자르면 접시

위에 진득하게 흐르며, 압도적인 고릿한 향이 코를 찌른다. 유감스럽게도 이렇게 제대로 된 브리는 미국 당국에 너무도 위협적이라 이것을 먹어보려면 미국을 벗어나야 한다.

수 세기 동안 프랑스인들은 브리를 '왕들의 치즈'라고 불렀는데, 전통적으로 이 치즈가 파리에서 멀지 않은 센강과 마른강 계곡 사이의 브리 지방에서 생산되었기 때문이기도 하다. 샤를마뉴는 브리를 굉장히 좋아해서 매년 두 차례 아헨의 왕궁에 공납하도록 했다. 구제 불능의 바람둥이 앙리 4세는 아내가 브리 치즈를 꺼내기만 하면 정부를 찾아가는 것을 잊을 정도였다고 한다. 앞서 보았듯이 루이 16세는 파리로부터 도망칠 때 브리 드 모를 즐기느라 너무 시간을 지체하는 바람에 자유를 얻을 마지막 기회를 놓쳤다고도 한다. 브리의 인기는 왕족에 국한되지 않았다. 의회의 한 의원은 혁명 중에 이렇게 선언했다. "부자와 가난한 자 모두에게 사랑받는 브리 치즈는 우리가 가능하리라 생각하기도 전부터 평등을 설파했다." 하지만 브리 치즈는 왕정이 사라지고도 오랫동안 왕족의 사랑을 받았다는 명성을 유지해왔다.

그러나 브리 치즈가 '왕들의 치즈'이면서도 '치즈의 왕'으로 알려지게 된 것은 나폴레옹의 극적인 몰락 후 프랑스의 명예를 회복하려 했던 탈레랑의 필사적인 노력 덕분이다.

나폴레옹이 엘바섬으로 유배되고, 영국, 러시아, 오스트리아, 프로이센 등 승리한 동맹국들은 유럽에 안정을 되찾을 방법을 모색했다. 나폴레옹의 정복으로 구시대의 정치 질서가 대대적으로 붕괴된 만큼 유럽의 여러 공국이 재구성되고 강국들에 분배되어야 했다. 15년 동안 이어진 전쟁을 겪으며 강국들의 상대적 강점이 변화했다. 평화가 유지되려면 강국들 사이에서 합의된 새로운 힘의 균형이 확고해져야 했다. 유럽 군주들은 혁명의 정령을 다시 병 안으로 들어가게 하고, 자신들의 나라에서 공화주의의 열정이 다시 등장하는 것을 필사적으로 막으려고도 했다. 그래서 승전국들은 1814년 9월 빈에 모여 일명 빈 회의를 열고, 유럽의 정치 질서를 재건할 방법을 놓고 한 달가량 외교전을 벌였다.

나폴레옹과 사이가 틀어진 탈레랑은 프랑스의 왕정복고 협상에 나섰는데, 이는 왕당파 노선을 택했기 때문이 아니라 패전국 프랑스의 입장에서 실현 가능한 유일한 대안으로 보았기 때문이었다. 탕플 감옥에서 루이 16세의 어린 아들이 죽은 후 부르봉 왕가의 다음 계승권자는 루이 16세의 동생이었으므로 그가 루이 18세로 왕위에 올랐다. 그는 프랑스 측 협상 대표로 탈레랑을 빈 회의에 파견했다. 프랑스는 절대적인 패전국이라는 입장이었으므로 어떤 영향도 미칠 수 있다는 기대는 없었다. 하지만 탈레랑은 승전국들 사이의 경쟁의식과 성공적으로 군주제를 부활함으로써 혁명이라는 전염병을 잠재우려는 그들의 욕망을 교묘히 이용해 놀라운 성과를 거두었다. 탈레랑의 외교적 묘책으로 프랑스는 강국으로서의 지위와 영토 대부분을 온전히 보존할 수 있었다. 최종 평화 조약에서 프랑스는 승전국들에 7억 프랑이라는 엄청난 배상금을 지불해야 했지만, 영토 문제에 있어서는 1791년 이후 획득한 영토만을 포기하는 것으로 정리되었다.

원래의 평화 조약 조건은 프랑스에 훨씬 더 관대했지만 나폴레옹이 영광을 되찾으려 마지막 몸부림을 치는 바람에 그 거래가 무산되고 말았다. 한때 유럽의 지배자는 강제로 퇴위해 엘바섬에서 몇 달을 보내며 지루하고 불안해졌다. 왕정복고로 즉위한 왕 치하에서의 불만과 불안에 대한 소식을 듣자 나폴레옹은 음울한 유배 생활에서 벗어날 기회라고 생각했다. 1815년 3월 그는 백일천하로 알려진 마지막 작전에서 1000명 정도의 소규모 병력을 이끌고 프랑스 남부 해안에 상륙했다. 프랑스군에서 나폴레옹 충성파가 숙청되지 않은 덕분에 그들은 자신들의 장군과 합류해 파리로 진군했다. 수도를 지키던 군대마저도 변절하자 루이 18세는 도망치고 나폴레옹은 잠시 프랑스 통치권을 되찾았다. 그러나 6월에 영국과 프로이센 군대가 전설적인 워털루 전투에서 나폴레옹에게 마지막 패배를 안겼다.[1] 이 사건으로 교훈을 얻은 승전국들은 나폴레옹을 남대서양 한가운데 있는 척박한 바위섬으로 유배를 보냈다. 그리고 나폴레옹은 1821년 그곳 세인트헬레나에서 세상을 떠났다.

이 말도 안 되는 나폴레옹의 공격에도 프랑스를 구하려는 탈레랑의 계획이 완전히 실패하지 않았다는 것은 그의 탁월한 외교 능력을 보여주는 방증이다. 그는 과거 외무 장관 시절처럼 가능한 모든 미식 전술을 동원해 유럽 상대국들을 유혹하고 흔들었다. 프랑스가 약자의 입장이었다는 점을 고려하면 그 어느 때보다 중요하고도 어려운 임무였다. 다행히 빈 회의 참가자들이 탈레랑만큼이나 호화로운 생활을 좋아했기 때문에 연회나 콘서트, 무도회 등에서 탈레랑은 자신의 재능을 활용할 기회가 아주 많았다. 사실 이처럼 잦은 친목 모임이 회의에서 합의에 이르기까지 몇 달이나 걸린 이유 중 하나였다. 매력적인 오스트리아 야전 사령관 샤를 드 리뉴 공은 이렇게 말했다. "회의는 춤춘다. 하지만 진전은 없다."

탈레랑은 카우니츠궁에 머무르며 그가 총애하는 요리사 앙토냉 카렘의 도움으로 그곳을 미식의 천국으로 탈바꿈시켰다. 탈레랑의 우아한 만찬은 상대가 그의 제안을 좀 더 너그럽게 받아들이도록 하기 위한 목적이었지만 일종의 스파이 행위를 위한 수단으로도 활용했다. 그는 좋은 와인과 음식이 들어가면 긴장감이 풀어져 말실수가 나올 수 있음을 인지하고, 식사 시중을 드는 하인들에게 손님들의 대화를 잘 듣고 자세한 내용을 그에게 보고하게 했다.

어느 날 밤 빈에서 열린 또 다른 저녁 만찬에서 그 자리에 모인 외교관들이 각자 자기 나라의 치즈에 대한 대화를 시작해 자랑스럽게 스틸턴, 림버거, 그뤼에르의 미덕을 읊어댔다. 물론 탈레랑은 어떤 치즈도 '왕들의 치즈' 브리에 필적할 수 없다고 주장했다. 그래서 이 문제를 결론짓기 위한 만찬이 마련되었고, 52개의 유럽 치즈가 식탁에 올랐다. 그리고 결국 브리 치즈가 승자로 발표되면서 '치즈의 왕'이라는 새로운 칭호를 얻게 되었다. (만찬 후 한 참석자가 탈레랑과 브리 치즈에 대해 이렇게 말했다. "이것은 그가 배신할 수 없는 유일한 군주이다.")

이 작은 치즈의 승리는 그 자리에 모인 외교관들에게 패배한 강국의 영원한 부유함을 떠올리게 했다. 이는 프랑스에서 이미 수십만 명의 점령군 병사들이 프랑스 요리가 주는 기쁨을 발견하면서 깨달았던 사실이었다. 브리야사바랭은 다음과 같이 썼다.

> 파리는 거대한 식당이 되었다. 이 침입자들은 레스토랑, 트레퇴르, 카바레, 선술집, 노점, 심지어 길거리에서도 먹는다. 그들은 고기, 생선, 송로버섯, 페이스트리와 특히 우리의 과일로 배를 가득 채운다. 그들은 식욕만큼이나 탐욕스럽게 술을 마셨고, 항상 더 비싼 와인을 요구했다… 진짜 프랑스인은 웃으면서 손을 비비며 말한다. "그들은 마법에 걸렸다. 그래서 오늘 아침에 국고에서 그들에게 준 돈보다 더 많은 돈을 오늘 밤 우리에게 돌려줄 것이다."[2]

'비스트로bistro'라는 용어가 이 시기에 러시아 군인들이 프랑스 웨이터들에게 '비스트라быстро(빨리), 비스트라'를 외친 데서 유래했다는 설이 있다. 프랑스 비스트로가 비교적 빨리 식사하기 좋은 곳인 것은 맞지만, 이 설은 아마 사실이 아닌 듯하다.

이렇게 나폴레옹 시대가 막을 내리면서 프랑스는 몰락해 영광의 시대는 끝났지만 위대한 문화와 풍요로운 미식 전통을 가진 잠재적인 강국으로 자리매김했다. 혁명 과업은 사그라진 듯 보였지만 불운한 프랑스 왕정이 마침내 역사 속으로 사라질 때까지 기다리며 잠자고 있을 뿐이었다.

# 38
# 혁명 연회

25년이 넘는 혁명과 전쟁의 시간을 보낸 끝에 프랑스는 이제 긴 재건의 시대를 맞이했다. 정치 폭력의 소용돌이 속에서 100만 명이 넘는 사람이 사망했고, 프랑스 사회는 여전히 깊이 분열된 상태였다. 프랑스는 산업혁명과 국제 무역의 잠재성을 이용하는 데 있어서 다른 강대국, 특히 영국보다 뒤떨어졌다. 프랑스 경제, 특히 농촌 경제가 재건되어야 했다. 이 모든 도전 과제는 연회를 금지한다는 경솔한 결정으로 마침내 프랑스에서 군주정이 완전히 폐지되기 전까지 30여 년 동안의 왕정복고 시기에 추진되었다. 프랑스 국민의 정치권, 시민권을 박탈하는 것을 당연하게 여겼던 왕당파는 프랑스인에게 훨씬 더 근본적인 자유를 침해함으로써 발생할 위험성을 무시했다. 바로 친구, 이웃과 함께 식사하는 권리였다.

연회는 오랫동안 프랑스에서 중요한 일이었다. 단지 먹고 흥겹게 즐기는 방법이기 때문만이 아닌, 갈로·로마 시대부터 다양한 사회 기능을 수행하며 정체성, 사회 규범, 권력관계를 암묵적으로 전하는 통로였기 때문이다.[1] 연회가 다양한 사회 계급 간 형제애fraternité를 기르는 유용한 수단이었던 혁명 시대에는 이러한 특징이 더욱 두드러지게 나타났다. 1790년 대혁명 1주년 기념 축제의 경우, 세 신분을 통틀어 1만 5000명이 넘는 사람들이 파리의 뮈에트 공원에서 연회를 벌였다. 그 후 몇 년 동안 프랑스 전역의 지역 사회가 주최하는 작은 연회가 열려, 시민들은 계급에 상관없이 서로 어울려서 음식과 와인을 함께 먹고 마시고 혁명에 축배를 들고 새로운 혁명 찬가를 부르곤 했다. 로베스피에르는 공포 정치 기간에 야외 연회를 적극 이용했지만 모든 사람이 그와 열정을 공유하지는 않았다. 루이세바스티앵 메르시에는 이렇게 설명했다. "용의자라는 위협하에서, 또는 자신이 평등의 적이라는 사실을 선언하기 위해 혐오하거나 경멸하는 사람 옆을 꺼리지 않고 모두 가족과 함께 식사를 하러 왔다."[2] 그리모 드 라 레니에르는 "거리마다 있는 빈민가에서 열리는 형제들의 식사"를 혐오하며 이렇게 썼다. "건물마다 붙어 있는 게시물에서 보이듯이 '형제애'가 부각되는 자리였다. 소위 이 형제애는 카인과 아벨의 관계를 뜻하나 보다. 벽마다 붙은 게시물에서 형제애라는 미덕을 강조하던 이 시기보다 프랑스에서 자유나 평등의 가치가 덜 실현된 적은 없었는데 말이다."[3]

연회는 왕정복고 시대에도 여전히 인기였는데, 이제는 새로 유행하는 레스토랑에서 열리기 시작했다. 파벌주의가 걷잡을 수 없던 시대에도 연회는 정치적 기능을 지속하면서 왕당파와 공화파 진영에 동료들과 대화하고 교제할 기회를 제공했다. 때로는 상황이 지나쳐서 1831년 5월에는 공화주의자 200여 명이 레스토랑 '오 벙덩즈 드 부르고뉴Aux Vendanges de

Bourgogne'에서 열린 연회에 참석하기도 했다. 연회 중에 뛰어난 젊은 수학자이자 활동가인 에바리스트 갈루아Évariste Galois가 한 손에는 술잔, 다른 한 손에는 칼을 들고 국왕 루이필리프를 위해 축배를 들었다. 이처럼 국왕 시해의 의미를 담은 발언은 엄청난 호응을 끌어내며 소란이 일어났지만, 알렉상드르 뒤마를 비롯한 일부 손님들은 불안해했다(뒤마는 회고록에서 사건에 연루되지 않기 위해 레스토랑 창문을 통해 정원으로 도망쳤다고 주장했다). 갈루아는 다음 날 체포되었으나 나중에 무죄 선고를 받았다. 그리고 이듬해 불과 스무 살의 나이에 결투로 세상을 떠나면서 수학 역사상 가장 낭만적인 인물 중 하나로 자리매김했다.

갈루아와 그의 공화주의자 친구들이 왕에게 그토록 흥분한 이유를 이해하려면 먼저 루이필리프가 왕위에 오르게 된 과정부터 살펴보아야 한다. 부르봉 왕조가 복원된 후 첫 왕이었던 루이 18세가 1824년 세상을 떠나자 동생 샤를 10세가 뒤를 이었다. 루이 18세는 비교적 온건한 통치자였기에 공화주의자들의 자유가 어느 정도 보장되었으나 샤를은 혁명적 개혁을 일소하려는 강경한 왕당파였다. 그는 절대 왕정 앙시앵 레짐의 망령을 일으키며 점차 독재를 강화했고 이에 따라 군중들의 불만도 커져갔다. 샤를은 명성을 드높이려는 심산으로 알제리를 침공했고, 이로써 두 나라의 길고도 고통스러운 역사가 시작되었다. 알제리와 그 해안 지방은 금세 함락되었지만, 뛰어난 지휘관 아브드 알카디르Abd al-Qadir가 광활한 내륙 지형의 지리적 이점과 알제리 국민의 지지를 토대로 이끌었던 알제리 반란을 진압하기까지는 15년이 넘는 시간이 걸렸다.[4] 프랑스는 이를 잔인하게 진압해 20여 년 동안 수십만 명의 알제리인이 목숨을 잃었다.

그 무렵 샤를은 이미 왕위에서 물러난 뒤였다. 1830년 7월 샤를의 정부는 언론의 자유를 억압하고 입법의회를 해산시켰으며 투표권을 가진 이들이 이미 소수임에도 그 수를 더 제한했다. 이로 인해 7월 혁명으로 불리는 봉기가 촉발되었다. 그 결과 샤를은 퇴위하고 왕가의 방계인 루이 필리프가 왕위를 주장하면서 봉기는 종식되었다.

루이필리프는 본질적으로 왕당파와 개혁파 간의 타협안이었다. 군주제는 유지되었지만 새 국왕은 정치적 자유를 보장하고 입헌 군주제를 회복하는 데 이견이 없었다. 루이필리프의 아버지는 단두대에 보내지기 전 혁명의 영웅이었던(그는 사촌 루이 16세의 처형에 찬성표를 던지기까지 했다) 오를레앙 공작 '평등한 필리프Philippe Égalité'이다. 루이필리프 역시 혁명을 지지했지만, 아버지가 체포되어 처형된 핵심 이유인 반혁명 음모와 결부되어 프랑스를 탈출할 수밖에 없었다. 망명 기간 동안 그는 유럽을 떠돌며 교사로 생계를 유지했고, 심지어 4년간 미국에서 지내기도 했다. 1796년 루이필리프는 보스턴의 한 건물 2층에 살면서 학생들을 가르쳤는데, 훗날 그 건물에 미국에서 현재까지 운영 중인 식당 중 가장 오래된 식당인 유니언 오이스터 하우스(1826년 개업)가 들어왔다. 그는 나폴레옹이 몰락한 후에야 프랑스로 돌아와 가문의 재산을 되찾은 뒤 '단순한' 부르주아의 삶을 이어갔다. 이 때문에 '시민왕'이라는 별칭으로 불리며 통치 초기에는 인기를 누렸다.

루이필리프의 통치 기간 동안 프랑스는 유럽의 상업과 사회를 크게 변화시키고 있던 생산과 교통의 진보를 받아들였다. 프랑스의 섬유, 야금冶金, 은행 산업이 발전했고 철도가 도입되었으며 더 많은 도로와 운하가 건설되었다. 언론의 자유가 생기면서 신문업이 번성해 여전히 국왕에 반대하는 공화주의자들에게 큰 보탬이 되어, 그들의 소규모 봉기가 확산하는 데 일조하기도 했다(빅토르 위고의 『레 미제라블』에서 기념된 1832년 6월의 파리 봉기가 대표적이다). 1840년대에 접어들면서 공화주의자들은 격동하는 파리 사회에서 큰 영감을 얻어 새로 등장한 좌파 사회주의 운동에 합류했다. 1844년 엥겔스가 마르크스를 만난 곳은 파리의 팔레루아얄에 있는 카페 드 라 레장스였다. 파리에 사는 2년 동안 마르크스는 계급 투쟁에 대한 자신의 이론의 상당 부분을 발전시켰고, 그 후 프랑스 정치 지형에서 계급 투쟁의 양상이 뚜렷이 나타났다. 파리를 떠나고 3년 뒤 유럽에 엄청난 혁명의 태풍이 불어오기 직전, 그와 엥겔스는 『공산당 선언*Manifest der Kommunistischen Partei*』을 발표했다.

1840년대 중반 무렵이 되자 시민왕의 인기는 사그라들었다. 야당 언론에서는 그의 모습을 배pear에 빗대어 캐리커처를 그리기도 했는데, 배는 프랑스에서 순진하거나 단순한 사람이라는 뜻으로 통용된다. 그는 왕당파에게는 제대로 된 왕당파가 아니었고, 공화파에게는 개혁 정신이 부족한 사람이었다. 부르주아는 변함없는 정치력 부족 상태와 정권에 만연한 부패에 분노했으며, 노동자 계급과 빈곤층은 처참한 생활 환경과 노동 조건으로 고통받았다. 설상가상으로 1845~1846년 흉년으로 곡물 수확량이 부족해지자 빵 폭동이 일어났고, 1847년에는 경제 위기로 수십만 명이 일자리를 잃었다. 시위가 점점 더 격렬해지며 "일자리와 빵을 달라!"는 외침으로 귀결되었다.

이렇게 해서 1847년 7월 9일 1000여 명의 사람들이 파리의 샤토루즈에서 열린 연회에 참석해 일명 '연회 운동banquet campaign'이 시작되었다. 당시 20명 이상의 모임은 정부 당국의 승인을 받아야 했으며 정권에 비판적인 정치 모임은 전혀 허가되지 않았다. 그러나 연회는 모임이 아니

『라 카리카튀르*La Caricature*』의 발행인 샤를 필리퐁Charles Philipon과 오노레 도미에 Honoré Daumier가 왕이 서양배로 변신하는 과정을 그린 그림. 이 그림은 상당한 논란을 일으켰지만 필리퐁은 가까스로 투옥을 면했다. 그는 작정하고 콩코르드 광장에 있는 거대한 배의 기념상을 그리고 그림에 'Expia-poire'라는 제목을 달아 또다시 논란을 촉발했다. 그 제목은 속죄를 뜻하는 프랑스어 'expiatoire'를 이용한 언어유희로, 명백히 국왕 루이 16세의 처형을 배경으로 삼은 것이었다. 필리퐁은 기껏해야 마멀레이드를 만들자고 자극한 것일 뿐이었다고 주장하며 국왕 시해를 자극하는 출판물을 발표했다는 혐의를 부인했다. 샤를 필리퐁과 오노레 도미에의 캐리커처. 아르센 알렉산드르Arsène Alexandre, 『웃음과 풍자화의 예술*L'art du rire et de la caricature*』(Paris: Libraires Imprimeries Réunies, 1892), p. 169에서 발췌. 리옹전자도서관 제공.

었다. 어떻게 친구들이 모여 맛있게 식사하는 자리를 정부 당국이 금지할 수 있겠는가? 그래서 이러한 연회는 정권에 비판적인 사람들이 합법적으로 모여 취지를 이어갈 수 있는 가장 효과적인 방법이 되었다. 참석하기에는 비용이 높아서 빈곤층은 배제되었고, 여성들은 여전히 정치 영역에서 환영받지 못했다. 초창기 연회 운동은 남성 부르주아를 위한 수단이었다.

1847~1848년에 걸쳐 프랑스 전역에서 70회의 연회가 열려 2만 명이 넘는 사람들이 참석했다.[5] 연회 주최 측은 원래 선거법 개정에 집중했다. 당시 투표권은 지주와 부유층에게 한정되어 있었기 때문이다. 모두가 보통 선거를 환영한 것은 아니었다. 이는 굉장히 급진적인 발상이었기 때문이다. 일부는 단지 투표 특권이 자신들의 계급으로 확대되기만을 바랄 뿐이었다. 하지만 연회가 계속되면서 연회의 목표와 그 회원 자격이 급진적으로 대중 영합적 성격을 띠어갔다. 이러한 입장의 차이는 축배사를 통해 명확히 알 수 있다. 온건 개혁파는 '1830년 혁명을 위하여', '국권을 위하여', 또는 '의회와 선거 개혁을 위하여'라고 축배를 든 반면 급진파는 '국민 주권을 위하여', '노동자를 위하여', 또는 '노동자 계층의 발전을 위하여'라고 외치며 축배를 들었다.[6]

노르망디 대의원으로 있던 알렉시스 드 토크빌Alexis de Tocqueville이 지적한 바와 같이 연회 운동에는 위험 요소가 있었다. 그는 1848년의 사건에 대해 생생히 기록한 『회고록*Recollections*』에서 이렇게 설명했다. "나는 연회 운동에 참여하는 것을 거절했다. 이에 참여하지 않은 데는 심각하고도 사소한 몇 가지 이유가 있었다." 훗날 그가 '나쁜 이유'라고 인정한 그 '사소한 이유'는 "이 운동을 이끄는 사람들의 성격과 전술로 자극받은 분노와 혐오감"[7]이었다. 더욱 진지하게, 토크빌은 연회 운동가들이 대중에게 점점 더 다가가면 중산층이 소외될 위험성이 높아지고, 그러면 그들은 새 정권에 대한 지지를 철회할 것이라고 주장했다. 토크빌의 설명에 따르면 연회 주최자들도 후자의 시나리오를 우려했고, 실제로 그들의 두려움은 현실이 되었다.[8]

6개월이 넘게 이어진 연회 운동 중 마지막 연회가 1848년 2월 22일 파리에서 예정되었다. 우연히 정해진 날짜가 아니었다. 이날은 프랑스 공화주의자들의 존경을 받는 조지 워싱턴의 생일이었다. 그러나 정부는 더 이상은 좌시할 수 없다고 판단하고 경솔하게도 이 연회를 금지했다. 언론은 시위를 요구했고 파리 거리에는 바리케이드가 쳐졌다. 루이필리프는 "파리 사람들은 자신들이 무엇을 하고 있는지 알고 있다. 그들은 왕좌를 연회와 바꾸지 않을 것이다"[9]라고 말하며 굳센 의지를 보였다. 그러나 이틀 뒤 폭력과 반란이 거세지자 루이필리프는 나라를 위해 최선이라고 생각하는 일을 하고 퇴위했다. 그는 프랑스의 마지막 왕이 되었다.

1848년 프랑스의 새로운 혁명으로 유럽 전역에 공화주의자의 반란이 일어나며 일명 '민족의 봄Spring of Nations'이 시작되었다. 대부분의 나라에서 반란에는 개혁과 억압이 혼재되어 있었고, 이는 민주주의와 사회주의 추종자들에게는 거짓 봄인 셈이었다. 유럽의 군주제는 지속되었다.

그러나 프랑스에서는 임시 정부가 제2공화정을 선포했다. 처음 시작은 희망적이었다. 보통 선거제가 도입되었고, 노예 제도와 사형 제도가 폐지되었으며, 언론과 집회, 종교의 자유가 보장되었다. 정부의 실업자 지원 노력에 대한 불만으로 6월에 소규모 반란이 일어났지만 사회주의자들은 '노동권'이라는 양보를 얻어냈다. 제2공화정은 대중에 의해 선출된 대통령이 이끌며, 4년 동안 재임하되 임기는 단 한 번만 가능했다.

정치 연회는 이 불안정한 시국에서도 계속되었고 더욱 많은 계층을 수용했다. 이제 연회는 하위 계층도 참석할 수 있도록 보다 저렴하게 이루어졌다(그래서 음식이 더 맛이 없어졌다는 불만도 생겨났다). 여성의 입장을 허가하는 연회도 있었는데, 주로 사회주의자들이 주최하는 연회였다. 하지만 좌파에서도 모든 사람이 자신들의 특권적 정치 공간에 여성이 들어오는 것을 환영한 것은 아니었다. 그래서 몇몇 사회주의자 여성들은 자신들만의 연회를 열기 시작했다. 전통주의자들은 이를 더욱 위협적으로 받아들여 도덕적으로 타락한 이들 여성을 '여성 소스주의자les femmes saucialistes'(사회주의자socialistes에 소스sauce나 만드는 사람이라는 여성 비하적인 시선을 담아 만들어낸 표현이다—옮긴이)라고 부르며 비방 선전을 지시했다.

그러나 이런 혁명 연회도 끝을 향해 달려가고 있었다. 12월에 열린 제1대 대통령 선거에서 이전 황제의 조카 루이나폴레옹 보나파르트가 선출되며 보수 세력이 승리했다. 이후 4년 동안 1848년 혁명 초기의 성과는 후퇴하고 권위주의적 통치가 복원되었다. 그리고 마침내 1852년 루이나폴레옹이 나폴레옹 3세로 즉위하며 제2제국이 탄생했다. 그 후 20여 년간 그는 근대화와 해외에서의 세력 확장이라는 거대한 프로젝트를 이끈다. 그러나 공화주의자와 사회주의자의 반대는 누그러지지 않고 지속되었고, 앞으로 보게 되듯이 제2제국이 제1제국의 뒤를 따라 쇠퇴하는 것은 시간 문제였다.

# 39

# 굴 특송의 종말

나는 굴을 사랑한다. 마치 바다의 입술에 키스하는 것 같다.

— 레옹폴 파르그

브르타뉴 북쪽의 경이로운 청록색 물빛의 해안을 가리키는 에메랄드 코스트는 프랑스의 3200킬로미터 해안선 중 가장 아름다운 지역이다. 쓸쓸하지만 아름다운 프레엘곶부터 화려한 성벽 도시 생말로까지, 발랑드레의 백사장부터 장엄하게 우뚝 솟은 몽생미셸까지 자연의 아름다움과 역사적 매력이 어우러진 브르타뉴 해안은 어디에서도 눈을 뗄 수 없을 정도로 아름답다. 식도락가들은 갈레트, 퀸아망 페이스트리, 스파클링 사과주 같은 브르타뉴 특산물과 함께 이 지역 어디서든 구할 수 있는 홍합, 랑구스틴(작은 바닷가재의 일종—옮긴이), 가리비 등 믿기지 않을 정도로 다양한 해산물을 즐길 수 있다. 그리고 조개류광에게는 에메랄드 코스트의 작은 마을 캉칼, 브르타뉴 굴의 수도가 최적의 목적지일 것이다. 매년 수천 명의 방문객이 세계에서 가장 좋은 굴을 먹으러 이 그림 같은 해안 마을에 내려온다. 대부분 부둣가의 레스토랑 한 곳을 골라 들어가지만, 가장 낭만적인 방법은 마을 부두 끝자락에 자리 잡은 작은 굴 시장에서 믿기지 않을 만큼 저렴한 가격으로 굴 한 접시를 고르는 것이다. 어떤 산해진미도 햇빛이 화창한 날 방조제에 앉아 음미하는, 아래 바닷속의 방대한 굴 밭에서 갓 따온 손만큼 크고 신선한 굴보다는 만족스럽지 않을 것이다.

인류는 선사 시대부터 바다에서 굴을 채취해 먹어왔고, 쌍각류 조개를 사랑하는 로마인들이 이 땅에 도착했을 때 골족은 이미 연안을 따라 드넓게 펼쳐진 자연산 굴 밭의 축복을 만끽하고 있었다. 로마인들은 마르세유와 메도크 주변 지역에서 굴 수확을 기뻐하며 갈리아의 견본을 배에 가득 실어 이탈리아로 보냈다. 야만족의 침입으로 굴 무역이 중단되면서 굴은 다시 지역 주민들의 비상 식량원에 그치게 되었다. 사실 굴은 역사의 대부분 동안 먼 지방의 엘리트보다는 바닷가의 가난한 사람들의 주식

브르타뉴의 캉칼 시장에서 파는 신선한 굴. 저자 촬영, 2017.

이었다. 르네상스 시대에 이르러서야 굴은 귀족들의 식탁에 다시 등장했고, 초기의 요리책에는 여러 조리법이 제시되어 있다. 그리고 18, 19세기가 되어서야 교통 혁신과 산업 변화 덕분에 바닷가에서 실제로 얼마나 떨어져 있든 굴을 즐길 수 있게 되었다.

초기의 요리책을 보면 17세기까지만 해도 굴은 대부분 요리해서 먹었으며 생굴은 건강에 좋지 않고 소화가 안 된다고 생각했던 것 같다. 하지만 의학 전문가와 미식가들은 굴을 날것으로 먹도록 충고하기 시작했다. 익혀 먹으면 몸에 좋은 짭짤한 즙이 파괴되어 실제로 소화를 더 어렵게 하기 때문이다. 생굴은 최음제로도 알려졌는데, 의심할 것도 없이 매력을 높여주기 때문이다. 유명한 호색한 자코모 카사노바는 당연히 샴페인을 곁들여 굴만 먹었다. 루이 14세는 앉은 자리에서 수십 개의 굴을 너끈히 먹어 치웠다. 1651년 『프랑스 요리사*Le Cuisinier françois*』가 출간되었을 당시에는 익힌 굴 요리가 여전히 일반적이었으나 므농Menon이 1746년 『부르주아 요리사*La Cuisinière bourgeoise*』를 펴냈을 무렵에는 보통 굴을 익히지 않고 먹었다.[1]

생굴을 선호하는 분위기는 바닷가 사람들에게는 아니었지만 파리나 루아르 계곡에 사는 사람들에게는 큰 문제가 되었다. 굴을 날것으로 먹으려면 신선해야 하는데 그 당시에는 지금처럼 운송 속도가 빠르지 않았다. 바다 생선이나 굴이 나오는 가장 가까운 해안은 노르망디였지만, 그나마도 200킬로미터 정도 떨어져 있었다. 그래서 보통 연안에서 잡은 생선을 내륙으로 이송하기 위해서는 소금에 절여야 했다.

이러한 방식은 근대 초기 샤스마레chasse-marée가 등장하면서 바뀌었다.[2] 샤스마레는 얼음을 채워 넣은 가벼운 수레에 신선한 생선과 굴을 실고 채널 해안에서 파리와 베르사유로 운반했던 마차이다. 마차는 보통 32킬로미터마다 멈춰 10분간 짧게 휴식을 취하며 말을 바꾸고 전략적으로 위치한 얼음집을 이용했다. 이렇게 하면 파리까지 24시간에서 36시간 안에 도착할 수 있었다.[3] 그러면 굴 행상인들이 고리버들 바구니를 무겁게 가득 채워 수도의 거리를 돌아다니며 그리 비싸지 않은 가격에 굴을 팔기 시작한다.

이 샤스마레는 태양왕을 모신 베르사유와 다른 성의 귀족들에게 뜻밖의 선물이기도 했다. 굴과 관련된 가장 유명한 이야기는 사실 배달이 잘못되어 일어난 비극일 것이다. 1671년 샹티이성의 집사장 프랑수아 바텔 François Vatel은 금요일에 루이 14세를 모시는 성대한 연회를 준비하는 막중한 책임을 맡아 신선한 생선을 대량으로 주문하고 샤스마레를 통해 받기로 되어 있었다. 그런데 예상 시간에 생선이 도착하지 않자 바텔은 높으신 국왕 폐하를 제대로 모실 수 없다고 지레 겁을 먹고는 스스로 목숨을 끊고 말았다. 안타깝게도 바로 그때 생선과 굴을 가득 실은 샤스마레가 도착해 연회는 계획대로 열릴 수 있었다.

'r'이 들어가지 않는 달(5~8월)에 굴을 먹지 말아야 한다는 규칙은 부분적으로 루이 15세 시대 샤스마레와 굴의 인기에 따른 결과로 생긴 것이다. 굴은 본 식사 전에 입맛을 돋우는 아페리티프aperitif로 수십 개씩 먹는 것이 이상하지 않을 정도로 인기 있는 식도락 재료가 되었다. 과도한 소비로 굴 공급이 위협받기 시작하자 루이 15세는 여름철 굴의 번식 기간에는 굴을 먹지 말라는 현명한 칙령을 내렸다. 이 시기는 샤스마레도 부패를 이길 수 없는 1년 중 가장 더운 때이기도 했다.

루이 14세와 루이 15세 모두 로마 시대 이래 최고의 전국 도로 교통망을 구축하는 데 상당한 자원을 투입해 파리에서 지방으로 연결되는 왕실 도로가 점점 더 많아졌다. 이제 그 어느 때보다 프랑스에서 사람들의 이동과 굴의 운반이 쉬워졌다. 하지만 그로부터 100년 만에 샤스마레는 구식이 되어 산업 혁명에 동반된 엄청난 기술과 사회적 변혁에 희생되고 말았다. 프랑스의 산업과 무역이 발달함에 따라 더욱 빠른 교통수단의 필요성이 대두되었다. 1827년 생테티엔과 앙드레지외 사이에 생테티엔 탄광과 루아르강을 잇는 프랑스의 첫 철도 노선이 완공되었다. 첫 철도는 불과 20킬로미터의 길이에, 화물차는 말이 끄는(하강 경사로에서는 중력에 맡겼다) 원시적인 형태였다. 그러나 몇 년 후 유럽 대륙 최초의 여객 열차가 생테티엔과 리옹 사이를 운행하기 시작했다.

프랑스의 철도는 영국과 독일 같은 나라보다 훨씬 더디게 발전해서 1842년까지 불과 570여 킬로미터의 철로만 설치되는 데 그쳤다. 이는 프랑스의 엄청난 운하, 강, 연안 해안 수송망을 운영하는 기존 운송 회사들의 격렬한 반대와 더불어 산업 발전이 더딘 탓도 있었다. 무역과 이윤 사업의 기반 시설이 거의 수상 운송에 집중되어 있던 터라 철도 운송으로 전환됨으로써 이러한 이해관계가 무산되게 하지 않으려는 분위기도 있었다. 게다가 프랑스 전역의 농촌 사람들은 진보된 철강 엔진에 의해 고요한 목초지와 숲이 갈가리 찢긴다는 생각에 잔뜩 겁을 먹었던 터라 철도에 대한 사회 문화적 반대도 있었다. 일례로 루앙상공회의소는 전통적인 생활 방식을 교란하고 기존의 무역과 교통망을 훼손할 것이라고 주장하며 1832년 파리-루앙 간 철도 노선 건설에 반대했다.

그럼에도 불구하고 1842년 정부는 파리와 주요 지방 도시를 연결하는 다섯 개의 노선을 건설하는 국가 철도망 계획을 승인했다. 철도를 건설한 민간 기업은 오늘날까지도 사용되는 파리의 기념비적인 기차역 동역과 북역도 건설했다. 이 시기에 영국에서 증기 기관차가 수입되었는데, 당시로서는 놀라운 속도인 시속 120킬로미터를 기록했다. 운하를 통한 화물 운송량이 급격히 감소하면서 운하 운영자들이 상상한 최악의 두려움이 현실이 되었다.

철도 개발은 순조롭게 진행되지 않았다. 민영 철도 노선은 서로 연결되지 않았고, 오직 파리만 연결되어 매우 비효율적이었다. 이러한 철도망의 단점은 1870년 프로이센과의 전쟁을 치르며 부각되었다. 독일의 철도 체계가 프로이센군의 신속한 이동과 궁극적으로 승리에 중요한 역할을 한 것이다. 하지만 1914년 무렵 프랑스는 6만 킬로미터의 선로로 확장되

파리의 주요 철도역 중 하나인 북역은 철도 회사 '북부 철도Chemins de Fer du Nord'가 건설해 1864년에 개통되었다. 오늘날 매년 2억 명 이상의 여행자가 오가는 이곳은 유럽에서 가장 붐비는 기차역이다. 뉴욕공립도서관 미리엄 & 아이라 D. 월래크 예술·판화·사진실의 디지털 자료 「북역Gare du Nord」.

는, 세계에서 가장 발전된 철도망을 갖추게 되었다.

철도망의 발달은 프랑스의 모든 종류의 식품 무역에 엄청난 영향을 미쳤다. 카망베르 같은 노르망디 지역산 치즈가 파리에 소개되었고, 햇살 좋은 프랑스 남부에서 생산된 과일과 채소도 더 많은 지역으로 공급될 수 있었다. 남부 랑그도크의 포도원은 이제 북쪽 도시의 거대한 신규 시장에 접근할 수 있게 되면서 노동자 계급을 위한 싸고 가벼운 와인의 생산에 사용되는 품질이 떨어지는 품종(일명 프티 루즈petit rouge)을 점차 더 많이 심었다. 그리하여 그 세기 말엽에는 랑그도크가 프랑스 총 와인 생산량의 44퍼센트를 차지하며 프랑스에서 가장 와인 생산량이 많은 지역이 되었다.[4] 새로운 값싼 남부 와인의 공급이 가능해지면서 샤블리 같은 북부 지역에 있는 포도원은 쇠퇴의 길을 걸었다. 냉장 시설을 갖춘 열차의 발명으로 믿을 수 없을 만큼 먼 거리까지 고기와 생선을 신선하게 운송할 수 있었다. 점점 더 많은 여행자가 지방을 여행하면서 지역 요리도 널리 알려지게 되었다. 이와 동시에 프랑스 시골에 산재해 있던 길가의 오래된 여관들도 역마차 대신 기차를 이용하는 여행자들이 점차 증가하면서 사라져갔다.

그리고 물론 철도는 프랑스의 굴 무역에도 엄청난 영향을 미쳤다. 이제 파리와 프랑스 중부의 주민들은 노르망디뿐만 아니라 브르타뉴, 아르카숑만, 지중해 같은 유명 생산지로부터 하루도 채 안 돼 굴을 얻을 수 있게 되었다. 라로셸 남쪽의 샤랑트마리팀에서는 1876년 굴 운송이라는 노골적인 목적을 가진 철도 노선이 개통되기도 했다. 이 노선을 오가는 열차는 그 목적을 명백히 드러내는 '갈매기 열차train des mouettes'로 불렸는데, 결국 운행이 중단되었다가 1980년대 들어 관광 열차로 재개통했다.

이는 실제로 운행되는 가장 오래된 프랑스 증기 기관차이다.

철도는 19세기 여행 형태의 가장 큰 변화인 해변 리조트의 성장에도 직접적인 영향을 미쳤다. 프랑스의 넓게 펼쳐진 해안선은 오래전부터 귀족과 부유층 방문자들을 매료해왔지만, 철도의 발달로 해안까지 더 빠르고 저렴하게 갈 수 있게 되기 전까지는 중산층과 노동자 계층은 접근하기 어려운 지역이었다. 철도가 프랑스 리비에라French Riviera 또는 대서양 연안까지 이어지면서 프랑스 전역, 아니 유럽 전역의 여행자들이 바닷가 생활의 숭고한 혜택을 발견하게 되었다. 그중에는 프랑스 해변 마을 거의 어디서든 현지에서 갓 딴 신선한 굴을 먹을 수 있다는 즐거움도 있었다. 그래서 생굴은 유럽에서 더욱 인기를 끌게 되었고, 프랑스는 오늘날까지 이어지는 세계 최고의 굴 생산국이라는 명성을 확고히 다질 수 있었다.

19세기와 20세기에 굴 양식업의 확대에도 굴은 강렬한 지역적 특성을 유지하고 있었다. 지금까지 우리가 살펴본 많은 제품과 마찬가지로 굴도 각각의 장소에 독특한 맛을 부여하는 저마다의 테루아르 또는 혹자의 표현에 따르면 메루아르merroir(토양을 뜻하는 테루아르terroir에 굴의 생산지인 바다를 뜻하는 메르mer를 조합해 만든 단어—옮긴이)를 가지고 있다. 노르망디산 굴은 방데산 굴보다 은은한 맛이 나며, 아르카숑산 굴은 브르타뉴산보다 약간 더 짭짤하다. 테루아르 효과를 높이려면 굴을 보르도의 소비뇽 블랑이나 루아르 계곡의 상세르처럼 같은 지역에서 생산된 드라이한 화이트와인과 함께 먹으면 좋다. 물론 샴페인이 이상적인 연인이지만 말이다. 어떤 사람들은 기네스 흑맥주가 굴과 잘 어울린다고 하지만, 이 조합을 감히 아직 시도할 엄두를 내지 못했다고 고백해야겠다.

프랑스의 굴 산업은 수년 동안 많은 비극을 겪었고 환경 재앙에 극도로 취약한 산업이다. 토착종인 납작굴 피드슈발pied de cheval은 과도한 채취와 질병으로 사실상 씨가 말랐고 오늘날에는 매년 양식되는 수만 개의 굴 중 극히 일부만을 차지하고 있다. 포르투갈산 굴이 프랑스 해안을 따라 납작굴을 대체했지만, 1970년대 치명적인 질병에 직접적인 타격을 받아 사실상 프랑스의 굴 산업에서 사라졌다. 다행히 태평양굴(일본굴이라고도 불림)이 프랑스의 굴 밭에 성공적으로 안착해 세계 굴 애호가들이 안도의 한숨을 내쉴 수 있었다. 그러나 2008년 이래 프랑스 굴은 질병과 환경 오염으로 다시 고통받고 있다. 기후 변화로 환경이 악화해 전반적인 생산량이 거의 반토막이 났다. 프랑스의 굴 생산자들에게 위기가 찾아온 것이다.

프랑스는 여전히 유럽 내 주요 굴 생산국이자 최대 소비국으로, 프랑스에서 생산된 굴의 90퍼센트 이상이 국내에서 소비된다고 한다. 굴은 크리스마스 이브의 만찬에서 애피타이저로 제공되는 전통적인 명절 음식이기 때문에 연간 수확량의 절반가량이 크리스마스 기간에 소비된다. 여전히 대개는 생굴로 제공되는데, 보통 레몬즙을 살짝 뿌리거나 레드 와인과 샬롯으로 만든 가벼운 비네그레트를 뿌려 먹는다. 프랑스가 누리는 미식의 축복 중에서 이처럼 품질 좋은 굴이 풍요롭게 생산되는 환경에 견줄 것은 없는 듯하다.

# 40
# 병에서 발견된 진리

와인 병에는 세상의 모든 책보다 깊은 철학이 담겨 있다.

— 루이 파스퇴르

프랑스의 쥐라 지방은 웅장한 알프스에서 멀지 않은 스위스 국경의 산맥에 걸쳐져 있다. 쥐라산맥의 독특한 지질은 지구 역사의 연대기를 쓰려는 19세기 과학자들의 관심을 끌었고, 1829년 프랑스 지질학자 알렉상드르 브롱니아르Alexandre Brongniart는 중생대 중기를 쥐라기로 명명했다. 쥐라는 아름답고 화석이 발굴될 가능성이 높은 지역임에도 프랑스에서 조용하고 방문객이 적은 덕분에 숲이 우거진 산길과 맑고 푸른 산속 호수, 고대의 작은 마을, 숭고한 향토 미식을 평화롭게 즐길 수 있다. 프랑스에서 가장 인기 있는 치즈인 콩테가 이곳 쥐라 지방에서 생산된다. 가장 인기 있는 관광 명소는 현재는 '콩테 대성당'으로 알려진 과거 생앙투안의 군사 요새 밑에 있는 거대한 벙커로, 10만 개 이상의 거대한 바퀴 모양의 치즈가 천천히 독특한 토양의 맛을 흡수하며 숙성되고 있다. 풀레 드 브레스Poulet de Bresse는 세계에서 가장 맛있는 가금류 요리라는 명성이 반영되어 AOC의 보호를 받는 유일한 닭 요리이다. 그 육즙 풍부한 맛은 이 지역의 테루아르와 닭들이 짧은 생을 사는 동안 최대한 행복하게 살게 하자는 세심한 방목 방식이 결합된 결과이다.

그러나 쥐라 지방에서 가장 흥미로운 미식은 수 세기 동안 프랑스 와인 애호가들을 사로잡은 놀랍도록 독특한 와인일 것이다.[1] 매력적인 아르부아 마을에 가면 (오크 향이 풍부한 샤르도네를 비롯해) 이 지역의 다양한 AOC 와인과 쥐라에서만 생산되는 황금빛의 강렬한 와인인 뱅 존을 제대로 맛볼 수 있다. 뱅 존은 오크 통에서 6년 3개월 동안 숙성되는데, 그 풍성하고 복잡 미묘한 맛은 어디 비견될 데가 없어서 거의 신적인 지위를 얻었다.

그러나 아르부아는 인류에 이 이상으로 큰 공헌을 했다. 아르부아는 루이 파스퇴르의 고향이고, 이 지역의 와인은 질병과 부패에 대한 이해를 혁신하는 데 도움을 주었다. 파스퇴르의 이야기는 우리가 당연히 여기는 현대 세계가 사실은 꽤 최근 시대라는 것을 다시 일깨워준다.

파스퇴르가 등장하기 이전까지 미생물의 광범위한 효과는 그 원리가 실제로 이해되지 않은 채 경험되었다. 우리는 앞서 처참한 전염병의 원인으로 갖가지 말도 안 되는 이유가 지목되고, 정확한 작용에 대한 제대로 된 이해 없이 발효와 음식 분해 과정이 어떻게 조작되는지 살펴보았다. 과학 혁명으로 방대한 새로운 이론이 등장했지만, 특정 미생물이 질병을 일으키고 음식을 부패시킨다는 기본적인 생각은 과학사 대부분의 기간에 터무니없는 발상으로 여겨졌다. 사실 19세기 중반에 활약한 파스퇴르조차도 자연 발생설(마침내 파스퇴르에 의해 아예 잘못된 것임이 밝혀진 틀린 개념) 같은 오랫동안 이어져 온 대안 이론에 헌신한 의사와 생물학자들의 격렬한 반대에 직면했다. 다행히 그의 지칠 줄 모르는 실험이 성공한 덕분에 그가 이룬 과학적 혁신으로 셀 수 없이 많은 생명을 구할 수 있었다.

파스퇴르 연구의 진화 과정에서 음식과 와인은 처음부터 중요한 역할을 차지했다. 1854년 릴대학교 이과대 학장으로 부임한 그는 번창하는 이 북부 도시의 주요 산업인 식량과 주류 생산업에 대한 학생들의 과학적 연구를 장려하는 학술 프로그램을 개발했다. 그는 릴대학교에서 가진 첫 강연에서 이렇게 말했다. "한 가지 물어보겠다. 여러분의 가족 중 설탕, 당알코올, 에테르, 식초를 만들어낼 수 있는 감자를 손에 쥐여주었을 때 당장 호기심을 보일 젊은이들이 어디에 있을까?"[2]

파스퇴르 자신은 비트 알코올의 현지 생산자 무슈 비고로부터 그가 강의한 내용을 실천해보라는 요청을 받았다. 비고의 여러 개의 거대한 통 중 일부에서 알코올 대신 시큼한 비트 즙이 만들어지는 문제가 생기자 파스퇴르에게 조사를 의뢰한 것이다. 그리하여 발효 과정을 밝혀내려는 파스퇴르의 연구가 시작되었다. 그는 현미경으로 발효를 촉진하는 효모를 죽이고 젖산을 생산하는 미생물의 존재를 밝혀냈다. 파스퇴르는 이 미생물을 죽이는 방법을 강구하지는 못했지만, 비고에게 상한 통을 철저히 청소해 유해한 미생물이 다시 들어오지 않도록 주의하라고 조언했다. 그리고 이듬해 발효에 관한 논문을 두 편 발표하며 미생물학을 창시했다.

1860년 파스퇴르는 발효에 대한 획기적인 연구를 발표했다. 그는 실험에서 다른 미생물들은 오염을 일으켜 신 와인이나 식초를 만들어내는 데 반해 효모 미생물은 어떻게 설탕을 알코올로 변환시켜 발효를 유발하는지 정확하게 보여주었다. 이런 유해한 미생물의 영향을 제한하는 방법을 개발함으로써 마침내 발효 과정을 과학적으로 조정해 알코올음료의 양뿐만이 아니라 질도 향상할 수 있게 되었다. 오랫동안 알코올 생산은 과학이 아닌 기술로 여겨져 왔지만, 파스퇴르의 경험주의는 이러한 입장을 재고하는 설득력 있는 사례를 만들었다.[3]

이러한 연구를 진행한 결과 파스퇴르는 프랑스 정부로부터 현재 (곡물에 이어) 두 번째 주요 농산물이자 주요 수출품인 프랑스 와인의 광범위한 문제를 조사해달라는 요청을 받았다. 프랑스 혁명 이후 와인 생산에 관련된 많은 규제가 폐지되어 경험이 부족한 사람들도 뛰어들면서 와인 제조가 널리 확산되었다. 철도망의 발전으로 운송 기회가 높아지자 인기 있는 품종이 과잉 생산되고, 생산 속도와 양을 늘리기 위한 새로운 산업 방식이 사용되었다. 이러한 변화가 종합적으로 작용해 국제적으로 프랑스 와인의 명성이 위태로워질 만큼 질병과 오염이 심각하게 발생했다. 그리하여 황제 나폴레옹 3세는 파스퇴르에게 조사를 의뢰한 것이다.

파스퇴르는 포도원에 둘러싸여 자라던 어린 시절 귀에 못이 박히도록 들은 지역 와인의 미덕을 떠올려 고향 아르부아로 돌아갔다. 세 번의 여름이 지나는 동안 그는 쥐라 와인을 대상으로 실험하며 미생물 이론을 더욱 발전시켰다. 지역 와인 제조업자들이 '와인 의사'의 조언을 구하러 상한 와인을 가지고 그의 집에 찾아오기 시작했고, 이렇게 공급받은 문제 와인으로 폭넓은 연구가 가능했다. 파스퇴르는 기존의 믿음과 달리 와인이 시어지는 이유는 우연이나 피할 수 없는 결과가 아닌 미생물에 의한 외부 오염의 결과라는 것을 보여주었다. 따라서 와인 제조 과정에서 오염원에의 노출을 제한할 것을 권했는데, 여기서 더욱 중요한 것은 '저온 살균법pasteurization'을 개발했다는 점이다. 이 경우 유해 미생물을 죽이기 위해 덜 숙성된 와인을 섭씨 50~60도의 열에 잠깐 가열하는 방식이었다.

(이는 훨씬 높은 온도에서 병을 삶는 '아페르식 밀봉 살균법'과는 전혀 다르다.) 오늘날 저온 살균법은 다양한 음식, 특히 우유와 유제품에 사용된다. 이렇게 독창적인 식품 오염 방지 방법으로 얼마나 많은 생명을 구했는지는 파악할 수도 없을 정도이다.

파스퇴르의 실험과 조언은 프랑스 와인 산업을 구했다는 공을 세웠다. 그리고 1870년대 프랑스 맥주의 품질을 향상하기 위해 비슷한 기법을 개발하면서 유사한 업적을 쌓았다. 프로이센·프랑스 전쟁(1870~1871)에서 프랑스의 굴욕적인 패배에 격앙된 파스퇴르는 이러한 노력을 통해 애국심을 불태웠다. 그는 열렬한 반프로이센파가 되어 독일을 여행하거나 자신의 저작을 독일어로 출판하는 것을 거절했으며, 심지어 당시 유럽에서 가장 인기가 높은 독일의 주요 수출품인 독일 맥주마저 마시기를 거부했다. 프랑스는 이 전쟁으로 프로이센에게 빼앗긴 알자스나 로렌 지역을 제외하고는 맥주보다 와인으로 더 유명했다. 그래서 파스퇴르는 프랑스 맥주 산업의 부흥을 국가의 명예가 달린 문제로 인식하고, 이를 통해 프로이센에 복수하고 프랑스의 과학이 그 라이벌보다 우위에 있음을 입증하려 했다. 그는 독일 라거 맥주의 맛과 유통 기간에 필적할 만한 일명 '복수의 맥주'를 개발하는 데 수년의 시간을 바쳤다. 파스퇴르는 새로운 생산 기법을 유럽 전역에(물론 독일은 제외하고) 전파했고, 이는 널리 적용되어 유럽 맥주 시장의 발전에 크게 기여했다. 그러나 파스퇴르가 적의 손에 자신의 연구 결과가 넘어가지 않도록 그토록 노력을 기울였음에도 결국 독일 맥주 생산자들도 그의 권고를 따르게 되었고, 그 결과 독일은 이후로도 오랫동안 최고의 맥주 생산국이라는 명성을 유지할 수 있었다. 프랑스는 몇 년 안에 독일에 복수할 수단을 손에 넣게 되지만, 맥주의 영역에서는 아니었다.

파스퇴르는 자신이 잘 알지 못하는 분야의 프랑스 산업마저도 구원했다. 바로 프랑스 남부의 수익성 높은 최고 수준의 실크 산업이었다. 당시 유럽에서 누에를 치던 사람들이 그들의 작은 생산자들을 괴롭히는 원인 불명의 병으로 어려움을 겪자 파스퇴르는 몇 년 동안 그에 관해 조사했다. 그리고 마침내 이러한 위기의 원인이 되는 여러 미생물을 발견해 건강한 누에알에 이들 미생물이 침투하는 것을 막는 새로운 방법을 고안해 냈다.

누에의 병을 고친 경험은 파스퇴르를 가장 감사하게 기억하는 분야로 그를 인도했다. 미생물 이론을 전염병 연구에 적용하기 시작한 것이다. 질병이 인간 사이의 접촉으로 전파될 수 있는, 눈에 보이지 않는 유기체로 인해 발생한다는 생각이 당시에는 터무니없다고 여겨졌지만, 파스퇴르는 적대적인 의료계에 맞서 '세균 원인설'의 원리를 입증하는 자료를 끈질기게 제시했다. 그는 의료 위생의 초기 지지자로, 의사가 환자를 치료하는 사이에 철저히 씻지 않기 때문에 실제로 건강한 사람을 감염시키고 있다고 주장했다(이러한 주장은 의료계에 더 큰 반감을 불러일으켰을 뿐이다). 그는 탄저병과 같은 동물 질병에 대한 백신을 발명했고, 과거에는 사형 선고나 다름없었던 끔찍한 병인 광견병에 대한 성공적인 치료법을 개발했다. 이 연구는 특정 미생물이 특정 질병과 관련 있다는 훨씬 더 급진적인 생각을 입증하는 데 도움이 되었다. 또한 파스퇴르의 연구는 면역학 분야가 생기는 데도 도움이 되었다. (오늘날에는 백신으로 예방할 수 있는) 장티푸스로 두 딸을 잃은 파스퇴르가 이 소식을 들었다면 분명 기뻐했을 것이다. 의학 분야가 급진적인 발전과 혁신을 이루어 헤아릴 수 없이 많은 생명을 구할 수 있게 된 공은 파스퇴르와 세균 원인설의 초기 지지자들 덕분이다. 파스퇴르의 과학적 공헌은 아직도 타의 추종을 불허할 정도라는 점에서 아르부아가 그가 어린 시절을 보낸 집을 박물관으로 만들고 파스퇴르 도보 여행을 운영하며 수많은 기념비를 세워 그의 유산을 계속 기념하는 것도 놀라운 일이 아니다.

아이러니하게도 저온 살균법은 프랑스에서는 다른 나라에서만큼 인기가 많지 않다. 많은 프랑스 치즈가 저온 살균되지 않아 미국 국경을 넘을 때 곤경에 처하는 경우를 이미 보지 않았나. (당연히 세균 혐오자가 된 파스퇴르라면 이 문제에 있어서 미국 식품의약국의 입장에 동의하겠지만 말이다.) 저온 살균의 가장 초기 수혜자인 프랑스 와인은 오늘날에는 보통 저온 살균하지 않는데, 와인 제조업자들이 그 과정에서 맛이 달라진다고 확신하기 때문이다. 반면에 프랑스에서는 보통의 저온 살균 우유도 살 수 있지만 많은 사람이 훨씬 높은 온도로 가열하는 '초고온 순간 살균' 과정을 거친 UHT 우유도 산다. UHT 우유는 실제로 부엌 찬장에 냉장되지 않은 채 몇 달 동안 놓여 있을 수 있지만, 익숙해지는 데 다소 시간이 걸리는(물론 영원히 익숙해지지 않을 수도 있다) 약간 '조리된' 맛을 가지고 있다.

콩테는 저온 살균 처리가 되지 않은 치즈이지만 다행히 60일 이상 숙성되어 미국 반입이 허용된다(법적으로 AOC 요건을 충족하려면 최소 4개월 이상 숙성되어야 한다). 그래서 미국인이 프랑스인이 가장 좋아하는 치즈를 그 테루아르의 파트너, 쥐라 와인과 함께 즐기는 것이 점차 가능해지고 있다. 이 치즈와 쥐라 와인의 페어링이 만들어낸 강렬함은 쥐라 지방의 조용한 아름다움과 어울리지 않겠지만, 쥐라의 자랑스러운 아들의 맹렬한 집착이자 프랑스의 위대한 업적을 잘 상징한다.

# 41
# 녹색 요정의 저주

파리를 비롯한 프랑스의 대도시들이 프랑스의 정치와 문화에 매료된 사람들로부터 많은 관심을 받지만, 프랑스 사람들은 '심층 프랑스la France profonde'라는 프랑스 시골에 본능적인 애착을 느낀다. 이는 시간이 좀 더 느리게 흐르고 아직도 전통이 힘을 발휘하는 시골에서 프랑스라는 나라의 가장 깊고 심오한 요소가 발견된다는 믿음을 담은 표현이다. 모든 국가 탄생 신화처럼 '심층 프랑스' 개념에도 진실과 상상이 모두 담겨 있다. 하지만 이것이 바로 프랑스 대통령이 매년 파리에서 대규모로 열리는 농업 박람회를 돌아다니며 소들을 칭찬하고 회의적인 농부들과 농담을 주고받는 이유이자, 작은 마을의 수가 줄어들고 농산물 거래가 감소하는 데 대해 언론이 깊은 관심을 보이는 이유이다.

'심층 프랑스'에 대한 이러한 친밀감은 그 깊은 곳에서 나오는 음식과 와인에 대한 동시대의 애착과 밀접한 관련이 있다. 이런 두 가지의 애정이 가장 잘 표현된 것이 프랑스 시골을 돌아다니며 지역 특산물을 즐기는 수많은 미식 여행일 것이다. 푸아투샤랑트 지방의 염소 치즈 생산 농가들을 방문하는 샤비슈 루트는 이미 접해 익숙할 것이다. 그 외에 매년 여름이면 승마하는 사람들과 하이커들이 랑그도크 지방에 다시 닦는 역사적 소금 교역로Route du Sel를 비롯해, 프랑스와 스위스 국경 48킬로미터에 걸쳐 펼쳐진 아름다운 목가적 풍경을 따라 걸으며 '녹색 요정la Fée Verte'으로도 불리는 악명 높은 지역 특산품 압생트를 맛볼 수 있는 산악 하이킹 코스, 일명 압생트 루트도 있다.

압생트 루트는 1805년 스위스인 앙리루이 페르노Henri-Louis Pernod가 세운 프랑스 최초의 압생트 증류소가 있던 그림 같은 산골 마을 퐁타를리에에서 시작된다. 페르노와 그의 장인은 프랑스 혁명을 피해 스위스로 망명한 프랑스인 의사 피에르 오디네르Pierre Ordinaire가 특허를 낸 의료용 물약의 제조법을 적용해 독특한 아니스의 맛을 더한 허브 증류주를 만들었다. 페르노의 프랑스식 증류소는 성공적이었고, 압생트 사업은 작은 퐁타를리에 마을의 생명선이 되었다. 그로부터 한 세기 후 절정기에는 마을 주변에 있는 25개의 압생트 증류소에서 하루 약 3만 리터의 압생트를 생산했다.[1]

당시 퐁타를리에 마을에서 매년 여름 수천 명의 포병이 모이는 훈련 캠프가 열리면서 프랑스 군인들이 압생트의 초창기 팬이 되었다. 알제리 정복 전쟁을 치르는 동안 주둔군은 물을 정화하고 말라리아와 그 밖의 열병을 예방하기 위해 압생트를 지급받았다. 이는 인기 있고 매우 효과적인 정책이었고, 이후 아프리카와 동남아시아 전역의 식민지 정복 과정에서 계속 되었다.

군인들은 집으로 돌아와서도 압생트를 계속 즐겼고, 제2제국의 도금 시대 부르주아들 사이에서도 인기를 얻게 되었다. 압생트는 전통적으로 저녁 식사 전에 마시는 아페리티프로 완벽한 술이었다(주류 사회에서는 밤새 압생트를 마시는 것은 굉장히 세련되지 못한 행동으로 여겨졌다). 파리에서는 오후 5시부터 7시까지 아페리티프를 마시는 시간을 '녹색 시간'이라고 부를 정도로 압생트가 인기를 끌었다. 압생트에 물을 더하면 아주 산뜻하고 가벼워 보이는 효과가 있어서, (특수하게 만든 스푼에 각설탕을 올린 뒤 물을 몇 방울 떨어뜨려 서서히 녹은 설탕이 잔에 떨어지게 해서 마시는) 의식과도 같은 압생트의 음용법은 새로운 자극을 찾는 대중에게 매력적으로 다가갔다.

압생트는 세기가 지나면서 더욱 예술적인 명성을 얻었다. 반 고흐, 베를렌, 보들레르, 랭보, 툴루즈로트렉 같은 벨 에포크 시대의 작가와 예술가들은 이 녹색 요정이 자신들의 창조 정신을 촉발한다고 믿었다. (모든 예술가가 압생트의 매력에 굴복한 것은 아니었다. 프루스트는 그의 대하소설 『잃어버린 시간을 찾아서』의 제1권 『스완네 집 쪽으로』에서 평생의 기억을 풀어내는 데 마들렌 한 조각이면 족했다.) 피카소, 드가, 마네도 압생트 마시는 사람들을 그리며 다양하게 압생트를 찬양했다. 1870년대 들어 압생트는 노동자 계급에서도 인기를 끌게 되는데, 규제가 느슨한 덕분에 저렴하고 질 낮은 버전의 확산이 가능했기 때문이기도 하다.

압생트는 환각, 희열, 발작, 폭력성을 유발한다는 평판에도 불구하고 (어쩌면 그 때문에) 더욱 인기를 얻었다. 흥미롭게도 최근의 약리학 연구에서 압생트의 환각 효과를 일으키는 원인으로 지목받던 약쑥은 진범이 아님이 밝혀졌다. 그보다는 압생트가 극단적인 중독 증상을 일으키는 원인은 터무니없이 높은 알코올 함량(약 70퍼센트)이나 무분별한 증류로 생겨난 독성 물질이었을 가능성이 더 크다. 그럼에도 프랑스인을 취하게 하는 흔한 방법인 와인이 우연이었지만 너무도 불행한 결과를 낳은 미국산 수입품으로 인해 종말론적 위기를 겪었을 때(미국인들이 프랑스에 선물로 보낸 포도나무를 통해 치명적인 해충이 유입되어 프랑스 와인 산업이 큰 타격을 입은 사건을 가리킨다—옮긴이) 압생트의 매력은 더욱 강해졌다.

포도나무뿌리진디phylloxera는 포도나무의 뿌리를 먹고 사는 해충으로 그 뿌리를 부풀게 한다. 감염된 뿌리는 포도 덩굴과 분리되어 수액의 순환이 멈추면서 3년 안에 나무 전체가 말라 죽게 된다. 포도나무뿌리진디는 미국에만 분포하고 있었고, 긴 항해를 거치며 이 해충은 효과적으로 검역이 이루어졌다. 그런데 19세기 들어 증기선의 등장으로 대서양을 몇 주가 아닌 불과 열흘 만에 횡단하는 길이 열리면서 포도나무뿌리진디가 프랑스로 빠르게 들어올 수 있었던 데다가 이제 더 빠른 철도와 만나게 된 것이다. 1863년 아를 근교의 포도밭을 시작으로, 1866년에는 보르도의 포도밭이 감염되었고 뒤이어 코냑, 부르고뉴를 거쳐 프랑스 나머지 지역으로 퍼져나갔다. 그리하여 프랑스 와인 생산량은 1875년에 8450만 헥토리터에서 1889년에는 2340만 헥토리터로 급감했다. 기록적인 대재앙이었다.[2] 샹파뉴가 19세기 말엽에 마지막으로 감염된 주요 지역이었다.

프랑스 와인 산업의 손실은 이루 말할 수 없는 정도였기에 이 위기를 종식하기 위해 온갖 노력을 기울였다. 불행히도 훈증 소독으로 이 해충을 제거하는 것은 대부분의 생산자에게 비싸고 노동 집약적인 방법이었다. 프랑스 과학자들은 미국에서 생겨난 문제는 미국식으로 해결해야 한다고 합리화하며 그 대안을 제시했다. 미국의 포도나무는 포도나무뿌리진디에 적응되어 면역력이 있을 테니, 저항력 있는 미국의 포도나무를 유럽의 포도나무에 접붙이자는 것이다. 상상할 수 있겠지만, 미국의 포도나무를 프랑스 와인 제조에 도입하자는 발상에 일부 생산자들이 극심한 분노를 드러냈고, 프랑스 정부는 9년 가까이 준비한 계획을 승인하지 않았다. 그러나 엄청난 시행착오 끝에 프랑스의 포도나무가 회복하기 시작했다.

그러나 프랑스 전통 와인 생산자들이 돌아왔을 때 시장 상황은 크게 바뀌어 있었다. 포도나무뿌리진디로 인해 위기를 겪는 동안 프랑스 사람들은 수입 와인이나 물을 탄 와인, 심지어 건포도로 만든 가짜 와인을 마셨다. (프랑스는 포도나무뿌리진디로 인한 위기를 겪고난 뒤인 1889년에야 와인에 대해 법적으로 정의한 법령을 제정했다.) 프랑스가 정복하기 이전에도 와인을 생산하던 알제리의 포도밭은 19세기의 마지막 20년간 여섯 배 늘어났으며, 포도 재배는 점차 식민지 경제의 중요한 분야가 되어갔다. 어떤 사람들은 와인을 아예 그만 마시고 압생트 같은 다른 술로 시선을 돌렸다.

그래서 프랑스 와인 생산자들은 금주 운동과 위태로운 동맹을 맺었다. 미국에서처럼 프랑스의 금주 운동도 근대 사회의 치명적인 병폐의 원인을 술의 과도한 소비에서 찾았다. 프랑스는 1860년대 일 인당 평균 연간 150리터 이상의 와인을 소비하는 세계 최대의 술 소비국이었다.[3] 술을 신체적·정신적 질병과 범죄성, 정치적 급진주의와 같은 사회 문제의 원흉으로 지목하는 비난의 목소리가 커져갔다. 1849년까지는 존재하지도 않았던 알코올 중독이라는 용어가 이제 개인적 문제가 아닌 국가적 문제로 인식되었다. 당시 알코올 중독이 증가된 데는 지금도 그렇듯 도시의 비참한 문제인 빈곤과 사회 하층 계급의 의심스러운 도덕성 탓이라는 비난이 팽배했다. 급진적 노동자들의 운동이 일어난 원인도 알코올 중독 탓으로 여겨져서, 알코올 중독자와 급진적 노동 운동의 증가 현상은 이를 모두 두려워하며 살아가는 사람들의 마음속에 밀접하게 연결되었다. (이와 달리 프랑스 사회주의자들은 알코올 중독이 노동자 계급을 노예 상태로 유지하기 위해 부르주아가 조장한 결과이므로, 영광스러운 노동자 혁명 이후에는 사라지게 될 사회적 질병이라고 주장했다.) 그러나 사실 알코올 소비의 증가는 새롭고 더 저렴한 술을 생산할 수 있게 된 과학 혁신과 더불어 많은 사람이 술을 구입할 수 있을 만큼 가처분 소득이 증가하는 등 프랑스가 번영했기 때문이라고 보는 편이 타당하다.

보통 프랑스인은 여전히 다른 술보다 와인을 많이 마셨다. 프랑스 금주 운동가들은 와인 소비를 용인하거나 심지어 옹호하는, 세계 금주 운동 내에서 독특한 입장을 취했다. 맥주나 시드르 같은 '천연 재료 술'을 적당히 마시는 것은 수용될 만했다. 실제로 와인은 오랫동안 약효가 있다고 여겨졌고, 특히 소화에 탁월한 도움이 된다고 생각되었다. 알코올 중독을 일으키는 주동자는 '화학주'로, 그중에서도 광기, 변태 성향, 범죄성, 죽음을 유발하는 압생트가 유해하다고 여겨졌다.

이와 같이 화학주를 목표로 삼은 덕분에 프랑스의 금주 운동은 와인 산업의 지원을 받을 수 있었다. 실제로 압생트 금지 운동을 펼친 '전국 알코올 중독 반대 연맹Ligue Nationale Contre l'Alcoolisme'은 에밀 셰송Émile Cheysson이라는 와인 생산자와 금주 운동가들이 공동으로 창립한 단체이다. 1907년 랑그도크 지방의 와인 생산자 수십만 명이 저렴한 알제리산 와인 수입에 대해 항의한 대규모 와인 시위 중에 반복된 슬로건 중 하나가 '와인 찬성, 압생트 반대'였다. 프랑스에서 와인 마시는 행위의 정서적 의미를 담아낸 이 슬로건은 극보수적인 작가 레옹 도데Léon Daudet의 발언을 인용한 것이다. "나는 와인을 찬성하고 압생트를 반대한다. 내가 전통

이 극적인 포스터는 압생트 금지령 이후 프랑스 전역의 술집에 배포되었다. 제1차 세계 대전을 배경으로 프랑스 대통령 레몽 푸앵카레가 치명상을 입은 '녹색 요정' 위에 의기양양하게 서 있는 모습이다. 「녹색 요정의 종말Le fin de la Fée Verte」 © David Nathan-Maister, 2017. 압생트디지털박물관 제공.

을 찬성하고 혁명을 반대하듯."[4] 이와 같이 금주 운동가들과 와인 생산자들의 전술적 동맹은 표면상 사회적·인도적 이유를 내세웠지만, 와인 생산자들이 경쟁 주류를 제거함으로써 실질적인 이익을 얻었다는 사실을 인정해야 한다.

1914년 8월, 제1차 세계 대전이 발발하면서 프랑스 정부는 압생트 판매에 뒤이어 생산까지 금지했다. 이는 국가의 군사력과 도덕성을 약화한다고 보이는 사회 관습에 반대하는 광범위한 사회 운동의 일부였다. (이러한 조치를 취한 나라는 프랑스만이 아니었다. 같은 해 러시아도 보드카 생산을 금지하는 충격적인 결정을 내렸다.) 이후 다른 화학주도 금지되었지만, 이와는 대조적으로 프랑스 참호 안의 군인들은 매일 일정량의 와인을 배급받았다.

프랑스에서 알코올 중독을 줄이려는 노력은 계속되었지만 미국처럼 전면적인 금주는 진지하게 고려되지 않았다. 1950년대 후반만 해도 알코올 중독은 프랑스에서 주된 사망 요인이었지만, 국가 건강 보험이 실시되고 적절한 치료법에 대한 이해가 높아짐과 동시에 알코올 중독으로 발생하는 사회적·경제적 비용을 줄이려는 정부의 의지가 마침내 프랑스인의 음주 습관에 극적인 변화를 가져왔다. 그 결과 1960년부터 2010년에 이르는 기간 동안 연평균 소비량이 절반으로 감소했다. 그러나 미국과 다른 유럽 국가들에 비하면 여전히 높은 수치이기 때문에 프랑스 공중 보건 당국의 우려가 계속되고 있다.

압생트가 금지되자 퐁타를리에의 증류소들은 압생트의 문제의 원인으로 지목된 약쑥을 넣지 않은 아니스 맛의 대체품, 파스티스pastis의 생산으로 전환했다. 그러나 2010년 프랑스 정부가 압생트 금지를 번복하자 퐁타를리에는 다시 한번 즐거운 마음으로 이 녹색 요정을 받아들였다.

한편 프랑스 와인 생산자들은 특히 그들의 경제적 지배력이 높은 지역에서 강력한 전투력을 유지하고 있다. 1907년 와인 시위가 있은 지 한 세기가 지났는데도 랑그도크는 정부의 와인 정책과 경쟁 생산자들로 인해 큰 어려움을 겪고 있다. 오늘날 그들의 주요 적수는 전통적으로 이 지역의 소규모 생산자들의 판매 지점이던 슈퍼마켓에 저가 싸구려 와인을 대량 납품하는 프랑스와 스페인의 공장식 와인 산업이다. 대부분의 항의 시위는 비폭력적이지만, 무장 단체 와인행동위원회CRAV가 주도했다는 1970년대 이후 일어난 수많은 방화와 사보타주 사건을 비롯해 최근에는 수천 리터의 와인을 가득 실은 채 프랑스 국경을 넘은 스페인의 탱크 트럭을 테러하는 사건도 있었다. 이에 대해 프랑스 정부는 랑그도크 와인 산업도 산업의 흐름과 발맞춰 진화하며 혁신되어야 한다고 반론한다. 오늘날 프랑스 사람들은 보다 좋은 품질의 와인을 덜 마시며, 비유럽 국가의 경쟁 상대들도 늘어나고 있다. 그러나 이러한 주장은 실업률이 20퍼센트에 육박하고 그 원인이 정부의 투자 부족이라고 생각하는 이 지역에서는 전혀 받아들여지지 않는다.

사람이 무엇을 마셔야 하는지에 대한 문제가 현대 시대에 소모적이고 맹렬하게 정치화되었다는 사실은 프랑스 와인 산업이 경제적인 데 그치지 않고 사회적·정서적으로 얼마나 중요한지 보여준다. 프랑스에서 가장 강력한 경제적 이익을 내는 산업이 세계화, 기후 변화, 음주 습관의 진화가 복합적으로 작용한 효과에 적응하지 않으면 소멸될 위기라는 점에서 이러한 움직임이 쉽게 잦아들 것 같지는 않다. 프랑스 시골이 실패를 겪으면 그 결과는 실로 심각할 것이다.

# 42
# 미식 포위전

파리 역사상 최악의 크리스마스는 1870년 12월 25일이었다. 프로이센군의 잔혹한 포위전이 시작된 지 99일째 되는 날이었다. 프랑스가 어리석게도 이웃 독일 연방 국가들과 전쟁에 휘말린 결과 이제 수도가 그 대가를 치르고 있었다. 국민 대부분이 굶주렸고, 황제 나폴레옹 3세가 프로이센에 포로로 잡히며 제2제정은 종말을 맞이했다. 프랑스라는 국가는 또다시 유럽 무대에서 굴욕을 당했다.

그러나 전쟁의 역사에 이어지는 기이한 연속성이 있는데, 가장 처참한 상황에서도 사회의 최고 부유층은 굶주린 대중보다 더 매혹적인 삶을 영위할 수 있었다는 것이다. 1870년의 크리스마스에도 그랬다. 파리의 최고 부유층 몇몇이 고딕풍의 혁신적이고 전설적인 연회를 가졌다. 유명 요리사 알렉상드르 에티엔 쇼롱Alexandre Étienne Choron은 당시 문을 닫은 파리 동물원의 전 거주자들을 다수 인수해 프랑스 요리 역사에서 가장 유명한 요리 중 하나로 만들었다. 그 요리를 몇 달 전에 보았다면 소름 끼쳤겠지만, 이 시점에서는 믿기지 않을 만큼 먹음직스럽게 보였다.

생토노레 거리에 있는 쇼롱의 레스토랑 부아쟁에서 열린 크리스마스 만찬은 속을 채운 당나귀 머리로 시작되었다. 전쟁 전 식탁 중앙에 놓이던 돼지 요리의 덜 우아한 버전이었다. 수프 코스에는 코끼리 콩소메가 나왔고, 뒤이어 캥거루 스튜와 후추 소스를 얹은 곰 갈비, '영국식'(영국 요리처럼 단순한 방식을 뜻하는 프랑스인의 건방진 표현이다) 낙타 구이 등이 이어졌다. 메인 코스에는 쥐를 곁들인 고양이 요리, 노루 소스를 얹은 늑대 허벅

이 극적인 삽화의 캡션에서 설명하듯 파리 동물원의 동물들은 포위전 중에 희생되었다. "프로이센에 포위된 여러 달 동안 파리에 어떤 음식도 들어오지 못했다. 수도에 사는 200만 명의 주민은 급기야 개와 고양이, 심지어 쥐까지도 잡아먹는 지경에 이르렀다! 마침내 정부는 이러한 상황에 굴복해 파리 식물원Jardin des Plantes의 동물들을 소비용으로 넘겨주었다. 그 덩치 때문에 코끼리가 제일 먼저 희생되어 가장 굶주린 사람들에게 음식으로 제공되었다." 일리 아군탈Elie Haguenthal, 「1870년 전쟁과 1871년 파리 포위전. 코끼리 도살1870—La Guerre—1871 Siége de Paris. Abattage de l'Elephant」(1871). © Musée de l'Image-Ville d'Épinal/cliché H. Rouyer.

지 요리처럼 자연 질서가 역설적으로 도치된 요리가 나왔다. 영양과 송로버섯으로 만든 테린terrine(고기, 생선 등을 냄비에 담아 중탕으로 익힌 다음 차게 식혀 굳힌 뒤 얇게 썰어낸 전채 요리—옮긴이)은 빠르게 사라져가는 사치 시대를 떠올리게 하는 정점이었다. 연회는 치즈 코스에서 그뤼에르가 제공되고 아직 재고가 남아 있는 최고급 와인들(1846년산 무통 로스차일드, 1858년산 로마네 콩티, 1827년산 그랑 포르토)을 곁들여 비교적 정상적으로 끝났다. 이 독창적이고 부조리하며 섬뜩한 '포위 메뉴'는 프랑스의 미식 전설에서 확고하게 자리매김했다.

이 연회는 제2제국을 무너뜨리고 이후 세계 분쟁의 씨앗을 뿌린 이 짧은 프로이센·프랑스 전쟁의 참상과 어리석음을 잘 보여주는 일화 역할을 하기도 한다. 프랑스가 전쟁을 선포하게 된 것은 근본적으로 프로이센의 교활한 재상 오토 폰 비스마르크Otto von Bismarck의 책략에 넘어갔기 때문이다. 비스마르크의 목표는 여러 왕국으로 분열된 독일을 프로이센이 지배하는 하나의 강력한 국가로 통일하는 것이었다. 그는 프랑스가 전쟁을 선포하고 먼저 공격해오면 통제 불능의 남부 독일 지방이 자신의 통일 과업에 합류할 것으로 정확히 예상하고, 스페인 왕위 계승 문제를 둘러싸고 외교 분쟁을 일으켜 프랑스의 선전 포고를 유도했다. 이는 1815년 빈에서 이루어진 유럽 내 힘의 균형이 깨지기 시작했다는 신호였다. 프로이센은 1866년 7주 전쟁으로 오스트리아를 제패하고 신흥 강국으로 떠올라, 이제 유럽 최강의 군사력을 가진 프랑스를 목표로 삼고 있었다.

나폴레옹 3세의 제2제정기는 부르주아의 이익과 근대화의 열망이 승리를 거둔 프랑스의 번영과 변혁의 시대였다. 그러나 1870년 무렵에는 경제 위기와 공화주의자들 및 사회주의자들의 지속적인 반대로 황제의 인기가 떨어진 상태였다. 1860년대의 제한적인 자유주의 개혁은 본질적으로 권위주의적인 체제의 가림막에 불과했고, 조르주외젠 오스만 Georges-Eugène Haussmann이 주도한 파리의 급진적 재개발을 비롯한 여러 근대화 조치는 빈곤층과 노동자 계층을 희생시키고 부르주아 자본주의를 추종하는 부유층에만 혜택을 주었다. 과거처럼 파리 거리에서 반란의 향기가 감지되었다. 사실 오스만이 대로를 건설한 동기 중 하나는 도심의 혁명 집단이 바리케이드를 치고 점거하기 쉬운 파리 중심부의 좁은 거리를 제국 군대의 통제력이 더 잘 발휘될 수 있는 넓은 도로로 대체하려는 것이었다.

나폴레옹 3세는 프로이센과의 전쟁에서 속전속결로 승리를 거두면 인기가 회복되고 정치적 도전자들로부터 정권을 안정적으로 지킬 수 있을 것으로 생각했다. 그는 우월한 병력, 장교들의 탁월한 지휘력, 뛰어난 동원력을 갖춘 프로이센의 군사력을 고려하지 못했다. 프랑스군이 군을 조직하고 정비하는 사이에 잘 짜인 독일의 철도망을 따라 38만 명의 병사와 산더미 같은 장비가 3주도 되지 않아 전선으로 이동되었다.

충분히 예상되듯이 프로이센군은 8월에 벌어진 몇 번의 대접전에서 승리했고 9월 1일 스당 전투에서 결정타를 날렸다. 군대를 직접 지휘하던 황제가 10만 명의 군사를 이끌고 프로이센에 항복했다. 메스에서 포위되어 있던 나머지 프랑스군은 10월에 항복하게 된다. 전쟁은 이 시점에서 사실상 승패가 결정되었지만 아직 프랑스의 수도는 건재했다. 9월 19일에 프로이센의 파리 포위가 시작되었다.

황제가 포로로 잡히자 임시 정부가 파리를 장악하고 제3공화국을 선포했다. 이 정부는 포위전이 비교적 단기간에 끝나리라 예상하고 그동안 수도의 시민 200만 명과 국민 방위군 20만 명의 생명을 지키는 것을 최우선 과제로 삼았다.[1] 하지만 불행히도 포위가 예상보다 길어졌다. 프랑스 협상가들은 알자스와 로렌 지방을 포기하라는 프로이센의 요구에 동의하지 않았고, 프랑스 지방군을 증강해 포위망을 해제하려는 시도는 실패로 돌아갔다.

포위망이 완전히 닫히기 전까지 식량이 비축되어 있었다. 불로뉴 숲과 뤽상부르 공원 등 파리의 공원에는 양, 소, 돼지 수만 마리가 있었고, 쌀, 감자, 옥수수, 밀가루, 치즈, 와인을 비롯해 여러 음식이 대량으로 저장되어 있었다. 그러나 10월에 접어들자 이미 정육점에서는 말고기, 당나귀 고기, 노새 고기를 팔기 시작했다. 고기 배급은 처음에는 성인 한 명당 일일 100그램으로 시행되었으나, 빠르게 50그램, 뒤이어 33그램으로 줄었다. 센강에서는 여전히 생선이 잡혔지만, 그것은 대개 고급 레스토랑에서 소비되었다. 모험심 강한 사람들은 채소를 찾아 적진 근처의 밭을 뒤졌다. 파리의 유명한 카페와 대로는 밤 10시가 되면 어둡고 조용해졌다.

마침내 한 기자가 "결국 우리는 노아의 방주를 찾게 될 것"이라고 선언했는데, 그야말로 탁월한 비유였다. 11월에 정육점에서 개와 고양이 고기를 팔기 시작했다. 레알 지역의 정육 판매대에는 판매하는 고기가 불도그인지, 테리어인지, 바셋 하운드인지 쓰인 간판이 세워졌다. 쥐 고기는 연하고 맛있다는 평이 있어서 너무 질긴 개고기보다 훨씬 고급으로 여겨졌다.[2] 채소는 너무 비쌌기 때문에 절반이나 4분의 1 단위로 판매되었다. 장을 볼 때면 "당근 반 개에 얼마지?"라고 묻는 것이 무서울 만큼 자연스러워졌다. 사람들은 고기나 괜찮은 음식을 먹을 수 있는 기회만 있다면 몇 시간이고 살을 에는 추위 속에서 기다렸다. 시가 운영하는 급식소에서 제공하는 식사는 터무니없이 빈약했다.

물론 모두가 그만큼의 고통을 겪은 것은 아니었다. 상류층은 여전히 충분한 식량을 조달할 수 있었고, 고급 레스토랑은 식재료 공급이 급격히 줄었어도 영업을 계속했다. 유명한 사회주의 혁명가 루이 오귀스트 블랑키Louis Auguste Blanqui는 파리를 '뚱뚱한 계층과 마른 계층'의 두 계층으로 나누어, "뚱뚱한 계층은 자신들이 가장 좋아하는 음식으로 배를 채운다… 그들은 무릎까지 닿을 듯한 세 겹의 턱과 배를 한 채 테이블 주위에 둘러앉아 먹고 마시고 웃고 즐긴다."[3] 그래서 파리 동물원이 12월 말에 문을 닫아야 했을 때, 그곳의 이국적이고 희귀한 동물들이 이 도시의 가장 부유한 사람들에게 요리로 소비되었다는 사실은 그리 놀랍지도 않은 것이다.

포위 기간 동안 음식값은 평균 임금이 하루 몇 프랑밖에 되지 않는 프랑스 노동자들로서는 엄두도 내지 못할 만큼 천정부지로 치솟았다. 에드몽 파스칼Edmond Pascal은 이 당시를 기록한 일기에서 나날이 악화하는 상황을 12월 22일에 다음과 같이 묘사했다.

> 부자들은… 여전히 그들의 미식 습관을 즐기고 유지한다. 그들은 닭 한 마리에 30프랑, 토끼 한 마리에 35프랑, 거위 한 마리에 70프랑, 버터 1파운드에 25프랑, 그뤼에르 치즈 1파운드에 18프랑을 지불할 수 있지만, 우리 어머니는 수프를 만들 리크 한 대도 사지 못한다. 1프랑 25상팀이나 하기 때문이다… 먹을 수 있는 모든 것은 불과 며칠 사이에 가뜩이나 비싼 가격에서 50퍼센트나 더 올랐다. 어느 정도인지 예를 들자면 참새, 그 흔해 빠진 참새 한 마리가 2프랑에 팔린다.[4]

1871년 1월 1일 파스칼은 이렇게 썼다. "우리의 식량 상황은 점점 더 심각해져서 이제 콜리플라워 한 송이가 7프랑, 양배추가 8프랑, 버터는 1파운드에 40프랑이며, 어제 까마귀 한 마리가 2프랑 50상팀에 팔리는 것을 보았다."[5] 빵은 분량을 늘리기 위해 곡물에 알 수 없는 물질이 섞이면서 점점 더 색이 짙어졌다. 이제 더 이상 참을 수 없는 상황이었다. 영양실조와 병에 걸린 사람들이 늘어갔고 영아 사망률도 치솟았다.

한계에 이른 1월 초, 프로이센군이 수도를 포격하기 시작했다. 몇 주 동안 포격이 이어진 끝에 사실상 도시 안에 어떤 종류의 먹을거리도 남아 있지 않던 파리가 항복하면서 전쟁은 끝이 났다. 프로이센은 이 승리로 비스마르크의 꿈을 실현했다. 1871년 1월 18일 베르사유궁 거울의 방에서 독일 제국의 수립을 선포함에 따라 이제 독일이 유럽 대륙 최고의 강대국이 된 것이다. 평화 협정으로 알자스와 로렌 일부 지역이 독일에 할양되었는데, 미식의 영역에서는 오래 여파가 이어지는 치명적인 손실이었다.

알자스는 오랫동안 프랑스에서 가장 게르만적인 지역이었는데, 프로이센의 가혹한 통치와 10만 명이 넘는 독일 정착민의 유입으로 주민 8명 중 1명꼴로 다른 지역으로 이주하게 되었다. 이러한 대탈출로 프랑스 다른 지역에 맥주와 슈크르트를 파는 알자스식 간이식당 브라세리brasserie가 인기를 얻게 되었다. 브라세리는 보통의 프랑스 레스토랑보다 격식을 덜 차리는 분위기였고 더 오래 문을 열었으므로 과거 와인이 주류이던 지역에서도 한동안 맥주가 인기를 누렸다. 하지만 수십 년이 지나는 동안 맥주 양조와의 관련성이 희미해지면서 알자스 본연의 맛을 잃게 되었다. 그러나 프랑스 수제 맥주 산업의 부흥 과정에서 그들의 독창성이 드러나면서 서서히 프랑스 주당들의 관심을 끌고 있다.

알자스는 화이트 와인 생산에 적합한 시원하고 건조한 기후를 조성하는 보주산맥 한 자락에 위치하고 있어 이상적인 와인 생산 지역이다. 프로이센과 전쟁을 치를 무렵 알자스는 리슬링과 게뷔르츠트라미너 등 뛰어난 와인을 생산했고, 이 와인들은 독일 와인 제조사들이 생산한 와인보다 품질이 더 좋다는 평을 받았다. 그러나 합병 후 이 지역에서는 내수용 질 낮은 와인이 대량으로 생산되면서 독일 와인의 주요 경쟁자가 국제 무대에서 사라지게 되었다. 1890년 알자스에 포도나무뿌리진디가 상륙하면서 더 큰 재앙이 뒤따랐고, 지역 와인 산업은 오랫동안 과거의 위상을 회복하지 못했다.

그러나 아마도 가장 중요한 점은 알자스와 로렌을 잃은 것이 프랑스 국민에게 큰 모욕이었으며, 이러한 감정적 상처가 뒤를 이은 프랑스 정부들에도 고스란히 전해졌다는 사실이다. 프랑스 교과서는 게르만·프랑크 뿌리보다 갈로·로마 유산을 강조하기 시작했다.[6] 프랑스는 독일의 합병을 진정으로 받아들이지 않았다. 그 지방 주민들은 체념하고 자신들의 정치적 운명을 점차 받아들였지만 말이다. 40여 년이 지난 후 알자스와 로렌을 되찾으려는 프랑스의 집요한 욕망은 제1차 세계 대전의 원인과 과정에서 결정적인 동력이 되었다.

파리는 포위 해제로 수도에 필요한 상당량의 식량이 공급되었다. 하지만 파리는 아직 안정을 되찾지 못했다. 파리의 좌파 및 노동자 계급 운동가들은 보수적인 전후 정부의 수많은 정책에 반대하고 군주제를 회복하려는 계획에 대해 우려를 표했다. 1871년 3월 정부가 파리 국민 방위군의 무장 해제를 시도하자 반란이 일어났다. 그리고 급진적 공화주의자와 사회주의자들의 연합으로 유명한 파리 코뮌이 수립되었다. 10주간 존재하며 좌파 정책을 실행하려 시도했던 이 혁명 자치 정부는 어느 정도 성공을 거두었다. 카를 마르크스는 파리 코뮌을 최초의 위대한 프롤레타리아 봉기로 간주하고, 파리 코뮌이 사회주의에 주는 교훈을 분석한 『프랑스 내전』을 썼다. 그 뒤에 레닌 또한 코뮌의 교훈에 대해 쓰는 등 코뮌은 이후 수십 년 동안 유럽 전역의 좌파에게 희망과 영감의 등불이 되었다.

물론 프랑스 정부는 코뮌이 지속되도록 내버려 두지 않았다. 그리하여 파리는 다시 포위되었다. 이번에는 프랑스 정부군에 의해서였다. 5월 21일에 정부군은 수도로 이동해 다음 한 주 동안 서서히 코뮌 수비대를 압박해 들어갔다. 페르 라셰즈 묘지에서 벌어진 최후의 결전에서 마지막 저항자들이 '코뮌 전사들의 벽' 앞에서 총살당했다. 그 후 이곳은 좌파의 순례지가 되었다. 일명 '피의 일주일' 동안 전투 중 죽거나 이곳에서 처형된 코뮌 전사는 1만 5000명에 달한다.[7]

코뮌의 몰락은 프랑스 좌파에 큰 타격을 입혔지만, 그 덕분에 제3공화국을 구하고 왕정복고를 막을 수 있었다. 코뮌을 탄압함으로써 공화국 정부는 법과 질서를 따른다는 입장을 분명히 밝히고 사상적 온건함을 드러내 보수파와 군주제 지지자들을 안심시킬 수 있었다. 그 후 20년 동안 공화국은 서서히 안정을 찾고 제도가 안착해 다양한 정치적 자유도 회복되었다. 자유 언론이 복귀하고 노동조합의 결성이 허용되었으며 국가 교육 제도가 확립되었다. 그러나 보다 급진적인 개혁을 열망하는 좌파와 점점 민족주의적이고 권위주의적으로 변해가는 우파 사이의 정치적 분열과 반목은 여전했다. 새로이 등장한 무정부주의 극단주의자들은 유토피아적 비전에 당시 발명된 다이너마이트를 결합해 폭탄 테러와 암살 같은 무시무시한 활동을 펼쳤다. 이제 프랑스는 전설적으로 번성한 시대의 문을 열려 하고 있었다. 그러나 벨 에포크의 화려함 아래에는 깊은 사회 분열과 전쟁이 임박했다는 소문이 깔려 있었다.

# 43
# 땅콩이 남긴 잔재

땅콩버터는 프랑스의 대형 슈퍼마켓의 진열대에서 흔히 볼 수 있지만 보통 그 종류는 미국인이 모르는 브랜드 단 한 가지뿐이다(라벨에는 휘날리는 미국 국기가 크게 그려져 있겠지만 말이다). 제일 작은 병 하나가 4유로이니, 향수병에 시달리는 이민자들에게는 고통스러운 통행료일 것이다. 프랑스인은 땅콩버터를 별로 좋아하지 않는데, 훌륭한 프랑스의 잼과 빵을 두고 땅콩버터에 손이 가진 않을 법도 하다. 프랑스의 연간 땅콩버터 판매액은 3000만 달러에 불과한데, 미국의 연 매출액이 3억 달러를 넘는다는 사실과 비교하면 굉장히 적은 수치이다.[1]

그런데 신기하게도 프랑스는 유럽 어느 나라보다 땅콩기름은 더 많이 소비한다. 땅콩기름이 튀김 요리에 적합하기 때문에 인기 있는 프리트를 만드는 데 중요한 재료이기도 하지만, 프랑스인은 가벼운 비네그레트를 비롯한 여러 드레싱에 땅콩기름을 사용한다(올리브 오일이 압도적인 지배력을 행사하는 프랑스 남부는 예외이다). 땅콩기름에 대한 이러한 비정상적인 친밀감은 프랑스가 막강한 권력을 가진 세계 제국으로서의 지위를 공고히 하려 했던 두 번째 식민지 팽창 시대에 깊은 역사적 뿌리를 두고 있다.

앞서 살펴보았듯이 프랑스는 16~17세기 유럽을 휩쓴 제국주의적 영토 확장 열풍에 뛰어들었지만 엇갈린 결과를 맞이했다. 프랑스는 영국과 네덜란드만큼 해군력이 강하지도 않았고, 그 통치자들은 멀리 떨어진 식민지보다 대륙 내의 문제에 더 몰두하는 경향이 있었다. 18세기와 19세기 초반, 프랑스가 전쟁에서 패한 뒤 많은 식민지가 다른 유럽 강국에 항복했다. 아이티는 반란으로 잃었고 루이지애나는 미국에 팔렸다. 전 세계적으로 영국 제국이 압도적 우위를 점하고 있었다.

그러나 제국 건설의 두 번째 물결이 19세기에 일기 시작했고, 이번에는 아프리카와 동아시아에 초점이 맞춰졌다. 프랑스는 1830년에 알제리를 점령하면서 북아프리카 정복을 시작해 나폴레옹 3세 치하에서는 프랑스 제국을 확대하기 위한 대대적인 노력이 이루어졌다. 새로운 식민지 군대가 조직되었고, 함대의 확장과 근대화로 프랑스는 세계에서 두 번째로 큰 해군 강국으로 발돋움했다. 식민지는 프랑스 본토(또는 본국)의 정치·경제 문제와 더욱 밀접하게 얽히게 되었다. 식민지에서 군인과 노동자뿐만 아니라 엄청난 식량과 천연자원을 제공하면서 '식민지 로비'가 프랑스 국내 문제에서 더욱 영향력을 가지게 된 것이다. 이와 동시에 프랑스의 이익 여부에 따라 각 식민지의 발전이 좌우되었다. 수 세기 동안 이어져 온 현지의 정치, 사회, 경제 양식이 프랑스에 유리한 방향으로 재정리되면서 프랑스에 적대적인 지도자 교체, 특정 작물 재배 강요, 민족과 부족의 정체성을 무시한 국경선 긋기 등이 자행되었다. 제국주의 폭정으로 인한 인명 피해는 충격적인 수준이었으며 식민지 시대 이후에도 계속되었는데, 신생 독립 개발 도상국들이 식민지 지배국들이 조심스레 구축한 의존적 관계에서 벗어나기 위해 고군분투했기 때문이다.

이러한 이동과 착취 패턴은 19세기 식민지 확장 초기의 대상 중 하나였던 세네갈을 정복하는 과정에서 명확히 드러난다. 프랑스는 17세기 초 세네갈 해안에 처음으로 교역소를 세웠다. 1677년에는 네덜란드로부터 고레섬을 빼앗았는데, 이 섬은 오늘날 대서양에서 벌어진 노예 무역의 참상을 상기시키는 유적지로 유명한 곳이다. 서아프리카에서 노예 무역은 유럽 국가들이 참여하기 전부터 행해지고 있었으며, 전통적으로 이 지역은 뜨거운 사하라를 건너 북쪽으로 가는 루트였다. 그런데 유럽인들이 미국 식민지에 동원할 엄청난 노동력을 구하러 도착하면서, 내륙에서 잡힌 포로들은 아프리카 서부 해안의 교역소로 점점 더 많이 이동하게 되었다. 세네갈강은 주요 통행로였으며, 노예 무역은 이 지역에서 가장 비중이 큰 경제 활동이 되었다.

18세기 후반 들어 세네갈에서 노예 무역이 쇠퇴하기 시작해 프랑스는 1848년에 식민지의 노예 제도를 공식적으로 폐지했다. 그로 인해 대체 상품 및 무역으로 전환할 필요성이 대두되자 프랑스는 서아프리카에서 영토를 확장하기를 열망하게 되었다. (늘 그렇듯 영국과 경쟁하면서) 그 후 수십 년에 걸쳐 프랑스는 점차 세네갈 해안에서 세력을 확장해갔다. 프랑스 총독들은 세네갈강 변에 요새를 짓고 내륙과 연결되는 길과 철도를 건설했다. 현지 무역업자들에게 의존하기보다 직접 내륙에서의 경제 활동을 통제하기 위해서였다. 수백 년 동안 이 지역에 존재해왔던 왕국들이 자신들과 손잡지 않으면 강제로 예속시켰다. 다카르에 대규모 신항이 건설되어 이곳은 아프리카 해안에서 매우 중요한 도시 중 하나이자 프랑스령 서아프리카의 수도가 되었다.

의심할 여지없이 세네갈에서 통제력을 확대하는 데 결정적인 요인은 프랑스의 군사력과 폭력적인 강제력이었다. 프랑스의 상업적 이익 또한 중요한 역할을 했는데, 이 지역에서 프랑스를 위해 수립된 경제 패권 역시 정치적 통제를 강화하는 데 일조했기 때문이다. 이는 세네갈에서 가장 중요한 작물인 땅콩의 역사를 통해 확인할 수 있다.

땅콩은 사실 콩과 식물로 그 열매는 땅속 뿌리 옆에서 자란다. 남미가 원산지인 땅콩은 1500년대부터 포르투갈 무역상들을 통해 서아프리카에 전해졌다. 이미 이 지역에서 자라던 밤바라 땅콩과 비슷하지만 영양가가 더 높고 재배가 더 용이했기 때문에 쉽게 받아들여져 널리 재배되었다. 땅콩은 서아프리카 요리의 주재료가 되었고, 갈아서 수프, 스튜, 소스의 페이스트에 넣었다. 그러나 유럽 무역상들의 관심을 끌지 못한 채 대부분 외딴 내륙 지방에서 자라며 주요 식량 작물이 되었다.

그런데 이 모든 상황이 19세기 산업 혁명의 광범위한 혁신과 함께 바뀌었다. 땅콩기름의 수요가 급증한 것이다. 유럽에서의 기계화가 가속되면서 엄청난 양의 윤활유와 산업용 기름이 필요하게 되었고, 화학의 발전으로 열대에서 생산된 기름이 비누와 왁스를 비롯한 여러 제품에서 사용될 수 있다는 새로운 용도가 밝혀졌다. 마르세유의 대표적인 비누 산업에서는 땅콩기름을 선호했는데, 색에 영향을 미치지 않기 때문이다. 땅콩기름은 점차 프랑스의 주방에서도 많이 사용되어 드레싱에서 올리브 오일을 대체하고 튀김 요리에서 새로운 맛을 끌어냈다.

초기 땅콩 거래는 세네갈의 지역 상인이 통제했으므로 내륙에 형성된 그들의 기존 무역망을 이용했다. 프랑스는 껍질을 벗기지 않은 땅콩에 대한 세금을 낮게 유지해 땅콩을 통째로 수출하도록 장려했고, 땅콩기름으로의 가공 처리는 대부분 프랑스 본토의 항구에서 이루어졌다.[2] 식민지에서의 상품 생산은 생작물로 제한하고, 그 가치를 크게 높이는 가공 처리는 본토에서 이루어지는 것이 일반적인 관행이었다. 세네갈 현지의 기름 방앗간은 1920년대 후반에서야 소량의 땅콩기름을 수출하기 시작했다.

땅콩에 대한 프랑스의 관심이 커지면서 세네갈 농부들은 다른 작물을 뽑고 땅콩 농사를 시작했다. 프랑스의 이익을 위해 대규모 땅콩 플랜테이션 농장의 조성이 적극적으로 장려되고 자금 지원이 이루어지면서 점차 땅콩이 세네갈의 대표적인 현금 작물이 되어갔다. 프랑스의 간섭이 내륙으로 확대되면서 보르도와 마르세유의 상인들도 땅콩 무역에 참여하게 되었다. 본질적으로 프랑스는 세네갈의 농업 경제를 자국의 상업 이익을 극대화하는 방향으로 이끌고, 가장 중요한 상품의 교역을 독점해 이 과정에서 발생한 이익 대부분을 챙겼다.

세네갈에서 프랑스의 경제 패권은 이 지역에서의 주요 경쟁국인 영국(우연히도 서아프리카에서 생산되는 야자유를 선호했다)과 관련해 제국주의 정책을 강화하는 데 일조했다. 산업화와 열강 간 경쟁심이 자원과 영토 확장에 대한 끝없는 탐욕을 자극해 19세기 동안 아프리카 식민지에서 유럽 국가들의 경쟁은 점점 더 치열해져 갔다. 교통, 통신, 열대 의학이 발전한 덕분에 이전에는 접근하기 어려웠던 아프리카 지역까지 유럽의 침입이 가능해졌다. 이 세기의 상당 기간은 일명 '비공식적 제국주의'의 분위기가 만연해, 유럽 열강은 아프리카 여러 지역에서 경제적·군사적 우위를 누리면서 직접적인 지배는 해안 지역과 무역소에 국한되어 있었다.

1884~1885년 아프리카에서의 유럽의 경쟁을 규제하기 위한 시도로 열린 베를린 회의Berlin Conference에서 아프리카 대륙을 획기적으로 변화시킨 '실효 지배'라는 원칙이 수립되었다. 이는 아프리카의 분할에 적용된 규칙으로서, 각국이 직접 관리해야 해당 지역의 영유권을 주장할 수 있다는 것이 그 내용이었다. 이 규칙에 대한 해석은 다양하지만 전 대륙의 급속한 식민지화가 이루어진 '아프리카 분할Scramble for Africa'의 일차적 동력으로 간주되고 있다. 1914년까지 라이베리아, 에티오피아, 현재의 소말리아 일부를 제외하고는 아프리카 영토 대부분이 식민지화되었고, 대륙 북부와 서부 대부분이 이제 세계에서 두 번째로 큰 제국이 된 프랑스의 일부가 되었다.

프랑스는 서아프리카 전역에 식민 정부를 수립해 아프리카인을 주권을 가진 프랑스 시민citizen이 아닌 피지배층인 백성subject으로 간주했다. 유일한 예외는 세네갈이었다. 이곳의 네 해안 공동체의 주민들은 더 많이 강제 동화되었기 때문에 프랑스 시민과 동등한 정치적 권리를 부여받았다. 지역민들의 건강과 교육 문제를 향상하려는 약간의 노력도 있었지만, 프랑스의 일차적 식민 지배의 동기는 의심할 여지도 없이 자국의 정치적·경제적 이익이었다. 그래서 세네갈은 자국민에게 혜택이 돌아갈 수 있는 다양하고 활기찬 경제를 발전시키기보다 프랑스에 땅콩 공급자로서의 역할만을 계속할 수밖에 없었다.

땅콩의 공급은 세네갈이 프랑스령 서아프리카의 일부일 때는 어느 정도 지속 가능했지만 1960년 세네갈이 독립을 이루면서 엄청난 문제를 일으켰다. 당시로서는 전 세계 최대의 땅콩 생산국이었지만 이 현금 작물에 대한 의존도가 절대적이었기 때문이다. 땅콩은 높은 가격을 받지 못했고,

다른 기름의 인기가 높아지면서 수요의 변동도 컸다. 한편 세네갈은 땅콩이 다른 작물을 몰아내기 전까지 직접 기르던 작물을 수입해야 했다. 의존과 착취라는 식민주의의 굴레에서 벗어나기 위해 고군분투해온 많은 아프리카 나라들에게는 익숙한 이야기이다.

오늘날 세네갈은 중국과 인도 같은 신흥 땅콩 생산 시장이 등장하면서 경제 다각화에 많은 노력을 기울이고 있다. 이는 꽤나 힘든 싸움이다. 이 나라 경작지의 3분의 1 이상에서 땅콩 농사를 짓고 있으며 땅콩은 여전히 세네갈의 가장 중요한 현금 작물이기 때문이다. 프랑스는 세네갈이 공식적으로 독립을 쟁취한 이후에도 상당한 영향력을 유지했으며, 여전히 세네갈의 가장 중요한 무역 상대국 중 하나이다. 그만큼 프랑스인은 땅콩기름을 친숙하게 사용한다는 것이다. 세네갈의 땅콩은 정복과 식민지화가 프랑스의 요리 및 경제 지형을 어떻게 변화시켰는지, 제국주의의 영향이 얼마나 오래가는지 보여주는 또 다른 사례이다.

# 44
# 태양의 길 위의 미식 유목민

미국에서 가장 유명한 도로는 두말할 필요 없이 66번 도로로, 지금까지 70년이 넘도록 영화와 노래 속에서 영원한 명성을 누리고 있다. 미국에 66번 도로가 있다면 프랑스에는 훨씬 더 긴 역사를 자랑하는 전설적인 7번 국도가 있다. 처음 로마인들이 파리와 지중해를 잇는 길들을 건설했고, 이러한 길들은 수 세기에 걸쳐 루이 11세, 루이 14세, 나폴레옹 같은 후대의 통치자들에 의해 주기적으로 개발되었다. 1871년 이러한 유서 깊은 옛길 위에 근대의 7번 국도가 건설되었다. 이 도로는 파리와 리옹부터 눈부신 지중해 연안을 아우르는 코트다쥐르 지방을 잇는 주요 여행 경로로 자리매김했다. 7번 국도는 20세기에 와서 훨씬 더 중요한 의미를 가지게 되었는데, 대중 관광의 발전과 자동차의 발명으로 전례 없이 많은 군중이 이 '태양의 길la route du soleil'에 몰려들었기 때문이다. 이 길에 대한 프랑스인의 애정은 샤를 트르네의 유명한 노래 「7번 국도」에서 명확히 드러난다. 이 노래에서는 여름날의 즐거움을 찬양하다가 "우리는 행복하네, 7번 국도 위에서"라는 즐거운 선언으로 마무리한다.

물론 7번 국도가 늘 여행자들에게 행복을 가져다준 것은 아니었다. 이 길은 고질적인 교통 체증과 사고로 유명하고 여름 휴가철이면 더하다. 하지만 이 길을 따라 발견되는 미식의 즐거움은 이 모든 것을 견딜 수 있게 하는데, 실제로 7번 국도는 '미식 유목민', 즉 미식 여행자의 출현에 결정적인 역할을 했다. 이는 물자가 풍부한 프랑스 시골에서 충분히 번창할 법한 현대적 여행 방식이었다.

농민들의 노점, 트레퇴르, 레스토랑이 965킬로미터에 달하는 7번 국도를 따라 곳곳에 자리 잡고 지친 여행자에게 맛있는 음식을 제공한다. 파티세리patisserie는 몽텔리마르의 달콤한 화이트 누가와 엑상프로방스의 칼리송calisson(아몬드 과자) 같은 지역 별미로 허기진 여행자를 유혹한다. 과즙이 풍부한 카바용 멜론은 이를 사려는 사람들의 줄이 수 킬로미터에 달할 정도이다. (알렉상드르 뒤마는 평생 이 멜론을 공급받는 대가로 자신이 출판한 모든 작품을 카바용 도서관에 기증한 것으로 유명하다.) 도로가 니스 쪽으로 굽으면 양파, 블랙 올리브, 안초비로 만든 강렬한 향의 타르트 피살라디에르 한 조각에서 프로방스 전통의 맛을 찾을 수 있다. 이탈리아로 넘어가기 전 마지막 프랑스 도시인 망통은 찬란한 해양 기후의 혜택을 누린, 유럽에서 가장 큰 레몬 생산지이다.[1]

와인 애호가라면 루아르 계곡 상류에 뻗어 있는 길을 따라 론강 유역을 거쳐 프로방스 남부로 이어지는 도로 곳곳에 위치한, 프랑스에서 유명한 포도원들을 방문할 수도 있다. 와인이 있는 곳에 치즈가 있는 법. 7번 국도 근방에는 좋은 치즈 산지도 많다. 루아르에서는 작고 냄새가 매우 강렬한 염소 치즈 크로탱 드 샤비뇰이 인기이다. 크로탱은 '똥'이라는 의미인데, 생긴 모양이 염소 똥과 비슷하기는 하다. 더 남쪽으로 내려가면 부드러운 블루치즈 푸름 드 몽브리종이 나온다(이 치즈는 오늘날에도 그라탱 및 채소 요리와 최고의 궁합을 자랑한다). 리옹에서는 말도 안 되게 크리미한 생마르슬랭이나 허브가 들어간 치즈 딥으로 '실크 직조공의 머리'라는 뜻이 있는 세르벨 드 카뉘를 꼭 먹어봐야 한다. 리옹은 오랜 실크 제조 역사를 자랑하는 프랑스에서 가장 중요한 실크 생산지이지만, 실크를 짜는 노동자들의 임금이나 근무 환경은 매우 열악했다.[2] 그들의 평상시 점심 메뉴 중 하나는 연성 치즈, 허브, 샬롯을 적당히 섞은 멜랑주였는데, 이후 이 지역의 주식이 되었다.

자동차의 도입은 이런 지역 별미의 잠재적 소비자층을 크게 확대했다. 프랑스는 자동차 기술의 초기 개척자인데, 사실 프랑스 사람들은 1884년 프랑스인 에두아르 들라마르드부트빌Édouard Delamare-Deboutteville이 자동차를 최초로 발명했다고 생각한다(그가 실제로 자동차를 생산해 운행하는 과정에서 경험한 심각한 문제 때문에 이 주장에는 논쟁이 뒤따른다). 1890년대 후반 아르망 푸조와 르노 형제가 그들의 첫 자동차를 만들어 판매했고, 프랑스는 곧 전 세계 자동차의 절반가량을 생산하는 세계 최대 자동차 생산국이 되었다. 제1차 세계 대전 전까지 프랑스의 도로를 지나는 자동차는 10만 대에 이르렀으며, 제2차 세계 대전 무렵에는 이 숫자가 200만 대로 증가하게 된다.[3]

자동차는 새로운 산업을 향한 모든 기회의 문을 활짝 열었고, 아마도 앙드레와 에두아르 미쉐린 형제보다 성공적으로 이 기회를 잡은 사람은 없을 것이다. 그들은 클레르몽페랑에 자전거용 타이어를 판매하는 고무 공장을 소유하고 있던 덕분에 1890년대 최초의 자동차용 공압 타이어를 재빨리 개발할 수 있었다. 이렇게 해서 그들의 회사는 세계 최고의 타이어 및 고무 제조업체로 성장했다.

미쉐린 형제는 자동차와 여행의 수요가 늘어나면 타이어 판매에도 도움이 될 것이라고 생각했다. 그리하여 1900년 파리 만국 박람회에 맞춰 첫 번째 『미쉐린 가이드』를 발간하고 운전자들에게 3만 5000부를 무료로 배포했다. 이 책에는 프랑스 전역의 숙박지, 맛집, 연료 공급소를 비롯해 타이어를 교체할 수 있는 정비소 정보가 담겨 있었다. 1926년 『미쉐린 가이드』는 최고의 레스토랑에 별을 주기 시작해 별 두 개의 레스토랑은 요리를 맛보기 위해 '멀리 찾아갈 만한 식당', 별 세 개의 경우는 요리를 맛보기 위해 '특별한 여행을 떠날 만한 식당'이라는 공식이 정착되었다. 이는 파리 바깥의 평판이 좋은 레스토랑이 성장하는 데 크게 기여했으며, 비엔의 '라 피라미드', 로안의 '라 메종 트루아그로', 발랑스의 '메종 피크', 리옹의 '라 메르 브라지에' 등 7번 국도변의 레스토랑들이 유명해졌다. 오랫동안 미쉐린 별 셋을 받은 레스토랑은 파리나 7번 국도 근처에 집중되어 있었다. 레스토랑 주인들은 두려움과 희망이 뒤섞인 가슴을 안고 다음 판 『미쉐린 가이드』를 기대하기 시작했고, 이는 오늘날까지도 계속되고 있다.

프랑스판 『미쉐린 가이드』가 성공을 거두자 유럽 이웃 나라와 알제리, 튀니지를 위한 비슷한 가이드가 제작되었다. 제1차 세계 대전 중에는 출간이 중단되었지만 오래지 않아 1915년 초 신판 서부 독일 가이드가 발행되었다. 당시 프랑스인들이 독일로 몰려들 것 같은 조짐이 보이자 미쉐린 형제는 전형적인 기업가적 낙관주의를 발휘해 이 지역에 대한 (궁극

A LA MÉMOIRE
DES OUVRIERS ET EMPLOYÉS DES USINES MICHELIN
MORTS GLORIEUSEMENT POUR LA PATRIE

# La deuxième bataille de la Marne

MICHELIN & C^ie^ — ÉDITEURS — CLERMONT-FERRAND

Copyright by Michelin & C^ie^ 1919

*Tous droits de traduction, d'adaptation ou de reproduction totale ou partielle réservés pour tous pays.*

1919년판 미쉐린 전장 가이드 『제2차 마른 전투*La deuxième bataille de la Marne*』. '조국을 위해 영광스럽게 목숨을 바친' 미쉐린 노동자에게 헌정되었다. 프랑스국립도서관 제공.

적으로, 보증되지 않은) 최신 안내서를 제작하기로 결정한 것이다. 더 유용한 것은 미쉐린사가 아직 전쟁 중이던 1917년에 출판하기 시작한 서부 전선의 '전장 가이드'로서, 폐허가 된 참호의 황량한 사진과 파괴된 명소의 전후 사진 등이 실려 있었다. 이후 제2차 세계 대전 중 연합군은 프랑스에 상륙하고 주둔할 때 『미쉐린 가이드』에 의존했는데, 거기에 실린 지도가 가장 정확하다고 여겼기 때문이다.

제1차 세계 대전과 제2차 세계 대전 사이의 기간 중에 미쉐린사는 지역 특선 요리를 효과적인 미끼로 사용해 프랑스 운전자들이 시골을 여행하도록 장려하는 여러 출판물을 후원했다. 이러한 출판물에 글을 쓴 이들 중 가장 유명한 사람이 퀴르농스키라는 필명으로 알려진 모리스에드몽 샐랑Maurice-Edmond Sailland이다. 브리야사바랭과 그리모 드 라 레니에르 같은 식도락가들의 전통을 이어받아 퀴르농스키는 프랑스 미식에 대해 유머러스하면서도 열정적인 글을 많이 썼다. 『미쉐린 가이드』에 짧은 글을 쓴 것 외에도, 프랑스 요리의 경이로움과 미식 역사를 담은 24권짜리 안내서로 마르셀 로프Marcel Rouff와 공저한 『프랑스 미식 여행*Le Tour de France gastronomique*』을 비롯해 프랑스의 다양한 지역 요리를 찬양하는 수십 권의 책을 썼다. 그는 최고급 레스토랑의 요리만이 아닌 지역의 전통 요리와 특산물을 집요하게 탐구했고, 기업형 식품 생산이 보편화되자 지역 요리의 보존을 열렬히 주장했다.

초기 미식 평론가들과 달리 퀴르농스키는 차로 '심층 프랑스'를 여행할 수 있었다(그는 운전을 할 줄 몰랐지만 많은 친구가 기꺼이 그의 기사를 자처했다). 그는 자동차의 혁신적인 효과를 인식하고 자동차 덕분에 "프랑스인들이 각 지방의 요리를 발견할 수 있게 되었으며, 일명 '미식 유목민'이라는 부족이 생겨날 수 있었다"[4]라고 썼다. 오늘날 우리는 잘 알려지지 않은 맛있는 요리를 찾아 전 세계를 횡단하는 많은 음식 애호가를 신기한 눈으로 보지 않게 되었지만, 20세기 초만 해도 미식 유목민이라는 개념이 꽤나 낯설었다. 퀴르농스키는 이러한 발전을 장려한 영향력 있는 인물 중 하나로, 다음과 같은 글을 썼다. "프랑스에서는 관광과 미식이… 불가분의 관계에 있다. 비할 데 없이 다양한 프랑스의 경치, 그림 같은 장소, 32가지의 전통 요리 덕분에… 프랑스는 언제나 미식 관광의 낙원이라는 지위를 누릴 수 있을 것이다."[5]

정치적, 경제적, 문화적 권력이 압도적으로 파리에 집중되어 있는 프랑스에서, 미식가들은 역설적이게도 프랑스 미식의 진정한 중심지는 수도가 아닌 지방이라고 주장한다. 외국인들은 파리의 미식을 극찬하지만 보통 프랑스 사람들은 리옹이야말로 프랑스의 진정한 음식 수도라고 생각한다(퀴르농스키도 리옹을 '세계 미식의 수도'라고 불렀다). 특정 테루아르와 연결된 수백 종의 치즈와 와인은 말할 것도 없고 카술레, 부야베스, 코코뱅, 푸아그라 등 매우 잘 알려져 있는 많은 프랑스 요리는 사실 지역 특산 요리이다. 프로방스, 부르고뉴, 노르망디, 아니 사실상 프랑스 모든 지역의 요리는 하나같이 맛있고 호기심을 자극하는데, 오늘날 그 인기는 1세대 미식가들의 헌신적인 방랑 덕분이다.

7번 국도의 마지막 전성기는 의심할 여지없이 프랑스 사람들이 장기 유급 휴가를 얻을 수 있었고 보다 저렴한 자동차가 시장에 나왔던 1950~1960년대였다. 안타깝게도 1970년대 이후 고속도로가 건설되어 교통이 분산되면서 7번 국도는 66번 도로와 비슷한 운명을 맞게 되었다. 많은 노선이 지방도로 하향 조정되고 새로운 노선 번호가 붙어, 과거의 영광을 기리며 원래 도로를 따라가기는 어렵다. 그러나 7번 국도를 그토록 사랑하게 만든 많은 레스토랑과 시장, 작은 마을들은 여전히 그 자리에 있어서 느린 여행의 매력을 사랑하는 사람들에게는 보상이 될 것이다. '태양의 길'은 조급한 현대 문화에서 다소 빛을 잃었을지라도 프랑스 시골이 주는 즐거움은 여전히 빛을 발하고 있다.

# 45
# 힘든 시간, 곁을 지켜준 친구

프랑스에는 제1차 세계 대전의 기념물이 매우 많다. 이 전쟁에서 프랑스 국토의 많은 부분이 전장이 되었고 130만 명이 넘는 프랑스 군인이 목숨을 잃었다. 제1차 세계 대전은 20세기 들어 처음 벌어진 대규모 산업전으로, 기관총과 현대식 포, 탱크, 그리고 공군의 도입으로 역사상 유례없는 대규모 사상자를 냈다. 실제로 서부 전선은 대학살에 가까운 사상자가 발생해 현대 역사가들은 이 충돌을 '모든 전쟁을 끝내기 위한 전쟁'이라고 평하며, 곳곳의 전장에는 기념비가 세워져 여러 처참한 전투를 상기시켜준다. 이 중 프랑스인의 뇌리에 가장 깊게 남아 있는 것은 베르됭 전투로, 그 어떤 사건보다 영웅주의와 전쟁의 무의미함을 잘 보여준다. 베르됭에서 300일이 넘게 싸우며 80만 명이 넘는 프랑스와 독일 군인이 죽거나 다치고 실종된 이 전투는 인류 역사상 가장 길고 처참한 전투 중 하나이다. 당시의 공포는 과거 전쟁터에 세워진 기념비와 박물관에서 가

브르타뉴의 캉칼에 있는 제1차 세계 대전에서 전사한 이들을 추모하는 기념비. 약 130만 명이 목숨을 잃은 프랑스에서는 거의 모든 작은 도시와 마을마다 이러한 기념비를 볼 수 있다. 저자 촬영, 2017.

슴 아픈 순간으로 재현된다.

이 끔찍한 전쟁에 대한 기억은 큰 전쟁 기념비에 그치지 않고 사실상 모든 프랑스 마을과 도시의 중심부에도 아직까지 생생히 이어지고 있다. 아무리 작은 마을이라 할지라도 말이다. 프랑스의 시골을 여행하다 보면 마을마다 광장 한복판에 세워진 가슴 아픈 기념비를 발견하게 된다. 참호에서 돌아오지 못한 그 지역 청년들의 이름을 새겨놓은 것이다. 아주 작은 마을에서도 그 목록이 놀라울 정도로 길다. 프랑스 인구의 20퍼센트, 약 800만 명의 남성이 전쟁에 동원되었고, 그중 70퍼센트가 넘는 사람들이 죽거나 다치거나 또는 사망한 것으로 추정된다. 전쟁이 프랑스의 거의 모든 지역 사회, 심지어 전선에서 멀리 떨어진 마을에도 영향을 미쳤다는 것은 과언이 아닌 셈이다.

프랑스 공동체가 거의 모두 참전하게 된 것은 프랑스 미식에 예상치 못한 결과를 가져왔다. 가장 주목할 만한 사실은 서부 전선 덕분에 프랑스 군인, 뒤이어 프랑스 국민, 나아가 전 세계 사람들이 프랑스 치즈 중 하나를 접하고 사랑하게 되었다는 것이다. 바로 강렬하면서도 부드러운 카망베르 치즈이다. 1914년 전까지 카망베르는 파리에 일부 추종자가 있기는 했지만 노르망디 지방의 여러 치즈 중 하나에 불과했다. 그런데 몇 년의 전쟁을 거치며 카망베르는 나라를 대표하는 치즈로 그 위상이 격상되었다. 이 암울한 시대의 몇 안 되는 밝은 면 중 하나인 셈이다.

오스트리아 대공 프란츠 페르디난트Franz Ferdinand의 암살로 촉발된 유럽 강대국들 사이의 외교적 위기가 전면전으로 확대되어 1914년 여름에 전쟁이 시작되었을 때는 누구도 전 세계가 이토록 고통받게 될 줄을 예상하지 못했다. 당시는 발칸반도를 둘러싼 힘의 경쟁과 고조되는 해군 군비 경쟁, 제국주의 경쟁으로 유럽 내 힘의 균형이 점차 무너지면서 갈등이 조성된 상태였다. 귀족 한 사람의 암살이 대륙 간 전쟁의 기폭제가 될 정도로 긴장과 불신이 커져 있었던 것이다. 프랑스는 러시아, 영국과 동맹을 맺고 삼국 협상을 형성해 독일과 오스트리아·헝가리 제국, 오스만 제국(동맹국)에 맞서 전쟁에 뛰어들었다. 미국과 이탈리아를 비롯한 다른 나라들이 이후 협상국에 가담하면서 나중에 연합국으로 더 널리 알려지게 된다.

유럽 전역의 정치인과 국민은 이 전쟁이 몇 번의 결정적인 전투를 거친 뒤 짧게 끝날 것으로 믿었다. 프랑스에서는 알자스와 로렌을 되찾을 수 있다는 희망에 지원병이 몰려들기는 했지만, 열정보다는 운명이라는 체념에 가까운 분위기였다. 프랑스 부르주아 자본주의를 위해 독일의 동료 노동자와 싸우는 것을 꺼리는 사회주의자와 공산주의자들이 전쟁에 반대해주기를 기대하는 이들도 있었겠지만, 좌파에서도 군국주의 독일에 패배한다는 것은 자본주의와 임시 동맹을 맺는 것보다 더 받아들이기 힘든 결과라고 생각했다. 따라서 반대 여론은 극소수에 불과했다. 몇 안 되는 예외 중 하나가 장 조레스Jean Jaurès로, 그는 이 전쟁이 얼마나 어리석은 짓인지 정치인들에게 납득시키고자 애썼던 대표적인 사회주의자이다. 이러한 노력은 허사로 돌아갔고 조레스는 프랑스 국수주의자에 의해 카페 뒤 크루아상에서 암살당했다.

프랑스에 빠르게 국수주의와 반독일 정서가 팽배해졌고, 음식은 이를 표현하는 가장 쉬운 방법이 되었다. 독일과 연관된 분위기가 조금이라도 느껴지는 술집과 식당, 가게 등은 폭도들의 공격을 받았다(뮌헨 식당Brasserie de Munich과 관련되었다면 무엇이든 큰 문제가 될 수 있었다). 프랑스로 이주했지만 여전히 독일식 억양이 남아 있는 알자스 사람들은 의심의 눈초리를 받았다. 레옹 도데Léon Daudet와 극우 민족주의 단체 악시옹 프랑세즈Action Française는 독일과 관련된 다양한 식품업체가 프랑스 안에서 제5열(내부의 적이라는 뜻—옮긴이)의 역할을 한다고 비난했다. 독일의 벨기에 침공 후 비엔나 커피(커피 위에 휘핑크림과 초콜릿을 얹은 커피)는 리에주(벨기에 동부에 위치한 도시—옮긴이)의 이름을 딴 리에주 커피로 재탄생했다. 그 이름이 굳어져서 이제는 그 커피를 주문할 때 보통 리에주가 사용된다.[1]

독일군은 중립국인 벨기에를 침공한 뒤 빠르게 진군해 1914년 8월 말 프랑스를 침공했다. 처음 파리를 봉쇄했을 때는 그들의 작전이 성공한 듯 보였지만 프랑스의 반격으로 후퇴했다. 1914년 12월까지 프랑스 북동부 시골 지역을 잇는 서부 전선은 다소 안정된 상태였다. 이후 4년 동안 연합군과 독일은 양측 모두 수십만 명의 사상자를 낸 공세에 나섰으나 전선에 큰 변화를 가져오지는 못했다. 전쟁은 점차 유럽의 경계 너머로 확산되었다. 대서양에서의 잠수함 작전으로 마침내 미국이 참전하고, 중동 지역에서는 아랍 봉기가 일어나 오스만 제국을 무너뜨리는 데 일조했으며, 아프리카에서는 식민지 지배국들이 서로 싸우고 지역 반란을 막아냈다. 동부 전선에서는 1917년 러시아 혁명이 일어나 러시아는 전쟁에서 철수했고 이후 소비에트 연방이 수립된다.

이러한 중대한 사건들이 일어나 세계 질서가 재편성되었지만, 푸알뤼poilu라고 불리는 보통의 프랑스 보병들에게는 서부 전선의 참호나 전방 주둔지 같은 매우 제한적인 활동 영역에서 전쟁이 벌어졌다. 참호 생활의 참혹함을 증언한 글이 많이 남아 있다. 사실 일반 병사들이 참호 안에서 보낸 시간은 흔히들 생각하는 것보다 훨씬 적지만, 그 처참함은 대중의 상상 속에서 계속 공명하고 있다. 죽음을 맞이하는 방법은 여러 가지였다. 참호 안에 있으면 적의 포탄에 맞아 죽을 테고, 부대가 공격 명령을 받았다면 무인 지대에 몇 발짝 들이자마자 총에 맞아 죽을 것이다. 그 지독한 냄새 때문에 '겨자 가스탄mustard gas'이라고 불린, 갓 등장한 화학 무기로 처참한 죽음을 맞이하기도 했다. 전쟁의 위험에서 살아남은 뒤에도 결핵이나 폐렴 같은 질병에 시달려야 했다.

배가 불렀다면 이러한 위험이 지독한 공포로 다가왔겠지만 푸알뤼들은 늘 그렇지는 않았다. 공식적으로 그들은 빵, 와인, 치즈를 배급받았다. 전쟁이 진행될수록 와인 배급량이 증가해, 1914년 사흘에 한 병에서 1916년에는 거의 하루에 한 병꼴로 배급되었다. 아주 드물게 뇰gnôle이라는 곡물로 만든 독주가 배급되기도 했는데, 이는 다음 날 새로운 공격이 있을 것이라는 의미였기에 병사들에게 그리 환영받지 못했다. 참호에 도착했을 때 더운 날이 아니라면 가끔은 고기나 감자, 콩으로 이루어진 풍성한 식사를 할 수도 있었다. 고기는 통조림일 때도 있었는데 품질이 의심스러워서 '원숭이 고기'[2]라고 불렸다. 많은 젊은이가 전선으로 나가면서 전쟁 중 프랑스의 식량 생산량은 3분의 1로 감소해, 프랑스 전역의 민간인들 역시 식량 부족을 견디며 배급으로 연명해야 했다. 그럼에도 불구하고 군인들은 가끔 가족들로부터 음식 꾸러미를 받아 프랑스 각지에서 모여든 참호의 동료들과 나누어 먹었다. 이렇게 군인들이 음울한 전선에서 각자 음식을 펼쳐놓고 작은 포틀럭 파티를 열면서 브르타뉴, 사부아, 노르망디, 프로방스를 비롯해 여러 지방의 음식에 새로운 팬이 생겼다.

그러나 프랑스 미식에 가장 장기적인 영향을 미친 것은 매일의 보급품에 치즈를 포함한 것이었다. 전쟁 초반 프랑스군은 그뤼에르를 대량으로 사들였고, 그다음에는 고원 지대에서 생산된 경성 치즈 캉탈을 사들였다. 캉탈은 장기간 보관이 가능하고 쉽게 운반하고 먹을 수 있었다. 그런데 다른 생산자들이 군납으로 발생하는 상당한 수입과 마케팅 효과를 인식하고 계약을 따내기 위해 군대에 로비를 시작하면서 이 치즈들은 곧 새로운 경쟁 상대들을 맞이하게 된다. 그중 가장 설득력 있는 업자는 노르망디의 카망베르 생산자들이었다.

전하는 이야기에 따르면 카망베르 치즈는 마리 아렐Marie Harel이 프랑스 혁명 시기 종교인 숙청을 피해 도망쳐 그녀의 농장에 숨어 있던 한 신부의 조언에 따라 1791년 '발명'했다. 브리 치즈가 생산되는 지방 출신이었던 그 신부는 마리에게 노르망디의 전통 치즈로 둥근 모양의 리바로를 브리 생산 방식으로 만들어보도록 제안했다는 것이다. 그러나 이 이야기에는 유감스럽게도 카망베르라는 치즈에 대한 설명이 마리의 출생보다 앞서 존재한다는 점에서 그녀의 역할은 기존의 제품을 개선한 정도로 보인다. 하지만 마리는 자신의 노하우를 자녀들에게 전수했고, 그들이 노르망디에서 가장 큰 카망베르 제조사 중 한 곳을 설립한 것은 사실이다.

제1차 세계 대전이 발발하자 카망베르 생산자들은 열렬한 애국주의를 받아들여 독특한 나무 상자에 카망베르를 넣고 상자를 프랑스 국기와 프랑스를 상징하는 수탉, 그리고 승리하는 프랑스를 묘사한 이미지로 장식했다. 생산자들은 제품을 선전하는 데 만족하지 않고 카망베르를 군인 보급품으로 납품하는 계약을 따내고자 했다. 몇 년에 걸친 로비와 상당한 가격 경쟁력을 무기로 그들은 군납 자격을 따내는 데 성공했다. 이제 프랑스 군인들은 카망베르를 매일 먹게 되었는데, 그들 대부분은 이전까지 카망베르를 접해본 적도 없었다. 1918년 무렵 군대는 매달 약 1000톤의 카망베르를 요청하기에 이르렀고, 생산자들은 공급량을 맞추기 위해 애를 써야 했다.[3]

프랑스 군인들에게 매일 먹는 카망베르 치즈 한 조각은 단순한 음식 이상의 의미를 지니게 되었다. 카망베르의 강렬한 흙 맛은 그들 대부분의 고향인 프랑스 시골 마을을 떠올리게 했다. 카망베르에 대한 유명한 역사서를 쓴 피에르 부아사드Pierre Boisard는 놀랍도록 하얗고 둥근 카망베르가 매일 보급되는 진한 레드 와인과 결합하면 가톨릭 신도인 군인들에게 성체 성사에서 주는 성체와 와인을 연상시켜 '가톨릭 성찬식만큼의 의미를 가진 애국적 의식'[4]이 된다고 설명했다. 크리미한 부드러운 식감은 보급품을 먹을 수 있던 고요한 순간과 연관되었다. 종전 당시 프랑스 총리였던 조르주 클레망소Georges Clemenceau는 카망베르를 '힘든 시간, 곁을 지켜준 인간의 친구'[5]라고 불렀다.

전쟁에서 살아남은 군인들은 새롭게 맛본 이 북부의 강한 치즈에 대한 기억을 안고 고향으로 돌아갔다. 이는 노르망디의 카망베르 생산자들에게 엄청난 기회로 작용해야 했지만, AOC 보호가 있기 전인 당시에는 다른 지역 치즈 생산자들이 그들의 제품을 카망베르로 부르는 것을 막을 방법이 없었다. 그리하여 새로운 카망베르가 프랑스 전역에 등장해 그 맛을 새롭게 알게 된 사람들 사이에서 열렬한 인기를 끌었다. 프랑스 정부는 카망베르가 전 세계 누구라도 사용할 수 있는 일반적인 이름이라고 공식 선언했다. 노르망디에서 키우는 소의 젖으로 만든, 저온 살균하지 않은 생치즈 '카망베르 드 노르망디Camembert de Normandie'만이 1983년에 AOC를 받았다.

그래서 프랑스가 결국 전쟁에 승리하지만 평화를 잃게 되듯이 카망베르의 원래 생산자들은 프랑스의 마음을 얻었지만 카망베르의 유일한 경제적 승리자가 될 기회를 잃었다. 마리 아렐의 후손들에게는 1926년 조지프 니림Joseph Knirim이라는 미국인 의사가 카망베르 마을에 도착해 그 효과를 입증함으로써 전 세계로부터 그녀에게 감사하는 고객들이 계속해서 찬사를 보내게 되었다는 사실이 위로가 될지도 모르겠다. 니림은 카망베르로 자신의 소화 장애가 치료되었다고 확신했는데, 아마 노르망디의 치즈 생산자들도 그의 생각에 동의했을 것이다(박테리아가 많고 저온 살균되지 않은 치즈의 미덕은 사실상 노르망디에서는 복음과도 같다). 그는 너무도 감사한 마음에 인근 비무티에에 아렐 부인의 동상 건립을 후원하겠다고 제안했으며, 지역 주민들은 이를 기꺼이 받아들였다. 원산지가 가려진 카망베르가 인기를 얻고 있던 당시, 이렇게 그 기원을 상기시켜주는 행위는 적지 않게 도움이 되었다.

불행히도 제2차 세계 대전 동안 비무티에가 연합군의 폭격을 받으면서 동상의 목이 잘리고 말았다. 전쟁이 끝난 뒤 미국의 대형 치즈 제조사 보든의 회장이 동상을 교체해주겠다고 제안했고 회사 전 직원이 2000달러를 모금했다. 비무티에 주민들이 흔쾌히 이를 받아들이면서 이 슬픈 이야기는 해피 엔딩으로 마무리되는 듯싶었다. 그러나 동상이 베일을 벗자 비무티에 주민들은 부착된 표지판을 보고 분노를 터뜨렸다. "이 동상은 보든 오하이오 카망베르 공장에서 기증한 선물이다."

이런, 젠장! 카망베르의 창시자들더러 미국이 기업적 규모로 카망베르를 생산하는 걸 지켜보는 것으로도 모자라, 그 사실을 출생지에서 과시하는 것까지 두고 보란 말인가? 엎친 데 덮친 격으로 미국은 당시 생우유로 만든 노르망디산 카망베르의 수입을 금지했다. 이는 엄청난 논란으로 비화했지만, 마침내 사태가 진정되고 불쾌한 문구를 뺀 새로운 동상이 세워졌다. 새로운 문구는 다음과 같다. "이 동상은 미국 오하이오주 밴버트에서 치즈를 만드는 남녀 400명의 성금으로 만들어졌다." 그리고 마리 아렐의 동상은 이후 밴버트에도 세워졌다.

제1차 세계 대전은 프랑스 사회의 거의 모든 면에 엄청난 영향을 미쳤고, 그중에는 노르망디산 한 치즈의 급성장보다 중요하고 주목할 만한 것이 훨씬 많다. 그러나 카망베르가 프랑스 국민에게 얼마나 많은 사랑을 받는지, 또한 카망베르가 단기간에 프랑스 미식의 상징으로 성장했다는 사실은 아무리 강조해도 지나치지 않다.

# 46
# 반란과 웃는 소

서부 전선 참호의 끔찍한 상황을 악화시킨 것은 무엇보다 사람을 무기력하게 만드는 요소, 바로 더디게 흐르는 시간이었다. 인간의 엄청난 고통이 영원히 지속된다는 느낌뿐 아무것도 없었던 것이다. 제1차 세계 대전은 소모전이었다. 1914년 말, 양측이 방어 태세에 돌입하면서 결정적인 전투를 통해 승패를 가리기는 불가능해졌고, 유일한 선택은 항복 외에 다른 방법이 없을 때까지 적을 지치게 하는 것이었다. 오랜 교착 상태는 잘 정비된 전선을 향한 포병의 강력한 포격과 낙관적 공격으로 끝나고, 이 과정에서 믿을 수 없는 수준의 사상자가 발생했다. 1917년 초까지 100만 명이 넘는 프랑스 군인이 목숨을 잃었지만 뚜렷한 성과는 없었다.

1917년 봄이 되자 프랑스군의 사기는 곤두박질쳤다. 4월의 공격 역시 실패로 돌아가면서 그나마 남아 있던 사기마저 바닥나고 말았다. 미국의 참전 소식에 다들 희망을 가졌지만, 미군이 몇 달째 이 참호전에 뛰어들지 않자 다시 사기가 떨어졌다. 전쟁에 반대하는 사회주의자와 평화주의자의 주장에 귀 기울이는 사람이 점점 많아졌고, 특히 1917년 3월 러시아 혁명 이후 반전 세력이 더욱 힘을 얻게 되었다. 프랑스 군인들은 지치고 병들고 좌절한 채 아무 목적도 없는 것처럼 보이는 전선에서 고통받고 있었다.

5월 첫째 주에 결국 반란이 시작되었다. 프랑스 보병 부대는 싸우라거나 전선으로 가라거나 상관없이 일단 명령을 거부하기 시작했다. 수천 명이 탈영했다. 어떤 지역에서는 시위와 폭동이 일어났다. 전선에 배치된 부대 중 40퍼센트 이상이 비슷한 수준의 반란과 불복종을 겪었다. 그러나 충격적이게도 독일군은 프랑스군이 이렇게 심각한 혼란에 빠져 있다는 사실을 전혀 인지하지도 이용하지도 못했다(이러한 사실은 1960년대까지 프랑스 내부에서도 밝혀지지 않았다).[1] 6월 무렵, 당국은 참여자들을 일제히 검거하고 군사 법원에 보내며 반란을 진압했다. 참여자 수천 명이 사형이나 노역형을 선고받았지만 실제로 처형된 사람은 수십 명에 불과한 것으로 보인다. 군 지휘관들은 필요 이상으로 상황을 악화시키고 싶지 않았던 것이다.

실제로 신임 사령관 필리프 페탱은 군인들의 사기를 높이고 프랑스군의 해체를 방지할 다양한 정책을 세웠다. 무엇보다도 그는 미국군이 도착하고 르노에서 만든 최신식 탱크가 전장에 도입될 때까지 대규모 자살 공격을 하지 않기로 결정했다. 페탱은 명령 불복종과 탈영에 대해 사정을 봐주지 않고 단호하게 처리했지만, 병사들이 전선에서 떨어진 곳으로 휴가를 갈 수 있게도 해주었다. 그리고 전선의 상황에 대한 병사들의 불만에 귀를 기울이고 장교들에게 푸알뤼들의 사기를 진작시킬 수 있는 방법을 강구하도록 독려했다. 그 결과 세계는 프랑스 웃는 소의 평화로운 침략을 경험하게 된다.

1914년 8월, 전쟁에 동원된 사람 중에 레옹 벨Léon Bel이라는 쥐라 출신의 젊은 치즈 제조업자가 있었다. 벨은 치즈를 숙성시키는 지하 숙성실을 세운 아버지를 도와 콩테, 그뤼에르, 에멘탈을 돌아가며 숙성시키는 작업을 감독했었다. 대부분의 병사와 마찬가지로 그도 몇 달 안에 고향으로 돌아가 본업에 복귀하리라 예상했지만, 1917년에도 서부 전선에 있었다. 그는 신선육의 전방 보급을 담당하는 보급 부대인 RVF에 배치되었다.

사기 진작 프로그램의 일환으로 부대마다 활기와 동지애를 북돋울 엠블럼을 준비하라는 명이 떨어졌다. 자체 경연을 거쳐 벨이 속한 RVF B.70 소대는 전쟁 전 일러스트레이터로 활동했던 뱅자맹 라비에Benjamin Rabier의 디자인을 채택했다. 그의 엠블럼은 전형적인 프랑스식 말장난인 '라 바슈키리La Wachkyrie'라는 글 위에 웃는 소가 그려진 것이었다. '라 바슈키리'는 발음상 '라 바슈 키 리la vache qui rit'로 들리는데 웃는 소라는 뜻이지만, 이 말은 또한 독일에서 크게 사랑받았던 리하르트 바그너의 유명한 오페라 「발퀴레」를 떠올리게 한다. 독일인들은 북유럽 신화 속 용맹한 여성 전사 발퀴레가 하늘을 나는 모습을 전쟁 선전물에 사용했다. 그러니 '라 바슈키리'는 독일인의 선전을 조롱한 것이다.

이런저런 노력 덕분에 1918년 초반까지 프랑스군의 사기는 점차 회복되었다. 마침내 미군이 도착했고, 러시아군은 전쟁에서 철수했다. 동부 전선이 붕괴하자 독일은 3월에 서쪽에서 새로운 공격을 개시했다. 처음에는 성공적인 듯 보였지만 지속되지 못했고, 연합군은 반격에 나서 독일 영토를 잠식해 들어갔다. 가을 무렵, 침략의 위협과 소모전으로 인한 전

제1차 세계 대전 중 뱅자맹 라비에가 만든 RVF B.70 소대의 엠블럼 '라 바슈키리'. 프랑스 발랑세의 '뱅자맹 라비에의 친구들Les Amis de Benjamin Rabier' 협회 제공. © The Heirs of Benjamin Rabier.

력 유실로 독일군의 패배가 확실해졌다. 연합군의 봉쇄 작전이 성공해 독일 본토는 기근에 빠졌고 독일 해군과 노동자들 사이에서 혁명이 일어나고 있었다. 전쟁의 쇠퇴기에 독일 군주제가 전복되고 이후 바이마르 공화국으로 불리는 민주 공화국이 수립되었다. 1918년 11월 마침내 독일이 항복했는데, 신정부는 이에 대해 우파로부터 비난을 한 몸에 받았다. 그리고 이후 10년간 나치가 정치적 성공을 거두는 데 일조한 악명 높은 '배후중상설背後中傷說'이 생겨났다.

11월에 정전 협정이 체결되자 프랑스군은 점진적으로 제대가 이루어져 벨은 1919년 가업인 치즈 제조업에 복귀했다. 그는 스위스 치즈 제조업자들이 깡통에서 장기간 보관할 수 있는 새로운 형태의 가공 치즈를 발명했다는 소식을 듣고 이와 비슷한 제품으로 자신의 사업을 현대화하기로 결정했다. 그는 지하 숙성실에 남아 있는 치즈 조각을 사용해 1921년 삼각형 모양에 포일로 개별 포장된 가공 치즈를 처음으로 만들어냈다. 이 치즈는 쉽게 휴대할 수 있고 장기간 보관도 가능했다.

신제품의 시장 출시를 앞두고 벨은 참호에서의 '웃는 바슈키리'를 떠올려, 신제품에 지금까지도 프랑스에서 불리게 되는 '라 바슈 키 리'라는 이름을 붙였다. 1930년대 그는 '래핑 카우Laughing Cow'라는 브랜드명으로 이 제품을 다른 나라에 수출하기 시작했고, 그리하여 미국 상점의 진열대에서도 흔히 볼 수 있게 되었다. 그는 뱅자맹 라비에를 수소문해서 찾아 그의 원래 도안을 새 제품에 적절하게 수정해줄 것을 요청했다.[2] 라비에는 벨의 아내의 조언에 따라 원래의 웃는 소 그림과 비슷하지만 매력적인 귀걸이를 더한 디자인을 만들어냈다. 라비에는 훗날 어떻게 좀체 보기 힘든 웃는 모습의 소를 그릴 수 있었느냐는 질문에 이렇게 답했다.

> 내 일은 사람들이 생각하는 것보다 어렵다. 소를 웃게 해야 한다니! 이를 그리기 위해 몇 날 며칠 동안 잠도 못 자며 고민했다. 그러다 우리 목장에서 소와 송아지를 빌려왔다. 어릴수록 말을 더 잘 들을 것이라고 생각해서 송아지로 시작했는데 정반대의 일이 벌어졌다. 먼저 웃은 것은 어미 소였다. 내가 새끼와 노는 모습을 보고 너무도 행복한 표정을 지은 것이다.[3]

이 즐거운 소는 전 세계적인 성공을 거두게 된다. 오늘날에도 136개국에서 매일 1000만 개의 조각이 팔린다. 이 치즈는 전 세계 어디서든 볼 수 있는 몇 안 되는 글로벌 브랜드 대열에 합류해 낯선 땅을 여행하는 여행자들에게 소소한 익숙함을 준다. 이제 벨 그룹은 세계에서 세 번째로 큰 치즈 회사로 성장했다.

프랑스에서는 가공 치즈가 특별히 인정받는다고 말하기 어렵지만, '라 바슈 키 리'는 단골 구테goûter(아이들의 오후 간식) 메뉴이기 때문에 많은 프랑스 성인은 이 치즈에서 행복한 어린 시절을 떠올린다. 가끔 어른의 풍성하고 복잡한 음식, 여행 중 접하는 낯선 요리로부터 휴식이 필요할 때 래핑 카우 치즈 한 입이면 행복한 여유를 만끽할 수 있다. 이렇게 즐거운 음식이 전쟁의 공포에서 생겨났다는 사실이 아이러니하지만, 카망베르 사례에서 보았듯이 그리 특별한 일은 아니다. 그리고 프랑스에게는 불행하게도, 이후 몇 년은 전시 혁신으로 이어질 새로운 기회의 시간이 되었다.

# 47

# "빵과 평화, 그리고 자유": 사회주의자의 바게트

프랑스인에게 좋은 빵집boulangerie의 중요성은 아무리 강조해도 지나치지 않다. 이러한 사실은 우리가 (빵 맛이 없기로 유명한) 런던에서 낭트로 이주하면서 명확해졌다. 스테판은 빵집에서 걸어서 10분이 넘는 곳에 있는 집은 볼 필요 없다고 말했다. "동네에서 갓 구운 바게트를 구할 수 없다면 프랑스로 돌아온 의미가 없잖아?" 그가 되물었다. 상당히 합리적인 의견이었다. 다행히 우리는 동네 최고의 빵집에서 불과 한 블록 떨어져 있는 아파트를 찾았다. 이른 아침과 점심이면 신선한 빵과 간단한 샌드위치를 사려는 사람들의 줄이 골목 모퉁이까지 늘어섰다. 우리는 한가한 시간대에 들르면, 카운터 뒤의 여점원들이 우리 아기에게 다정하게 말을 걸며 펄슈가를 뿌린 폭신폭신한 작은 페이스트리 슈케트chouquette 한 조각을 건네준다는 사실을 깨달았다.

우리 동네 빵집은 정말 훌륭한 바게트를 만들었는데, 그 덕분에 바게트를 매일 하나씩 사는 프랑스인의 습관에 젖을 수 있었다. 그래서 우리가 이사 오고 몇 달 뒤 어느 날 빵집에 들렀다가 3주 동안 문을 닫는다는 소식을 듣고 굉장히 실망했다. 파산한 것도, 대형 오븐에 불이 난 것도 아니고, 그 어떤 재앙도 없었다. 그저 직원들의 연차 휴가였을 뿐이다. 프랑스인이 여름휴가에 대해 느끼는 신성함에 익숙하지 않은 사람들에게는 다소 어리둥절한 상황일 수도 있겠지만 말이다.

제한된 근로 시간과 넉넉한 유급 휴가를 보장하는 프랑스 노동법은 다른 나라에서 신화적인 지위를 이루어 프랑스 노동자들은 거의 일을 하지 않는다는 고정 관념을 낳았다. 그러나 이는 매우 과장된 것이다. 오늘날은 후한 휴가를 포함한 정규직 계약을 따내기가 더 어려워졌고, 기업들은 초과 근무 수당을 제공함으로써 규제를 피할 수 있다. 대부분의 정규직 직원은 주당 40시간 가까이 일하고 있으며, 프랑스의 생산성도 다른 선진국에 비해 높은 수준을 유지하고 있다. 그러므로 게으른 프랑스 노동자라는 고정 관념은 기한이 지나도 한참 지난 것이라고 할 수 있다.

그렇다고는 하지만 미국에 비하면 프랑스 노동자가 근로 시간 제한 덕분에 훨씬 더 일과 개인 생활 간 균형 잡힌 삶을 누리는 것은 사실이다. "열심히 일해서 부자가 된다면, 당나귀는 금 칠갑을 할 것이다"라는 프랑스 속담이 주장하듯이 프랑스인은 너무 많은 시간 일을 하면 건강과 행복에 해롭다고 믿는다. 그러나 프랑스 노동자의 삶을 현저하게 개선한 바로 그 노동법이 비교적 최근의 바게트 인기를 끌어내고, 그토록 많은 프랑스인이 여름마다 지역 빵집 없는 시기를 버텨야 하는 이유를 설명하는 데 도움을 준다는 사실은 잘 알려져 있지 않다.

우리는 이미 프랑스인이 매일 먹는 빵과 친밀한 관계를 맺고 있음을 보았는데, 오늘날 프랑스인과 가장 연관성이 높은 빵은 단연코 바게트이다(바게트는 프랑스어로 '막대기' 또는 '요술 지팡이'의 의미이다). 고전적인 오리지널 바게트는 법적으로 밀가루, 효모, 물, 소금의 네 가지 재료만 사용한다. 사람들은 좀 더 거친 질감의 전통 바게트나 캉파뉴 바게트를 선호하는데, 이 둘은 끝이 뾰족한지로 구분된다. 제대로 된 바게트는 신선함이 한 시간 이상 지속되지 못한다. 프랑스 사람들이 매일 빵집에 가거나, 운이 좋으면 문 앞에 바게트를 배달받는 이유이다. (시골에서는 제빵사가 직접 배달하기도 하며, 최근 도시에서는 새로운 음식 배달 서비스가 등장했다.) 관례적으로 점심과 저녁에 몇 조각을 내놓는데, 늘 버터나 치즈를 곁들이지는 않는다. 바게트 한 조각은 식사 후 접시를 닦기에 안성맞춤인 도구이다. 즉, 소스나 드레싱의 맛있는 잔여물을 닦는 것이다(주의! 야만인처럼 보이지 않으려면 공식적인 자리에서는 하지 말자).

바게트는 프랑스 일상생활의 일부인데, 그 인기가 겨우 1920년대부터 시작되었다는 사실은 적잖이 충격적이다. 그전에도 길고 얇은 빵이 다양하게 존재했지만 아주 인기가 있지는 않았고 바게트라고 불리지도 않았다. 19세기에 스팀 오븐이 프랑스에 도입되었는데, 크루아상의 발명가 아우구스트 장이 들여온 것으로 추정된다. 스팀 오븐 덕분에 겉은 바삭하고 속은 부드러운 빵을 만들 수 있게 되었고, 이는 마침내 바게트를 만드는 대표적인 기구로 자리 잡았다. 19세기 들어와 일련의 농업 혁신과 새로운 수입 시장 덕분에 밀 역시 값이 싸지고 보다 쉽게 구할 수 있게 되면서 일반 시민들도 마침내 귀족들이나 먹던 흰 빵을 먹을 수 있게 되었다.

빵집에서 일하는 것은 오랜 시간 불규칙적으로 작업해야 했기에 언제나 힘들고 노동 강도가 높은 직업이었다. 프랑스 제빵사들은 개점 시간에 맞춰 신선한 빵을 내놓기 위해 한밤중에 일을 시작해야 했다. 많은 빵집 주인이 직원은 물론 심지어 열두세 살 남짓한 수습생까지도 주 7일씩 일하게 하는 데 조금도 양심의 가책을 느끼지 않았다. 제빵사들은 탄광의 광부들만큼 열악한 환경에서 일했지만 짙은 석탄 먼지 대신 흰 밀가루를 뒤집어쓴다고 해서 '흰 광부'라고 불렸다.

1871년 파리 코뮌 시기 동안 급진적인 시 정부는 빵집 노동자가 새벽 5시 이전에 작업하는 것을 금지하는 법령을 만들었다. 이 특별한 법은 코뮌과 함께 사라졌지만 20세기 초반 노동조합들이 뒤를 이어 야간 근무를 금지하자는 운동을 적극적으로 펼쳤다. 그리고 마침내 1919년 법안이 통과되어, 비록 보편적으로 지켜지지는 않았지만 밤 10시부터 새벽 5시까지 빵집에서 일하는 것이 금지되었다. 하지만 이 법이 바게트의 부상과 깊은 관련이 있다는 견해가 많다. 바게트는 전통적인 빵보다 만드는 데 걸리는 시간이 짧기 때문에 제빵사들은 새로운 법을 따르면서도 아침에 신선한 빵을 제공할 수 있었다.

사실 바게트가 갑자기 인기를 얻게 된 데는 다른 요인도 작용했겠지만 대부분의 프랑스 사람은 양차 세계 대전 사이에 상당한 진보적 개혁이 이루어졌다는 점에서 이 이야기를 믿는 편이다. 제1차 세계 대전에서 승리를 거두었지만 국력이 심각하게 약해진 프랑스에 전후 혼란이 찾아왔다. 프랑스의 재정은 극심한 위기 상태였고 1930년대 전 세계를 휩쓴 대공황의 여파로 프랑스는 더욱 위태로워졌다. 전시의 사망자와 부상자로 인구가 급감했고 물자 부족으로 큰 타격을 받았다. 이 시대에 들어와 소비에트 연방, 파시스트 이탈리아, 나치 독일이 프랑스 내 불만 세력에게 영향력 있는 모델로 부상하면서 좌파, 우파 할 것 없이 권위주의 이념이 확산될 여건이 무르익었다. 1920년대와 1930년대에 걸쳐 주요 정당들이 국가가 직면한 심각한 난제를 해결하기 위해 애쓰면서 우파, 중도파, 좌파가 번갈아 가며 정권을 잡았다.

초기 사회 개혁 중 일부는 보수 정부하에서 시행되었는데, 1928년부터 1932년 사이 근로자를 위한 사회 보험 제도(예를 들면 유급 질병 휴가 등)를 만들고 가족 수당을 지급했다. 1936년 인민전선으로 알려진 좌파 연합이 선거에 승리하면서 변화에 가속도가 붙었다. 이들이 내세운 의제는 '빈곤, 전쟁, 파시즘에 대항해 빵과 평화, 그리고 자유를 쟁취하기 위해' 싸운다는 것이었다. 좌파가 승리하자 낙관적인 노동자들은 이를 임금과 근로 조건 협상에 유리한 기회로 판단해 전국에 파업의 물결이 몰아쳤다. 심지어 파리의 유명한 카페와 레스토랑마저 요리사와 웨이터의 파업에 영향을 받았다. 콩코르드 광장 근처의 호텔 X에서 파트타임 접시 닦이로 일한 경험을 상술한 조지 오웰의 고전 『파리와 런던의 밑바닥 생활*Down and Out in Paris and London*』에서 그 이유를 이해할 수 있다.

> 근무 시간은 오전 7시부터 오후 2시까지, 오후 5시부터 밤 9시까지 열한 시간이었다. 하지만 식당의 설거지를 하는 날에는 열네 시간 동안이나 일해야 했다. 그래도 파리의 접시 닦이의 보통 근무 시간에 비하면 예외적으로 짧은 시간이었다… 커피 준비실은 가로 6미터, 세로 2미터, 높이 2.5미터쯤 되는 음침한 지하실이었다. 커피 통이라든가 빵 자르는 기계, 이런저런 기구가 가득 차 있어서 무언가에 부

> 닞히기 일쑤였다. 희미한 전구가 하나 켜져 있었고, 네다섯 개의 가스 불이 맹렬한 붉은 기운을 내뿜고 있었다. 온도계도 하나 있었는데, 섭씨 43도 이하로는 내려간 적이 없었고 때로는 54도까지 치솟기도 했다… 우리에게 제공되는 식사는 그저 먹을 수 있는 정도에 불과했지만 호텔 주인이 술에는 그리 인색하지 않았다. 그는 하루에 접시 닦이에게 2리터의 와인을 주지 않으면 3리터를 훔친다는 것을 알았기 때문에 우리에게 매일 와인 2리터씩을 주었다.[1]

인민전선 정부는 노동조합과 교섭했고, 그 합의 결과에 따라 급여가 최대 15퍼센트 인상되었다. 일련의 개혁으로 주당 노동 시간이 40시간으로 단축되었고 노동자들에게 연간 15일의 유급 휴가가 주어졌으며 보복 없는 파업권이 정식으로 부여되었다. 이러한 개혁의 동력이 순수하게 이타적인 것은 아니었다. 노동 시간의 단축으로 고용률을 끌어올리려는 계산이 깔려 있었던 것이다. 이러한 조치들이 경제 여건을 개선하는 데 크게 도움이 되지는 않았지만, 노동자 계급에게는 상당한 인기를 얻었다.

인민전선을 향한 공세가 사방에서 쏟아지면서 이러한 사회주의 실험은 오래가지 못했다. 인민전선의 공산당 간부들은 공화파를 대표해 스페인 내전에 개입하지 않겠다는 결정에 반대했고, 중도파는 경제 발전의 성과가 미미한 데 대해 좌절했다. 우파 민족주의자는 국력이 약해진 원인을 정부에 돌리며 비난했고, 극우 파시스트는 프랑스 최초의 유대인 출신 사회주의자 총리인 레옹 블룸Léon Blum을 향해 반유대주의를 부르짖으며 공격해댔다. 1938년이 되자 인민전선의 짧은 전성기도 막을 내린다. 급진당(이름과는 달리 상당히 중도적인 정당이었다)의 지도자인 에두아르 달라디에

Édouard Daladier 전 총리가 이끄는 새 정부가 수립된 것이다. 주 40시간 근무제는 폐지되었지만 유급 휴가제는 유지되었고 가족 수당은 더 늘었다. 그러나 이 사회 개혁 프로그램은 다음 해 제2차 세계 대전이 발발하면서 중단되었다.

유급 휴가와 바게트는 둘 다 전쟁 중에도 살아남았고, 그래서 오늘날 프랑스 사람들은 매년 빵집 노동자가 태양을 향해 달려가는 몇 주를 제외하고 매일 빵집 앞에 줄을 서게 되었다. 그러나 현대의 파리는 1789년의 교훈을 잊지 않았기에, 법적으로 빵집은 7~8월에만 문을 닫을 수 있으며 두 그룹으로 나누어 번갈아 휴가를 보내게 하므로 수도에서 빵집이 일제히 문을 닫는 일은 전혀 일어나지 않는다.

바게트가 빵집을 방문하는 가장 큰 이유이지만, 오늘날 많은 프랑스인이 슈퍼마켓과 빵집 체인점에서 바게트를 산다. 그곳에서 파는 바게트는 냉동 생지로 만든 공장식 바게트이다. 이로 인해 프랑스의 독립 빵집들이 1990년대 3만 7000여 개에서 2015년 2만 8000여 개로 크게 줄어들었다.[2] 현대 바게트의 품질에 대한 불만과 빵 소비 감소에 대한 우려를 아우르는 '바게트 위기'에 대한 논의가 끝도 없이 계속되고 있다. 젊은 세대는 빵을 주식이라기보다 선택 사항으로 보는 경향이 있는 데다가, 새로운 패스트푸드 선택지가 전통적인 점심 메뉴인 잠봉뵈르(햄과 버터를 넣은 바게트 샌드위치)를 대체했다.

바게트와 빵집에 대한 우려가 점점 커지고 있지만 프랑스의 제빵류는 해외 시장, 특히 아시아에서 인기가 높아지고 있다. 특히 한국의 베이커리 체인 '파리바게트'와 '뚜레쥬르'는 전 세계에 수백 개의 매장을 운영하며 (크로크무슈를 폭신한 일본식 우유 식빵으로 제공하는 식으로) 아시아식이 가미

된 프랑스 빵을 공급한다. 프랑스 내에서도 프랑스 빵의 전통을 계승할 새로운 세대의 제빵사를 양성하려는 계획이 적극적으로 추진되고 있다. 그래서 바게트의 미래가 아주 비관적이지는 않다. 절정의 인기는 꺾였을지라도 프랑스 사람들의 마음에 단단히 자리 잡은 이상 완전히 사라질 것 같지는 않다.

# 48

# 쿠스쿠스, 제국에 동화되다 (어쩌면 아닐지도)

마르세유는 로마 시대 이전부터 프랑스의 가장 중요한 관문 중 하나였다. 다른 항구 도시와 마찬가지로 마르세유도 높은 범죄율과 경제적 불평등으로 고통받고 있으며 그로 인해 좋지 않은 평판을 얻었지만, 그렇기만 한 도시는 아니다. 오늘날 방문객들은 박물관과 시장, 해변 산책로, 프랑스 최고의 음식이 어우러진 활기찬 도시의 모습을 발견할 것이다. 역사적 항구 도시마다 현지에서 잡히는 해산물을 토대로 여러 지역에서 모여든 사람들이 만들어낸 다양한 맛의 경이로운 현지 음식이 있는데, 마르세유도 별반 다르지 않다. 마르세유의 가장 오래되고 유명한 특선 요리는 부야베스로, 원래는 어부가 매일 잡은 어획물에서 팔고 남은 것을 모두 소진하기 위해 만든 간단한 수프였는데 오늘날에는 더 비싸고 정교한 요리로 발전했다. 다행히 지역 주민들이 수 세기 동안 해왔던 것처럼 홍합찜, 신선한 굴, 문어 스튜, 정어리 구이와 같이 합리적인 가격에 즐길 수 있는 해산물 요리도 많다. 마늘이 들어간 진한 아이올리 소스, 안초비 타프나드와 타르트, 아티초크 아 라 바리굴(화이트 와인과 올리브 오일을 넣고 푹 삶아낸 것) 등 프로방스 요리의 즐거움도 맛볼 수 있다. 그리고 이탈리아의 영향도 상당한데, 수 세기 동안 이탈리아인들이 이 도시로 이주해온 것을 생각하면 그리 놀랍지 않다. 프랑스를 방문해 피자를 주문한다면 우습게 보일 수도 있겠지만, 토마토소스를 듬뿍 바르고 안초비와 올리브를 올려 나무 화덕에서 구운 바삭한 마르세유식 피자를 먹어보면 일말의 의심도 사라질 것이다.

그러나 마르세유 미식 관광의 하이라이트는 의심할 여지없이 마그레브Maghreb 요리인데, 제1차 세계 대전과 제2차 세계 대전 사이의 기간에 북아프리카로부터의 이주가 확대되면서 이 도시에 영구히 뿌리내렸다.[1] 그 정점에 쿠스쿠스couscous가 있다. 쿠스쿠스는 베르베르족의 전통 요리인데, 마그레브에서 매우 중시되어 알제리 같은 일부 지역에서는 음식이라는 뜻의 '알 탐al taam'이라고 간단히 불리기도 한다. 프랑스에서 쿠스쿠스의 이야기는 프랑스 제국주의의 처참한 영향, 마그레브를 오가는 이주 문제를 둘러싼 복잡한 역학 관계, 프랑스라는 한 나라 안에서 서로 다른 문화적 정체성의 조화를 이루기 위해 현재 진행 중인 분투를 조명한다. 프랑스는 유럽 최대의 쿠스쿠스 소비국이 되었고, 설문 조사에 따르면 프랑스 사람들이 마그레 드 카나르(오리 가슴살 스테이크—옮긴이)와 물프리트(홍합찜과 감자튀김—옮긴이)에 이어 세 번째로 좋아하는 음식이라고 한다.[2] 하지만 프랑스인의 쿠스쿠스 사랑이 계몽된 세계 시민주의의 영향인지 단지 적대감을 견디기 위한 면피인지를 두고 논란이 계속되고 있다.

쿠스쿠스라는 단어는 기분 좋은 여러 의미를 담고 있다. 쿠스쿠스는 먹기 전에 힘들여 비벼 동글린 뒤 쪄서 만든 아주 작은 곡물 알갱이와 그와 함께 지역, 계절, 상황에 따라 다양하게 다른 재료를 곁들여 먹는 요리를 모두 가리킨다. 전통적으로 이 곡물 알갱이에는 향신료로 양념한 고기나 채소 스튜를 곁들이며, 지역에 따라 무한하게 변형되므로 한 나라에도 수십 가지 종류의 요리가 있다. 하지만 쿠스쿠스는 마그레브 지역 주민들이 보편적으로 즐기는 음식으로 가정과 가족, 축하와 애도, 편안함과 소속감을 표현하는 음식이기도 하다. 이탈리아의 파스타, 중국의 쌀에 비견되는 지위를 가진다. 그러므로 쿠스쿠스가 디아스포라 요리의 중심이라는 사실은 그리 놀랍지 않다.

프랑스에서 쿠스쿠스의 문서상 첫 등장은 장자크 부샤르Jean-Jacques Bouchard라는 여행가가 1630년 툴롱의 남쪽 항구에서 이 요리를 시식했다고 쓴 기록이다. 그러나 쿠스쿠스와의 진정한 조우는 19세기 프랑스의 알제리 정복(1830~1847)과 함께 시작되었다. 식민지 시대 내내 알제리 해안 지방은 알제, 오랑, 콘스탄틴의 세 구역으로 나뉘어 프랑스 본토의 일부로 관리되었다.[3] 이는 다른 해외 영토와 달리 알제리는 프랑스 본토의 일부로 간주되었다는 의미인데, 알제리의 독립 투쟁이 특히나 잔인하고 피비린내 날 수밖에 없었던 이유이기도 하다. 또한 프랑스와 알제리, 두 영토 간 양방향으로 중대한 이주가 일어난 이유도 여기에 있다. 식민 통치로 과거 공동체를 지탱했던 전통 경제 구조가 파괴된 탓에 알제리인들은 일자리를 찾아 프랑스로 향했다. 그리고 특이하게도 많은 프랑스인들 역시 알제리로 이주했는데, 이런 사람들은(그리고 그들의 후손도) '검은 발'이라는 뜻의 피에누아르pieds-noirs로 불렸다. 그들은 항상 소수였음에도 알제리 사회에서 특권적 지위를 차지했고, 알제리와 프랑스 양쪽에서 모두 강력한 정치 세력으로 성장했다.

전통 알제리 요리는 점령과 적응으로 이어진 알제리의 역사를 반영하듯 베르베르, 아랍, 터키 요리의 요소가 혼재된 것이 특징이다. 그리고 바게트와 유럽산 치즈에 대한 알제리인의 애정이 계속된다는 데서 보듯 거기에 프랑스 미식이 한 층을 더했다. 하지만 피에누아르가 쿠스쿠스를 비롯해 많은 지역 요리를 받아들이면서 반대로 프랑스 식민주의자들도 영향을 받았다. 20세기 초반 무렵 알제리의 프랑스 제조업자들은 고된 수작업 대신 기계화 공정으로 쿠스쿠스를 만드는 방법을 개발했다.

앞서 보았듯이 19세기 후반에 들어와 유럽의 아프리카 식민지화가 가속되었다. 프랑스는 1881년에 오스만 제국의 영토였던 튀니지를 점령하고 1912년에는 독립국이었던 모로코를 정복해 두 나라를 보호국으로 만들었다. 프랑스인은 마그레브 전역에 걸쳐 근대화와 경제 발전 프로그램에 착수했는데, 사실상 이러한 '문명화 사업'은 지역 주민들에게 막대한 비용이 전가되었다. 그들은 프랑스 시민과 동등한 수준의 시민적·정치적 자유가 부여되지 않았지만 프랑스어를 쓰고 프랑스의 문화적 기준을 따라야 했다. 지역 경제는 프랑스에 이익이 되는 방향으로 재편되었으며 가장 수익성이 높은 산업은 유럽인이 관리했다. 또한 가장 좋은 땅은 프랑스인에게 할당되어 프랑스인 정착자들에게 주어졌으며, 이로 인해 지역 주민의 상당수가 살던 곳에서 쫓겨나고 전통 사회 질서가 흔들리게 되었다. 마그레브 사람들은 일자리와 교육의 기회가 위축된 상황에서도 식민지 이주자들보다 높은 세금을 부담해야 했다. 이상의 조치들로 인해 식민통치 시기 동안 다양한 형태의 일상적 저항이 이어졌으며, 이후 수십 년 동안 활동할 반대 기반이 유지될 수 있었다. 프랑스의 마그레브 지배, 아니 모든 식민지에 대한 지배는 색깔로 표시된 제국의 지도에서 보이듯 완벽히 이루어지지는 않았다.

제1차 세계 대전 동안 프랑스 식민지는 유럽에서 프랑스의 병력을 유지하는 데 중요한 역할을 했다. 전방과 공장의 부족한 인력은 알제리인, 튀니지인, 모로코인 30만 명이 보충했고, 전쟁이 끝난 뒤에도 마그레브로부터의 노동 이주는 계속되어 프랑스 경제의 한 요소로서 지속적인 역할을 했다. 수만 명의 알제리 남성들이 프랑스 북부와 동부의 산업 지대나 파리, 마르세유, 리옹 같은 대도시의 공장에 일자리를 얻었다. 오늘날 많은 이민 노동자가 그렇듯 그들 대부분이 임시직 노동자였고, 거의 모든 수입은 가족을 부양하고 마을을 지원하는 데 들어갔다.

전쟁 시기와 그 전후로 프랑스가 겪은 물자 부족과 황폐화는 제국주의 프로젝트에 새로이 박차를 가하게 했다. 특히 소위 식민지 로비 단체(식민지에 살거나 식민지를 통해 이익을 얻는 집단)가 주도적인 역할을 했다. 식민주의 열성 지지자들은 제국 체제가 프랑스라는 나라의 유지에 필수적이며, 이를 통해 본국이 얻는 이익을 생각하면 식민지를 유지하고 지키는 비용은 감수할 만한 가치가 있음을 프랑스 정치 계급과 폭넓은 대중에게 납득시키려 노력했다. 프랑스가 농업 생산력을 회복해 식량 부족에 대처하려 애쓰면서, 음식이 이 이야기의 중요한 부분이 되었다. 카레, 매운 향신료, 열대 과일, 인도차이나의 쌀, 마다가스카르의 통조림 고기 등 이전에는 알려지지 않았거나 거의 소비되지 않았던 식민지 생산품들이 이제 프랑스에서 홍보되기 시작했다. 그러나 프랑스 소비자들이 지나치게 이상하거나, 또는 '열등한' 식민지 민족들과의 관련성이 노골적으로 드러나는 제품에는 거부감을 보였기 때문에 이러한 노력은 복합적인 성공을 거

75 centimes

DEAUVILLE
la Plage Fleurie

LE JOURNAL DE
L'EXPOSITION COLONIALE

Chocolat-Vinay

Directeur : ROBERT ARTUS

En Indochine

De Paul Doumer à Pierre Pasquier

MOUNT-VERNON

Le Pavillon Américain

Visitez...

Le Musée Permanent des Colonies

La Marine Marchande au Musée Permanent

M. PIERRE PASQUIER, Gouverneur Général de l'Indochine

ROBERT ARTUS

EN PASSANT

Grosse Bourse et petites Bourses

LE PAVILLON DE L'ALGÉRIE

La frise de pierre

1931년 파리 국제 식민지 박람회 기간에 발행된 신문. 이는 본국에 대한 프랑스 식민지 각국의 기여를 강조하기 위한 정교한 시도였다. 알제리의 경우는 전통 모스크, 미너렛minaret, 바자르bazaar가 전시되었다. (유일한 비유럽 식민지 지배국인) 미국은 마운트 버넌의 모형 건물을 제공했다. 소위 인간 동물원이라는 살아 있는 사람을 전시하는 혐오스러운 제국주의 관행에 따라 아메리카 인디언 수족의 족장과 부족민들도 파리로 파견되었다. 『식민지 박람회 신문*Le Journal de l'Exposition Coloniale*』 3호, 1931년 6월. 프랑스국립도서관 제공.

두었다.[4] 일례로 제1차 세계 대전과 제2차 세계 대전 사이의 기간에 쌀은 주로 동물 사료용으로 수입되었다. 빵과 파스타에 대한 프랑스인의 애착이 꺾이지 않았기 때문이다. 반면에 프랑스인은 카레 소스처럼 프랑스 요리에 적용 가능하거나 열대 과일처럼 이국적인 식민지 음식의 요소는 받아들였다. 처음으로 보통 사람들도 바나나와 파인애플을 즐길 수 있게 되었다.

쿠스쿠스는 이 기간에 프랑스 국민에게 받아들여지지 않았다. 다른 식민지 산물처럼 이국적이거나 희귀하지 않은 주식이었던 데다가 프랑스인의 입에 맞지 않는 재료로 맛을 냈기 때문이다. 쿠스쿠스는 전통적으로 여성들이 준비했는데, 이는 당시 음식 평론가들은 물론이고 다른 외국 요리의 미덕을 극찬한 사람들에게도 부정적으로 작용한 요소였다. 그렇다고 해서 이 시기에 쿠스쿠스가 프랑스 본토에서 완전히 설 자리를 잃었다는 뜻은 아니다. 마그레브 이민자가 늘어가면서 그들이 정착한 지역에 고향 음식이 뿌리내릴 수 있었다. 특히 파리에서는 그들이 이 도시의 많은 비스트로를 매입해 전통 프랑스 요리에 쿠스쿠스를 곁들여 내기 시작했다. (오늘날 파리식 쿠스쿠스 요리가 정통 쿠스쿠스 요리의 원천으로 여겨진다.) 그런데 역설적이게도 프랑스 국민 사이에서 쿠스쿠스의 인기가 올라가게 된 것은 마그레브 국가들이 프랑스로부터 독립을 쟁취한 뒤였다.

민족 자결주의와 반제국주의가 20세기 들어 식민지 세계에 확산되고 있었지만 유럽 제국이 종말을 맞게 한 것은 제2차 세계 대전이었다. 프랑스는 독일에 항복한 사건과 전쟁 중 겪은 경제 파괴가 맞물려 작용한 결과 해외 영토를 통치할 권위와 능력이 크게 위축되었다. 중국의 마오쩌둥이 놀라운 성공을 거두며 그의 반란 모델은 전 세계 저항 운동의 본보기가 되었다. 유엔이 탄생하고 미국이 세계 초강대국으로 부상하면서 구식 제국주의 체제는 시대착오적인 것으로서 점차 밀려나며 새로운 세계 질서가 형성되었다. 반란과 저항이 거세지면서 제국의 유지 비용은 엄청나게 증가했다. 제2차 세계 대전이 끝나고 20년에 걸쳐 전 세계의 식민지 대부분은 무력을 통해서든 협상을 통해서든 독립을 쟁취했다. 직접적인 제국주의 지배의 시대는 끝나고, 강압과 영향이라는 새로운 형태로 대체되었다(비평가들은 이를 '신제국주의'라고 한다).

인도차이나에서 프랑스는 제국주의 열강 중 가장 굴욕적인 패배를 경험했다. 베트남 반란군 사령관 호찌민과 보응우옌잡은 아시아 제국을 재건하려는 프랑스군에 맞서 성공적인 게릴라전을 펼쳤다. 1954년 디엔비엔푸에서 충격적으로 패한 뒤 프랑스는 완전 패배를 인정하고 베트남 문제를 미국에게 넘겼다(그리고 미국도 마찬가지의 결과를 얻게 된다). 아프리카에 있는 프랑스 식민지는 1956년에 독립한 모로코와 튀니지를 포함해 1960년까지 거의 모두 독립했다.

그러나 알제리는 프랑스 본국과 통합된 정도가 더 높다는 점에서 예외적인 경우였다. 프랑스는 해외 식민지의 상실은 받아들일 수 있었지만 프랑스 행정 구역 중 하나가 분리 독립하는 것은 다른 문제였다. 1954년 알제리 민족해방전선FLN이 무장 반란을 일으키자 프랑스 정부는 반란을 진압하고 현상을 유지하겠다는 결의를 다졌다. 알제리는 8년에 걸친 처참한 전쟁을 치렀고, 그 과정에서 수십만 명의 알제리인이 목숨을 잃었다. 프랑스 헌병대는 반란을 진압하기 위해 수천 명의 사람을 납치하고 고문했으며 온 마을 사람을 수용소로 보내기도 했다. 그러나 이렇게 가혹한 방법은 알제리 국민이 반란군을 지원하게끔 자극했으며, 프랑스 대중에게 이 전쟁의 부당함을 인식시켰다. 민족해방전선 또한 도시에 폭탄 테러와 대량 학살을 자행했지만 독립이라는 그들의 대목표는 국내외에서 더 큰 정당성을 얻었다.

1958년 좌절한 육군 장교들과 피에누아르가 연합해 수도 알제에서 군사 쿠데타를 일으켰고, 뒤이어 일어난 정치적 위기는 프랑스 정부의 몰락과 제4공화국의 종말로 이어졌다.[5] 제2차 세계 대전 시기 레지스탕스 활동으로 프랑스 해방의 영웅이 된 샤를 드골이 프랑스의 대통령직을 맡으며 제5공화국이 출범했다. 드골은 이미 알제리의 독립이 불가피함을 이해하고 있었다. 결국 자치에 대한 협상안을 두고 국민 투표를 실시했다. 알제리인은 독립에 찬성표를 던졌고, 마침내 1962년 독립을 쟁취했다.

제2차 세계 대전 이후 두 차례의 대규모 이주 물결은 오늘날 프랑스에서의 마그레브 공동체와 그 요리의 지위를 설명한다. 전쟁이 끝난 뒤 알제리, 튀니지, 모로코로부터의 노동 이주가 재개되었고, 이들 국가가 독립을 쟁취할 무렵에는 이미 수십만 명이 프랑스에서 거주하며 일하고 있었다. 이주민 중 다수는 여전히 임시직으로 일하며 자주 고국을 오갔지만, 일단 그들의 나라가 프랑스와 공식적으로 분리된 뒤에는 이런 식으로 생활하기가 더 어려워졌다. 그리하여 온 가족이 프랑스로 이주해 영구 정착하는 경우가 늘어났다. 이는 마그레브 요리, 특히 전통적으로 여성이 준비하던 쿠스쿠스가 세를 확장하고 뿌리내리는 계기가 되었다.[6] 가족들이 프랑스에서 근본적으로 다른 생활에 적응하면서, 그들의 요리 전통은 공동체와 정체성을 유지하는 중요한 수단이 되었다.

그러나 쿠스쿠스의 인기에는 또 다른 이주민의 기여도 있다. 알제리의 독립과 함께 약 100만 명의 피에누아르가 프랑스에 돌아왔다.[7] 피에누아르는 마르세유를 비롯한 프랑스 남부의 항구를 통해 본국에 돌아왔고, 다수가 이 지역에 머무르는 것을 택했다. 그들은 프랑스 본토 사람들과 서로 적대시하는 이질적인 공동체였다. 본토인들은 그들이 길고도 잔혹한 전쟁의 주범이라고 비난했고, 피에누아르는 프랑스라는 나라에 '버림받았다'는 데 분노했다. 이러한 반목으로 피에누아르는 별도의 정체성을 유지해, 모국에 돌아왔음에도 잃어버린 삶의 터전에서의 문화적 관습, 특히 식생활을 고수했다. 쿠스쿠스 같은 주식에 대한 애착도 그들이 다시 자리 잡은 지역에서 그 인기가 확산되는 데 일조했다.

피에누아르는 오늘날까지 수십 년 동안 프랑스 내에서 강력한 정치적·사회적 영향력을 유지하고 있다. 2017년 대통령 선거 운동 기간에 에마뉘엘 마크롱은 그들의 지속적인 영향력을 뼈저리게 절감했는데, 프랑스의 알제리 식민지화를 '반인륜적 범죄'로 규정한 뒤 이에 반발한 툴롱의 피에누아르에게 사과해야 했던 것이다. 그의 발언은 전통적으로 프랑스 남부의 상당수의 피에누아르 지지자를 가진 극우파 국민전선의 후보자 마린 르 펜에게 비난받았다. 그녀의 아버지이자 국민전선을 창당한 장마리 르 펜은 낙하산 부대의 대원으로 알제리 전쟁에 참전했고, 정치 활동을 하는 동안 일명 쿠스쿠스 유권자들에게 이를 노골적으로 어필했다.[8]

쿠스쿠스 공장을 운영하던 사람들을 비롯해 쿠스쿠스 제조자들도 알제리에서 돌아왔고, 그들 중 상당수가 마르세유 인근에 정착해 그곳에서 새로운 쿠스쿠스 사업을 시작했다. 세월이 흐르면서 많은 프랑스인이 전통적인 마그레브 스타일과는 뚜렷이 다른 현대식 쿠스쿠스에 매력을 느끼게 되었다. 공장에서 만든 쿠스쿠스는 건조 제품이나 통조림, 냉동식품 등 몇 분 만에 차려낼 수 있는 반조리식으로 판매되었다. 푸짐하게 차려

놓은 대가족의 요리 대신, 전통 프랑스 고기나 채소를 올려주어 고향의 맛을 쉽게 느낄 수 있는 간단한 음식이 된 것이다. 이렇게 두 문화가 동화된 퓨전 쿠스쿠스 요리는 현재 프랑스에서 많은 인기를 누리고 있지만 마그레브 사람이나 프랑스인 누구도 이것을 정통 쿠스쿠스 요리로 보지는 않는다.

이와 같이 정통성이 결여되었기 때문에 오늘날 프랑스에서 쿠스쿠스가 높은 인기를 누리는 현상을 해석할 때 신중해야 한다. 이는 외국 요리와 그 사람들을 포용하는 것이 아닌, 여전히 프랑스 요리에 비해 열등하다고 여기는 요리에서 선택적으로 받아들였을 뿐이며 그 사람들과는 아직도 많은 면에서 서먹한 거리가 좁혀지지 않았다. 프랑스 사회에는 아직도 인종적·문화적 긴장이 팽배하다. 다문화주의에 관한 한 프랑스는 일반적으로 라이시테laïcité(번역해보자면 세속주의에 가까운 의미이다)라는 사고와, 개인과 공공의 정체성의 엄격한 구분을 고수한다. 본질적으로, 사적 영역인 집에서는 자유로이 자신의 문화적·종교적 전통을 즐길 수 있지만, 공공 영역과 국가 자체는 프랑스의 공화주의적 가치가 우선하는 중립 지대가 되어야 한다는 것이다. 좌파가 오랫동안 노력을 기울여온 라이시테는 이제 우파가 위협으로 인식하는 이슬람 신앙과 관습의 표현에 관련해 우파에게 더 많이 이용되고 있다. 혹자는 라이시테가 이제는 더 이상 세속주의의 중립성을 지키기 위한 것이 아닌 백인 기독교계 프랑스라는 가치를 증진하는 데 이용되고 있다고 주장하기도 한다. 이러한 역학 관계는 프랑스에서 니캅 착용 금지를 둘러싼 치열한 논쟁과, 학교 급식 메뉴에서 할랄 고기와 돼지고기 대체품을 제공하느냐를 두고 벌어지는 논란처럼 특히 음식의 영역에서 볼 수 있다. 국민전선은 도시 중심에 케밥 가게가 확산되는 데도 비난의 목소리를 높였다.

쿠스쿠스는 이러한 수사rhetoric의 최전선에 동원되지 않는다. 쿠스쿠스는 의심할 여지없이 마그레브 디아스포라와 관련되어 있지만, 이슬람 관습도 아니며 프랑스 가치에 이질적이지도 않기 때문에 양극화의 영향을 덜 받는 것 같다.[9] 국민전선이 자신들의 핵심 지지 세력인 피에누아르가 좋아하는 쿠스쿠스를 공격할 리도 없지 않은가.

그러나 프랑스에서 쿠스쿠스의 역사를 통해 쿠스쿠스는 항상 더 넓은 정치적·사회적 조류에 묶여 있었음을 알 수 있다. 오늘날 우파 정서의 상대적 인기, 분열을 조장하는 대테러 정책, 심각한 경제 문제 등으로 미루어볼 때 프랑스에서 마그레브 공동체의 미래가 어떻게 펼쳐질지는 불투명하다. 지금까지 여러 장에 걸쳐 역사적으로 프랑스라는 나라에 다양한 문화가 반복적으로 흡수되었지만 그 과정이 균일하거나 단순하지 않았고, 심지어 일부 지역적·문화적 정체성은 몇 세기에 걸쳐 엄청난 탄력성을 보여주기도 했다는 사실을 살펴보았다. 그래서 마그레브 요리는 프랑스에서 정체성과 문화 교류의 진화에 대한 중요한 통찰을 보여주는 역할을 이어갈 것으로 기대된다.

# 49
# 잊혔던 채소들

최근 프랑스에서 특정 채소들이 되돌아오고 있다. 일명 '잊혔던 채소들 légumes oubliés'이다. 식료품 시장, 과일 가게, 힙한 레스토랑 등에서 끊임없이 새로운 맛을 찾으면서 수십 년 동안 널리 소비되지 않던 채소에 대한 관심이 되살아났다. 그중 프랑스어로는 토피낭부르topinambour라고 부르는 예루살렘 아티초크, 즉 돼지감자가 있다. 예루살렘 아티초크는 사실 예루살렘이 아닌 북아메리카 원산이다. 그 이름은 그것이 속한 해바라기 속의 대표적인 식물 해바라기, 이탈리아어로 지라솔레girasole에서 변형된 것이다. 먹을 수 있는 이 식물의 뿌리는 그 이름대로 약간 아티초크 맛이 나기도 하지만 아티초크보다 감자 같은 덩이줄기에 가깝다.

그러나 얼마 전까지만 해도 이 채소는 프랑스에서 완전히 잊히지는 않았다. 제2차 세계 대전 중에 프랑스 사람들은 대부분 나치 치하에서 살아남는 법을 배워야 했는데, 그 시절을 함께한 것이 바로 토피낭부르였다.

제1차 세계 대전의 참혹함으로도 또 다른 전쟁이 발발하는 것을 막지 못했고, 이번에는 훨씬 더 끔찍했다. 제1차 세계 대전이 끝나고 제2차 세계 대전이 발발하기 전까지의 기간 내내 프랑스인들은 독일이 언젠가 적대 행위를 재개할 것이라고 우려했다. 아돌프 히틀러가 부상하고 군비 생산 재개, 라인란트의 재무장화, 오스트리아 병합 등 그의 공격성이 격화되는 것으로 미루어 더욱 가능성이 있어 보였다. 그러나 프랑스는 경제 약화, 국내 정치 문제로 새 전쟁을 대비하는 데 제한이 있었고, 좌파 정부는 반동 쿠데타를 지지할 가능성이 있는 대규모 전문 군대보다 단기 징집병을 선호했다.[1] 1930년대 후반까지 프랑스의 군사 방침은 마지노선으로 알려진, 상당 시간 독일의 침입에 맞설 수 있는 정교한 요새선에 근거해 방어에 집중하는 것이었다. 그러면 독일군은 성과 없는 공격에 지쳐 나가떨어질 테고, 그때 프랑스와 동맹국이 반격을 개시하면 침략을 물리칠 수 있을 것이라는 계산이었다.

1938년 히틀러는 체코슬로바키아의 독일인 밀집 거주 지역인 주데텐란트 합병에 나섰다. 당시 체코슬로바키아는 1924년 이래 프랑스와 동맹 관계였다. 프랑스 총리 에두아르 달라디에와 영국 수상 네빌 체임벌린은 뮌헨에서 히틀러와 베니토 무솔리니를 만나 이 위기에 대해 협상을 벌였다. 히틀러의 진짜 목적을 꿰뚫은 달라디에는 만약 히틀러가 체코슬로바키아를 할양받으면 본격적으로 대륙 정복에 나설 것이라고 선견지명 있는 의견을 주장했다. 그러나 영국은 프랑스만큼 전쟁 의지가 없었던 터라 체임벌린은 타협안을 강하게 밀어붙였고 달라디에는 마지못해 이에 응하게 되었다. 그는 낙담한 채 프랑스로 돌아왔는데, 새로운 갈등을 피한 데 대해 환호와 찬사가 쏟아졌다. 그러자 그는 한 보좌관에게 이렇게 말했다고 한다. "어리석은 자들, 제대로 알면 저러겠는가!" 그의 두려움은 가시화되어, 히틀러가 체코슬로바키아 전역을 합병하고 소련과 불가침 조약을 맺으며 전면전을 벌일 준비에 나섰다.

유럽에서 제2차 세계 대전의 시작은 관습적으로 독일이 폴란드를 침공한 1939년 9월 1일로 간주한다. 이에 프랑스와 영국 모두 독일에 선전포고했지만, 8개월 동안 '가짜 전쟁' 상태였고 이 기간에 프랑스는 다가올 독일의 침공을 기다릴 수밖에 없었다. 그리고 1940년 5월 독일이 효과적인 '전격전' 공격을 개시했다. 독일군은 탱크, 공군력, 혁신적인 기동 전술을 활용해 네덜란드, 벨기에, 룩셈부르크로 진격한 뒤 마지노선의 가장 취약한 지역을 돌파했다. 영국 원정군BEF은 됭케르크에서 대규모 구조 작전을 전개해 프랑스에서 철수했다. 프랑스 육군은 6월 14일 독일군의 파리 시가 행진을 막을 수 없었다. 프랑스 정신에 영원한 상처를 남긴 굴욕적인 군사적 패배였다. 200만 명의 프랑스 군인이 전쟁 포로로 잡혔고, 수백만 명의 프랑스 민간인이 독일군을 피해 남쪽으로 도망갔다.

샤를 드골 장군은 런던에서 프랑스 국민에게 침략자에 맞서 저항할 것을 촉구했지만, 보르도에서는 성급하게 피난을 떠난 프랑스 정부가 독일과 휴전 협정을 맺기로 결정했다. 그 조건에 따라 프랑스는 공식적으로 독립 국가의 지위를 유지했으나 독일군이 점령한 프랑스 북부 및 대서양 연안 지역과 제1차 세계 대전의 영웅 필리프 페탱 원수가 이끄는 신정부가 다스리는 프랑스 남부, 두 지역으로 나뉘게 되었다. 페탱은 온천 마을 비시에 제3공화국을 대체한 극우 정권을 세웠다. 정당과 자유 언론은 금지되었고 유대인과 공산주의자에 대한 박해가 점차 심해졌다. 1942년 프랑스는 홀로코스트에 본격적으로 협력하기 시작해, 체포된 프랑스와 외

파리 탕플 광장에 있는 이 추모 명판은 나치 정권에 협력한 비시 정부에 의해 아우슈비츠로 추방된 어린이 1만 1000명을 기리는 것이다. 그들 중 500명은 파리 3구 출신이다. 명판에 이름이 기록된 87명의 아이들은 추방 당시 학교에 들어가지도 않은 어린 유아들이었다. © Lillian Hueber, 2016.

국 유대인이 동부로 보내지기 전까지 프랑스 내 드랑시 강제 수용소에 억류되었다. 1942년 말, 독일이 프랑스 전역을 점령하면서 상황은 더욱 나빠졌다. 어린이 1만 1000명을 포함한 7만 5000명이 넘는 유대인이 프랑스에서 추방되었다. 그 대부분은 아우슈비츠에서 죽었고, 약 2500명만이 살아남았다고 한다.[2] 마지막 추방 열차가 파리를 떠난 때는 1944년 8월, 연합군이 파리 해방을 목전에 두고 있던 때였다. 이는 나치 독일이 병력을 희생하면서까지 이루려 했던 홀로코스트에 대한 광신적 집착을 보여준다.

독일은 점령 기간에 가혹한 착취 제도를 만들어, 프랑스의 상당한 자원을 동부 전선의 대규모 작전과 당시 진행 중이던 유럽 점령 과업을 수행하고 독일 내 자국민의 수요를 충족시키는 데 투입했다. 나치는 굶주린 국민이 군주제를 전복함으로써 독일이 항복하게 된 제1차 세계 대전의 교훈을 또렷이 기억하고 있었다. 독일 국민을 잘 먹이고 풍요롭게 하려는 그들의 노력은 또 다른 '등 뒤의 칼'(제1차 세계 대전의 배후중상설을 빗댄 표현—옮긴이)을 막기 위한 목적인 셈이었다. 350만 명이 넘는 프랑스인이 일명 '강제 동원 체제STO'라는 노동 계획에 따라 독일의 노동자로 징용되었다. 이로써 프랑스는 나치 군수품 생산에 직접적으로 관여하게 되었고, 이와 동시에 프랑스에서 식량과 기타 물자의 생산량이 심각하게 감소하는 사태가 초래되었다. 생산과 수입의 감소와 더불어 과도한 식량 징발이 이루어지자 지역 주민들이 가용할 식량의 양은 점점 줄어들었다. 물론 이러한 상황은 지역별로 상당히 달랐다.[3] 부유한 시민들은 더 나은 삶을 살았지만, 연줄이 좋은 사람들조차 전쟁 전의 식생활을 유지하기란 여간 어렵지 않았다. 전후 프랑스 미식 생활에 대한 기사에 '미식계의 왕자' 퀴르농스키가 전쟁 중 식량 부족으로 125킬로그램의 육중한 체구에서 82킬로그램으로 살이 빠졌다는 소식이 실리기도 했다.[4]

상황을 통제하기 위해 정부는 배급표를 발행했다. 이 배급표로 받은 식량은 성인 기준 하루 1000~1300칼로리 정도였으니, 하루 권장 열량 2400칼로리를 훨씬 밑도는 수치였다.[5] 전쟁이 계속되면서 배급량은 계속 줄어 1944년 디데이를 앞두고는 최저치에 달했다. 독일인들은 다가올 긴 전투를 대비해 군대에 충분한 식량을 비축하기를 원했던 것이다.

배급제 자체가 아주 나쁘지는 않았지만 배급표를 얻는다고 해서 실제로 식량을 얻을 수 있는 것도 아니었다. 특히 도시에서는 물량이 부족해 한동안 가게가 텅 비어 있기도 했다. 농부와 상인들이 인위적으로 가격이 낮게 책정되는 공식 시장에는 물건을 최대한 적게 내놓으면서 대규모 암시장이 발달했다. 어떤 사람들은 터무니없이 높은 가격에 물건을 팔았고, 사회적 정당성을 희생한 대가로 부자가 되었다. 합리적인 가격을 유지한 사람들도 있었는데, 그들의 주요 목표는 독일인보다는 배고픈 프랑스인을 위해 식량을 제공하는 것이었다(이렇게 비공식적인 거래가 일어나는 시장을 회색시장이라고 불렀다). 평상시의 동력이 반전되어 흥미롭게도 도시 거주자들이 이제 농촌 사람들보다 훨씬 더 가난해졌다. 많은 사람이 시골의 친척이 보내준 식량 꾸러미나, (주로 자전거로) 시골까지 가서 농부들로부터 사거나 그들과 물물 교환한 물건 덕분에 살아남을 수 있었다.[6]

당시의 어려운 상황은 연합군 침공 작전에 참가하는 군인들을 위해 영국 외무부에서 제작한 『1944년 프랑스에서 복무하는 영국군을 위한 지침서*Instructions for British Servicemen in France 1944*』라는 작은 책자에 자세히 묘사되었다.

> 대륙의 프랑스는 통째로 점령당한 상태라는 사실을 명심하라. 즉, 모든 것을 독일에 빼앗겼다는 뜻이다. 거의 모든 프랑스 민간인(아이들 포함)이 영양실조 상태이며 많은 사람이 탈진과 기아로 죽는다. 독일이 식량을 모두 가져가기 때문이다. 독일인은 와인을 마시거나 증류해 엔진 연료로 사용한다… 고국에서 배급의 중요성을 알았고, 익숙했던 다양한 물품이 일시적으로 부족한 상황을 겪기도 했을 것이다. 하지만 독일인 때문에 가장 기본적인 생필품이 늘 부족한 프랑스 같은 상황은 조금도 겪어보지 않았을 것이다. 음식, 음료, 옷, 담배 등 모든 것이 배급되지만, 배급표가 있다고 해서 이 빈약한 배급이나마

받을 수 있다는 보장은 없다. 여성들은 매일 새벽 4시부터 시장이 문을 닫는 8시 30분까지 채소를 사려고 줄을 서지만 식량 트럭이 도중에 독일인에게 털리기 때문에 빈손으로 돌아간다. 빵은 거의 구하기 어렵고 그나마 구한 것도 도저히 먹기 힘든 것이 많다.[7]

배급의 유일한 긍정적인 측면은(이토록 암울한 시대에 '긍정적'이라는 단어를 써도 된다면) 담배와 와인도 배급 대상이었기 때문에 과도하게 담배를 피거나 술을 마실 수 없었다는 점이다. 따라서 전쟁 기간에 흡연 및 음주와 관련된 질병으로 인한 사망자 수가 감소했다.

암시장 경제가 활성화되어 있었지만(프랑스어에는 기업가라는 단어가 없다고 누가 말했던가?) 식량은 항상 부족했다. 사람들은 닭 대신 비둘기와 까마귀를 먹기 시작했고, 고양이를 잡아먹는 사람도 있었다. 달걀 없이 마요네즈를 만들었다면 상상할 수 있겠는가? 사람들은 부족한 것의 대체품을 찾기 시작했다. 프랑스인은 특유의 블랙 유머 감각을 발휘해 이런 현상을 표현하는 데 적절해 보이는 독일어를 찾아 대체품을 에르사츠ersatz라고 불렀다. 미식을 국가 정체성의 중요한 요소이자 문화적 우월성의 지표로 여기는 나라로서는 이렇듯 식량이 부족한 상황은 극도로 충격적인 상황이었다.

돼지감자가 미식의 영광의 순간을 맞이한 때가 바로 이 시기였다. 돼지감자는 17세기에 아메리카 대륙에서 들여온 뒤 한 번도 관심을 받지 못했고 빈곤층의 식량 정도로만 여겨졌다.[8] 그런데 이 채소만큼은 독일인의 징발 대상도, 보급품도 아니었다(점령군이 꼼꼼하게 압수한 감자와는 다른 운명이었다). 게다가 비옥하지 않은 땅에서 별로 손이 가지 않고 잘 자라는 채소인 만큼, 갑자기 곳곳에서 돼지감자를 재배해 먹는 사람들이 늘어났다. 돼지감자는 포만감을 주는 채소였고 잎은 에르사츠 담배로도 사용할 수 있었다(그리 품질이 좋은 에르사츠는 아니었지만 말이다). 안타깝게도 돼지감자는 조리가 쉽지 않고 소화가 잘 되지 않아서 괜찮은 대체품으로 인정받지는 못했다.

루타바가rutabaga(순무와 비슷한 식물—옮긴이)처럼 간과되었던 채소들도 재평가받았다. 전에는 동물 사료로만 재배되던 것이 전시에는 파리의 뤽상부르 공원과 시골 전역에서 재배되었다. 독일인들은 루타바가가 1916~1917년 '순무의 겨울Steckrübenwinter'이라는 전시의 기근을 상기시켰는지 이것만큼은 징발하려 하지 않았다.

프랑스가 다른 나라들처럼 혹독한 점령의 아픔을 겪지는 않았지만 꽤 비참한 시간을 보냈다. 그래서 전쟁이 끝난 뒤 사람들의 생명을 유지해주었던 지독한 음식들은 다시 관심에서 밀려나고 말았다. 스테판이 일하던 낭트의 과일·채소 전문점에서 돼지감자를 팔기 시작했을 때였다. 어느 날 한 노부인이 돼지감자를 보며 그에게 말했다. "세상에, 돼지감자네! 전쟁 중에 엄청 먹었지. 지금은 돈을 주고 먹으래도 한 입도 안 먹을 거야." 사실 공짜로 주려고 한 것도 아니었는데 말이다. 최근 돼지감자는 힙스터 푸드에서 중요한 재료로 각광받기 때문에 실제로 감자보다 네 배 가까이 비싸다. 버터와 소금을 넣고 으깨거나 겨울철 수프에 넣는 등 여전히 감자 대용품으로 소비되지만, 독특한 아티초크 맛에 도통 적응하지 못하는 사람들도 여전히 있다. 돼지감자가 다시 잊힐지는 오직 시간만이 말해줄 것이다.

# 50
# 카농 키르, 레지스탕스에 합류하다

제2차 세계 대전은 약 6000만 명의 사람들이 곳곳의 전선에서 목숨을 잃은, 현대사에서 가장 치명적인 전쟁이다. 이 전쟁이 그토록 위태롭게 느껴진 것은 단순히 엄청난 사상자 수 때문이 아닌, 현대의 기술과 산업이 살상 무기를 완성하기 위해 무자비하게 사용된 방식 때문이다. 공군력이 전쟁에 '3차원' 공격을 도입해 야간 폭격으로 한 도시 전체를 쑥대밭으로 만들면 곧 전투병들이 들이닥쳐 전면전에 돌입했다. 탱크와 장갑차가 육군에 새로운 차원의 기동성과 치명성을 부여해, 전쟁 말기에 이르러서는 양측에서 100만여 명 병력의 군대가 동부 유럽에 걸쳐 대치하고 있었다. 과학자들은 가장 효율적인 가스실을 개발하고 원자 폭탄을 발명하는 데 노력을 기울였다. 보통 사람들은 이런 엄청난 위력과 기술적 우위에 저항할 수 없는 상황이었다.

그런 상황에서도 전쟁의 영향을 받은 모든 나라에서 광범위한 효과를 발휘한 저항 운동이 등장했다. 덴마크에서는 온 국민이 은밀히 합심해 독일인에게 추방되기 전에 유대인을 대피시켰다. 폴란드에서는 1944년 지하 저항 조직인 국내군Armia Krajowa이 바르샤바 해방을 위해 2개월간 치열한 전투를 치렀지만 성과를 거두지 못했다. 유럽 전역에서 동정심 많은 외교관과 정부 관리가 목숨을 걸고 위험에 처한 사람들에게 서류와 탈출 경로를 제공했다. 나치에 맞선 저항 운동은 극도로 위험했다. 저항군뿐만 아니라 그 지역 민간인들도 보복으로 살해되는 경우가 많았다. 그중 가장 충격적인 것은 프랑스 마을 오라두르쉬르글란의 (남녀, 어린이 모두 합쳐 600명이 넘는) 사실상 전체 주민이 이곳이 저항 운동과 연루되었다는 보고를 받고 출동한 나치 친위대에 의해 학살당한 사건이다.

유럽에서 일어난 저항 운동 중 프랑스의 레지스탕스만큼 낭만적으로 묘사되거나 많은 논란을 불러일으킨 운동은 없을 것이다. 프랑스의 레지스탕스 운동은 실제로 어떤 규모였고 어느 정도로 확산되었는지 정확히 알기 어렵고 그 영향도 과대평가된 편이었다. 많은 프랑스인이 비시 정부에서든 악명 높은 친독 의용대 밀리스에서든 공개적으로 새 질서에 협력했다. 아마도 국민 대부분의 전반적인 입장은 협력도 저항도 아닌, 일종의 '기다리면서 지켜보자'는 형세 관망주의attentisme였을 것이다. 국민의 이러한 수동성은 전쟁 초반에는 나치와 비시 정부에 유리하게 작용했으나, 후반에 접어들면서는 저항 조직의 세력이 커지며 그들에게 유리한 방향으로 전환되었다. 1941년 독일의 소련 침공 이후 프랑스 공산당PCF은 은밀한 활동을 강화했고, 1943년 '강제 동원 체제STO'라는 강제 노동 제도가 시행된 후 수천 명의 남성이 징집을 피해 농촌의 레지스탕스 조직에 가입했다. 『1944년 프랑스에서 복무하는 영국군을 위한 지침서』는 이렇게 설명한다. "우리는 프랑스 국민 대다수의 선의에 대해 의심해서는 안 된다… 본국 내에서 적극적인 저항 운동을 이끌어온, 적지만 놀라울 정도로 용감한 소수의 뒤에서 독일과 비시 괴뢰 정부에 수동적으로 저항하는 프랑스 국민의 비율이 점차 증가하고 있다(최근에는 95퍼센트에 달한다)."[1]

저항할 것인지 결정을 내리기까지의 복잡성과 저항의 다양한 형태는 부르고뉴의 역사적인 수도 디종처럼 프랑스의 특정한 지역을 보면 알 수 있다. 디종에서의 저항 운동에 관한 이야기는 뱅 블랑 카시스vin blanc cassis의 인기를 설명하는 데 도움이 될 수 있다. 이 고전적 식전주는 인기 있는 레지스탕스 영웅의 이름을 딴 '키르Kir'로 더 잘 알려져 있다.

디종은 유명한 부르고뉴 와인 지방으로 가는 관문으로 묘사되지만, 아마도 그 이름을 딴 매콤한 겨자로 전 세계에 널리 알려져 있을 것이다. 겨자는 고대부터 유럽에서 재배된 겨자 풀의 씨앗으로 만들어지는데, 비교적 저렴해 수 세기 동안 인기 있는 조미료로 각광받았다. 14세기 중엽 최초의 대규모 겨자 산업이 디종을 중심으로 성장해서 19세기에 바로 이곳 디종에 증기 겨자 방아 발명가에 의해 회사 그레이 푸폰이 설립되었다. 오늘날 그레이 푸폰은 미국 기업이고 그레이 푸폰의 겨자는 프랑스에서 찾기 어렵다. 하지만 겨자는 모든 드레싱과 소스에 맛을 내고 소시지와 햄버거, 다른 고기 요리와 잘 어울리는, 가장 인기 있으면서도 비싸지 않은 프랑스의 조미료이기 때문에 다른 선택지는 충분하다. 디종 머스터드가 가장 보편적인 스타일이지만, 씨가 훨씬 더 많이 들어간 '고대 겨자moutarde à l'ancienne'(국내에서는 홀그레인 머스터드로 불림—옮긴이)를 시도해볼 만하다. 신기하게도 디종은 동명의 머스터드 때문에 AOC의 혜택을 누리지 못한다.

디종의 또 다른 지역 특산물은 짙은 보라색 베리류 과일인 블랙커런트이다. 블랙커런트는 그 관목이 소나무에 치명적인 곰팡이를 퍼뜨린다는 사실이 발견되어 1900년대 초반 미국에서 재배가 금지되었기 때문에 사실상 그곳에서는 잘 알려지지 않았다. 대부분의 미국인은 19세기 중반 디종에서 발명한 블랙커런트로 만든 술 크렘 드 카시스crème de cassis를 통해서 이 열매를 알게 되었을 것이다. 그로부터 약 반 세기 후 지역 카페들은 크렘 드 카시스와 드라이한 화이트 와인(부르고뉴산 알리고테가 이상적이다)으로 만든 칵테일을 선보이기 시작했다. 이를 블랑카스blanc-cass라고 불렀는데, 상큼하고 산뜻하며 달콤한 맛이 식전주로 최적이었다.

디종은 이 지역이 프랑스에 편입되기 전 강력한 부르고뉴 공국의 중심지였고 19세기 철도와 도로가 이 지역으로 확장되면서 다시 성공을 누리는 등 오랜 번영의 역사를 자랑한다. 1940년 6월, 파리가 함락되고 며칠 뒤 독일에 점령되어 휴전 이후 형성된 북방 점령지에 속했다. 시장이 도망치자 지역 저명인사 몇몇이 식량 배급, 병원과 학교의 지속적 운영 등 주요 시정을 책임졌다.

이들 지역 저명인사 중에는 당시 60대였던 가톨릭 사제 펠릭스 키르Félix Kir가 있었다. 보수적인 교구 사제로서 그는 필리프 페탱의 새 정권과 공화주의의 모토 '자유, 평등, 박애'를 차용해 내세운 전쟁 중의 모토 '노동, 가족, 조국'에 조금도 공감하지 않았다. 키르는 이념적으로는 프랑스 정부의 확고한 반공주의에 동조했다. 그러나 그는 독일 침략자들에게 순종적으로 협력하는 페탱 정권을 이해할 수도, 용서할 수도 없었다. 그리하여 점령 초기부터 카농Canon 키르는 다른 입장을 취했다. 전해오는 많은 이야기에서 그가 독일 당국과 담판 짓던 장면을 자세히 설명한다.

그중 하나에 따르면 독일군이 도착해 키르에게 도시를 대표해서 항복하라고 요구하자 그가 이렇게 답했다고 한다. "아니요, 프랑스어에 항복이란 말은 없습니다." 또한 나치 관리들이 시청에 와서 건초 100톤을 요구하자, 키르는 그들이 있는 곳은 농장이 아닌 시청이라면서 자신을 총으로 쏘아 죽여 소시송saucisson(다진 고기를 양념해 창자에 채워 만든 요리—옮긴이)을 만든다 해도 건초가 나오지 않는다고 항의했다. 그리고 나치가 부르고뉴 최고의 와인을 모두 징발하자 그는 아무렇지도 않은 척하면서 블랑카스가 디종의 공식 음료라고 선언했다.

독일에 대한 키르의 저항은 단지 수사에만 그치지 않았다. 디종 근처 롱비에 전쟁 포로수용소가 생기자 그는 사실상 도시 지도자라는 공식 직위를 이용해 개인적으로 그곳을 드나들었다. 키르는 여분의 식량을 몰래 들여갔고, 그의 차에는 들어갈 때보다 나올 때 승객이 더 많았다. 디종은 군사 분계선과 프랑스 비점령 지역에서 그리 멀지 않아서, 키르는 탈출한 전쟁 포로들에게 비점령지로 갈 수 있는 여행 허가증을 발급해주었다. 일설에 따르면 그와 지역 레지스탕스는 5000명이 넘는 포로들이 수용소를 탈출하도록 도왔다고 한다.

프랑스 레지스탕스는 광범위한 집단과 활동을 아우르는 단어이다. 키르처럼 자신의 공적 지위를 이용해 다른 사람들이 프랑스를 탈출하도록 돕거나 점령군의 위협으로부터 지역 주민을 지킨 이들도 있었고, 점령을 비난하는 신문과 유인물을 인쇄해 배포한 지하 활동가들도 있었다. 시골 지역에서 등장한 보다 조직화된 집단인 마키maquis, 또는 마키 대원도 있었다. 그들은 공장과 철도를 파괴해 독일군 군수품과 식량의 생산 및 수송을 크게 방해했으며, 연합군 공군 병사들이 프랑스를 탈출하도록 도왔다. 또한 연합군 측에 중요한 정보를 제공하고 낙하산으로 투입되는 물자와 조언자들을 받았다.

마키는 이념이나 정체성에 따라 조직되는 경우가 많아서 공산주의 저항 집단, 유대인 저항 네트워크, 지역 자치를 추구하는 지역 집단 등 성격이 분명했다. 시간이 지날수록 그들 간 협력이 증대해서 1942년 말 무렵에는 프랑스의 모든 레지스탕스 단체가 샤를 드골 장군이 이끄는 프랑스 국민해방위원회의 하부 단체로 편입되었다. 그리하여 저항 운동의 효율성은 크게 향상되어 1944년 무렵에는 조직원이 10만여 명에 이르게 되었다. 그들은 연합군의 디데이 공격을 준비하고 이에 대한 독일의 대응을 방해하는 데 있어서 핵심 역할을 담당했다.

부르고뉴는 군사 분계선에 둘러싸여 있었고, 마키 대원들이 신출귀몰했던 모르방 숲처럼 접근하기 어려운 지형적 특징 덕분에 레지스탕스의 핵심 거점이 되었다. 당연히 독일군은 레지스탕스 활동을 탄압하려 했고 디종 지역의 지도자로 카농 키르에 대한 의심을 키워갔다. 결국 키르는 체포되어 사형을 선고받았다. 그러나 독일군 상급 지휘관이 명망 높은 사제이자 도시의 관리인 키르를 처형하기를 꺼린 덕분에, 그는 몇 달간 투옥되었다가 앞으로 어떠한 공적 업무도 맡지 않겠다는 조건으로 석방되었다. 하지만 그는 1944년까지 은밀한 저항 활동을 이어갔는데, 프랑스인 나치 협력자의 총에 맞아 게슈타포에 체포될 위기에 처하게 되었다. 그는 도망치기로 결심하고 디종에서 약 100킬로미터 떨어진 곳에 몸을 숨겼다.

1944년 6월 연합군이 노르망디에 상륙한 직후 제2전선(적을 견제하거나 적의 병력을 분산하기 위해 부차적으로 구축하는 전선—옮긴이)의 필요성이 대두되어 그해 8월 드라군Dragoon 작전이 개시되었다. 상대적으로 덜 알려진 이 상륙 작전에서 미국, 영국, 프랑스 군대는 지중해 코트다쥐르 해안에 상륙해 론 계곡 북쪽까지 전력이 약화된 독일군을 추격해 올라갔다. 지역 레지스탕스는 독일군의 통신망과 수송 라인을 파괴해 방어에 손상을 입힘으로써 이 공격에 큰 도움을 주었다. 독일군은 디종에서 세력을 유지하려 했으나 보주산맥으로 물러나 새로운 전선을 형성했다. 이렇게 4주 남짓 만에 프랑스 남부 전역이 해방되었다. 남부에 상륙한 연합군은 노르망디로부터 싸우며 내려온 연합군과 합세해 나치 독일에 마지막 일격을 날릴 계획을 세웠다.

연합군이 디종 쪽으로 진격하자 키르는 마을로 돌아왔다. 전하는 바에 따르면 독일군을 피해 내내 걸어왔다고 한다. 그는 연합군과 동시에 디종에 입성해 마을의 해방자로서 인정과 축하를 받았다. 그리고 전쟁 중 얻은 인기에 힘입어 디종 시장에 선출되어 1968년 세상을 떠날 때까지 시장을 지냈으며 시 의회 의원으로도 일했다. 키르는 이 도시의 주요 생산품의 열성적인 홍보자로서 시청을 방문하는 사람들을 크렘 드 카시스로 맞이했다. 몇몇 생산자들이 이 술을 팔 때 그의 이름을 사용해도 되는지 묻자 그는 흔쾌히 허락해주었다. 키르가 사망한 뒤 생산자들은 누구에게 그의 이름을 사용할 진짜 권리가 있는지를 두고 법정 다툼을 벌였지만, 그 무렵에 이미 블랑카스는 오늘날 프랑스와 다른 나라에서 그렇듯 '키르'라고 불리고 있었다.

키르 칵테일에는 많은 변형이 있다. 그중에서도 비발포성 와인 대신 드라이한 스파클링 와인으로 만드는 키르 로열이 제일 유명하지만, 프랑스에서는 지역적으로 변형이 많이 일어났다. 크렘 드 카시스와 시드르를 섞은 키르 노르망디, 키르 브르타뉴가 있고, 낭트 지역에서는 크렘 드 카시스와 지역 와인 뮈스카데를 혼합한 키르 낭트가 있다. 레드 와인과 섞은 크렘 드 카시스는 이념적 성향에 따라 키르 코뮈나르(파리 코뮌 가담자라는 뜻—옮긴이)나 키르 카르디날(추기경—옮긴이)로 부른다.

디종의 바텐더들 역시 냉전 시기 소련과의 문화 교류를 통해 평화를 증진하려 했던 키르 신부의 노력을 기려 일명 KK, 키르 흐루쇼프Kir Khrushchev 칵테일을 만들었다. (크렘 드 카시스, 화이트 와인, 보드카로 만드는데, 상대로 하여금 정치적 차이를 잊게 만드는 절묘한 조합이다.) 흐루쇼프 서기장은 1960년 프랑스 순방 중 디종에 들렀지만 안타깝게도 카농 키르를 만나지 못했다. 가톨릭교회가 어떤 구실을 대고 키르를 디종에서 멀리 떨어진 곳으로 불러냈는데, 무신론을 따르는 소련을 향해 지나치게 유화적인 태도를 취할까 우려했던 것 같다. 흐루쇼프는 회고록에서 레지스탕스 영웅을 만나지 못한 데 대한 유감과 디종 시민들의 따뜻한 환영에 기쁜 마음을 표현했다.[2]

프랑스 레지스탕스 활동에 대한 많은 이야기처럼 카농 키르에 대한 전설도 사실과 허구를 구분하기란 쉽지 않다. 하지만 그의 이름이 붙은 맛있는 음료의 덕도 있지만, 키르의 전설이 이토록 널리 퍼지게 되었다는 사실은 프랑스인이 전쟁 경험에서 얻은 신념을 이어간다는 점에서 주목할 만할 가치가 있다. 제2차 세계 대전 이후 프랑스는 외국의 침략이 없는 역사상 가장 긴 평화를 누리고 있다. 그러나 이 긴 평화의 시간도 오랜 세월 동안의 패배와 점령의 상처를 말끔히 지우지 못했다. 프랑스 내에서 새로운 전투가 벌어졌기 때문이다.

# 51
# 프랑스와 미국: 해방의 기쁨에서 극심한 분노로

프랑스의 해방은 1944년 6월 6일, 15만 명이 넘는 미국, 영국, 캐나다 연합군이 노르망디에 상륙하면서 시작되었다. 프랑스 사람들 대부분이 패퇴하는 독일군을 보며 기뻐했고 식량, 커피, 담배를 비롯해 몇 년간 누려보지 못한 생필품을 가지고 들어온 연합군에 감사했다. 환호와 포옹으로 연합군을 맞이하는 환희에 찬 군중들의 모습은 해방의 상징적인 장면으로 확고히 자리 잡았다. 프랑스 도시와 마을은 해방을 선사한 노르망디 상륙 작전 과정에서의 엄청난 희생을 애도하면서도 회복된 자주권을 만끽했다.

디데이는 대서양 양쪽에서 모두 감정적으로 공명하는 사건이다. 매년 수백만 명이 넘는 관광객이 연합군의 상륙 지역과 박물관, 기념관, 희생자들의 무덤이 있는 주변 도시를 방문한다. 유적지 대부분은 다섯 군데의 디데이 상륙 해변 중 네 곳(오마하, 골드, 주노, 소드)이 속한 칼바도스주에 있다. 상륙군은 내륙으로 이동하면서 노르망디 지방의 작은 도시와 마을을 거쳤는데, 이 과정에서 지역 주민과의 만남과 교류가 당시를 다룬 수많은 전쟁 회고록에서 흥미로운 이야기로 등장한다.

노르망디의 특산품 중 많은 이가 기억하는 것이 바로 칼바도스, 시드르를 증류해 만든 브랜디이다. 칼바도스는 역사적으로 '오드비 드 시드르 eau-de-vie de cidre'(시드르 증류주)로 불렸는데, 이는 16세기에 시작된 지역산 시드르 증류 전통을 나타낸다. 제대로 된 칼바도스는 최소 2년간 오크 통에서 숙성되어 황금빛 색깔과 부드러운 맛을 낸다. 미군은 시드르와 칼바도스 둘 다 좋아했는데, 위력을 감안하면 (알코올 도수가 약 85도인) 후자를 더 주의해야 했다. 칼바도스가 미군 병사의 담배 라이터 연료로도 사용될 수 있다는 소문이 돌기도 했는데, 두 번의 세계 대전 동안 군대가 군수 산업에서 사용할 용도로 칼바도스를 징발했다는 사실로 미루어 충분히 합리적인 의심이라고 할 수 있다. 1942년 칼바도스 생산자들이 그들의 제품에 AOC 인증을 받아 이 브랜디를 원래 목적대로 보존하게 한 것은 그들이 사랑하는 제품이 이런 식으로 오용되었기 때문이다.

그러나 축하 분위기에 휩쓸려 새로 생겨난 친밀감은 그리 오래가지 못했다. 해방되고 몇 주 지나지 않았을 때에도 일부 미군들에게 향한 환영은 아주 우호적이지는 않았고, 이에 미군 지휘관들은 프랑스 지휘관들에게 분노를 표했다. 1945년 미군은 프랑스에 주둔하고 있는 미군 병사들을 위해 『프랑스인에 관한 112가지 불평*112 Gripes About the French*』이라는 특별한 책자를 발행했다. 이 책자에는 프랑스인은 고마움을 모른다, 거만하다, 비겁하다, 너무 냉소적이다, 너무 더럽다, 마늘 냄새가 너무 많이 난다 등등 병사들의 온갖 불만이 실려 있고, 미국인들에게 점령으로 인한 극심한 물자 부족 현실뿐만 아니라 세계 문명에 대한 프랑스의 공헌을 상기시키며 각각의 불만 사항에 대해 조목조목 해명한다. 하지만 전 부분에 걸쳐 명백히 더 효율적이고 깨끗하며 용감한 독일인이 자연스럽게 통하는 동맹이 될 것이라는 생각을 밝히고 있으며, 이는 이 이른 시기에도 전후 관계에 문제가 생겼음을 시사하는 부분이다. 흥미롭게도 프랑스 음식에 대해서는 군인들에게 양이 충분하지 않다는 점을 제외하곤 별다른 불만이 없었다.[1]

1945년 5월, 독일이 항복한 뒤 프랑스-미국의 불편한 새 시대가 이어졌는데, 전후 회복 과정의 어려움과 냉전의 등장으로 많은 영역에서 관계가 복잡해졌다. 그중 특히 눈에 띄는 영역의 하나는 미식 영역이었는데, 정치 갈등이 첨예해지면서 과도한 상징적 중요성이 부여되어 이에 따라 주기적인 논쟁이 이어졌다.

가장 먼저 일어난 논쟁은 1950년 프랑스가 코카콜라를 실제로 금지할 움직임을 보이면서 발생했다. 오랜 공격적인 마케팅과 제2차 세계 대전 중 애국적인 노력 덕분에 코카콜라는 자본주의, 자유 시장, 강력한 반공주의 등 미국이 대표하는 모든 것의 가장 중요한 상징 중 하나가 되었다. 이 회사는 정치와 거리를 두지 않았다. 1950년 이사회 의장 제임스 팔리James Farley는 이렇게 선언했다. “이제 미국인들이 전체주의적인 공산주의의 공격적이며 신을 부정하고 반역적인 관행에 도전할 때가 되었다.”[2] 이렇게 노골적인 입장 때문에 코카콜라가 전후 유럽에서 발판을 다지기 시작하자 경쟁을 우려한 지역 음료 생산업자들과 협력했던 유럽 공산주의자들 사이에서 코카콜라의 인기가 떨어졌다.

프랑스에서는 공산당이 의회 최대 정당으로, 국민 4분의 1의 지속적

THE UNITED STATES ARMY
PARIS
CPL. MARIO R MARQUES
GUIDE FOR LEAVE TROOPS

인 지지를 받고 있었다. 이로 인해 프랑스는 미국과 소련이 유럽인의 충성을 놓고 경쟁한 신흥 냉전의 핵심 전쟁터가 되었다. 프랑스 공산당은 1948년 프랑스에 공장을 지으려는 코카콜라의 계획이 공개되자, 전후 프랑스에서 점차 커지는 미국의 영향력을 비판하면서 이러한 미국 문화 침투 현상을 '코카콜라 식민지화coca-colonization'라고 불렀다. 이런 관점에서 코카콜라는 마셜 플랜이나 NATO 같은 구체적인 계획의 기저에 깔린 일종의 문화 전복 시도로서, 프랑스를 예속시키려는 미국의 노력으로 보였다. 정치, 군사, 경제, 문화의 영역에서 새롭게 형성된 미국의 패권이 점차 확고해지자 유럽의 유서 깊은 강대국 중 한 나라가 불안을 느끼기 시작한 것이다.

코카콜라에 반대한 것은 공산주의자들만이 아니었다. 프랑스의 와인, 주스, 생수 생산자들은 불공정한 경쟁을 염려했고, 공중 보건 활동가들은 콜라가 중독성이 있으며 심지어 독성이 있을지도 모른다고 비난했다. 1950년 반대파 연합은 이 문제에 대해 국회에서 표결에 부쳤다. 코카콜라를 금지하자는 공산당의 제안은 부결되었지만, '채소 추출물로 만든 비알코올성 음료'(즉, 코카콜라)를 금지할 권한을 정부에 주자는 온건한 제안

옆 페이지: 1945년 봄, 빅터 코바스Victor Kobas라는 미국 의무병이 몇 달간 배치를 받고 파리에 도착했다. 복무하는 동안 그는 많은 엽서와 사진을 비롯해 미군 당국에서 제작한 이 유용한 안내서도 수집했다. 이 안내서에는 해방된 수도의 지도와 관광 정보가 담겨 있다. 그는 자신의 수집품을 아들에게 물려주었고, 그의 손녀인 제니 미첼이 이 책을 쓰면서 안내서를 재발견했다. 이 그림은 파리에서 즐길 만한 문화에 대한 미국인의 생각을 보여주며, 전후 프랑스 사람들을 격분하게 했던 미국의 높아진 위상을 경솔하게 묘사하고 있다. 조지 코바스George Kobas와 린다 그레이스 코바스Linda Grace-Kobas 제공.

이 제시되었다. 이 발의안은 통과되었지만 직접적으로 금지를 명령하지는 않았기 때문에 실질적인 효과는 없었다.

수년 동안 대서양 양쪽을 오가며 법적 다툼을 벌이고 정부 관리들에게 호소한 끝에 코카콜라는 마침내 프랑스에서 사업을 계속할 수 있었다. 그러나 프랑스 대중은 진심으로 받아들이지 않았고, 심지어 오늘날에도 프랑스는 (이탈리아와 더불어) 유럽에서 코카콜라 소비율이 가장 낮은 나라로, 미국의 3분의 1에 불과하다. 그러나 다른 나라에서와 마찬가지로 코카콜라는 즐거움을 추구하는 거침없는 젊음의 이미지를 상징해, 1966년 작 영화「남성, 여성Masculin Féminin」에서 장 뤽 고다르는 프랑스의 젊은이를 "마르크스와 코카콜라의 아이들"로 묘사하기도 했다.

미국의 언론과 대중은 프랑스의 코카콜라에 대한 반대를 달가워하지 않았고, 이들의 반응에서 미식 교역을 둘러싸고 미래에 벌어질 많은 충돌의 설전을 예측할 수 있다. 팔리는 "코카콜라는 나치로부터 프랑스를 해방시켜 공산당 대표들이 오늘 의회에 설 수 있게 한 미국 군인의 건강에 해를 끼치지 않았다"[3]라고 일갈했다. 다른 이들은 미국 내 프랑스 와인의 수입을 금할 것을 요구했다. 이처럼 극단적인 조치가 통과되기 전에 위기는 봉합되었지만, 수년 동안 미국이 프랑스 제품을 금지할 때마다 공중보건 영역이든 정치 영역이든 간에 새로운 논란이 일었다.

앞서 보았듯이 더 자주 금지되는 품목은 치즈였다. 제2차 세계 대전 전까지 미국은 치즈에 대한 규제가 거의 없었지만, 1949년에는 저온 살균되지 않고 생우유로 만들어 60일 이상 숙성되지 않은 치즈의 수입이 금지되었다. 이 조항에는 프랑스 치즈 산업 전체, 특히 노르망디의 카망베르 생산자 모두가 해당되었다. 이후 1990년대는 FDA가 생우유로 만든 모든 치즈의 수입을 금지하는 조치를 취할 뻔했으나 결국 뒤로 물러났다. 그러나 2014년 생우유로 만든 치즈의 허용 가능한 박테리아 수치 기준을 낮춰 로크포르, 생넥테르, 모르비에, 톰 드 사부아 등 사실상 프랑스 최고의 치즈를 금지했다. 검역 제도가 바뀌어 이러한 금수 조치는 해제되었지만 원망과 불확실성이 말끔히 해소되지는 않았다. 프랑스 치즈 생산자들은 미국의 금지 조치에 갈피를 잡지 못하고 있다. 이러한 조치는 생우유 제품에 대한 미국인의 까다로움을 보여주는 단순한 문화적 차이인가? 아니면 정치적·경제적 동기에 영향을 받은 것일까? 어떤 경우라도 프랑스는 미국산 치즈를 수입하지 않기 때문에 동일한 보복을 하기는 어렵다(향수병에 걸린 이민자를 위한 치즈위즈 같은 가공 치즈는 제외하자).

프랑스 치즈에 대해 미국이 취한 조치의 동기가 전혀 의문스럽지 않을 때도 있다. 로크포르는 호르몬제를 투여한 미국산 쇠고기에 대해 유럽이 수입 금지 조치를 하자 이에 대한 노골적인 보복의 일환으로 관세 인상 대상이 되었다. 1999년 100퍼센트 인상에 이어 2009년에는 300퍼센트 인상되었으며, 조지 W. 부시 행정부 말기에는 프랑스산 송로버섯과 푸아그라에도 높은 관세를 부과했다(다행히 오바마 행정부 때 번복되었다). 로크포르를 겨냥한 이러한 조치는 미국으로 수출되는 양이 수백 톤 정도로 치즈 총수출량의 2퍼센트에 불과하다는 점에서 다소 의아하다. 코카콜라가 전후 미국을 상징했듯이 로크포르는 '치즈 먹는 항복한 원숭이cheese-eating surrender monkey'(프랑스인을 비하해 지칭하는 표현—옮긴이)의 시대에 프랑스의 상징이 된 것 같다.[4]

1999년 로크포르 치즈에 대한 관세 인상 조치가 취해지자, 현대 프랑스에서 가장 유명한 식품 관련 시위 활동이 일어났다. 로크포르에서 양을 키우는 조제 보베José Bové라는 농부가 미요에 건설 중이던 맥도날드 매장을 훼손했다. 오랫동안 지역의 식품 활동가로 활동해온 보베는 새로운 관세 정책이 로크포르 지방에 미치는 유해한 영향과 더불어 전 세계적인 패스트푸드 체인이 호르몬제를 투여한 쇠고기를 사용한다는 사실에 대한 관심을 촉구하려 했다. 그는 자신의 행동은 반미가 아닌 보다 광범위한 반反세계화 기조의 일환이며, 오랫동안 지속해온 농업의 산업화와 지역 식품 전통의 파괴에 대한 반대 운동이라고 주장했다. 보베는 이 범죄로 6주간 수감 생활을 했지만, 이를 계기로 정치계로 뛰어들어 유럽 의회의 의원으로 두 번 선출되었고 2007년에는 대통령 선거에 출마해 40만 표 이상을 득표했다. 그는 정치 생활을 하며 상당한 논쟁적인 인물이 되었지만 음식에 대한 그의 견해가 극단적이라고 여기지 않는 사람이 많다.

이 사건 이후 몇 년 동안 프랑스 내에 반미 감정이 확산되었다는 점을 고려해볼 때, 미국인 대부분은 프랑스인이 맥도날드에는 발도 디디지 않을 것이라고 섣불리 생각할 수도 있을 것 같다. 분명 맥도날드는 '말부프malbouffe', 즉 프랑스인이 '나쁜 음식' 또는 '정크 푸드'[5]를 통칭해 부르는 욕설이다. 그런데 사실 전 세계 맥도날드에서 두 번째로 수익성 높은 시장이 바로 프랑스이며, 여기서는 '맥도McDo'라는 애칭으로 불린다. 명확히 설명하자면, 프랑스 맥도날드는 미국과는 매우 다르다. 이 회사는 크루아상과 바게트부터 로크포르 버거와 르 크로크 맥도까지 프랑스인의 입맛에 맞춰 완벽히 메뉴를 변형했다. 방목한 소의 고기와 염소 소독을 하지 않은 닭고기(염소 소독은 EU 국가에서 금지되는 또 다른 미국의 관습이다)를 사용한다. 많은 프랜차이즈점이 패스트푸드점보다는 카페처럼 보이도록 설계되었다. 이런 점에서 프랑스인의 습관과 취향에 대한 상투적 표현으로 미루어볼 때 맥도날드의 인기는 여전히 부적절해 보이겠지만, 프랑스 사람들이 맥도날드에서 식사하는 것은 납득될 수 있다.

맥도날드는 1970년대에서야 프랑스로 확장했는데, 이와 동시에 프랑스도 미국에 전통 미식과는 정반대인 요리 트렌드, 누벨 퀴진nouvelle cuisine을 수출했다. 요리에 대한 이 새로운 접근법은 격동의 1968년에서 일부 흔적을 추적할 수 있다. 당시 미국과 마찬가지로 프랑스도 심각한 사회 불안과 문화적 격변을 겪었다. 미국 내에서도 반발이 많았던 베트남 전쟁은 프랑스 젊은이들 사이에서도 반발과 항의를 불러일으켰고, 점차 권위주의적이고 보수화되어가는 샤를 드골 정부에 대한 분노와 결합했다. 전통적으로 야당이었던 좌파 계열 정당이 붕괴되어 효과적인 정치적 표현이 가능한 배출구가 줄어들었다. 1968년 5월, 급진적 개혁을 요구하는 학생 시위대가 노동조합과 손을 잡으면서 몇 주 동안 프랑스는 총파업과 시위로 마비되었다. 바리케이드와 폭동이 파리의 라틴 구역을 휩쓸었고 혁명이 머지않았다는 조짐이 감돌았다. 결국 정부는 무력으로 질서를 회복하겠다는 암묵적인 위협과 함께 새 총선과 제한적 양보안을 제시하며 노동조합과 중산층이 시위 세력에서 이탈하도록 회유했다. 시위는 일단락되었지만 '68운동'(Mai 1968)은 정치, 문학, 영화, 학문 이론, 그 밖의 삶의 여러 측면에 있어서 반체제적 성향으로의 세대교체를 상징하며 프랑스 사회에 엄청난 영향을 미쳤다.

이러한 사회·문화 영역에서의 순응과 정체에 대항하는 도전이 미식 영역에서도 공명해, 앙리 고와 크리스티앙 미요 같은 요리 평론가와 폴 보퀴즈, 장과 피에르 트로아그로 형제, 로저 베르제처럼 재능 있는 요리사들이 오랫동안 지켜져 온 신조에 도전하고 있었다. 프랑스 혁명이 앙시앵 레짐 요리의 지배력을 산산조각 낸 것처럼 1968년의 격변은 20세기로의 전환기에 오귀스트 에스코피에가 완벽히 성문화한 고전 요리에 대담하게 도전하도록 자극한 것이다. 에스코피에로부터 60여 년이 지났음에도 프랑스 요리사들은 여전히 그의 방식과 요리법을 따르도록 훈련받았다. 누벨 퀴진은 1968년에 폭발한 광범위한 사회적 조류로 촉진된 요리법의 급진적 변화를 대표한다. 진실, 가벼움, 단순함, 상상력이라는 누벨 퀴진의 근본 가치도 여러모로 1968년 5월 시위대의 가치와 통한다.[6]

1973년 한 기사에서 고와 미요는 '누벨 퀴진'이라는 용어를 대중화하며 이후 10년간 인기를 끌게 될 접근법의 본질을 담은 누벨 퀴진의 '십계명'을 정의했다. 음식의 자연적인 맛은 현지 시장의 신선한 재료만을 사용하고 조리 시간을 짧게 함으로써 보존되고 진한 소스와 마리네이드 대신 신선한 허브로 맛을 강화해야 한다. 그 결과 더욱 섬세하고 건강한 요리가 탄생해 새로운 형식으로 선보이게 되었다. 요리사들은 끊임없이 창의성을 발휘하되 요리가 지나치게 복잡해져서는 안 된다. 지역 요리와 특히 아시아 요리가 혁신적인 요리를 만드는 데 이용되었고, 만능 조리기와 전자레인지처럼 시간을 절약해주는 현대식 도구의 사용도 더 이상 금기시되지 않았다. 만약 이 중 몇 가지가 익숙하다면 제대로 이해한 것이다. 누벨 퀴진은 웨이버리 루트Waverley Root가 당시 『뉴욕 타임스』에서 언급했듯이 혁명보다는 복원이며 에스코피에의 프랑스 오트 퀴진의 화려한 변화보다 앞선 시대의 자연스러운 요리로 돌아가려는 시도였다.[7]

많은 요리사와 평론가가 누벨 퀴진을 폄하했지만 1980년대 들어 프랑스는 물론 미국에서도 인기 있는 요리 트렌드가 되었다. 그러나 희화화와 (요리의 한계에서 오는) 진부함에 굴복하고 말았다. 그럼에도 전통 요리법에서 중시된 대원칙들이 대서양 양쪽에서 신선한 지역산 식재료와 가벼운 조리를 강조하는 새로운 요리법에 흡수되었다는 점에서 그 영향력이 완전히 사라진 것은 아니었다. 미국에서는 1980~1990년대 캘리포니아에서 등장한 '뉴 아메리칸 퀴진'이 누벨 퀴진식 접근법을 따랐기 때문에 '캘리포니아 프렌치 퀴진'으로도 불렸다. 누벨 퀴진은 전 세계의 수없이 다양한 '퓨전 요리'에 영감을 주는 중요한 역할도 했다.

1970년대는 대서양을 서로 반대 방향으로 건넌 맥도날드와 누벨 퀴진이라는 두 트렌드가 주도한 10년이었다. 많은 부분이 두 나라 사이의 근본적인 차이점, 즉 미국의 패권이 강화되면서 프랑스에서 등장한 강력한 반미주의와 이에 반응한 미국 내 많은 이의 반프랑스적 태도를 통해 형성되었다. 누벨 퀴진과 맥도날드 사이의 큰 간극은 도저히 메울 수 없는 문명의 분열임을 단적으로 보여주는 듯하다. 그러나 프랑스에서 맥도날드가 인기를 누리고 현대 미국 요리가 프랑스 요리에 뿌리를 두고 있다는 데서 인류애와 습관을 공유하며 분리보다는 융합을 따른다는 다른 의미를 찾아볼 수 있다. 실제로 제2차 세계 대전 후 프랑스와 미국 관계의 역사는 흔히들 생각하는 것보다 우호적인데, 이는 끊임없이 변화하는 세계에서 정치적·문화적 불안감을 보여주는 것이다. 프랑스와 미국은 서로의 문화에 감탄하면서도 경멸하며, 혁명과 민주주의라는 공통된 역사를 축하하면서도 세계에 그 전통의 대표자임을 나타내려 경쟁한다. 두 나라는 프랑스의 박테리아든 미국의 소비주의든 간에 상대로부터 오염될까 하는 두려움에 미식의 교류를 오염시키면서도 각각 상대의 문화적 부산물에 젖어든다. 각자 상대보다 우월하다고 느끼지만, 그것은 마지못해 인정하는 상대의 성취에 대한 존경이 왜곡되어 표현된 오만일 뿐이다.

프랑스와 미국은 둘 다 매우 열정적인 나라이다. 보통은 그 열정의 대상이 전혀 다르지만, 어쨌거나 그것은 사실이다. 양국 관계의 가장 어두운 시간조차 극복할 수 있을 만큼 충분한 열정과 공감대가 있는 것이다. 오늘날 세계를 괴롭히는 많은 비극과 불확실성 속에서 양국의 정치 행정이 충돌하더라도 미식의 영역에서는 우호적인 빛이 비친다. 미국에서의 장인 식품 운동artisanal food movement은 프랑스의 지역 요리 전통과 많은 공통점이 있으며, 멀리 떨어진 파리와 뉴욕에서는 각각의 요리에 대한 높은 평가도 있다. 음식이 더 넓은 사회적·정치적 맥락에서 완전히 분리될 수 없지만, 국경을 넘은 사람들이 상호 교류하고 대화할 공간을 제공하고 경박한 선전과 게으른 고정 관념의 경계 밖에서 상대를 어느 정도 이해할 수 있게 한다. 우리 책이 미약하게나마 이러한 형태의 문화 교류에 보탬이 되기를 바란다.

# 마치며

지구상 가장 낭만적인 나라에서 낭만을 없애는 일이 가능할까? 아마도 힘들겠지만 우리 책이 프랑스와 프랑스 사람에 대해 계속 전해져 온 신화를 해체하는 데 도움이 되기를 바란다. 그렇다, 많은 프랑스 사람이 지역 시장에서 현지에서 생산된 식재료를 사지만 교외의 기업형 대형 마트에서 장을 잔뜩 보기도 한다(여기에는 다른 나라와 마찬가지로 긴 정크 푸드 코너도 있을 것이다). 프랑스인은 미국인의 비만과 건강 악화에 영향을 미치지 않았겠지만 미국인은 프랑스인에게 영향을 미치고 있다. 30세 이상 프랑스인 중에서 절반이 넘는 사람들이 과체중인데, 앞서 보았듯이 패스트푸드와 가공식품이 프랑스인의 식생활에 진출한 데 따른 영향이다. 물론 파리에서 공들인 요리를 즐길 수도 있겠지만, 파리에는 수 세기 동안 이 도시가 쌓아온 미식의 평판에만 기대어 재가열한 허접한 음식을 내놓는 끔찍한 레스토랑도 넘친다. 즉, 프랑스인은 다른 어느 나라 사람들보다 요리와 식사 습관에 신경 쓰며 프랑스는 세계에서 가장 훌륭한 미식 전통을 가진 나라이므로 이는 예외에 불과하다며 정당화하려는 사람이 많지만,

프랑스인도 다른 사람들과 별반 다르지 않은 면이 많다는 사실을 인정해야 한다.

부유층과 빈곤층의 식단 사이에 존재하는 상당한 차이점이라는, 우리가 반복적으로 탐구해온 주제를 예로 들어 살펴보자. 켈트족 엘리트는 세르부아즈 대신 로마산 와인을 마셨고, 부유한 수도사들은 신과 자신의 위장을 모두 만족시킬 혁신적인 방법을 찾아냈다. 귀족들이 구운 고기를 먹는 동안 농민들은 채소를 찾아 헤맸다. 적어도 카트린 드 메디시스와 루이 14세가 채소를 더욱 고급 재료의 반열에 올려놓기 전까진 말이다. 이국적인 향신료와 설탕은 비교적 최근까지 부유층의 전유물이었으며, 심지어 포위전과 전쟁 중에도 부유층은 계속 별미를 즐겼다. 이는 오늘날에도 마찬가지인데, 비단 프랑스만의 일은 아니다. 최고의 요리사와 최고급 레스토랑에 많은 관심이 쏟아지고 상류층의 식습관이 나라 전체의 요리를 규정하는 것처럼 여겨진다. 보통 사람들이 매일 먹는 것은 별 관심을 끌지 못한다. 음식 트렌드세터가 흥미로운 요리나 재료를 발견하고 이에 현대식 '고귀함' 또는 가치를 부여하지 않는 한 말이다.

즉, 우리가 먹는 것은 우리 사회를 갈라놓는 분열과 불평등에 대해 많은 것을 보여준다. 특정 지역이나 시대의 음식과 관련된 정치적, 경제적, 사회적 관습인 '식생활 방식foodways'을 조사함으로써 사회에서 누가 가장 많은 권력을 쥐고 있는지, 그들이 어떤 가치를 우선하는지, 어떻게 자신들의 높은 지위를 유지하는지 등 많은 것을 파악할 수 있다. 또한 가장 빈곤한 공동체가 그저 먹고 살아남기 위해 노력하는 중에 직면하는 제약과 한계, 그리고 이러한 어려움이 그들이 살고 있는 더 넓은 사회에 대해 무엇을 보여주는지도 파악할 수 있다. 아울러 진화하는 취향이나 혁신, 쉽없이 계속되는 탐사나 전쟁으로 인한 황폐화 때문에 이러한 역학 관계가 시간이 흐르면서 어떻게 변화하는지 알 수 있다. "당신이 무엇을 먹는지 말해주면, 당신이 누구인지 내가 말해주겠다."[1] 브리야사바랭은 이렇게 이야기하며 맛있는 연구 분야의 창립을 예언했다.

'식생활 방식'의 개념은 이 책 전반에 걸쳐 흐르는 두 번째 주제인 파리와 지방 간의 긴장감을 탐구하는 데도 도움이 된다. 파리 밖의 여러 지역을 다녀본 사람이라면 지역 음식이 프랑스 내에서 그토록 오랫동안 평가 절하되었고, 그 지역 밖에서는 잘 알려지지 않았다는 사실을 믿기 어려울 것이다. 가장 고전적인 프랑스 음식과 가장 뛰어난 프랑스 와인은 비교적 최근까지 대부분 지역에서 인기 있는 것이었다. 파리의 요식업계는 계속 국제적으로 주목을 받고 있지만, 파리 밖의 프랑스 사람들 대부분은 파리의 먹거리를 경멸하며 자신들의 지역 요리를 선호한다. 그리고 실제로 리옹, 마르세유, 라로셸, 낭트 등 많은 프랑스 마을과 도시에서 머무르면, 화려한 수사를 자제하고 대신 지역의 자부심을 가득 담은 놀랄 만큼 훌륭한 지역 요리를 맛볼 수 있다.

테루아르에 대한 생각은 이러한 지역 요리와 여기서 비롯하는 애정의 중심이다. 실제로 이 책에서 특정 동굴들에서만 숙성할 수 있는 로크포르 치즈, 특정 종류의 나무로만 만들어진 통에서 숙성되는 코냑, 그리고 부르고뉴의 작은 포도밭 등을 통해 프랑스 사람들이 테루아르라는 개념에 대해 보이는 거의 종교적인 헌신을 살펴보았다. 테루아르는 수많은 종류의 꿀과 굴, 소금의 근본이 되는데, 이 모든 것이 과학적 원리를 따른다기보다는 연금술처럼 보일 수도 있는 과정을 통해 고향의 맛을 책임지고 있다. 아무리 AOC 제도가 엄격하다고 해도 말이다.

테루아르라는 개념이 음식과 와인의 영역에 한정되어 있는 반면, 우리는 역사적으로 지역주의를 구성하는 것과 비슷한 요소가 오늘날 프랑스 내에서 점차 강해지는 지역 정체성의 기초가 된다는 사실을 서술했다. 예를 들어 설명해보자. 브레통Breton은 브레통어(브르타뉴 지방에서 쓰이는 웨일스어나 게일어와 비슷한 켈트어)를 구사하고 신나는 브레통 노래를 즐기는 브르타뉴 지방 사람을 뜻하는 말이다. 그들은 브레통 요리가 프랑스 최고의 요리라고 확신할 테고, 자신들의 일차적 정체성은 프랑스인이 아닌 브레통이라고 생각할 것이다. 브르타뉴가 프랑스에 합병된 지 500년이 지났는데도 말이다. 이와 비슷한 역학 관계는 프랑스의 다른 많은 지역, 예컨대 바스크와 랑그도크 지방, 마르세유와 스트라스부르 같은 도시에서도 찾아볼 수 있다. 이는 프랑스의 민족의식이 약하다는 뜻이 아니다. 프랑스인은 굉장히 애국적이지만, 정체성과 충성심이 층층이 쌓인 상태에서 고향과 파리 사이에 다툼이 생기면 수도가 질 것이라는 뜻이다. 이런 의미에서 지역 요리, 즉 프랑스 전역의 다양한 요리를 유지한다는 것은 프랑스인의 정체성이 획일적이지도, 고정되어 있지도 않다는 사실을 보여주는 유용한 예이다.

우리는 이 책을 통해 프랑스 요리 또한 획일적이지 않다는 사실을 증명하고자 했다. 이는 다양한 지역색 덕분만은 아니다. 긴 역사를 탐구한 결과 우리는 외국 요리가 프랑스 미식에 엄청난 영향을 미쳤음을 밝혀냈다. 와인과 리큐어, 페이스트리와 초콜릿, 그리고 프로방스의 맛 등 프랑스를 대표한다고 믿었던 많은 요소가 프랑스가 원조가 아닌 수 세기에 걸쳐 유입되어 서서히 흡수된 것이었다. 외국에서 수입된 이러한 요소는 거의 대부분의 경우 침략과 정복, 식민지화의 결과였기 때문에 그 유입 과정은 실제보다 더 순화되어 묘사되었다. 이 중 식민지 정복의 영향은 19세기와 20세기에 들어온 식민지 요리가 현재도 프랑스 미식에 서서히 동화되는 과정에 있으므로 결과가 불확실하기 때문에 선불리 결론을 내리지 않았다.

우리는 이렇듯 확대된 역사 이야기를 통해 꼭 집어 말하면, 국민전선 같은 극우 단체의 주장이 처음 접했을 때보다 얼마나 어이없는지 이해하게 될 수 있다고 믿는다. 크루아상부터 포도밭, 토마토부터 감자, 설탕부터 초콜릿에 이르기까지 이 모든 것이 외국에서 수입되었다는 사실을 알게 되면, 순수하고 단일한 프랑스 문화를 유지하기 위해 음식과 요리 전통을 이용한다는 것이 더욱 어리석어 보일 것이다. 순수한 프랑스 미식은 없다. 프랑스 미식은 항상 전 세계의 재료와 아이디어를 받아들였고, 몇 세기에 걸친 그 과정에서 세계 최고의 요리로 알려지게 된 것이다. 이러한 역학 관계가 오늘날에는 달라져야 한다고 생각할 이유는 없다. 따라서 요리 십자군을 자처하는 국민전선의 진정한 뿌리는 단순한 외국인 혐오증이라고밖에 할 수 없다. 최근 그들의 인기는 우려스러우며, 그들의 반이슬람 음식 운동의 성공 여부에 주목하는 것은 반이슬람 운동이 어떻게 전개될지 보여주는 지표이기 때문이다.

음식에 이토록 깊은 관심을 기울이는 나라라면 음식을 소재로 그 나라의 많은 면을 설명할 수 있다고 쉽게 예측할 수 있다. 프랑스가 21세기의 심각한 도전에 맞서 세계 무대에서 그 정체성을 유지하는 문제를 겪으며 국내의 사회적 갈등에 직면해 씨름하는 시대에, 우리는 미식 습관과 트렌드를 탐구함으로써 프랑스인과 프랑스의 정치에 대한 다른 견해를 얻을 수 있다. 또한 그렇게 함으로써 우리는 세계 사회가 우리 생각보다 공통점이 더 많다는 사실을 알게 될 새로운 방식을 찾을 수 있고, 그렇게 해서 우리 모두가 직면한 방대한 세계적 도전 과제를 적절히 해결해나가는 데 필수적인 협력을 고취할 수 있다. 그리고 그 과정에서 새로운 요리와 음료를 시식하고, 오늘날 우리의 식탁에 올라온 음식과 와인이 생산되기까지 수 세기 동안 일어난 사건(그중에는 획기적인 것도 있었고 소소한 일상의 것도 있었다)과 문화 교류에 대한 새로운 평가와 더불어 유행하는 가장 맛있는 음식을 즐길 기회도 가질 수 있다. 자, 그럼 맛있게 드시라.

# 감사의 글

기원 이야기에 대한 책을 썼으니 주연으로 등장한 인물들을 모른 척하고 넘어갈 수 있겠나. 카트린 드 메디시스, 돔 페리뇽, 나폴레옹, 카농 키르가 없었더라면 우리가 좋아하는 음식과 와인도 없었을지 모른다. 이 책의 기원 설화의 주인공은 명실상부하게 편집자 칼 브롬리이다. 그는 이 책에 대한 우리의 가벼운 구상이 실제 책의 출간으로 이어질 수 있게 해주었다. 우리의 프로젝트에 낙관적인 믿음을 보여주고 끊임없이 훌륭한 조언과 논평을 해준 데 대해 아무리 고마움을 표해도 충분하지 않을 것 같다. 이 책은 그가 아니었다면 존재할 수 없었다.

우리의 원고에 생명을 불어넣어 준 출판사 더 뉴 프레스The New Press의 모든 분들, 특히 벤저민 우드워드, 에밀리 알바릴로, 마이클 오코너에게 감사 인사를 전한다. 그리고 우리의 훌륭한 에이전트 게리 모리스와 데이비드 블랙 에이전시David Black Agency의 동료들에게도 감사를 표한다. 게리는 이 책을 구상 중이던 초창기부터 열성적인 관심을 보였다. 그의 지속적인 지지와 격려에 감사한다.

책의 삽화를 모으는 일은 그리 간단한 작업이 아니었다. 좀 더 쉽게 진행할 수 있도록 편의를 제공해준 이들에게 감사 인사를 전한다. 특히 녹색 요정의 패배를 축하하는 생생한 포스터를 넣을 수 있게 해준 압생트 디지털박물관Musée Virtuel de l'Absinthe의 데이비드 네이선마이스터, 웃는 소에 대한 라비에의 초기 삽화를 넣도록 허가해준 '뱅자맹 라비에의 친구들Les Amis de Benjamin Rabier' 협회의 알랭 세스타리에게 감사드린다. 또한 프랑스국립도서관, 리옹시립도서관, 뉴욕공립도서관, 스탠퍼드대학교에도 깊은 감사를 전한다.

수백 페이지에 달하는 초고를 아무 대가 없이 읽어주려는 사람은 많지 않다. 우리의 노력에 많은 시간을 할애하고 다양한 방면에서 지원해주신 양가 어른들, 그레그 미첼과 바버라 베드웨이, 린다 그레이스코바스와 조지 코바스, 그리고 안나와 알랭 에노께 깊이 감사드린다. 그레그, 바버라, 린다는 우리의 초고를 읽고 좋은 의견을 주시고 탁월한 제안도 해주셨다. 그레그는 이 책의 제목을 생각해내셨고, 바버라는 굉장히 유용했던 책과 기사를 꾸준히 제공해주셨다. 린다와 조지는 이 책의 마지막 장에 영감을 준 제니의 할아버지 빅터 코바스의 제2차 세계 대전 기념품을 공유해주셨다. 안나의 훌륭한 프랑스 요리는(그녀의 초콜릿 무스보다 더 섬세한 초콜릿 무스는 어디서도 맛볼 수 없을 것이다) 어릴 적부터 스테판에게 음식에 대한 사랑을 심어주었다. 또한 그녀는 제니가 가족에 합류했을 때 프랑스 요리의 까다로운 조건에 대해 알려주었다. 한때 불가능해 보였던 일을 완성할 수 있도록 도와주신 부모님께 진심으로 감사드린다.

우리는 둘 다 각자의 분야에서 뛰어난 성과를 이룬 동료들로부터 큰 도움을 받는 행운을 누려, 그들의 지도 덕분에 음식, 와인, 전쟁에 대해

제법 지식의 틀을 갖춘 글을 쓸 수 있었다. 스테판은 그를 힘들지만 짜릿한 전문가의 주방 세계로 인도해준 '시티 오브 런던'의 활기찬 프랑스 요리사 3인방, 장 디용, 에르완 퀴엘, 에리크 랑제에게 감사를 표한다. 그리고 스테판에게 처음으로 치즈 장수cheesemonger다운 일을 할 기회를 준 자크 핑갈로크 이네스와 니펜베르그 치즈 제조소를 둘러보고 취재할 수 있도록 허락해준 이보와 카티 니펜베르그의 너그러운 호의에도 감사드린다.

제니는 킹스칼리지런던의 전쟁학과 동료들에게 감사를 표하고자 한다. 그곳은 수 세기에 걸친 인류의 갈등에 대해 폭넓고 깊이 있게 연구할 수 있는 세계 최고의 환경이다. 설립자 마이클 하워드 경은 학자들에게 '읽을 만한 역사서'를 쓰도록 격려해왔는데, 이러한 점에서 이 책이 조금이나마 공헌했기를 바란다. 특히 데이비드 베츠, 데이비드 이스터, 마커스 포크너, 메니샤 고르, 마크 호킨스다디, 레이철 커, 피터 노이만, 앤루시 노턴, 마이클 레인즈보로부터 받은 아낌없는 멘토링과 영감, 따뜻한 응원에 감사한다. 수년 동안 전쟁학 공동체의 일원으로 있었던 것은 놀라운 특권이었다.

마지막으로, 원고를 처음부터 끝까지 읽고 재미있었던 부분은 강조 표시를 해준 사랑스러운 미카엘라 포프와 소중한 우정을 담아 훌륭한 사진을 제공해준 릴리언 휴버, 카린 에노에게도 특별한 감사를 표한다. 그리고 이 책을 쓰는 내내 우리 곁을 지켜준 모든 친구와 가족에게 감사한다. 그들은 우리가 길을 잃지 않도록 해주었고 계속 웃을 수 있게 해주었으며, 우리에게 이 책을 쓰는 것은 좋은 결정이었다는 확신을 주었다. 특히 모니카와 키어 앨런, 에이샤 디아카이트, 조니 코틀레버, 소냐 빌크,

레나와 아글라야 피구르키나, 루이즈와 팀, 플로렌스 풀러, 애덤과 르네 기브스, 존과 브로나 히니, 크리스토프와 베티 에노, 필리프 에노와 안느 소피 기마르, 무라구리 무룽기, 크리스티나 스티븐스, 팀과 엘런 스위지스, 그리고 맥스 왓슨에게 감사의 마음을 전한다. 지난 몇 년 동안 우리를 얼마나 많이 격려해주었는지, 우리에게 얼마나 많은 영감을 주었는지 당신들은 모르겠지만, 우리는 당신들처럼 현명하고 유쾌한 사람들을 만난 행운이 믿기지 않을 정도이다. 우리의 모험을 위하여 건배! 어디로 향하든 간에.

# 주

## 01 프랑스인의 조상, 골족

Brun, Jean-Pierre, and Fanette Laubenheimer, eds. *La viticulture en Gaule*. Special edition of *Gallia* 58, no. 1 (2001).

Laubenheimer, Fanette. "Le vin gaulois." *Revue des Études Anciennes* 91, nos. 3-4 (1989): 5-22.

1. François Rabelais, *Les songes drolatiques de Pantagruel: nouvelle edition augmentée* (St. Julien en Genevois: Arvensa Editions, 2015), 388.
2. 기원전 1세기 그리스의 역사가 디오도로스 시켈로스(시칠리아의 디오도로스)는 『역사총서*Bibliotheca historica*』(V권, 26장 3절)에 다음과 같이 썼다. "골족은 와인 음용에 극도로 중독되어 상인들이 자기 나라로 들여온 와인을 물을 섞지 않은 채 배가 터질 때까지 마신다. 그들은 먹고 싶다는 열망에 휩싸인 채 절제하지 않고 마시기 때문에 술에 취하면 인사불성이 되거나 미친 상태에 빠진다. 결과적으로 금전욕에 이끌린 많은 이탈리아 무역상은 골족의 이러한 와인 사랑이 신이 주신 선물이라고 믿게 되었다. 이들은 배를 타고 항해할 수 있는 강을 이동하고 짐마차로 평야를 지나 와인을 운송하며 그 대가로 와인 한 단지에 노예 한 명, 술 한 잔에 하인 한 명을 얻는 식의 믿을 수 없는 가격을 받는다."
3. 이탈리아에서 수입되는 와인은 연간 980만 리터에 달했으며, 마르세유와 나르본의 항구에 도착한 뒤 프랑스의 항해 가능한 많은 강을 따라 내륙으로 운송되었을 것으로 추정된다. Jancis Robinson, ed., *The Oxford Companion to Wine*, 4th ed.(Oxford, England: Oxford University Press, 2015), 151.
4. Livy, *History of Rome*, trans. Canon Roberts (New York: E. P. Dutton and Co., 1912),

vol. 5, chapter 33.
5. 로드 필립스Rod Phillips는 다음에서 이러한 진화 과정의 개요를 자세히 설명한다. "Wine and Adulteration," *History Today* 50, no. 7 (2000): 31-37.

## 02 콩팥의 성모

Tallon, Alain, and Catherine Vincent. *Histoire du christianisme en France*. Paris: Armand Colin, 2014.

1. 이런 관습에 대한 역사적 증거는 거의 없지만 리모주에서는 아기 예수가 콩팥을 먹는 이유를 대부분 이렇게 해석한다.

## 03 접시 위의 야만족들

Heather, Peter. *Empires and Barbarians*. London: Macmillan, 2009.

Lebecq, Stéphane. "Vivent les Mérovingiens!" *French Historical Studies* 19, no. 3 (1996): 765-777.

Scully, D. Eleanor, and Terence Scully. *Early French Cookery*. Ann Arbor: University of Michigan Press, 2002.

Wood, Ian. *The Merovingian Kingdoms, 450-751*. New York: Routledge, 2014.

1. 고대의 문명인과 야만족을 구별하는 음식 사용법에 대해서는 다음을 참조하라. Massimo Montanari, "Food Systems and Models of Civilization," in *Food: A Culinary History from Antiquity to the Present*, ed. Jean-Louis Flandrin and Massimo Montanari (New York: Columbia University Press, 1999), 69-78.
2. 후에 비잔티움 제국으로 알려진 동로마 제국은 이후 약 천 년간 이어졌다.
3. Scully and Scully, *Early French Cookery*, 4. From a standard translation by Shirley Howard Weber, 1924.

## 04 폭식에 바치는 송가

Le Jan, Régine. *Les Mérovingiens*. Paris: Presses Universitaires de France, 2015.

Moulinier, Laurence. "Un témoin supplémentaire du rayonnement de sainte Radegonde au Moyen Age? La Vita domnae Juttae (XIIe siécle)." *Bulletin de la Société des Antiquaires de l'Ouest* 15, nos. 3-4 (2001): 181-197.

Nisard, Charles. "Des rapports d'intimité entre Fortunat, sainte Radegonde et l'abbesse Agnès." *Comptes Rendus des Séances de l'Académie des Inscriptions et Belles-Lettres* 33, no. 1 (1889): 30-49.

Venantius Fortunatus. *Poems to Friends*. Translated by Joseph Pucci. Indianapolis: Hackett Publishing, 2010.

1. Venantius Fortunatus, *Poems to Friends*, 95.
2. Le Jan, *Les Mérovingiens*.
3. Venantius Fortunatus, *Poems to Friends*, 101.
4. Ibid., 98.
5. Ibid., 95-96.

## 05 푸아티에 전투의 유산: 푸아투의 염소들

Blanc, William, and Christophe Naudin. *Charles Martel et la Bataille de Poitiers: de l'histoire au mythe identitaire*. Paris: Libertalia, 2015.

Hoyland, Robert. *In God's Path: The Arab Conquests and the Creation of an Islamic Empire*. New York: Oxford University Press, 2017.

1. 프랑스 농림수산식품부 지방농업식량삼림국의 통계이다. "Poitou-Charentes: premier pôle français de production de fromage de chèvre," July 2010, agreste.agriculture.gouv.fr/IMG/pdf_R5410A14.pdf
2. 이상의 분리와 통합의 역설에 대해서는 다음을 참조하라. Massimo Montanari, "Food Models and Cultural Identity," in *Food: A Culinary History from Antiquity to the Present*, ed. Jean-Louis Flandrin and Massimo Montanari (New York: Columbia University Press, 1999), 191.
3. FranceAgriMer, *La filière lait de chèvre 2008-2013: une difficile adaptation de l'offre à la demande* (Montreuil: FranceAgriMer, 2014).

## 06 달콤함에 푹 빠진 왕

Einhard and Notker the Stammerer. *Two Lives of Charlemagne*. Translated by David Ganz. London: Penguin, 2008.

Toussaint-Samat, Maguelonne. *A History of Food*. 2nd ed. Chichester, England: Wiley-Blackwell, 2009. See esp. chapter 1, "Collecting Honey."

1. 테루아르는 정확히 개념이 일치하는 영어 단어가 없는 전형적인 프랑스식 개념이다. 자연환경이 특정 제품의 특성과 맛에 영향을 미치는 요인을 파악하기 위한 시도로, 프랑스

AOC 제도의 지리적 구분 체계의 기반이 된다. 테루아르를 구성하는 주요 요소는 기후, 평균 강우량 및 일조량, 지형, 토양 지질 등이 있다. 이러한 개념에 대한 회의론자들도 존재하는데, 대부분 유럽 밖의 지역에서 회의적인 편이다. Jancis Robinson, ed., *The Oxford Companion to Wine*, 4th ed. (Oxford, England: Oxford University Press, 2015), 737.

2. 레스터대학교 역사학부에서 '국가 재산 조례Capitulare de villis'의 유용한 번역본을 제공한다. www.le.ac.uk/hi/polyptyques/capitulare/latin2english.html
3. Union Nationale de l'Apiculture Française, www.unaf-apiculture.info

## 07 그들은 바다에서 왔다

Brownworth, Lars. *The Normans: From Raiders to Kings*. London: Crux Publishing, 2014.

Lafont, Olivier. "Le rôle du port de Rouen dans le commerce des drogues et des médicaments avec les Amériques." *Revue d'Histoire de la Pharmacie* 95, no. 359 (2008): 305-310.

1. "Bénédictine: de l'élixir de santé à la liqueur," *Ouest France*, September 27, 2013.

## 08 봉건세

Birlouez, Eric. *À la table des seigneurs, des moines et des paysans du Moyen Âge*. Rennes: Éditions Ouest-France, 2015.

Montanari, Massimo. "Peasants, Warriors, Priests: Images of Society and Styles of Diet." In *Food: A Culinary History from Antiquity to the Present*, ed. Jean-Louis Flandrin and Massimo Montanari, 178-185. New York: Columbia University Press, 1999.

1. 봉건 시대에 대한 정확한 데이터가 부족하다는 것은 계층별 인구 분포가 명확하지 않다는 의미이며, 이 장에서 제시한 비율은 역사학자들이 보편적으로 수용한 수치이다.
2. 이러한 고기의 상징적 역할에 대해서는 다음을 참조하라. Montanari, "Peasants, Warriors, Priests," 180. 19~20세기 프랑스 제국주의의 전성기에 다시 등장하는 육식과 권력의 연관성에 대해서는 다음을 참조하라. Deborah Neill, "Finding the 'Ideal Diet': Nutrition, Culture and Dietary Practices in France and French Equatorial Africa, c. 1890s to 1920s," *Food and Foodways* 17, no. 1 (2009): 1-28.

## 09 수도사와 인간

Jotischky, Andrew. *A Hermit's Cookbook: Monks, Food and Fasting in the Middle Ages*. London: Bloomsbury Academic, 2011.

Racinet, Philippe. *Moines et monastères en Occident au Moyen Âge*. Paris: Ellipses, 2007.

1. "Chapter 40: On the Measure of Drink," *The Rule of Saint Benedict*, http://www.osb.org/rb/text/rbemjo2.html#40
2. APPED (Association de Promotion des Poissons des Etangs de la Dombes)의 연간 보고서에서 인용한 것이다. 자세한 내용은 다음에서 확인 가능하다. www.poissonsdedombes.fr/qsn/apped-association-de-promotion-du-poisson-des-etangs-de-dombes-8.php
3. Catherine Jacquemard and Marie-Agnès Lucas-Avenel, "Des poissons, des mots et des signes: les signes monastiques des noms de poissons au xie siècle," *Annales de Normandie* 62, no. 2 (2012): 140.
4. Michael Casey, ed. and trans., *Cistercians and Cluniacs: St Bernard's* Apologia *to Abbot William* (Collegeville, MN: Cistercian Publications, 1970), 55.
5. Ibid., 56.

## 10 자두를 얻은 싸움

Barber, Malcolm. *The Trial of the Templars*. Cambridge, England: Cambridge University Press, 1978.

Barber, Malcolm, and Keith Bate, eds. and trans. *The Templars: Selected Sources* (Manchester, England: Manchester University Press, 2002).

Nicholson, Helen. *The Knights Templar: A New History*. Gloucestershire, England: Sutton Publishing, 2004.

1. FranceAgriMer, *Les filières des fruits et legumes, Données 2014*. Montreuil: FranceAgriMer, 2016.
2. Nirmal Dass, ed. and trans., *The Deeds of the Franks and Other Jerusalem-Bound Pilgrims: The Earliest Chronicle of the First Crusades* (Lanham, MD: Rowman & Littlefield Publishers, 2011), 103.
3. Francesco Franceschi et al., "The Diet of Templar Knights: Their Secret to Longevity?" *Digestive and Liver Disease* 46, no. 7 (2014): 577-578.

## 11 바다 건너에서 더 인정받은 와인


Johnson, Hugh. *The Story of Wine.* London: Mandarin, 1991.

Pernoud, Régine. *Aliénor d'Aquitaine.* Paris: Le Grand Livre du Mois, 1994.

Pitte, Jean-Robert. *Bordeaux/Burgundy: A Vintage Rivalry.* Berkeley: University of California Press, 2008.

Soyez, Jean-Marc. *Quand les Anglais vendangeaient l'Aquitaine: d'Aliénor à Jeanne d'Arc.* Bordeaux: Les Dossiers d'Aquitaine, 2013.


1. Jean-Anthelme Brillat-Savarin, *Physiologie du goût, ou Méditations de gastronomie transcendante* (Paris: Charpentier, 1860), 363. 저자 번역
2. Yves Renouard, "Les conséquences de la conquête de la Guienne par le roi de France pour le commerce des vins de Gascogne," *Annales du Midi: Revue Archeologique, Historique et Philologique de la France Méridionale* 61, no. 1 (1948): 18.
3. 자주 언급되는 이 일화는 궁중 생활에 대한 풍부한 자료로서 신뢰성이 높은 다음의 책을 참조하라. Walter Map, *De nugis curialium V*, ed. and trans. M. R. James, C. N. L. Brooke, and R. A. B. Mynors (Oxford, England: Clarendon Press, 1983), 450.
4. *Diary of Samuel Pepys*, April 10, 1663, www.pepysdiary.com/diary/1663/04/10/
5. Jancis Robinson, ed., *The Oxford Companion to Wine*, 4th ed. (Oxford, England: Oxford University Press, 2015), 89.

## 12 이단 채식주의자


Aué, Michele. *The Cathars.* Translated by Alison Hebborn and Juliette Freyche. Vic-en-Bigorre: Societé MSM, 2006.

Fernand, Niel. *Albigeois et Cathares.* Paris: Presses Universitaires de France, 2010.

O'Shea, Stephen. *The Perfect Heresy: The Revolutionary Life and Death of the Medieval Cathars.* New York: Walker and Company, 2000.


1. 종교 재판의 일반적인 관행과 질문에 대해서는 다음을 참조하라. Caterina Bruschi and Peter Biller, eds., *Texts and the Repression of Medieval Heresy* (Suffolk, England: Boydell and Brewer, 2003). 특히 마크 페그Mark Pegg가 쓴 제6장 ('Questions About Questions: Toulouse 609 and the Great Inquisition of 1245-6')과 피터 빌러Peter Biller가 쓴 제7장 ('Why No Food? Waldensian Followers in Bernard Gui's *Practica inquisitionis* and *culpe*')을 참조하라. 제7장을 통해 또 다른 이단 종파 발도파는 정상적인 식단을 유지했기 때문에 음식에 대한 질문을 받지 않았음을 알 수 있다.

## 13 교황의 빨간색

Lefranc, Renée. *À la table du Pape d'Avignon*. Avignon : Editions RMG-Palais des Papes, 2005.

Renouard, Yves. *La papauté à Avignon*. Paris : J.-P. Gisserot, 2004.

1. 사실 AOC 제도는 부분적으로 1920년대 샤토뇌프뒤파프 생산자들이 도입한 와인 생산 규칙의 원형에 근거한 것으로 지리적 구분, 포도 품종, 가지치기 방법 등에 근거해 표준을 정했다.
2. 아비뇽 출신의 시인 앙셀름 마티외Anselme Mathieu의 단편 시집 『라 파랑둘로La Farandoulo』 서문.
3. 이렇게 호화로운 식탁 세팅에는 특별히 주의를 기울여야 했다. 손님들은 식기 관리인이 모든 식기가 수거되었음을 확인한 뒤에야 궁을 떠날 수 있었다. Lefranc, *À la table du Pape d'Avignon*, 49.

## 14 게랑드의 하얀 금

de Person, Françoise. *Bateliers contrebandiers du sel*. Rennes : Éditions Ouest-France, 1999.

Huvet-Martinet, Micheline, "Faux-saunage et faux-sauniers dans la France de l'Ouest et du Centre à la fin de l'Ancien Régime (1764-1789)." *Annales de Bretagne et des Pays de l'Ouest* 85, no. 3 (1978).

Kurlansky, Mark. *Salt: A World History*. New York : Walker and Company, 2002.

1. French Ministry of Agriculture and Food, "Le sel de Guérande," June 15, 2016, agriculture.gouv.fr/alimentation/le-sel-de-guerande-label-rouge
2. Maguelonne Toussaint-Samat, *A History of Food*, 2nd ed. (Chichester, England : Wiley-Blackwell, 2009), 414-420.
3. Kurlansky, *Salt*, 231.
4. Huvet-Martinet, "Faux-saunage et faux-sauniers dans la France de l'Ouest," 383.

## 15 흑태자의 유산

Contamine, Philippe. *La Guerre de Cent Ans*. Paris : Presses Universitaires de France, 1968.

Mullot, Henry, and Joseph Poux. "Nouvelles recherches sur l'itinéraire du Prince Noir à travers les pays de l'Aude." *Annales du Midi: Revue Archeologique, Historique et Philologique de la France Méridionale* 21, no. 83 (1909) : 297-311.

Tuchman, Barbara. *A Distant Mirror: The Calamitous 14th Century*. New York : Random House, 1978.

1. Jeanne Barondeau, ed., *Curnonsky et ses recettes d'autrefois* (Munich : Édition Curnonska, 2013), in the chapter titled "Un cassoulet mémorable" (Kindle location 351 of 1591).
2. George Payne Rainsford James, *A History of the Life of Edward the Black Prince*, vol. 2 (London : Longman, Rees, Orme, Brown, Green, & Longman, 1836), 18.
3. Prosper Montagné, *Le Festin occitan* (Carcassonne : Éditions d'Art Jordy, 1930).

## 16 네 도둑의 식초

Cantor, Norman. *In the Wake of the Plague: The Black Death and the World It Made*. New York : Perennial, 2002.

Carpentier, Élisabeth. "Autour de la peste noir : famines et épidémies dans l'histoire du XIVe siècle." *Annales. Économies, Sociétés, Civilisations* 17, no. 6 (1962) : 1062-1092.

Ziegler, Philip. *The Black Death*. New York : John Day Company, 1969.

1. 몇 년 동안 총사망자 수 추정치가 인구의 3분의 1부터 절반에 이르기까지 다양했는데, 이는 자료 부족과 지역별 편차가 크다는 사실을 시사한다.
2. Ziegler, *The Black Death*, 64. 지글러는 이 수치가 '터무니없이 높다'고 인정하면서도 흑사병이 처음 상륙한 항구 도시들에서의 사망률이 내륙보다 높았다고 언급했다.
3. 스트라스부르 대학살에 대한 동시대 설명의 번역은 다음을 참조하라. Fordham University's Jewish History Sourcebook, "The Black Death and the Jews 1348-1349 C.E." sourcebooks.fordham.edu/jewish/1348-jewsblackdeath.asp
4. 테리악과 그 밖의 여러 전염병 치료법에 대한 흥미로운 자료는 다음을 참조하라. Christiane Nockels Fabbri, "Treating Medieval Plague : The Wonderful Virtues of Theriac," *Early Science and Medicine* 12, no. 3 (2007) : 247-283.
5. '열이 많고 습한' 상태의 위험성을 포함해 흑사병의 원인으로 제시된 의견에 대한 동시대의 설명은 다음을 참조하라. "The Special Challenges of Plague (1) : The Report of the Paris Medical Faculty, October 1348," *Medieval Medicine: A Reader*, ed. Faith Wallis (Toronto : University of Toronto Press, 2010), 414-419.
6. Jean-Anthelme Brillat-Savarin, *Physiologie du goût, ou Méditations de gastronomie transcendante* (Paris : Charpentier, 1860), 344-346.

## 17 황제와 미친 왕의 치즈

Guenée, Bernard. *La folie de Charles VI, roi bien-aimé*. Paris: CNRS, 2016.

Marre, Eugène. *Le Roquefort*. Rodez: Carrère, 1906.

1. 흥미롭게도 이 '유리 망상'은 15~16세기에 유행해 많은 프랑스 귀족을 괴롭혔다. 데카르트는 저서 『제1철학에 관한 성찰*Meditations on First Philosophy*』(1641)에서 자신의 신체 존재를 부정하는 것은 "자신의 머리가 도자기라거나, 자신이 호박이라거나, 혹은 자신이 유리로 만들어졌다고 상상하는" 사람들만큼 그를 화나게 한다고 말했다.

## 18 보테 부인과 버섯 미스터리

Duquesne, Robert. *Agnès Sorel: 'La Dame de Beaulté.'* Paris: Michel, 1909.

Tuchman, Barbara. *A Distant Mirror: The Calamitous 14th Century*. New York: Random House, 1978.

Wellman, Kathleen. *Queens and Mistresses of Renaissance France*. New Haven, CT: Yale University Press, 2013.

1. Wellman, *Queens and Mistresses of Renaissance France*, 25.
2. 카스티용 마을은 멋진 AOC 레드 와인 카스티용 코트 드 보르도Castillon Côtes de Bordeaux에 이름을 빌려주었고, 20세기 들어 카스티용 전투라는 뜻의 카스티용라바타이유Castillon-la-Bataille로 마을 이름으로 바꾸었다.
3. 당시 수은은 아그네스가 앓고 있었던 것으로 추정되는 기생충 감염증 종류를 치료하는 데 자주 사용되었다.

## 19 르네상스의 과일

MacDonald, Stewart. "Why Did the Habsburg-Valois Conflict Last So Long?" *History Review* 33 (1999).

McPhee, John. "Oranges." *New Yorker*, May 7, 1966.

Saint Bris, François. "'Nel palazzo del Clu': 500 Years of History." In Leonardo da Vinci & France: Chateau du Clos Lucé, Parc Leonardo da Vinci, Amboise, exhibition catalog, edited by Carlo Pedretti, 19-26. www.vinci-closluce.com/file/francois-saint-bris-nel-palazzo-del-clu-gb.pdf.

Salmon, J. H. M. "Francis the First of France: Le Roi Chevalier." *History Today* 8, no. 5 (1958).

1. François Rabelais, *La vie de Gargantua et de Pantagruel*, book 1, chapter 17(Paris: Chez Dalibon, 1823), 328-329.
2. Maguelonne Toussaint-Samat, *A History of Food*, 2nd ed. (Chichester, England: Wiley-Blackwell, 2009), 513.

## 20 모체 소스

Ferguson, Priscilla Parkhurst. "Writing Out of the Kitchen: Carême and the Invention of French Cuisine." *Gastronomica* 3, no. 3(2003): 40-51.

Flandrin, Jean-Louis. "Seasoning, Cooking, and Dietetics in the Late Middle Ages." In *Food: A Culinary History from Antiquity to the Present*, edited by Jean-Louis Flandrin and Massimo Montanari, 313-327. New York: Columbia University Press, 1999.

1. Marie-Hélène Baylac, *Dictionnaire gourmand: du canard d'Apicius à la purée de Joël Robuchon*(Paris: Omnibus, 2014).
2. Flandrin, "Seasoning, Cooking, and Dietetics in the Late Middle Ages," 314.
3. Jean-Louis Flandrin, "Le goût et la nécessité: sur l'usage des graisses dans les cuisines d'Europe occidentale (XIVe-XVIIIe siècle)," *Annales. Économies, Sociétés, Civilisations* 38, no. 2(1983): 376.
4. 1654년에 출간된 본느퐁의 요리책 『캉파뉴의 즐거움*Les délices de la campagne*』은 초기의 근대 요리에 큰 영향을 미쳤다. Susan Pinkard, *A Revolution in Taste: The Rise of French Cuisine, 1650-1800* (New York: Cambridge University Press, 2009), 60-63.
5. 이러한 사실에 대한 자세한 내용은 다음을 참조하라. Jean-Louis Flandrin, "From Dietetics to Gastronomy: The Liberation of the Gourmet," in *Food: A Culinary History from Antiquity to the Present*, ed. Jean-Louis Flandrin and Massimo Montanari (New York: Columbia University Press, 1999), 418-432; and Pinkard, *A Revolution in Taste*, chapter 3.
6. 탈레랑이 기지 넘치는 발언을 많이 했기에 이 재담 역시 수십 년 동안 별다른 인용 없이 당연히 그의 발언으로 여겨져 왔는데, 진위가 의심스럽다.
7. Jean Vitaux, *Les petits plats de l'histoire* (Paris: Presses Universitaires de France, 2012), 92.

## 21 정복과 초콜릿

Coe, Sophie D., and Michael D. Coe. *The True History of Chocolate*. London:

Thames & Hudson, 2013.

Huyghe, Edith, and François-Bernard Huyghe. *Les coureurs d'épices*. Paris: Editions Payot & Rivages, 2002.

Norton, Marcy. *Sacred Gifts, Profane Pleasures: A History of Tobacco and Chocolate in the Atlantic World*. Ithaca, NY: Cornell University Press, 2008.

Patemotte, Stephanie, and Pierre Labrude. "Le chocolat dans quelques ouvrages français de pharmacie et de médecine des XVIIe, XVIIIe et XIXe siècles: ses effets fastes et néfastes avérés ou supposés." *Revue d'histoire de la pharmacie* 91, no. 338 (2003): 197-210.

1. 사실 수 세기 동안 지속된 유럽의 향신료 무역 경쟁에서 프랑스의 가장 두드러진 성과는 18세기 후반 식민지 관리자 피에르 푸아브르Pierre Poivre가 네덜란드령 동인도로부터 정향, 육두구, 계피 묘목을 은밀히 입수해 프랑스령 모리셔스, 레위니옹, 세이셸 군도에 작물을 재배함으로써 네덜란드의 강력한 독점 체제에 제동을 걸었다는 점이다.
2. 널리 퍼진 음식 설화에서는 스페인 사람들이 메소아메리카의 초콜릿을 쓴맛에서 단맛으로 급진적으로 변혁했다고들 하지만, 사실 현지인들은 카카오 음료에 꿀을 더해 달게 만들어 마시기도 했으니 설탕을 더한 것은 변혁보다 대체에 가깝다. Marcy Norton, "Tasting Empire: Chocolate and the European Internalization of Mesoamerican Aesthetics," *American Historical Review* 111, no. 3 (2006): 684.
3. Honoré de Balzac, *Pathologie de la vie sociale* (Paris: Éditions Bossard, 1822), 230. 발자크는 브랜디가 아메리카 인디언을 파멸시켰고, 담배가 오스만 제국과 네덜란드를 쇠락하게 했으며, 러시아는 "술에 의존해 지탱하는 귀족제"였다고 지적하면서 "국민의 운명은 음식과 식단에 달려 있다"라고 주장했다. 저자 번역.
4. 이 초콜릿 논쟁의 보다 광범위한 사회적 의미는 다음을 참조하라. Beth Marie Forrest and April L. Najjaj, "Is Sipping Sin Breaking Fast? The Catholic Chocolate Controversy and the Changing World of Early Modern Spain," *Food and Foodways* 15, no. 1-2 (2007): 31-52.
5. Syndicat du Chocolat, "Chiffres clés 2016 des industries de la chocolaterie," March 15, 2017, www.syndicatduchocolat.fr/conference-de-presse-du-syndicat-du-chocolat
6. 상세한 내용은 다음을 참조하라. Brian O'Keefe, "Inside Big Chocolate's Child Labor Problem," *Fortune*, March 1, 2016, fortune.com/big-chocolate-child-labor. 서아프리카 코코아 농장에서 벌어지는 아동 노동 착취를 종식하기 위해 일하는 단체들의 연합인 NGO '노동 착취 없는 초콜릿Slave Free Chocolate'은 아동 노동에 의존하지 않는 초콜릿 회사의 명단을 발표한다.

## 22 마담 세르팡의 요리 공헌

Cloulas, Ivan. *Catherine de Médicis*. Paris: Fayard, 1979.

Wellman, Kathleen. *Queens and Mistresses of Renaissance France*. New Haven, CT: Yale University Press, 2013.

1. 음식에 대한 많은 설화처럼 이 발언은 너무 노골적이라서 사실일 것 같지 않다. 루터가 당시 가공할 무기였던 건초용 쇠스랑으로부터 구원을 기원했을 가능성이 크다.
2. 수전 핀커드Susan Pinkard는 카트린을 둘러싼 이러한 신화가 계몽주의 사상가들이 이탈리아의 영향과 역사적으로 악명 높은 그녀의 명성을 관련지음으로써 지나치게 호화로운 귀족 요리의 권위를 떨어뜨리려 했던 18세기에 시작되었을 가능성을 시사한다. Susan Pinkard, *A Revolution in Taste: The Rise of French Cuisine, 1650-1800*(New York: Cambridge University Press, 2009), 189.

## 23 모든 냄비에 닭고기를

Gandilhon, René. "Henri IV et le vin." *Bibliothéque de l'École des Chartes* 145, no. 2(1987): 383-406.

Tierchant, Hélène. *Henri IV: roi de Navarre et de France*. Bordeaux: Editions Sud Ouest, 2010.

1. Bernard Lonjon, *Colette, la passion du vin*(Paris: Éditions du Moment, 2013), 15.
2. Béthune, Maximilien de, duc de Sully, *Economies royales*, ed. Joseph Chailley (Paris: Guillaumin & Cie., 1820), 26.
3. '국제 농업 박람회'의 기록은 다음을 참조하라. Lauren Collins, "Come to the Fair," *New Yorker*, April 4, 2016.
4. 바츠Batz에게 보낸 앙리 4세의 편지에서 인용한 것이다. 다음을 참조하라. *Recueil des lettres missives de Henri IV* (Paris: Berger de Xivrey, Imprimerie Royale, 1843), 122.

## 24 밤나무 숲의 반군

Bruneton-Governatori, Ariane. "Alimentation et idéologie: le cas de la châtaigne." *Annales. Économies, Sociétés, Civilisations* 39, no. 6 (1984): 1161-1189.

Crackanthorpe, David. *The Camisard Uprising: War and Religion in the Cévennes*. Oxford, England: Signal Books, 2016.

Jouhaud, Christian. "'Camisards! We Were Camisards!': Remembrance and the

Ruining of Remembrance Through the Production of Historical Absences." *History & Memory* 21, no. 1 (2009): 5-24.

Monahan, W. Gregory. "Between Two Thieves: The Protestant Nobility and the War of the Camisards." *French Historical Studies* 30, no. 4 (2007): 537-558.

1. "An Open Letter to the Christian Nobility of the German Nation Concerning the Reform of the Christian Estate, 1520: Proposals for Reform, Part II," section 19. In C. M. Jacobs, trans., *Works of Martin Luther* (Philadelphia: A. J. Holman Company, 1915).
2. Centre National Interprofessionnel de l'Economie Laitière (CNIEL), *L'économie laitière en chiffres* (Paris: 2017), 184.
3. '카미자르'라는 이름이 그들의 야간 공격camisade 관습에서 유래된 것인지 아니면 단순한 셔츠camisole를 입고 싸웠다는 사실에서 비롯된 것인지 확실하지 않다. 독실한 신앙심을 가진 청년이 대부분이었던 반란군은 '신의 아이들les enfants de Dieu'이라는 이름을 선호했다. Crackanthorpe, *The Camisard Uprising*, 99-103.
4. Bruneton-Governatori, "Alimentation et idéologie," 1161.
5. Jean-Baptiste Lavialle, *Le châtaignier: Étude scientifique du châtaignier* (Paris: Vigot Frères, 1906), 34.
6. Bruneton-Governatori, "Alimentation et idéologie"; French Ministry of Agriculture and Food, *Statistique Agricole*, December 2013, agreste.agriculture.gouv.fr/IMG/pdf/memo13_integral.pdf
7. Robert Louis Stevenson, *Travels with a Donkey in the Cévennes* (New York: Scribner, 1910), 144. 이 작품은 1879년에 처음 출판된 스티븐슨의 초기작으로 시골 도보 여행을 필요에 의한 것이 아닌 여가 활동으로 묘사한 최초의 책이다.

## 25 설탕의 씁쓸한 뿌리

Blackburn, Robin. "Anti-Slavery and the French Revolution." *History Today* 41, no. 11 (1991): 19-25.

Mintz, Sidney W. *Sweetness and Power: The Place of Sugar in Modern History*. New York: Viking Penguin, 1985.

Stein, Robert Louis. *The French Sugar Business in the Eighteenth Century*. Baton Rouge: Louisiana State University Press, 1988.

Viles, Perry. "The Slaving Interest in the Atlantic Ports, 1763-1792." *French Historical Studies* 7, no. 4 (1972): 529-543.

1. Voyages: The Trans-Atlantic Slave Trade Database (www.slavevoyages.org/assessment/estimates); Stein, *The French Sugar Business in the Eighteenth Century*, 20.
2. 노예 무역에 대한 새로운 문서가 오늘날에도 계속 발견되면서 학자들은 노예 무역에 대한 통계를 계속 모으고 있다. Stein, *The French Sugar Business in the Eighteenth Century*, 23; David Geggus, "The French Slave Trade: An Overview," *William and Mary Quarterly* 58, no. 1 (2001): 119-138.
3. Stein, *The French Sugar Business in the Eighteenth Century*, 107.
4. Voltaire, *Candide, ou L'optimisme* (Paris: G. Boudet, 1893), 94. 저자 번역.
5. 오늘날 뱅자맹들레세르연구소는 영양학 연구에 대한 상을 수여함으로써 그의 유산을 이어가고 있다.
6. Maguelonne Toussaint-Samat, *A History of Food*, 2nd ed. (Chichester, England: Wiley-Blackwell, 2009), 503.

## 26 신의 술

Delamain, Robert. *Histoire du cognac*. Paris: Delamain & Boutelleau, 1935.

Jarrard, Kyle. *Cognac: The Seductive Saga of the World's Most Coveted Spirit*. Hoboken, NJ: John Wiley & Sons, 2005.

Prioton, Henri, and Prosper Gervais. *La culture de la vigne dans les Charentes et la production du cognac*. Paris: Librairie J.-B. Baillière et fils, 1929.

1. 원문의 출처가 불명확하므로 위고의 발언인지 진위를 가리기 어렵지만, 1896년 신문 『아르카숑의 미래 *L'Avenir d'Arcachon*』에서는 그의 발언으로 명시했다.
2. 유로모니터의 2015년 위스키 소비 통계이다.
3. Brian Primack et al., "Alcohol Brand Appearances in US Popular Music," *Addiction* 107, no. 3 (2012): 557-566. 아이로니컬하게도 버스타 라임즈의 매니저는 이후 『뉴욕 타임스』에 "버스타가 실제로 마시는 것은 헤네시이다"라고 털어놓았다. Lynette Holloway, "Hip-Hop Sales Pop: Pass the Courvoisier and Count the Cash," *New York Times*, September 2, 2002.

## 27 초승달 논쟁

Chevallier, Jim. *August Zang and the French Croissant: How Viennoiserie Came to France*. Chez Jim Books: 2009.

Isom-Verhaaren, Christine. *Allies with the Infidel: The Ottoman and French Alliance in the Sixteenth Century*. London: I. B. Tauris, 2011.

1. Gilbert Pytel, "Comment reconnaître une viennoiserie industrielle d'une artisanale?" *L'Express*, October 6, 2016.
2. Laurent Binet, "*'Touche pas à mon pain au chocolat!'* The Theme of Food in Current French Political Discourses," *Modern & Contemporary France* 24, no. 3(2016): 247-248.

## 28 전쟁과 완두콩


Cobban, Alfred, "The Art of Kingship: Louis XIV, A Reconsideration," *History Today* 4, no. 3 (1954): 149-158.

De Courtois, Stephanie. *Le potager du Roi*. Versailles: Ecole Nationale Supérieure de Paysage, 2003.


1. Susan Pinkard, *A Revolution in Taste: The Rise of French Cuisine, 1650-1800* (New York: Cambridge University Press, 2009), 130.
2. *Correspondance complète de Madame duchesse d'Orléans née Princesse Palatine, mère du régent*, vol. 2 (Paris: Charpentier, 1857), 37. 저자 번역.
3. 원래 출처는 *Premiers Lundis*, vol. 2 (Paris: Calmann-Lévy, 1883)이다. 여기서는 파리 소르본대학교에서 2016년에 제작한 전자책에서 인용했다(obvil.paris-sorbonne.fr/corpus/critique/sainte-beuve_nouveaux-lundis-02/body-20).
4. Madame de Maintenon, *Lettres de Madame de Maintenon à Monsieur le Cardinal de Noailles*, vol. 4 (Amsterdam: Pierre Erialed, 1757), 60. 저자 번역.

## 29 악마의 와인


Mervaud, Christiane. "Du nectar pour Voltaire." *Dix-huitième Siècle* 29 (1997): 137-145.

Epstein, Becky Sue. *Champagne: A Global History*. London: Reaktion Books, 2011.


1. Jean-Louis Flandrin, "From Dietetics to Gastronomy: The Liberation of the Gourmet," in *Food: A Culinary History from Antiquity to the Present*, ed. Jean-Louis Flandrin and Massimo Montanari (New York: Columbia University Press, 1999), 418-432.
2. 19세기까지 매년 생산된 샹파뉴 와인의 절반가량이 터졌다고 한다. Jancis Robinson, ed., *The Oxford Companion to Wine*, 4th ed. (Oxford, England: Oxford University Press, 2015), 156.
3. Voltaire, *Le mondain* (Paris: 1736), 5. 저자 번역.

4. Robinson, ed., *The Oxford Companion to Wine*, 156. 샴페인의 3분의 2는 프랑스에서 판매된다.

## 30 음식에 대한 계몽주의식 접근법

Pinkard, Susan. *A Revolution in Taste: The Rise of French Cuisine, 1650–1800*. New York: Cambridge University Press, 2009.

Roche, Daniel. *France in the Enlightenment*. Translated by Arthur Goldhammer (Cambridge, MA: Harvard University Press, 1998). See esp. chapter 19.

Spary, E. C. *Eating the Enlightenment: Food and the Sciences in Paris, 1670–1760*. Chicago: University of Chicago Press, 2012.

Vasseur, Jean-Marc. *Jean-Jacques Rousseau dans son assiette: les plaisirs de la table au temps des Lumières*. Paris: La Lettre Active, 2012.

1. Jean-Jacques Rousseau, *Emile, or On Education*, trans. Allan Bloom (New York: Basic Books, 1979), 346.
2. Ibid., 153.
3. Ibid., 346.
4. Michèle Crogiez, "L'éloge du vin chez Rousseau: Entre franchise et salubrité," *Dix-huitième Siècle* 29 (1997): 186-187. 저자 번역.
5. Ibid., 187.
6. 음식에 대한 루소의 입장과 당시의 광범위한 동향에 관한 심도 있는 연구는 다음을 참조하라. Pinkard, *A Revolution in Taste*, chapter 6.
7. Denis Diderot and Jean Le Rond d'Alembert, *Encyclopédie, ou Dictionnaire raisonné des sciences, des arts et des métiers*, vol. 4 (Paris: 1751), 538. 저자 번역.
8. Chad Denton, *Decadence, Radicalism, and the Early Modern French Nobility: The Enlightened and Depraved* (New York: Rowman & Littlefield, 2016), 114.

## 31 카페에서의 혁명

Lenotre, G. *La vie à Paris pendant la Révolution*. Paris: Calmann-Levy, 1949.

Lepage, Auguste. *Les cafés politiques et littéraires de Paris*. Paris: E. Dentu, 1874.

Mercier, Louis-Sébastien. *Le nouveau Paris par le cit. Mercier*. Vol. 6. Paris: Fuchs, C. Pougens & C.F. Cramer, 1797.

Weinberg, Bennett Alan, and Bonnie K. Bealer. *The World of Caffeine: The Science and Culture of the World's Most Popular Drug*. London: Routledge, 2004.

1. 1944년 연합군의 프랑스 상륙 작전에 참여한 영국군을 대상으로 쓰인 매우 흥미로운 소책자에서는 다음과 같이 프랑스 혁명을 설명했다. "프랑스 혁명은 공산주의 혁명도, 빈민층이 부유층에 대항해 일으킨 혁명도 아니다. 이는 혁명 후 프랑스를 이끌어온 세력인 부유한 중산층이 이미 사회 지도 능력을 상실한 귀족층에 대항해 일으킨 것이다." *Instructions for British Servicemen in France 1944*, reprinted by the Bodleian Library, Oxford University (Cambridge, England: University Press, 2005), 17.
2. 그의 저서 『제3신분이란 무엇인가*Qu'est-ce-que le Tiers-État*』에서 인용했다. 이 책은 프랑스 국립도서관 온라인 자료실(gallica.bnf.fr)에서 열람 가능하다.
3. 대부분의 혁명과 마찬가지로 우발적인 민중 봉기는 현실을 뒤집으려는 엘리트와 전문 혁명가가 이끌고 관리했다. 이에 대한 증거로 봉기 때 불타지 않은 유일한 두 바리에르가 혁명군의 지지자 오를레앙 공작의 소유였다는 사실을 들 수 있다. George Rudé, "The Fall of the Bastille," *History Today* 4, no. 7 (1954): 452.
4. *Dictionnaire de la conversation et de la lecture*, vol. 9 (Paris: Belin-Mandar, 1833), 427-428. 저자 번역.
5. Mercier, *Le nouveau Paris*, 72.

## 32 평등한 빵


Campion-Vincent, Veronique, and Christine Shojaei Kawan. "Marie-Antoinette et son célèbre dire." *Annales Historiques de la Révolution française* 327 (2002): 29-56.

Kaplan, Steven Laurence. *The Bakers of Paris and the Bread Question, 1700-1775*. Durham, NC: Duke University Press, 1996.


1. Thomas Carlyle, *The French Revolution: A History in Three Volumes*, vol. 3, *The Guillotine*(London: James Fraser, 1837), 420.
2. Olwen H. Hufton, *The Poor of Eighteenth-Century France, 1750-1789*(Oxford, England: Oxford University Press, 1974), 44-46.
3. Adrian Velicu, *Civic Catechisms and Reason in the French Revolution*(London: Routledge, 2016), 117.
4. *Gazette Nationale, ou Le Moniteur Universel*, November 26, 1793, 57. 저자 번역.
5. 프랑스제분업협회에서 발표한 2015년도 수치이다. 2016년 6월 17일 자 『르 피가로』에 실린 에리크 드 라 셰네Eric de La Chesnais의 '프랑스에서 빵 소비량이 감소하는 문제에 대해On consomme toujours moins de pain en France'에서 인용했다.
6. 와인, 치즈, 빵이 '식탁 위의 성 삼위일체'를 이룬다는 생각은 르네상스 시대의 인문주의 작가 프랑수아 라블레가 했을 법한 말로 들리기 때문인지 그의 발언이라고들 생각하지만, 이런 구체적인 구절은 그의 글에 등장하지 않는다. 이러한 표현을 처음 한 사람은 20세

기의 저명한 소설가이자 철학자인 미셸 투르니에Michel Tournier로 추정된다.

## 33 감자 전도자

Andrews, George Gordon. "Making the Revolutionary Calendar." *American Historical Review* 36, no. 3(1931): 515-532.

Kennedy, Emmet. *A Cultural History of the French Revolution.* New Haven, CT: Yale University Press, 1989.

Salaman, Redcliffe. *The History and Social Influence of the Potato.* 2nd ed. Cambridge, England: Cambridge University Press, 1985.

Spary, E. C. *Feeding France: New Sciences of Food, 1760-1815.* Cambridge, England: Cambridge University Press, 2014. See esp. chapter 5, "The Potato Republic."

1. Steven Kaplan, *The Stakes of Regulation: Perspectives on "Bread, Politics and Political Economy" Forty Years Later* (New York: Anthem Press, 2015), 358.
2. Spary, *Feeding France*, 177-180.
3. Madame Mérigot, *La Cuisinière républicaine* (Paris: 1794), 16-17.
4. France Agroalimentaire, "French Potatoes: As Many Qualities as Varieties," April 6, 2017, www.franceagroalimentaire.com/en/thematiques/all-products/articles/french-potatoes-quality

## 34 피라미드의 자극

Howard, Michael. *War in European History.* Oxford, England: Oxford University Press, 1976.

LeMay, G. H. L. "Napoleonic Warfare." *History Today* 1, no. 8 (1951): 24-32.

1. 정치적 이익을 위해 프랑스 미식의 소프트 파워를 이용한 정치인이 탈레랑뿐만은 아니었다. 에마뉘엘 마크롱 프랑스 대통령은 2017년 7월 전설적인 셰프 알랭 뒤카스Alain Ducasse가 마련한 에펠 탑 정상에서의 우아한 만찬에 도널드 트럼프 미국 대통령을 초대해 탁월한 탈레랑식 기교를 발휘했다.
2. 레뮈자 부인Madame de Rémusat에게 보낸 편지에서 인용한 것이다. David G. Chandler, *The Campaigns of Napoleon*, vol. 1 (New York: Simon and Schuster, 2009), 248.
3. 유럽 전쟁의 특징의 이렇듯 심오한 변화는 전쟁학이라는 현대 학문 분야의 창시자 중 하나인 마이클 하워드Michael Howard의 짧지만 흡인력 있는 저서 『유럽사 속의 전쟁*War in European History*』에서 잘 설명되어 있다.

## 35 계절을 없앤 사나이

Appert, Nicolas. *The Art of Preserving All Kinds of Animal and Vegetable Substances for Several Years.* London: Black, Parry and Kingsbury, 1812.

Capatti, Alberto. "The Taste for Canned and Preserved Food." In *Food: A Culinary History from Antiquity to the Present,* edited by Jean-Louis Flandrin and Massimo Montanari, 492-499. New York: Columbia University Press, 1999.

Pedrocco, Giorgio. "The Food Industry and New Preservation Techniques." In *Food: A Culinary History from Antiquity to the Present,* edited by Jean-Louis Flandrin and Massimo Montanari, 481-491. New York: Columbia University Press, 1999.

Picot, Olivier. *L'avenir est dans la boîte.* Paris: Calmann-Levy, 2002.

1. 1809년 2월 10일 자 『유럽 우편*Courrier de l'Europe*』. 마귈론 투생사마Maguelonne Toussaint-Samat의 『먹거리의 역사*A History of Food*』, 2nd ed. (Chichester, England: Wiley-Blackwell, 2009), 665에서 번역, 인용한 것이다.

## 36 다섯 번째 크레프

Lieven, Dominic. *Russia Against Napoleon: The Battle for Europe, 1807 to 1814.* London: Penguin, 2016.

Zamoyski, Adam. *1812: Napoleon's Fatal March on Moscow.* London: HarperCollins, 2005.

1. 화재의 원인에 대한 역사적 논쟁은 다음 책의 서문에 잘 정리되어 있다. Alexander Mikaberidze, *The Burning of Moscow: Napoleon's Trial by Fire 1812* (Barnsley, England: Pen and Sword: 2014).

## 37 치즈의 왕

Jarrett, Mark. *The Congress of Vienna and Its Legacy: War and Great Power Diplomacy After Napoleon.* London: I. B. Tauris, 2013.

Vick, Brian E. *The Congress of Vienna: Power and Politics After Napoleon.* Cambridge, MA: Harvard University Press, 2014.

1. 워털루 전투는 나폴레옹의 종말이자 8세기에 걸쳐 영국과 프랑스 간에 빈번하게 일어난 전투의 종말이기도 했다. 1815년 이후 두 국가는 다시는 서로 싸우지 않았다(제2차 세계대전 중 프랑스 비시 정부를 상대로 한 영국의 작전은 제외).

2. Jean-Anthelme Brillat-Savarin, *Physiologie du goût, ou Méditations de gastronomie transcendante* (Paris: Charpentier, 1860), 134. 저자 번역.

## 38 혁명 연회

Ihl, Olivier. "De bouche à oreille: sur les pratiques de commensalité dans la tradition républicaine du cérémonial de table," *Revue française de science politique* 48, nos. 3-4 (1998).

Louis, Jêrome. "Les banquets républicains sous la monarchie de juillet," in Christiane Demeulenaere-Douyère, ed., *Tous à table! Repas et convivialité, Les banquets républicains sous la monarchie de juillet* (Rennes: 138th Congrès national des sociétés historiques et scientifiques, 2013).

de Tocqueville, Alexis. *The Recollections of Alexis de Tocqueville*. Translated by Alexander Teixeira de Mattos (New York: The Macmillan Co., 1896).

1. Massimo Montanari, "Food Systems and Models of Civilization," in *Food: A Culinary History from Antiquity to the Present*, ed. Jean-Louis Flandrin and Massimo Montanari (New York: Columbia University Press, 1999), 69-70.
2. Louis-Sebastien Mercier, *Paris pendant la révolution, ou Le nouveau Paris* (Paris: Poulet-Malassis, 1862), 244. 저자 번역.
3. Grimod de La Reynière and C. P. Coste d'Arnobat, *Almanach des gourmands, ou Calendrier nutritif... par un vieux amateur* (Paris: Chez Maradan, 1804), 61-62. 저자 번역.
4. 프랑스 정부에 오랜 기간 저항하고도 유례없이 존경받았던 반란군 지도자 아브드 알카디르는 패배 후 다마스쿠스에 머물면서 1860년 내전 동안 1000명이 넘는 기독교인을 구했다. 이러한 공로를 기려 프랑스 정부는 그에게 레지옹 도뇌르 훈장을 수여했다.
5. Louis, "Les banquets républicains sous la monarchie de Juillet," 152.
6. Ihl, "De bouche à oreille," 390.
7. Alexis de Tocqueville, *The Recollections of Alexis de Tocqueville*, 19.
8. Ibid., 21.
9. Alfred-Auguste Cuvillier-Fleury, *Portraits politiques et révolutionnaires* (Paris: Michel Lévy Frères, 1852), 70. 저자 번역.

## 39 굴 특송의 종말

Rambourg, Patrick. "Entre le cuit et le cru: la cuisine de l'huître, en France, de la fin du Moyen Âge au XXe siècle." In *Les nourritures de la mer, de la criée à l'assiette*, 211-220. Caen: Centre de Recherche d'Histoire Quantitative, 2007.

Robert, Sandrine. "De la Manche à Paris: les routes de la marée dans le Val-d'Oise de l'Antiquité au XVIIIe siècle." In *De l'assiette à la Mer*, exhibition catalog, 87-93. Milan: Silvana Editoriale, 2013.

Smith, Drew. *Oyster: A Gastronomic History*. New York: Abrams, 2015.

1. Maguelonne Toussaint-Samat, *A History of Food*, 2nd ed. (Chichester, England: Wiley-Blackwell, 2009), 353-355.
2. 샤스마레가 언제 처음 등장했는지는 분명하지 않지만 아마도 14세기 초로 추정되며, 17세기에 이르러 고도로 조직적이고 효율적인 배달 시스템이 갖춰졌다.
3. Robert, "De la Manche à Paris," 87.
4. Jancis Robinson, ed., *The Oxford Companion to Wine*, 4th ed. (Oxford, England: Oxford University Press, 2015), 411.

## 40 병에서 발견된 진리

Besson, André. *Louis Pasteur: un aventurier de la science*. Monaco: Editions du Rocher, 2013.

Debré, Patrice. *Louis Pasteur*. Johns Hopkins University Press, 2000. See esp. chapter 9.

Hellman, Hal. *Great Feuds in Medicine: Ten of the Liveliest Disputes Ever*. New York: Wiley, 2001.

1. 모든 프랑스 주당이 쥐라 와인을 즐기는 것은 아니라고 해야겠다. 쥐라 와인은 취향에 따라 좋고 싫음이 매우 분명하다.
2. Louis Pasteur, *Oeuvres de Pasteur*, vol. 7, ed. Louis-Pasteur Vallery-Radot(Paris: Masson et Cie, 1939), 130.
3. Debré, *Louis Pasteur*, 227-228.

## 41 녹색 요정의 저주

Adams, Jad. *Hideous Absinthe: A History of the Devil in a Bottle*. Madison: University of Wisconsin Press, 2004.

Baker, Phil. *The Book of Absinthe: A Cultural History*. New York: Grove Press, 2001.

Blocker, Jack S., Ian R. Tyrell, and David M. Fahey, eds. *Alcohol and Temperance in Modern History: An International Encyclopedia.* Santa Barbara, CA: ABC-Clio, 2003.

Cargill, Kima. "The Myth of the Green Fairy: Distilling the Scientific Truth About Absinthe." *Food, Culture & Society* 11, no. 1 (2008): 87-99.

Delahaye, Marie-Claude, "Grandeur et décadence de la fée verte." *Histoire, Économie et Société* 7, no. 4 (1988): 475-489.

Prestwich, P. E. "French Workers and the Temperance Movement." *International Review of Social History* 25, no. 1 (1980): 35-52.

1. Delahaye, "Grandeur et décadence de la fée verte," 479.
2. Jancis Robinson, ed., *The Oxford Companion to Wine*, 4th ed. (Oxford: Oxford University Press, 2015), 555.
3. Didier Nourrisson, *Le buveur du XIXe siècle* (Paris: L'Aventure Humaine, 1990), 321.
4. Delahaye, "Grandeur et décadence de la fée verte," 483. 저자 번역.

## 42 미식 포위전

Decraene, Jean-François, and Bertrand Tillier. *La nourriture pendant le siège de Paris, 1870-1871.* Saint-Denis: Musée d'Art et d'Histoire Saint-Denis, 2004.

Merriman, John. *Massacre: The Life and Death of the Paris Commune of 1871.* New Haven, CT: Yale University Press, 2014.

Pascal, Edmond. *Journal d'un petit Parisien pendant le siège (1870-1871).* Paris: A. Picard et Kaan, 1893.

Richardson, Joanna. "The Siege of Paris." *History Today* 19, no. 9 (1969): 593-599.

1. Alice Conklin, Sarah Fishman, and Robert Zaretsky, *France and Its Empire Since 1870* (New York: Oxford University Press, 2015), 38-40.
2. Jean Vitaux, *Les Petits Plats de l'Histoire* (Paris: Presses Universitaires de France, 2012), 34-35.
3. Decraene and Tillier, *La nourriture pendant le siège de Paris,* 11. 저자 번역.
4. Pascal. *Journal d'un petit Parisien,* 264. 저자 번역.
5. Ibid., 283.
6. 이러한 진화에 관해서는 다음에 잘 묘사되어 있다. Suzanne Citron, *Le mythe national: L'histoire de France revisitée* (Paris: Les Éditions de l'Atelier, 2017).

7. Merriman, *Massacre*, 252.

## 43 땅콩이 남긴 잔재

Brooks, George E. "Peanuts and Colonialism: Consequences of the Commercialization of Peanuts in West Africa." *Journal of African History* 16, no. 1 (1975): 29-54.

Péhaut, Yves. "The Invasion of Foreign Foods." In *Food: A Culinary History from Antiquity to the Present*, edited by Jean-Louis Flandrin and Massimo Montanari, 457-70. New York: Columbia University Press, 1999.

Wikte, Thomas, and Dale Lightfoot. "Landscapes of the Slave Trade in Senegal and the Gambia." *Focus on Geography* 57, no. 1 (2014): 14-24.

1. Statista Market Forecast, "Peanut Butter," 2017, www.statista.com/outlook/40090400/102/peanut-butter/europe#market-global
2. Brooks, "Peanuts and Colonialism," 39.

## 44 태양의 길 위의 미식 유목민

Csergo, Julia. "The Emergence of Regional Cuisines." In *Food: A Culinary History from Antiquity to the Present*, edited by Jean-Louis Flandrin and Massimo Montanari, 500-515. New York: Columbia University Press, 1999.

Donnaint, Clémentine, and Élodie Ravaux. *Nationale 7: 50 recettes sur la route mythique de Paris à Menton*. Paris: Hachette Livre, 2013.

Lottman, Herbert R. *The Michelin Men: Driving an Empire*. New York: I. B. Tauris, 2003.

Trubek, Amy B. *The Taste of Place: A Cultural Journey into Terroir*. Berkeley: University of California Press, 2009.

1. 오늘날 망통의 레몬 생산자는 얼마 되지 않는다. 매년 2월 레몬과 오렌지로 만든 거대한 조형물로 겨울의 끝을 축하하며 열리는 망통의 초현실적인 레몬 축제Fête du Citron에서 사용되는 감귤류는 대부분 모로코와 스페인에서 수입한 것이다.
2. 카뉘canut, 즉 리옹의 견직물 공장 직공들이 일으킨 1831년의 봉기는 비록 성공하지는 못했지만 사실상 최초의 노동자 봉기였다. 그들의 구호는 "일하고 자유롭게 살든가 싸우다 죽자Vivre libre en travaillant ou mourir en combattant!"였다.
3. J.-A. Lesourd, "Routes et trafic automobile en France," *L'Information Géographique* 11, no. 1 (1947): 23-27.

4. Curnonsky, *Souvenirs littéraires et gastronomiques* (Paris: Albin Michel, 1958), 53-54. 저자 번역
5. Jeanne Barondeau, ed., *Cur non ... bibendum? ou Du PNEU Michelin au guide gastronomique*(Munich: Édition Curnonska, 2014), Kindle location 808 of 3675.

## 45 힘든 시간, 곁을 지켜준 친구


Boisard, Pierre. *Camembert: A National Myth*. Translated by Richard Miller. Berkeley: University of California Press, 2003.

Pourcher, Yves. *Les jours de guerre: la vie des Francais au jour lejour 1914-1918*. Paris: Hachette, 2008.


1. 커피 맛 아이스크림을 곁들인 리에주 커피café liégeois라는 디저트도 있다.
2. '원숭이 고기'라는 별칭이 어디서 유래했는지는 확실하지 않다. 병사들에게 과거 복무했던 식민지에서 가끔 먹어야만 했던 원숭이 고기를 떠올리게 했다는 설도 있지만, 전선에서 사용되던 깡통 따개를 '원숭이Le Singe'라는 회사에서 만들었기 때문이라는 설이 더 유력하다.
3. Boisard, *Camembert*, 107.
4. Ibid., 113.
5. 1919년 베르됭 근처에서 총리가 참전 군인들에게 한 연설에서 나온 발언으로 알려졌는데, 이를 입증할 증거 자료가 부족함에도 진정한 프랑스 속담으로 자리 잡았다.

## 46 반란과 웃는 소


*La vache qui rit: sa vie, ses recettes*. Neuilly-sur-Seine: Éditions Michel Lafon, 2006.

Villemot, Guillaume, and Vincent Vidal. *La chevauchée de la Vache qui rit*. Paris: Editions Hoëbeke, 1991.


1. 프랑스 군사 기록 보관소의 개방 이후 가능해진 군인들의 반란에 대한 최초의 정식 연구는 다음을 참조하라. Guy Pedroncini, *Les Mutineries de 1917* (Paris: Presses Universitaires de France, 1967).
2. '뱅자맹 라비에의 친구들Les Amis de Benjamin Rabier' 협회에 따르면, 당초 벨은 라비에의 허가 없이 그의 일러스트를 사용하다가 경쟁 치즈 회사들이 똑같은 이미지를 사용하기 시작하고서야 새로운 로고를 디자인해줄 것을 요청했다.
3. *La vache qui rit*, 43. 저자 번역

## 47 "빵과 평화, 그리고 자유": 사회주의자의 바게트


Bertaux-Wiame, Isabelle. "L'apprentissage en boulangerie dans les années 20 et 30:

une enquête d'histoire orale," Rapport Final, vol. 2, *Convention CORDES* no. 53/74 (1976).

Vigreux, Jean. *Histoire du Front Populaire: l'échappée belle*. Paris : Tallandier, 2016.

1. George Orwell, *Down and Out in Paris and London* (London : Penguin, 2003), 62, 67.
2. Stephanie Strom, "A Baker's Crusade : Rescuing the Famed French Boulangerie," *New York Times*, July 11, 2017.

## 48 쿠스쿠스, 제국에 동화되다(어쩌면 아닐지도)

Béji-Bécheur, Amina, Nacima Ourahhmoune, and Nil Özçağlar-Toulouse. "The Polysemic Meanings of Couscous Consumption in France." *Journal of Consumer Behaviour* 13, no. 3 (2014) : 196-203.

Binet, Laurent. "*'Touche pas à mon pain au chocolat!'* The Theme of Food in Current French Political Discourses." *Modern & Contemporary France* 24, no. 3 (2016) : 239-252.

Buettner, Elizabeth. *Europe After Empire: Decolonization, Society, and Culture*. Cambridge, England : Cambridge University Press, 2016.

Grange, Henri, and Florence Barriol. "Le marché de la graine de couscous en Europe." In *Couscous, boulgour et polenta: transformer et consommer les céréales dans le monde*, ed. Hélène Franconie, Monique Chastanet, and François Sigaut, 83-92. Paris : Éditions Karthala, 2010.

Janes, Lauren. *Colonial Food in Interwar Paris: The Taste of Empire*. London : Bloomsbury Academic, 2015.

1. 아랍어로 '서쪽'이라는 뜻의 마그레브는 아프리카 북서부 국가인 리비아, 튀니지, 알제리, 모로코, 모리타니의 통칭이다. 이 글의 목적과 가장 관련 깊은 나라는 19세기와 20세기 초에 프랑스가 점령한 알제리, 튀니지, 모로코이다.
2. TNS SOFRES, "Les plats préférés des Français," August 2011, www.tns-sofres.com/sites/default/files/2011.10.21-plats.pdf
3. 이 나라의 건조한 내륙 지역은 프랑스 군대에 의해 관리되었다.
4. 이 시대는 로랭 자네스Lauren Janes의 『전간기 파리에서의 식민지 음식*Colonial Food in Interwar Paris*』에서 자세히 묘사된다. 그녀는 식민지 음식에 대한 프랑스인의 거부감은 식민지를 프랑스에 편입하는 문제에 있어서 광범위한 거부감을 보여주는 것이라고 주장한다.
5. 제3공화국은 나치의 프랑스 점령으로 막을 내리고, 1946년에 제4공화국이 출범했다.

6. Béji-Bécheur et al., 197.
7. Buettner, *Europe After Empire*, 236.
8. Ibid., 242.
9. Sylvie Durmelat, "Tasting Displacement: Couscous and Culinary Citizenship in Maghrebi-French Diasporic Cinema," *Food and Foodways* 23, nos. 1-2 (2015): 108.

## 49 잊혔던 채소들

Drake, David. "*Du rutabaga et encore du rutabaga:* Daily Life in Vichy France." *Modern & Contemporary France* 15, no. 3 (2007): 351-356.

Mouré, Kenneth, and Paula Schwartz. "*On vit mal:* Food Shortages and Popular Culture in Occupied France, 1940-1944." *Food, Culture & Society* 10, no. 2 (2007): 261-295.

Schwartz, Paula. "The Politics of Food and Gender in Occupied Paris." *Modern & Contemporary France* 7, no. 1 (1999): 35-45.

1. Elizabeth Kier, "Culture and Military Doctrine: France Between the Wars," *International Security* 19, no. 4 (1995): 65-93.
2. Statistics from Yad Vashem—The World Holocaust Remembrance Center.
3. 루아르, 노르망디, 브르타뉴처럼 자급자족이 가능한 농업 지역은 남부 지방이나 주요 대도시보다 피해를 덜 입었다.
4. Bernard Frizell, "Gastronomy: Good Eating Has Survived Both War and Politics as France's Finest Art," *Life*, December 9, 1946, 60.
5. Information and Education Division of the US Occupation Forces, Paris, *112 Gripes About the French* (Oxford, England: Bodleian Library, 2013), 73.
6. 도시와 시골 주민의 다양한 경험은 콜레트, 시몬 드 보부아르, 거트루드 스타인, 앨리스 B. 토클라스 등의 전시 회고록에서 확인할 수 있다.
7. *Instructions for British Servicemen in France 1944*, reprinted by the Bodleian Library, Oxford University (Cambridge, England: University Press, 2005), 5.
8. Jean-Louis Flandrin, "The Early Modern Period," in *Food: A Culinary History from Antiquity to the Present*, ed. Jean-Louis Flandrin and Massimo Montanari (New York: Columbia University Press, 1999), 358.

## 50 카농 키르, 레지스탕스에 합류하다

Gildea, Robert. *Fighters in the Shadows: A New History of the French Resistance.*

Cambridge, MA: Belknap Press, 2015.

Lormier, Dominique. *Histoires extraordinaires de la résistance française*. Paris: Cherche Midi, 2013.

Muron, Louis. *Le chanoine Kir*. Paris: Presses de la Renaissance, 2004.

1. *Instructions for British Servicemen in France 1944*, reprinted by the Bodleian Library, Oxford University (Cambridge, England: University Press, 2005), 32.
2. Nikita Khrushchev, *Memoirs of Nikita Khrushchev*, ed. Sergei Khrushchev, vol. 3, *Statesman, 1953-1964* (University Park: Pennsylvania State University Press, 2007), 200-201.

## 51 프랑스와 미국: 해방의 기쁨에서 극심한 분노로

Gordon, Bertram M. "The Decline of a Cultural Icon: France in American Perspective." *French Historical Studies* 22, no. 4 (1999): 625-651.

Kuisel, Richard F. "Coca-Cola and the Cold War: The French Face Americanization, 1948-1953." *French Historical Studies* 17, no. 1 (1991): 96-116.

1. 『프랑스인에 관한 112가지 불평』은 미 점령군에 의해 1945년 파리에서 처음 출간되었고 옥스퍼드대학교의 보들리언도서관이 2013년에 다시 출간했다.
2. 팔리는 프랭클린 D. 루스벨트의 오랜 정치 자문역이기도 했다. J. C. Louis and Harvey Z. Yazijian, *The Cola Wars* (New York: Everest House, 1980), 76.
3. Kuisel, "Coca-Cola and the Cold War," 110.
4. '치즈 먹는 항복한 원숭이'는 1995년 프랑스인을 모욕하는 표현으로 미국 어휘 사전에 등재되었는데 「심슨 가족The Simpsons」의 에피소드('Round Springfield') 덕분이다.
5. 주관적인 범주지만 보통은 냉동 식품, 가공된 치킨 너겟, 쿠키, 설탕이 든 시리얼, 패스트푸드 같은 것들을 가리킨다.
6. Hayagreeva Rao, *Market Rebels: How Activists Make or Break Radical Innovations* (Princeton, NJ: Princeton University Press, 2008), 86.
7. Waverley Root, "The Restoration of French Cooking," *New York Times*, December 17, 1972.

## 마치며

1. 이는 브리야사바랭의 널리 알려진 20가지 명언 중 네 번째 명언으로, 『맛의 생리학*The Physiology of Taste*』 서두에 실려 있다.

# 참고 문헌

프랑스 역사와 미식에 관한 많은 문헌이 이 책을 쓰는 데 도움이 되었다. 아래는 그 목록이다. 특정 주제에 대한 추가 자료와 추천 도서는 각 장의 주석에 정리했다.


Bloch-Dano, Évelyne. *La fabuleuse histoire des légumes*. Paris: Le Livre de Poche, 2011.

Brillat-Savarin, Jean-Anthelme. *Physiologie du goût, ou Méditations de gastronomie transcendante*. Paris: Charpentier, 1860.

Conklin, Alice, Sarah Fishman, and Robert Zaretsky. *France and Its Empire Since 1870*. New York: Oxford University Press, 2015.

de l'Aulnoit, Béatrix, and Philippe Alexandre. *Des fourchettes dans les étoiles: bréve histoire de la gastronomie française*. Paris: Fayard, 2010.

Dumas, Alexandre. *Grand dictionnaire de cuisine*. Paris: A. Lemerre, 1873.

Favre, Joseph. *Dictionnaire universel de cuisine et d'hygiène alimentaire: modification de l'homme par l'alimentation*. Vol. 1. Paris: Librairie imprimerie des Halles et de la Bourse du Commerce, 1889.

Fernández-Armesto, Felipe. *Near a Thousand Tables: A History of Food*. New York: Free Press, 2002.

Flandrin, Jean-Louis, and Massimo Montanari, eds. *Food: A Culinary History from Antiquity to the Present*. New York: Columbia University Press, 1999.

Guy, Christian. *Almanach historique de la gastronomie française*. Paris: Hachette, 1981.

Librairie Larousse. *Larousse Gastronomique*. London: Hamlyn, 2009.

Marty-Dufaut, Josy. *Cuisiniers et ouvrages culinaires du Moyen Âge*. Rennes: Éditions Ouest-France, 2016.

Pinkard, Susan. *A Revolution in Taste: The Rise of French Cuisine, 1650–1800*. New York: Cambridge University Press, 2009.

Pitte, Jean-Robert. *Gastronomie française: histoire et géographie d'une passion*. Paris: Fayard, 2005.

Rambourg, Patrick. *Histoire de la cuisine et de la gastronomie françaises: du Moyen Âge au XXe siècle*. Paris: Perrin, 2011.

Robb, Graham. *The Discovery of France*. London: Picador, 2007.

Robinson, Jancis, ed. *The Oxford Companion to Wine*, 4th ed. Oxford, England: Oxford University Press, 2015.

Terrier Robert, Valérie. *Il était une fois ... L'histoire de nos plats*. Lyon: Éditions Stéphane Baches, 2011.

Toussaint-Samat, Maguelonne. *A History of Food*. 2nd ed. Chichester, England: Wiley-Blackwell, 2009.

Vitaux, Jean, and Benoît France. *Dictionnaire du gastronome*. Paris: Presses Universitaires de France, 2008.

Wellman, Kathleen. *Queens and Mistresses of Renaissance France*. New Haven, CT: Yale University Press, 2013.

# 한 입 크기의 프랑스 역사

초판 인쇄 | 2022년 4월 15일
초판 발행 | 2022년 4월 20일

지은이 | 스테판 에노 · 제니 미첼
옮긴이 | 임지연
펴낸이 | 조승식
펴낸곳 | 도서출판 북스힐
등록 | 1998년 7월 28일 제22-457호
주소 | 서울시 강북구 한천로 153길 17
전화 | 02-994-0071
팩스 | 02-994-0073
홈페이지 | www.bookshill.com
이메일 | bookshill@bookshill.com

ISBN 979-11-5971-422-1
정가 16,000원